鲁迅的人际关系

从文化界教育界到政界军界

朱正 —— 著

中华书局

图书在版编目（CIP）数据

鲁迅的人际关系：从文化界教育界到政界军界/朱正著. —北京：中华书局,2015.6
ISBN 978-7-101-10736-4

Ⅰ.鲁…　Ⅱ.朱…　Ⅲ.鲁迅(1881～1936)-人物研究
Ⅳ.K825.6

中国版本图书馆 CIP 数据核字(2015)第 025733 号

书　　名	鲁迅的人际关系——从文化界教育界到政界军界
著　　者	朱　正
责任编辑	余佐赞　胡正娟
出版发行	中华书局
	（北京市丰台区太平桥西里 38 号　100073）
	http://www.zhbc.com.cn
	E-mail:zhbc@zhbc.com.cn
印　　刷	北京瑞古冠中印刷厂
版　　次	2015 年 6 月北京第 1 版
	2015 年 6 月北京第 1 次印刷
规　　格	开本/880×1230 毫米　1/32
	印张 17¼　插页 4　字数 390 千字
印　　数	1-5000 册
国际书号	ISBN 978-7-101-10736-4
定　　价	48.00 元

鲁迅

(1933 年 9 月 13 日摄于上海)

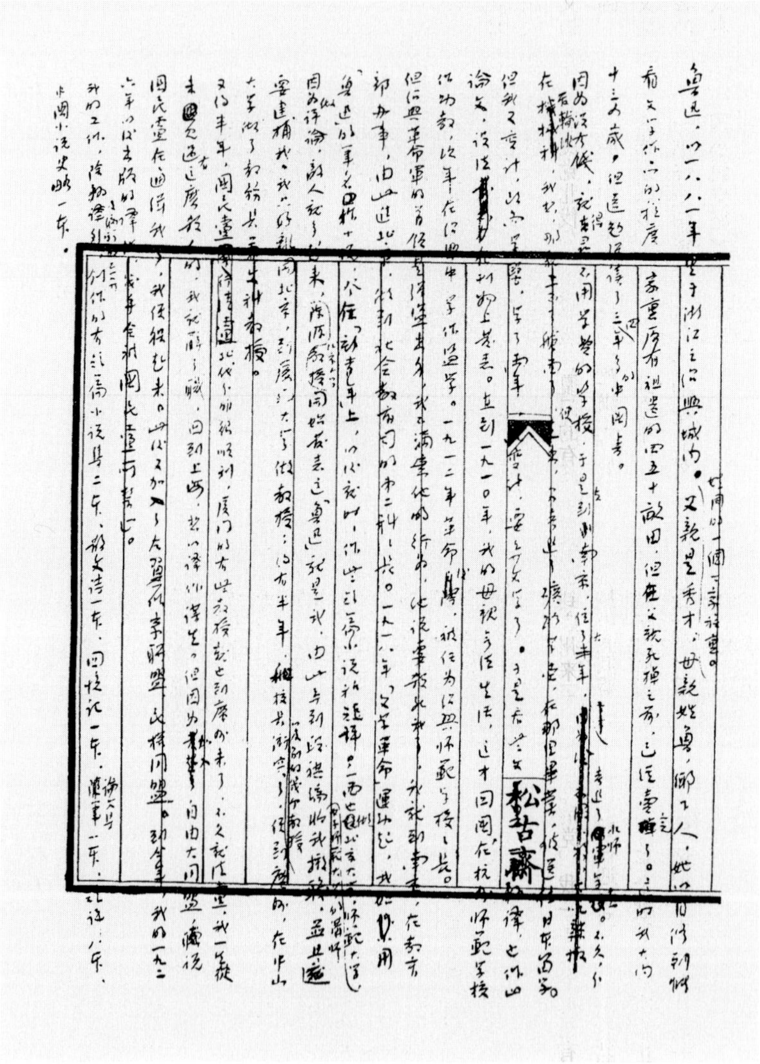

鲁迅《自传》手稿

（写于 1934 年）

鲁迅，以一八八一年生于浙江之绍兴城内姓周的一个大家族里。父亲是秀才；母亲姓鲁，乡下人，她以自修到能看文学作品的程度。家里原有祖遗的四五十亩田，但在父亲死掉之前，已经卖完了。这时我大约十三四岁，但还勉强读了三四年多的中国书。

因为没有钱，就得寻不用学费的学校，于是去到南京，住了大半年，考进了水师学堂。不久，分在管轮班，我想，那就上不了舱面了，便走出，又考进了矿路学堂，在那里毕业，被送往日本留学。但我又变计，改而学医，学了两年，又变计，要弄文学了。于是看些文学书，一面翻译，也作些论文，设法在刊物上发表。直到一九一〇年，我的母亲无法生活，这才回国，在杭州师范学校作助教，次年在绍兴中学作监学。一九一二年革命后，被任为绍兴师范学校校长。

但绍兴革命军的首领是强盗出身，我不满意他的行为，他说要杀死我了。我就到南京，在教育部办事，由此进北京，做到社会教育司的第二科科长。一九一八年『文学革命』运动起，我始用『鲁迅』的笔名作小说，登在《新青年》上，以后就时时作些短篇小说和短评；一面也做北京大学，师范大学，女子师范大学的讲师。因为做评论，敌人就多起来，北京大学教授陈源开始发表这『鲁迅』就是我，由此弄到段祺瑞将我撤职，并且还要逮捕我。我只好离开北京，到厦门大学做教授；约有半年，和校长以及别的几个教授冲突了，便到广州，在中山大学做了教务长兼文科教授。

又约半年，国民党北伐分明很顺利，厦门的有些教授就也到广州来了，不久就清党，我一生从未见过有这么杀人的，我就辞了职，回到上海，想以译作谋生。但因为加入自由大同盟，听说国民党在通缉我了，我便躲起来。此后又加入了左翼作家联盟，民权同盟。到今年，我的一九二六年以后出版的译作，几乎全被国民党所禁止。我的工作，除翻译及编辑的不算外，创作的有短篇小说集二本，散文诗一本，回忆记一本，论文集一本，短评八本，《中国小说史略》一本。

鲁迅《自传》

無情未必真豪傑，憐子如何不丈夫。知否興風狂嘯者，回眸時看小於菟。

坪井先生属正 录旧作录一首 鲁迅

鲁迅书《答客诮》诗

出版说明

一、鲁迅(1881—1936),其一生交游甚广,鲁迅书信和日记中都有比较详细的交游记载。关于鲁迅的人际关系,朱正先生写过很多文章,也结集出版过,这次出版的《鲁迅的人际关系》,新增了《鲁迅与宋庆龄》、《鲁迅与林语堂》、《鲁迅与胡适》等重要篇章,篇幅较原来有了大幅增加,同时对旧作也有很多修订。

二、朱正先生是鲁迅研究专家,出版过《鲁迅回忆录正误》、《鲁迅传》等重要著作。阅读本书,我们可以"看他(鲁迅)交往的是些什么人,看他为友为仇的是些怎样的人"(朱正语),我们就更加清楚地看到鲁迅的形象、性格以及他所处的时代。朱正先生根据历史文献资料来解读鲁迅的人际关系,这些文字可以看作其治史的结晶。读者喜欢的是材料说话,不会喜欢强作解人,本书作者做到了有一分证据说一分话。

三、本书正文分为两个部分,第一部分是鲁迅与文化界教育界人士的交往情况,涉及与胡适、陈独秀、林语堂、我的意见就只是如此。

　　启明生病，医生说是肋膜炎，不许他动。他对我说，"《去国集》是旧式的诗，也可以不要了"。但我细看，以为内中确有许多好的，所以附着也好。……

　　我觉得近作中的《十一月二十四夜》实在好。（《鲁迅全集》第 11 卷，第 388—389 页）

　　可见鲁迅是认真对待胡适去请他删诗这件事的。

　　胡适也很重视他们两人的意见。他 1921 年 2 月 14 日致周作人的信中说："你们两位对于我的诗的选择去取，我都极赞成。只有《礼！》一首，我觉得他虽是发议论而不陷于抽象说理，且言语也还干净，似尚有可存的价值。其余的我都依了你们的去取。"（《胡适全集》第 23 卷，第 355 页）从这一件事可以看到，这时胡适完全是把鲁迅、周作人兄弟看作文章知己的。

　　胡适也很看好周作人 1918 年发表的文学论文《人的文学》一文。他在《〈中国新文学大系·建设理论集〉导言》中评论说："次年（七年）12 月里，《新青年》（五卷六号）发表周作人先生的《人的文学》。这是当时关于改革文学内容的一篇最重要的宣言。"胡适在这一篇 1935 年写的导言中详细评述《人的文学》一文，说：

　　　　这是一篇最平实伟大的宣言（他的详细节目，至今还值得细读）。周先生把我们那个时代所要提倡的种种文学内容，都包括在一个中心观念里，这个观念他叫做"人的文学"。他要用这一个观念来排斥中国一切"非人的文学"（他列举了十大类），来提倡"人的文学"。他所谓"人的文

出版说明

一、鲁迅(1881—1936),其一生交游甚广,鲁迅书信和日记中都有比较详细的交游记载。关于鲁迅的人际关系,朱正先生写过很多文章,也结集出版过,这次出版的《鲁迅的人际关系》,新增了《鲁迅与宋庆龄》、《鲁迅与林语堂》、《鲁迅与胡适》等重要篇章,篇幅较原来有了大幅增加,同时对旧作也有很多修订。

二、朱正先生是鲁迅研究专家,出版过《鲁迅回忆录正误》、《鲁迅传》等重要著作。阅读本书,我们可以"看他(鲁迅)交往的是些什么人,看他为友为仇的是些怎样的人"(朱正语),我们就更加清楚地看到鲁迅的形象、性格以及他所处的时代。朱正先生根据历史文献资料来解读鲁迅的人际关系,这些文字可以看作其治史的结晶。读者喜欢的是材料说话,不会喜欢强作解人,本书作者做到了有一分证据说一分话。

三、本书正文分为两个部分,第一部分是鲁迅与文化界教育界人士的交往情况,涉及与胡适、陈独秀、林语堂、傅斯年等二十余人的交往;第二部分主要是鲁迅与政界军界人士的交往情况,涉及与宋庆龄、陈仪、李秉中、陈赓等十余人的交往。本书附录有二,其一是对鲁迅友人在后来特定年代的一些遭遇做了追踪,其二记录的是同时代人对鲁迅的看法。——这些视角有助于我们更全面地理解鲁迅。

四、本书引用了很多材料,为了减少注释对阅读带来的繁琐,编者对书中的注释做了以下方式的处理:

1. 对于常见的鲁迅日记和鲁迅书信,引文一般不做特别标示;对于此外的引文,作者引用后都在引文后面标示出处。

2. 在标示出处时,本书对第一次出现的引文,其书名、出版社、出版时间和页码都有详细的标注,后面再引用就只出现书名和页码。

中华书局编辑部

2015 年 1 月

目 录

上部　与文化界教育界人士交往

自己年纪大了，但也曾年青过，所以明白青年的不顾前后，激烈的热情，也了解中年的怀着同情，却又不能不有所顾虑的苦心孤诣。现在的许多论客，多说我会发脾气，其实我觉得自己倒是从来没有因为一点小事情，就成友或成仇的人。我还不少几十年的老朋友，要点就在彼此略小节而取其大。

——鲁迅致曹聚仁

鲁迅与胡适

——兼析周作人与胡适的交往

一

　　胡适和鲁迅、周作人兄弟可以说是都属于五四新文化运动最重要的活动家,最重要的领军人物。当时,他们是《新青年》杂志的大方向一致的同人,也是私人关系很好的朋友。彼此之间都是很尊重的。

　　1920 年 3 月,胡适的诗集《尝试集》出版。胡适出版这部诗集,是想做一个试验,来证明可以用白话作韵文。他希望有更多的朋友都来参加这个试验。他在《〈尝试集〉自序》中说:

　　　　我们认定白话实在有文学的可能,实在是新文学的唯一利器。但是国内大多数人都不肯承认这话,——他们最不肯承认的,就是白话可作韵文的唯一利器。我们对于这种怀疑,这种反对,没有别的法子可以对付,只有一个法子,就是科学家的试验方法。科学家遇着一个未经实地证明的理论,只可认他做一个假设;须等到实地试验之后,方才用试验的结果来批评那个假设的价值。我们主张白话可以做诗,因为未经大家承认,只可说是一个假设的理论。我们这三年来,只是想把这个假设用来做种种实地试验,——做五言诗,做七言诗,做严格的词,做极不整齐的长短句;做有韵诗,做无韵诗,做种种音节上的试验,——要看白话是不是可以做好诗，要看白话诗是不是比文言诗更好一点。这是我们这班白话诗人的"实验的精神"。

我这本集子里的诗，不问诗的价值如何，总都可以代表这点实验的精神。这两年来，北京有我的朋友沈尹默、刘半农、周豫才、周启明、傅斯年、俞平伯、康白情诸位，美国有陈衡哲女士，都努力作白话诗。白话诗的试验室里的试验家渐渐多起来了。但是大多数的文人仍旧不敢轻易"尝试"。他们永不来尝试尝试，如何能判断白话诗的问题呢？耶稣说得好："收获是很好的，可惜做工的人太少了。"所以我大胆把这本《尝试集》印出来，要想把这本集子所代表的"实验的精神"贡献给全国的文人，请他们大家都来尝试尝试。（《胡适全集》第10卷，安徽教育出版社2003年，第31—32页）

这里，他提到的"努力作白话诗"的朋友，写上了鲁迅、周作人兄弟的名字。当时鲁迅兄弟二人都在《新青年》上发表了新体诗。鲁迅发表的有《梦》、《爱之神》、《桃花》（均在第四卷第五号）、《他们的花园》、《人与时》（均在第五卷第一号），周作人有《小河》（第六卷第二号）、《两个扫雪的人》、《微明》、《路上所见》（均在第六卷第三号）。胡适对这些诗评价甚高。他在《谈新诗》一文中说："最明显的例就是周作人君的《小河》长诗。这首诗是新诗中的第一首杰作，但是那样细密的观察，那样曲折的理想，决不是那旧式的诗体词调所能达得出的。"

在这篇《谈新诗》里，谈到白话诗的平仄和用韵这些事情的时候，胡适举周作人的诗作为例：

白话里的平仄，与诗韵里的平仄有许多大不相同的地方。同一个字,单独用来是仄声,若同别的字连用,成为别的字的一部分,就成了很轻的平声了。例如"的"字,"了"字,都是仄声字,在"扫雪的人"和"扫净了东边"里,便不成仄声了。我们简直可以说,白话诗里只有轻重高下,没有严格的平仄。例如,周作人君的《两个扫雪的人》的两行:

祝福你扫雪的人!

我从清早起,在雪地里行走,不得不谢谢你。

(《新青年》六,三)

"祝福你扫雪的人"上六个字都是仄声,但是读起来自然有个轻重高下。"不得不谢谢你"六个字又都是仄声,但是读起来也有个轻重高下。又如同一首诗里有"一面尽扫,一面尽下"八个字都是仄声,但读起来不但不拗口,并且有一种自然的音调。白话诗的声调不在平仄的调剂得宜,全靠这种自然的轻重高下。

至于用韵一层,新诗有三种自由:第一,用现代的韵,不拘古韵,更不拘平仄韵。第二,平仄可以互相押韵,这是词曲通用的例,不单是新诗如此。第三,有韵固然好,没有韵也不妨。新诗的声调既在骨子里,——在自然的轻重高下,在语气的自然区分,——故有无韵脚都不成问题。例如周作人君的《小河》虽然无韵,但是读起来自然有很好的声调,不觉得是一首无韵诗。我且举一段如下:

……

小河的水是我的好朋友,

他曾经稳稳的流过我面前,

我对他点头,他对我微笑,

> 我愿他能够放出了石堰，
>
> 仍然稳稳的流着，
>
> 向我们微笑
>
> ……

又如周君的《两个扫雪的人》中一段：

> ……
>
> 一面尽下：
>
> 扫净了东边，又下满了西边；
>
> 扫开了高地，又填平了洼地。

这是用内部词句的组织来帮助音节，故读时不觉得是无韵诗。（《胡适全集》第 1 卷，第 171—173 页）

正如胡适称他自己的诗集为《尝试集》一样，周作人（以及鲁迅）的这些白话诗作品也是为了突破流传了千百年的诗歌体裁的一种尝试吧。他们也可以说是属于新体诗的最早探索者，在当时影响是大的。后来朱自清在《〈中国新文学大系·诗集〉导言》中评论这一时期的诗作，说"只有鲁迅氏兄弟全然摆脱了旧镣铐，周启明氏简直不大用韵，他们另走上'欧化'一路"（《朱自清全集》第 4 卷，江苏教育出版社 1996 年，第 368—369 页）。不过鲁迅自己在《集外集·序言》中说："我其实是不喜欢做新诗的，只因为那时诗坛寂寞，所以打打边鼓，凑些热闹；待到称为诗人的一出现，就洗手不作了。"（《鲁迅全集》第 7 卷，人民文学出版社 2005 年，第 4 页）

1920 年年底，胡适为了准备《尝试集》的新版本，将自己删定的一本送请一些朋友提意见，他在《尝试集》四版自序里说了这一件请朋友删诗的事：

删诗的事,起于民国九年的年底。当时我自己删了一遍,把删剩的本子送给任叔永、陈莎菲,请他们再删一遍。后来又送给鲁迅先生删一遍。那时周作人先生病在医院里,他也替我删一遍。后来俞平伯来北京,我又请他删一遍。他们删过之后,我自己又仔细看了好几遍,又删去了几首,同时却也保留了一两首他们主张删去的。例如《江上》,鲁迅与平伯都主张删,我因为当时的印象太深了,舍不得删去。又如《礼》一首(初版、再版皆无),鲁迅主张删去,我因为这诗虽是发议论,却不是抽象的发议论,所以把他保留了。有时候,我们也有很不同的见解。例如《看花》一首,康白情写信来,说此诗很好,平伯也说他可存;但我对于此诗,始终不满意,故再版时,删去了两句,四版时竟全删了。

再版时添的六首诗,此次被我删去了三首,又被鲁迅、叔永、莎菲删去了一首。(《胡适全集》第 10 卷,第 44 页)

这件事在鲁迅的书信中可以得到印证。鲁迅在 1921 年 1 月 15 日给胡适的复信说:

今天收到你的来信。《尝试集》也看过了。
我的意见是这样:
《江上》可删。
《我的儿子》全篇可删。
《周岁》可删;这也只是寿诗之类。
《蔚蓝的天上》可删。
《例外》可以不要。
《礼!》可删;与其存《礼!》,不如留《失[希]望》。

我的意见就只是如此。

启明生病，医生说是肋膜炎，不许他动。他对我说，"《去国集》是旧式的诗，也可以不要了"。但我细看，以为内中确有许多好的，所以附着也好。……

我觉得近作中的《十一月二十四夜》实在好。(《鲁迅全集》第 11 卷，第 388—389 页)

可见鲁迅是认真对待胡适去请他删诗这件事的。

胡适也很重视他们两人的意见。他 1921 年 2 月 14 日致周作人的信中说："你们两位对于我的诗的选择去取，我都极赞成。只有《礼!》一首，我觉得他虽是发议论而不陷于抽象说理，且言语也还干净，似尚有可存的价值。其余的我都依了你们的去取。"(《胡适全集》第 23 卷，第 355 页)从这一件事可以看到，这时胡适完全是把鲁迅、周作人兄弟看作文章知己的。

胡适也很看好周作人 1918 年发表的文学论文《人的文学》一文。他在《〈中国新文学大系·建设理论集〉导言》中评论说："次年(七年)12 月里，《新青年》(五卷六号)发表周作人先生的《人的文学》。这是当时关于改革文学内容的一篇最重要的宣言。"胡适在这　篇 1935 年写的导言中详细评述《人的文学》一义，说：

这是一篇最平实伟大的宣言(他的详细节目，至今还值得细读)。周先生把我们那个时代所要提倡的种种文学内容，都包括在一个中心观念里，这个观念他叫做"人的文学"。他要用这一个观念来排斥中国一切"非人的文学"(他列举了十大类)，来提倡"人的文学"。他所谓"人的文

8

学"，说来极平常，只是那些主张"人情以内，人力以内"的
"人的道德"的文学。

在周作人先生所排斥的十类"非人的文学"之中，有
《西游记》《水浒》《七侠五义》，等等。这是很可注意的。
我们一面夸赞这些旧小说的文学工具（白话），一面也不能
不承认他们的思想内容实在不高明，够不上"人的文学"。
用这个新标准去评估中国古今的文学，真正站得住脚的作
品就很少了。所以周先生的结论是："还须介绍译述外国的
著作，扩大读者的精神，眼里看见了世界的人类，养成人的
道德，实现人的生活。"

关于文学内容的主张，本来往往含有个人的嗜好，和时
代潮流的影响。《新青年》的一班朋友在当年提倡这种淡薄
平实的"个人主义的人间本位"，也颇能引起一班青年男女
向上的热情，造成一个可以称为"个人解放"的时代。然而
当我们提倡那种思想的时候，人类正从一个"非人的"血战
里逃出来，世界正在起一种激烈的变化。在这个激烈的变
化里，许多制度与思想又都得经过一种"重新估价"。十几
年来，当日我们一班朋友郑重提倡的新文学内容渐渐受一
班新的批评家的指摘，而我们一班朋友也渐渐被人唤作落
伍的维多利亚时代的最后代表者了！（《胡适全集》第 12
卷，第 297—298 页）

在这一篇导言里，胡适把"国语的文学，文学的国语"算作
中国新文学运动的第一个作战口号，而把"人的文学"算作"中
国新文学运动的第二个作战口号"。（《胡适全集》第 12 卷，第
294 页）

1921 年蔡元培和北京大学一些教授发起出版《世界丛书》,专收世界各国名著的译本,入选者交商务印书馆出版。蔡元培委托胡适为世界丛书社审阅书稿。胡适于 1921 年 8 月 30 日致信周作人,向他们兄弟约稿:"我想你们兄弟做的小说已可以成一集,可否汇集起来,交'世界丛书社'出版?又《点滴》以后,你译的小说也不少了,我希望你能把这一集交'世界丛书社'出版。《点滴》排印错误太多,殊使人失望。商务印刷,可无此病。"(《胡适全集》第 23 卷,第 379 页)

这里说的《点滴》是周作人翻译的外国短篇小说集,1920 年 8 月由北京大学出版部出版,为新潮社《文艺丛书》之一。这时周作人在香山碧云寺养病,这封信是由鲁迅转去的。鲁迅 1921 年 9 月 4 日致周作人的信中说:"胡适之有信来(此信未封,可笑!)今送上。据说则尚有一信,孙公(伏园)藏而居于浦镇也。彼欲印我辈小说,我想我之所作于《世界丛书》不宜,而我们之译品,则尚太无片段,且多已豫约,所以只能将来别译与之耳。"(《鲁迅全集》第 11 卷,第 417 页)

胡适前来约稿,是他真正看好这两位的著译;鲁迅也正是持认真负责的态度才没有立刻答应。自己创作的小说当然于专门收译文的《世界丛书》不宜。他说的"将来别译与之",后来是兑现了的,鲁迅、周作人、周建人合译的《现代小说译丛》(1922 年 5 月出版),鲁迅、周作人合译的《现代日本小说集》(1923 年 6 月出版),都是交给《世界丛书》出版的。

这时他们已经不仅仅是文字之交。在周作人看来,胡适已经是可以托他帮忙办一点私事的朋友了。为了帮三弟周建人求得一个适当的职业,周作人请胡适出面去向商务印书馆编译所

推荐。胡适不负所托,把这事办成了。他 1921 年 8 月 18 日复周作人的信中说:

> 你的兄弟建人的事,商务已答应请他来帮忙,但是月薪只有六十元,不太少否? 如他愿就此事,请他即来。来时可到宝山路商务编译所寻高梦旦先生与钱经宇先生(《东方》主任),此事之成,钱君出力为多。(《胡适全集》第 23 卷,第 378 页)

周作人在收到这封复信之前,不知道这事能不能办成,心里着急,又写了一信去催问,胡适在同月 30 日复信说:

> 今天得你十五日的信(此信半月始到),谈起令弟的事。这事我十几日前已有信给你,托孙伏园转交,不知此信曾寄到否? 信中大意是请令弟即来,月薪六十元,来时可先见《东方》主任钱君及编译所长高梦旦君。此事之成,以钱君之力为多。(《胡适全集》第 23 卷,第 378 页)

1921 年 9 月,周建人就到了上海商务印书馆编译所,分配在章锡琛主编的《妇女杂志》编辑部工作。从此他在商务印书馆工作了二十三年,直到 1944 年 11 月商务印书馆大裁员才离开。

胡适还推荐周作人到燕京大学去任教。1921 年 2 月 14 日胡适写信给他说:

> 启明兄:
>   北京的燕京大学虽是个教会的学校,但这里的办事

人——如校长 Dr. stuart（司徒博士）及教务长 Porter（博晨光）都是很开通的人，他们很想把燕京大学办成一个于中国有贡献的学校。上星期他们决议要大大的整顿他们的"中国文"一门。他们要请一位懂得外国文学的中国学者去做国文门的主任，给他全权做改革的计划与实行。

可是这个人不容易寻找！昨天他们托我的朋友朱我农来和我商量。朱君和我都以为你是最适当的人，朱君便请我转达此意，并为他们劝驾。我细想了一回，觉得此事确是很重要。这个学校的国文门若改良好了，一定可以影响全国的教会学校及非教会学校。最要紧的自由全权，不受干涉；这一层他们已答应我了。我想你若肯任此事，独当一面的去办一个"新的国文学门"，岂不远胜于现在在大学的教课？

他们的条件是：

（1）薪俸，不论多少，都肯出。他们的薪俸通常是二百元一月，暑假加北戴河避暑的费用。

（2）全不受干涉。

他们很诚恳的托我，我也很诚恳的请你对于这个提议作一番细细的斟酌，并望你给我一个回信。

适　十二、十四

（《胡适全集》第 23 卷，第 354—355 页）

周作人愿意去燕京大学，回信说：

适之兄：

来信敬悉。燕大事甚感盛意。我也颇有试去一看之意，但我知道才力很不够。一因没有办事能力，缺少决断；二因我

的英文只有读书力不够谈话。又现在病还未愈,大约尚费时日;大学方面也有牵连。所以有两件事要请你一问:

一、办事情形及办事时间如何?

二、今年从第几学期起?

三、须兼何种教课么?

要费你与朱先生的心,不胜感谢。

周作人　二月十五日

(耿云志主编:《胡适遗稿及秘藏书信》第 29 册,黄山书社 1994 年,第 553—554 页)

对于周作人提出的一些问题,朱我农在致胡适信中作了明确的回答。胡适把这封信转给了周作人:

适之兄:

周启孟先生要你问我的几件事,我现在详细分别答复如下:

(一)周君的职务是中文系主任,有支配该系一切事件的权。(以我看起来,这是个极好的事情,周君可以在这里组成一个模范的中文系。一切都非常的自由,校长和教务长除了反对宗教之外,决不干涉其他进行。)

(二)周君的办事时间,可由周君自己定。

(三)由暑假后开学时起(九月十三号),这就是民国十一年第一学期。(送上布告一本,请你交周君,这本布告是我做的,因为有不得已的苦衷,所以用的是文言,请你不要骂我。)但是聘定周君的日期,大约在八月或更早,如此就可以使周君有改组该系的时间了。

（四）兼的教课，也由周君自定。总而言之，燕京大学是要周君来改良中文系；是要把这改良的全权，交给周君的；是要周君把这个中文系，照他的理想去办，作他一个试验品的。

我想我的意思已经说明白了。我因为今天事忙，所以不能再写了。

下礼拜我想请你和周君、司徒君、Porter（博晨光）君、刘廷芳君，大家叙一叙；那时候我们就可以畅畅快快的把我们这里的希望说给周君和你听；你和周君也可以发表意见了，你说好吗？一二日你可以给我介绍周君吗？

我农 十、二、十六

（中国社会科学院近代史研究所中华民国史研究室编：《胡适来往书信选》上册，中华书局 1979 年，第 125—126 页）

胡适把这封信转给周作人的时候，在最末一句上加上眉批："这一层我已告以你现在病初愈，须稍缓。"

这件事因为周作人生病耽误了一年，到下一年才办妥。胡适 1922 年 3 月 4 日的日记："十时半，燕京大学校长司徒雷登与刘廷芳来，启明来。燕京大学想改良国文部，去年他们想请我去，我没有去，推荐周启明去。（启明在北大，用违所长，很可惜的，故我想他出去独当一面。）启明答应了，但不久他就病倒了。此事搁置了一年，今年他们又申前议，今天我替他们介绍。他们谈的很满意。"（《胡适全集》第 29 卷，第 528 页）这次直接交谈把事情定了下来，秋季开学的时候周作人就到燕京大学任教去了。

1922年1月《学衡》杂志出版，第一期上刊出了胡先骕的《评〈尝试集〉》一文，对胡适的《尝试集》全盘否定。这时出来反驳胡先骕的是周作人。他在1922年2月4日的《晨报副刊》上发表《〈评《尝试集》〉匡谬》一文（署名"式芬"），指出胡先骕的这篇文章"很有几个背谬的处所，不合于'学者之精神'"。胡适看了这篇，在这天的日记中说它"颇有中肯的话，末段尤不错"。

1922年是《申报》创刊五十周年，申报馆要出版纪念文集《最近之五十年》，约请一些知名人士撰文。请胡适写的是《五十年来中国之文学》。文章最后一节写的是"这五六年的文学革命运动"，其中对鲁迅、周作人兄弟的作品作了很高的评价。文章说：

　　至于这五年以来白话文学的成绩，因为时间过近，我们还不便一一的下评判。但是我们从大势上看来，也可以指出几个要点：第一，白话诗可以算是上了成功的路了。诗体初解放时，工具还不伏手，技术还不精熟，故还免不了过渡时代的缺点。但最近两年的新诗，无论是有韵诗，是无韵诗，或是新兴的"短诗"，都很有许多成熟的作品。我可以预料十年之内的中国诗界定有大放光明的一个时期。第二，短篇小说也渐渐的成立了。这一年多（1921以后）的《小说月报》已成了一个提倡"创作"的小说的重要机关，内中也曾有几篇很好的创作。但成绩最大的却是一位托名"鲁迅"的。他的短篇小说，从四年前的《狂人日记》到最近的《阿Q正传》，虽然不多，差不多没有不好的。第三，白话散文很进步了。长篇议论文的进步，那是显而易见的，可以不论。这几年来，散文方面最可注意的发展乃是周作人等提倡的"小品散文"。这一类的小品,用平淡的谈话,包藏着深刻的意味;有时很像笨拙,其实却是滑稽。这一类的作品的成功,就可彻底打破那"美文不能用白话"的迷信了。第四,戏剧与长篇小说的成绩最坏。戏剧还有人试做;长篇小说不但没有人做,几乎连译本都没有了!(《胡适全集》第2卷,第342—343页)

胡适在《五十年来中国之文学》一文中还评论了鲁迅和周作人的译文。鲁迅和周作人最早的文学活动是在日本留学时候出版的《域外小说集》。鲁迅1932年1月16日致增田涉的信中说到那时为什么要出版这本书:"《域外小说集》发行于1907年或1908年,我与周作人还在日本东京。当时中国流行林琴南用古文翻译的外国小说,文章确实很好,但误译很多。我们对此感到不满,想加以纠正,才干起来的。"胡适在这篇文章里表示,他们的译文确实要比林琴南高明:"周作人同他的哥哥也曾用古文来译小说。他们的古文工夫既是很高的,又能直接了解西文,故他们译的《域外小说集》比林(纾)译的小说确是高的多。"(《胡适全集》第2卷,第280页)

二

胡适和鲁迅又都致力于中国小说史的研究,两个人在研究中友好合作互相提供资料。他们的研究都做出了很好的成绩。

胡适写作《〈西游记〉考证》,就得到鲁迅不少帮助。胡适1922年8月14日日记:"豫才送来关于《西游记》的材料五纸,信两纸。"这"关于《西游记》的材料五纸"胡适都把它转录到《〈西游记〉考证》里了。"信两纸"如下:

适之先生：

关于《西游记》作者事迹的材料，现在录奉五纸，可以不必寄还。《山阳志遗》末段论断甚误，大约吴山夫未见长春真人《西游记》也。

昨日偶在直隶官书局买《曲苑》一部（上海古书流通处石印），内有焦循《剧说》引《茶余客话》说《西游记》作者事，亦与《山阳志遗》所记略同。从前曾见商务馆排印之《茶余客话》，不记有此一条，当是节本，其足本在《小方壶斋丛书》中，然而舍间无之。

《剧说》又云，"元人吴昌龄《西游》词与俗所传《西游记》小说小异"，似乎元人本焦循曾见之。既云"小异"，则大致当同，可推知射阳山人演义，多据旧说。又《曲苑》内之王国维《曲录》亦颇有与《西游记》相关之名目数种，其一云《二郎神锁齐天大圣》，恐是明初之作，在吴之前。

倘能买得《射阳存稿》，想当更有贵重之材料，但必甚难耳。明重刻李邕《娑罗树碑》，原本系射阳山人所藏，其诗又有买得油渍云林画竹题，似此君亦颇好擦骨董者也。

同文局印之有关于《品花》考证之宝书，便中希见借一观。

树人　上　八月十四日

8 月 21 日又有一封信：

适之先生：

前回承借我许多书，后来又得来信。书都大略看过了，现在送还，谢谢。

大稿已经读讫，警辟之至，大快人心！我很希望早日印成，因为这种历史的提示，胜于许多空理论。但白话的生长，总当以《新青年》主张以后为大关键，因为态度很平正，若夫以前文豪之偶用白话入诗文者，看起来总觉得和运用"僻典"有同等之精神也。

现在大稿亦奉还，李伯元八字已钞在上方。

《七侠五义》的原本为《三侠五义》，在北京容易得，最初似乎是木聚珍板，一共四套廿四本。问起北京人来，只知道《三侠五义》，而南方人却只见有曲园老人的改本，此老实在可谓多此一举。

《纳书楹曲谱》中所摘《西游》，已经难以想见原本。《俗西游》中的《思春》，不知是甚事。《唐三藏》中的《回回》，似乎唐三藏到西夏，一回回先捣乱而后皈依，演义中无此事。只有补遗中的《西游》，似乎和演义最相近，心猿意马，花果山，紧箍咒，无不有之。《揭钵》虽演义所无，但火焰山、红孩儿当即由此化出。杨掌生笔记中曾说演《西游》，扮女儿国王，殆当时尚演此剧，或者即今也可以觅得全曲本子的。

　　　　　　　　　　　　　树人　上　八月二十一日

再《西游》中两提"无支祁"（一作巫枝祇），盖元时盛行此故事，作《西游》者或亦受此事影响。其根本见《太平广记》卷四六七《李汤》条。

在《〈西游记〉考证》一文中，胡适几次谈到鲁迅对他的帮助：

　　　前不多时，周豫才先生指出《纳书楹曲谱补遗》卷一中

18

选《西游记》四出,中有两出提到"巫枝祇"和"无支祁"。《定心》一出说孙行者"是骊山老母亲兄弟,无支祁是他妹妹"。又《女国》一出说:似摩腾伽把阿难摄在瑶山上,若鬼子母将如来围定在灵山上,无支祁把张僧拿在龟山上。不是我魔王苦苦害真僧,如今佳人个个要寻和尚。周先生指出,作《西游记》的人或亦受这个无支祁故事的影响。我依周先生的指点,去寻这个故事的来源;《太平广记》卷四六七《李汤》条下,引《古岳渎经》第八卷云:……(《胡适全集》第2卷,第666页)

周先生又指出朱熹《楚辞辩证·天问》篇下有一条云:……(《胡适全集》第2卷,第666页)

今看《西游记》曲中……《揭钵》一折虽是演义所无,但周豫才先生说"火焰山红孩儿当即由此化出",是很不错的。……(《胡适全集》第2卷,第672页)

周先生考出《茶余客话》此条系根据吴玉搢的《山阳志遗》卷四的,原文是:……(《胡适全集》第2卷,第676页)
……

关于对《西游记》的研究,胡适1930年4月30日致杨杏佛的信中还谈到一件有趣的事:

记得五六年前曾与周豫才先生兄弟闲谈,我说,《西游记》的"八十一难",最不能令人满意,应该这样改作:唐僧取了经回到通天河边，梦见黄风大王等等妖魔向他索命，唐僧醒来，叫三个徒弟驾云把经卷送回唐土去讫，他自己却念动真言，把当日想吃唐僧一块肉延寿三千年的一切冤魂都召请来，他自己动手，把身上的肉割下来布施给他们吃，一切冤魂吃了唐僧的肉都得超生极乐世界，唐僧的肉布施完了，他也成了正果。如此结束，最合佛教精神。

　　我受了十余年的骂，从来不怨恨骂我的人。有时他们骂的不中肯，我反替他们着急。有时他们骂的太过火了，反损骂者自己的人格，我更替他们不安。如果骂我而使骂者有益，便是我间接于他有恩了，我自然很情愿挨骂。如果有人说，吃胡适一块肉可以延寿一年半年，我也一定情愿自己割下来送给他，并且祝福他。（《胡适全集》第 24 卷，第 44—45 页）

到了 1934 年 6 月，胡适把这篇《〈西游记〉的第八十一难》写出来了。正文前面的引言说：

　　十年前我曾对鲁迅先生说起《西游记》的第八十一难（九十九回），未免太寒伧了，应该大大的改作，才衬得住一部大书。我虽有此心，终无此闲暇，所以十年过去了，这件改作《西游记》的事终未实现。前几天，偶然高兴，写了这一篇，把《西游记》的第八十一难完全改作过了。自第九十九回"菩萨将难簿目过了一遍"起，到第一百回"却说八大金刚使第二阵香风，把他四众，不一日送回东土"为止，中间足足改换了六千多字。因为《学文月刊》的朋友们要稿子，就请他们把这篇"伪书"发表了。现在收在这里，请爱读《西游记》的人批评指教。

二十三，七、一，胡适记

（《胡适全集》第4卷，第443—454页）

1920年鲁迅在北京大学国文系开中国小说史的课，讲义就是那一本后来成为名著的《中国小说史略》（上册1923年12月初版，下册1924年6月初版），其中也多处引用了胡适的考证成果。例如第十五篇《元明传来之讲史》（下），在说到《水浒传》几种版本文字异同原因的时候，就采用了胡适的说法：

> 至于刊落之由，什九当因于世变，胡适（《文存》三）说："圣叹生在流贼遍天下的时代，眼见张献忠、李自成一班强盗流毒全国，故他觉得强盗是不能提倡的，是应该口诛笔伐的。"（《鲁迅全集》第9卷，第153页）

第十七篇《明之神魔小说》（中）说到《西游记》的作者吴承恩的时候，又引用了胡适的评语：

> 又作者禀性，"复善谐剧"，故虽述变幻恍忽之事，亦每杂解颐之言，使神魔皆有人情，精魅亦通世故，而玩世不恭之意寓焉（详见胡适《西游记考证》）。（《鲁迅全集》第9卷，第171页）

第二十四篇《清之人情小说》，在分析《红楼梦》这部小说的性质的时候，也是采用胡适的意见：

然谓《红楼梦》乃作者自叙,与本书开篇契合者,其说之出实最先,而确定反最后,嘉庆初,袁枚(《随园诗话》二)已云:"康熙中,曹练亭为江宁织造……其子雪芹撰《红楼梦》一书,备记风月繁华之盛。中有所谓大观园者,即余之随园也。"末二语盖夸,余亦有小误(如以"楝"为练,以"孙"为子),但已明言雪芹之书,所记者其闻见矣。而世间信者特少,王国维(《静庵文集》)且诘难此类,以为"所谓亲见亲闻者,亦可自旁观者之口言之,未必躬为剧中之人物"也,迨胡适作考证,乃较然彰明,知曹雪芹实生于荣华,终于苓落,半生经历,绝似"石头",著书西郊,未就而没;晚出全书,乃高鹗续成之者矣。

　　雪芹名霑,字芹溪,一字芹圃,正白旗汉军。祖寅,字子清,号楝亭,康熙中为江宁织造。清世(圣)祖南巡时,五次以织造署为行宫,后四次皆寅在任。然颇嗜风雅,尝刻古书十余种,为时所称;亦能文,所著有《楝亭诗钞》五卷《词钞》一卷(《四库书目》),传奇二种(《在园杂志》)。寅子颙,即雪芹父,亦为江宁织造,故雪芹生于南京。时盖康熙末。雍正六年,颙卸任,雪芹亦归北京,时约十岁。然不知何因,是后曹氏似遭巨变,家顿落,雪芹至中年,乃至贫居西郊,啜饘粥,但犹傲兀,时复纵酒赋诗,而作《石头记》盖亦此际。乾隆二十七年,子殇,雪芹伤感成疾,至除夕,卒,年四十余(一七一九? ——七六三)。其《石头记》尚未就,今所传者止八十回。(详见《胡适文选》)(《鲁迅全集》第9卷,第244页)

　　第二十五篇《清之以小说见才学者》,写到李汝珍之作《镜花缘》。关于作者生平的介绍,就是利用胡适收集到的材料。胡适为亚东图书馆初版汪原放标点的《镜花缘》写了一篇"引论"，鲁迅即据以作了简要的转述：

> 汝珍字松石，直隶大兴人，少而颖异，不乐为时文，乾隆四十七年随其兄之海州任，因师事凌廷堪，论文之暇，兼及音韵，自云"受益极多"，时年约二十。其生平交游，颇多研治声韵之士；汝珍亦特长于韵学，旁及杂艺，如壬遁星卜象纬，以至书法弈道多通。顾不得志，盖以诸生终老海州，晚年穷愁，则作小说以自遣，历十余年始成，道光八年遂有刻本。不数年，汝珍亦卒，年六十余（约一七六三——八三〇）。于音韵之著述有《音鉴》，主实用，重今音，而敢于变古（以上详见新标点本《镜花缘》卷首胡适《引论》）。（《鲁迅全集》第9卷，第257页）

对于这部小说的主题思想，鲁迅也赞同胡适的意见：

> 书中关于女子之论亦多，故胡适以为"是一部讨论妇女问题的小说，他对于这个问题的答案，是男女应该受平等的待遇，平等的教育，平等的选举制度"。（详见本书《引论》四）（《鲁迅全集》第9卷，第259页）

胡适也有引用鲁迅的地方。他为1922年亚东图书馆出版汪原放标点的《三国演义》作序。文末加注："（注）作此序时，曾参用周豫才先生的《小说史讲义》稿本，不及一一注出，特记于此。"（《胡适全集》第2卷，第768页脚注）

《中国小说史略》第二十八篇《清末之谴责小说》中关于《官场现形记》作者李伯元生平事迹的介绍，倒是一件很有趣的事情。鲁迅和胡适两人互相引用了对方的材料。

鲁迅的《中国小说史略》说的是：

> 南亭亭长为李宝嘉，字伯元，江苏武进人，少擅制艺及诗赋，以第一名入学，累举不第，乃赴上海办《指南报》，旋辍，别办《游戏报》，为俳谐嘲骂之文，后以"铺底"售之商人，又别办《海上繁华报》，记注倡优起居，并载诗词小说，殊盛行。所著有《庚子国变弹词》若干卷，《海天鸿雪记》六本，《李莲英》一本，《繁华梦》、《活地狱》各若干本。又有专意斥责时弊者曰《文明小史》，分刊于《绣像小说》中，尤有名。时正庚子，政令倒行，海内失望，多欲索祸患之由，责其罪人以自快，宝嘉亦应商人之托，撰《官场现形记》，拟为十编，编十二回，自光绪二十七至二十九年中成三编，后二年又成二编，三十二年三月以瘵卒，年四十（一八六七——一九〇六），书遂不完；亦无子，伶人孙菊仙为理其丧，酬《繁华报》之揄扬也。尝被荐应经济特科，不赴，时以为高；又工篆刻，有《芋香印谱》行于世（见周桂笙《新庵笔记》三，李祖杰致胡适书及顾颉刚《读书杂记》等）。（《鲁迅全集》第9卷，第291—292页）

这里说他是用了胡适的材料。而胡适1927年11月12日作《官场现形记》序的时候，说的是：

> 《官场现形记》的著者自称"南亭亭长"，人都知道他是

李伯元，却很少人知道他的历史的。前几年因蒋竹庄先生（维乔）的介绍，我收到著者的侄子李祖杰先生的一封长信，才知道他的生平大概。

他的真姓名是李宝嘉，字伯元，江苏上元人，生于清同治六年（1867）。少年时，他在时文与诗赋上都做过工夫。他中秀才时，考的是第一名。他曾应过几次乡试，终不得中举人。后来在上海办《指南报》，不久就停了；又办《游戏报》，是上海"小报"中最早的一种。他后来把《游戏报》卖了，另办《繁华报》。他主办的《游戏报》，我不曾见过。我到上海时（1904），还见着《繁华报》。当时上海已有好几种小报专记妓女的起居、嫖客的消息、戏馆的角色等事。《繁华报》在那些小报之中，文笔与风趣都算得第一流。

他是一个多才艺的人。他的诗词小品散见当时的各小报；他又会刻图章，有《芋香印谱》行于世。他作长篇小说似乎多在光绪庚子（1900）拳祸以后。《官场现形记》是他的最长之作，起于光绪辛丑（1901），至癸卯年（1903）成前三编，每编十二回。后二年（1904—1905）又成一编。次年（光绪丙午，1906）他就死了。此书的第五编也许是别人续到第六十回勉强结束的。他死时，《繁华报》上还登着他的一部长篇小说，写的是上海妓家生活，我不记得书名了；他死后此书听说归一位姓欧阳的朋友续下去，后来就不知下落了。他的长篇小说只有一部《文明小史》是做完的，先在商务印书馆的《绣像小说》里分期印出，后来单印发行。

李宝嘉死时只有四十岁，没有儿子，身后也很萧条。当时南方戏剧界中享盛名的须生孙菊仙，因为对他有知己之感，出钱替他料理丧事。（以上记的，大体根据鲁迅的《中国小说史略》，页三二七—三二八。鲁迅先生自注，他的记载是根据周桂笙《新庵笔记》三，及李祖杰致胡适书。我现在客中，李先生原书不在我身边，故不及参校。《小说史略》初版记李氏死于光绪三十三年三月，年四十，而下注西历为"1867—1906"。1906为光绪三十二年丙午，我疑此系印时误排为三十三年。今既不及参校，姑且改为丙午，俟将来用李先生原书订正。)(《胡适全集》第3卷，第549—550页)

对于鲁迅的说法，胡适有不同意的地方，他也提出来讨论。例如《中国小说史略》第十二篇《宋之话本》中的这一段：

《京本通俗小说》不知本几卷，今存卷十至十六，每卷一篇，曰《碾玉观音》，曰《菩萨蛮》，曰《西山一窟鬼》，曰《志诚张主管》，曰《拗相公》，曰《错斩崔宁》，曰《冯玉梅团圆》等，每篇各具首尾，顷刻可了，与吴自牧所记正同。其取材多在近时，或采之他种说部，主在娱心，而杂以惩劝。体制则什九先以闲话或他事，后乃缀合，以入正文。……此种引首，与讲史之先叙天地开辟者略异，大抵诗词之外，亦用故实，或取相类，或取不同，而多为时事。取不同者由反入正，取相类者较有浅深，忽而相牵，转入本事，故叙述方始，而主意已明，耐得翁之所谓"提破"，吴自牧之所谓"捏合"，殆指此矣。凡其上半，谓之"得胜头回"，头回犹云前回，听说话者多军民，故冠以吉语曰得胜，非因进讲宫中，因有此名也。(《鲁迅全集》第9卷，第119—121页)

胡适在《宋人话本八种·序》里对此提出了不同的意见，他说：

> 鲁迅先生说引子的作用，最明白了；但他解释"得胜头回"，似不无可以讨论之处。《得胜令》乃是曲调之名。本来说书人开讲之前，听众未齐到，必须打鼓开场，《得胜令》当是常用的鼓调，《得胜令》又名《得胜回头》，转为《得胜头回》。后来说书人开讲时，往往因听众未齐，须慢慢地说到正文，故或用诗词，或用故事，也"权做个得胜头回"。《碾玉观音》用诗词做引子，《西山一窟鬼》连用十五首词作引子，但《错斩崔宁》便用魏进士的故事作引子，《冯玉梅》便用徐信夫妻团圆的故事作引子，这都是开场的"得胜头回"。（《胡适全集》第3卷，第600页）

这里胡适举《得胜令》曲调为立论的根据，这个解释当然要更圆满一些。

鲁迅《中国小说史略》第二十二篇《清之拟晋唐小说及其支流》讲《聊斋志异》作者蒲松龄的生平：

> 而专集之最有名者为蒲松龄之《聊斋志异》。松龄字留仙，号柳泉，山东淄川人，幼有轶才，老而不达，以诸生授徒于家，至康熙辛卯始成岁贡生（《聊斋志异》序跋），越四年遂卒，年八十六（一六三〇——一七一五）。所著有《文集》四卷，《诗集》六卷，《聊斋志异》八卷（文集附录张元撰墓表），及《省身录》、《怀刑录》、《历字文》、《日用俗字》、《农桑经》等（李桓《耆献类征》四百三十一）。（《鲁迅全集》第9卷，第215页）

这里说的蒲松龄的生卒年是依据《聊斋文集》附录张元撰墓表。可是鲁迅不知道，他所引以为据的张元撰墓表，并不是张元撰《柳泉蒲先生墓表》原本，而是那个伪造《聊斋文集》、《诗集》的人篡改过的。张元撰墓表原本是说他"卒年七十六"的。胡适花了大力气，1931年写了篇《辨伪举例——蒲松龄的生年考》（《胡适全集》第4卷，第343—352页），把这个问题考证清楚了：蒲松龄的生卒年是1640—1715。现在出版的《鲁迅全集》已经据以加注将蒲松龄的生卒年改正了。

鲁迅《中国小说史略》第二十六篇《清之狭邪小说》谈韩子云（云间花也怜侬）著《海上花列传》，书中引有这样一种传说，说这是作者为了敲诈而写的一本谤书。只是鲁迅慎重地用了"相传"二字（《鲁迅全集》第9卷，第274页），表示只是介绍一种传说，并没有表示赞同与否的意思。胡适以为这个传说是对作者韩子云的诬蔑，他为亚东版《海上花列传》作序，第二节就是"替作者辩诬"。他说：

> 关于韩子云的历史，我们只有这些可靠的材料。此外便是揣测之词了。这些揣测之词，本不足辩；但内中有一种传闻，不但很诬蔑作者的人格，并且伤损《海上花》的价值，我们不可以轻轻放过。这种传闻说：
>
> 书中赵朴斋以无赖得志，拥资巨万。方堕落时，致鬻其妹子青楼中，作者尝救济之云。会其盛时，作者侨居窘苦，向借百金，不可得，故愤而作此以讥之也。然观其所刺褒瑕瑜，常有大于赵某者焉。然此书卒厄于赵，挥巨金，尽购而焚之。后人畏事，未敢翻刊。（清华排本《海上花》的许厪父序）
>
> 鲁迅先生的《中国小说史略》也引有一种传说。他说：

书中人物亦多实有，而悉隐其真姓名，惟不为赵朴斋讳。相传赵本作者挚友，时济以金，久而厌绝，韩遂撰此书以谤之。印卖至第二十八回，赵急致重赂，始辍笔，而书已风行。已而赵死，乃续作贸利，且放笔至写其妹为倡云。（《中国小说史略》页三〇九）

我们试比较这两条，便可断定这种传闻是随意捏造的了。前一条说赵朴斋挥金尽买此书而焚之，是全书出版时赵尚未死。后一条说赵死之后，作者乃续作全书。这是一大矛盾。前条说作者曾救济赵氏，后条说赵氏时救济作者：这是二大矛盾。前条说赵朴斋之妹实曾为倡；后条说作者"放笔至写其妹为倡"，是她实不曾为倡而作者诬她为倡：这是三大矛盾。——这些矛盾之处，都可以教我们明白这种传说是出于揣测臆造。譬如汉人讲《诗经》，你造一说，他造一说，都自夸有师传；但我们试把齐、鲁、韩、毛四家的说法排列在一块，看他们互相矛盾的可笑，便可以明白他们全是臆造的了。

我这样的断案也许不能叫人心服。且让我从积极方面提出证据来给韩子云辩诬。韩子云在光绪辛卯年（1891）北上应顺天乡试，与孙玉声先生同行南归。他那时不是一个穷急无赖靠敲竹杠度日的人，有孙先生可作证。那时他的《海上花》已有二十四回的稿子了。次年壬辰（1892）二月，《海上花》的第一、第二回就出版了。我们明白这一层事实，便知道韩子云决不至于为了借一百块钱不成而做一部二十五万字的书来报仇的。

况且《海上花》初出在壬辰二月，到壬辰十月出到第二十八回，方才停版，改出单行石印本。单行的全部六十四回本出版在光绪甲午（1894）年正月，距离停版之时，仅十四个月。写印一部二十五万字的大书要费多少时间？中间那有因得了"重赂"而辍笔的时候？懂得了这一层事实，更可以明白"印卖至第二十八回，赵急致重赂，始辍笔；……赵死乃续作贸利"的话全是无根据的诬蔑了。（《胡适全集》第3卷，第509—511页）

这一篇替作者辩诬是有力的，足以澄清《中国小说史略》引用的不实的传说。

在互相介绍资料方面，鲁迅曾经介绍胡适买过一部百廿回本《水浒》。这件事胡适在1943年5月25日致王重民的信里说到了：

> 我在民国九年（1920）考证《水浒》，其时《水浒》通行本只有金圣叹的七十一回本、藏书家亦不知收藏小说善本古本。此后十年之中，《水浒》的百回本、百廿回本、百十五回本等等相继出现，都是因为我们几个人肯出重价收买。重赏之下，古本自出了。
>
> 我记得有一天，鲁迅介绍一部百廿回本《水浒》，索价五十元，我不还价，就买了他。次日有朋友来说："此书是齐某人在黑市上用两块钱买的，你受冤了！"我说："不然。只有有人知道我肯花五十元买一部古《水浒》，《水浒》和其他小说的古本就会跑出来了。"
>
> 我和马隅卿、孙子书诸人在文学史上的贡献，只是用校勘考证的方法去读小说书。读小说要考证校勘，然后感觉古本精本的需要。否则石印的圣叹评本确是比百回古本方便的多多也。（《胡适全集》第24卷，第626页）

只是这封信中说的和事实有一点出入。这个出让百二十回本《水浒传》的人就是鲁迅的好友、教育部的同事齐宗颐，字寿山。鲁迅1923年12月28日致胡适信中谈到自己写作《中国小说史略》时曾经向齐寿山借阅参考书的事："百二十回本《水浒传》曾于同寮（僚）齐君家借翻一过，据云于保定书坊得之，似清翻明本，有图，而于评语似多所刊落，印亦尚佳，恐不易再得。齐君买得时，云价只四元。"（《鲁迅全集》第11卷，第439页）在齐寿山，以贱价买得一部珍本，是一件得意的事，想必是他在借这书给鲁迅用的时候，作为一种趣闻说给鲁迅听了的。鲁迅在和胡适的通信中谈到这部书的时候，也是把这当作一种趣闻明白告诉了胡适的。大约齐寿山也把这件他自以为得意的事对不少人说过，辗转听说过的人就更多了。不过这一次鲁迅介绍胡适去买的，却并不是这一部书，而是另外的一部。这件事是鲁迅1924年2月9日写给胡适的信中说得很明白："前回买到百廿回本《水浒传》的齐君告诉我，他的本家又有一部这样的《水浒传》，板比他的清楚（他的一部已颇清楚）但稍破旧，须重装，而其人知道价值，要卖五十元，问我要否。我信中不想要。不知您可要么？"（《鲁迅全集》第11卷，第445页）可见胡适买下了这部书，并不是原来齐寿山只用四元买得的那一部。

三

　　这时，胡适和周作人之间，也常有见解异同的讨论。1919年7月，周作人去了一趟日本，到九州日向访问武者小路实笃，参观他的新村。这位作家1918年11月在日向的儿汤郡石河内买了一块地，建立了第一新村，从事耕作。这大约是前一世纪罗伯特·欧文的新和谐社区一类性质的乌托邦组织。周作人对这有浓厚的兴趣。他从7月6日到16日,十日间将日向的新村本部和几处支部历访了一遍,受到武者小路实笃和其他新村成员的亲切接待,对新村运动有了更直接、更具体的了解,他即写了一篇《访日本新村记》,详述了此行的经过和感受,登在《新潮》月刊第二卷第一号(1919年10月)上。在这篇文章里,周作人对新村作了最热情的赞颂。他说,他和一些会员一同在田间劳动了半天之后,"回到寓所,虽然很困倦,但精神却极愉快,觉得三十余年来未曾经过充实的生活,只有半日才算能超越世间善恶,略识'人的生活'的幸福,真是一件极大的喜悦"。不过他还是如实地告诉读者,这新村在经济上还不能够自给:

> 新村的农作物,虽然略有出产,还不够自用,只能作副食物的补助。预计再过三五年,土地更加扩充,农事也更有经验,可以希望自活;这几年中,却须仗外边寄赠,才能支持,至于土地建筑农具等临时费,便须待特捐及武者先生著作的收入等款项了。(钟叔河编订:《周作人散文全集》第2卷,广西师范大学出版社2009年,第180页)

这种收支情况怎么能够长期维持下去呢? 周作人接着说:

> 我深信这新村的精神决无错误,即使万一失败,其过并不在这理想的不充实,却在人间理性的不成熟。(《周作人散文全集》第2卷,第180页)

这岂不是说,如果新村失败,只是因为现实世界中的人不行,如果上帝制造出了一种理想的人类,完全大公无私的人类,新村就不会失败了。

胡适却有不同的见解。他在 1920 年 1 月 19 日上海《时事新报》上发表《非个人主义的新生活》一文(《胡适全集》第 1 卷,第 707—717 页),表示他"不赞成现在一般有志青年所提倡,我所认为'个人主义的'新生活"。他们"不满意于现社会,却又无可如何,只想跳出这个社会去寻一种超出现社会的理想生活"。谈到"近代的新村生活",胡适说:"这种新村的运动,因为恰合现在青年不满意于现社会的心理,故近来中国也有许多人欢迎,赞叹,崇拜。我也是敬仰武者先生一班人的,故也曾仔细考究这个问题。我考究的结果是不赞成这种运动。我以为中国的有志青年不应该仿行这种个人主义的新生活。"

他指出:"这种生活是避世的,是避开现社会的。这就是让步。这便不是奋斗。我们自然不应该提倡'暴力',但是非暴力的奋斗是不可少的。"而且"他们所信仰的'泛劳动主义'是很不经济的。他们主张:'一个人生存上必要的衣食住,论理应该用自己的力去得来,不该要别人代负这责任。'这话从消极一方面看,——从反对那'游民贵族'的方面看,——自然是有理的。但是从他们的积极实行方面看,他们要'人人尽劳动的义务,制造这生活的资料',——就是衣食住的资料,——这便是'矫枉过正'了。现在文化进步的趋势,是要使人类渐渐减轻生活的奋斗至最低度,使人类能多分一些精力出来,做增加生活意味的事业。新村的生活使人人都要尽'制造衣食住的资料'的义务,根本上否认分功进化的道理,增加生活的奋斗,是很不经济的。"胡适还表示,他根本不承认周作人提出的"改造社会,还要从改造个人做起"。他针锋相对地提出"个人是社会上无数势力造成的。改造社会须从改造这些造成社会,造成个人的种种势力做起。改造社会即改造个人"。周作人立刻在 1920 年 1 月 24 日《晨报》发表答辩文章《新村运动的解说》(《周作人散文全集》,第 2 卷,第 211—214 页)。不过这并不是一个在辩论会上争胜负的题目。从欧文、傅里叶开始,包括周作人去看过的日向,所有这些乌托邦的试验,直到国家规模的试验,无一不以失败告终。实践证明胡适说的要接近真理一些。

1920 年年末到 1921 年年初,《新青年》这个同人刊物的同人到了要分手的时候了。陈独秀、李大钊已经和共产国际派来的维经斯基取得联系,着手筹建中国共产党。《新青年》杂志也迅速向左转。1920 年 12 月 16 日陈独秀又写了一信给高一涵和胡适,谈《新青年》这刊物要怎样办下去的问题。信中他也说道:"《新青年》色彩过于鲜明,弟近来亦不以为然。"(《陈独秀著作选编》第 2 卷,上海人民出版社 2009 年,第 318 页)胡适在复信中,提出了三个解决办法:

1. 听《新青年》流为一种有特别色彩之杂志,而另创一个哲学文学的杂志,篇幅不求多,而材料必求精。

2. 若要《新青年》"改变内容",非恢复我们"不谈政治"的戒约,不能做到。但此时上海同人似不便做此一着,兄似更不便,因为不愿示人以弱。但北京同人正不妨如此宣言。故我主张趁兄离沪的机会,将《新青年》编辑部的事,自九卷一号移到北京来。由北京同人于九卷一号内发表一个新宣言,略根据七卷一号的宣言,而注重学术思想艺文的改造,声明不谈政治。

3. 暂时停办。(《胡适全集》第 23 卷,第 333 页)

胡适把陈独秀的来信和他的复信通报给《新青年》的同人。鲁迅是 1921 年 1 月 3 日午后收到这一通知的。他同周作人商量之后,就立即写了复信:

> 寄给独秀的信,启孟以为照第二个办法最好,他现在生病,医生不许他写字,所以由我代为声明。
>
> 我的意思是以为三个都可以的,但如北京同人一定要办,便可以用上两法而第二个办法更为顺当。至于发表新宣言说明不谈政治,我却以为不必,这固然小半在"不愿示人以弱",其实则凡《新青年》同人所作的作品,无论如何宣言,官场总是头痛,不会优容的。此后只要学术思想艺文的气息浓厚起来——我所知道的几个读者,极希望《新青年》如此,——就好了。(《鲁迅全集》第 11 卷,第 387 页)

这也就是后来鲁迅在《自选集·自序》中说的:"后来《新青年》的团体散掉了,有的高升,有的退隐,有的前进,我又经验了一回同一战阵中的伙伴还是会这么变化,并且落得一个'作家'的头衔,依然在沙漠中走来走去。"(《鲁迅全集》第 4 卷,第 469 页)

1921 年胡适准备在《努力周报》附刊一种《读书杂志》。2 月 22 日,作《发起〈读书杂志〉的缘起》。这篇《缘起》说:

> 差不多一百年前清朝的大学者王念孙和他的儿子王引之两个人合办了一种不朽的杂志,叫做《读书杂志》。这个杂志前后共出了七十六卷,这一百年来,也不知翻刻翻印了多少次了! 我们想象那两位白发的学者——一位八十多岁,一位六十多岁——用不老的精神和科学的方法,校注那

许多的古书来嘉惠我们,那一幅"白发校书图"还不够使我们少年人惭愧感奋吗?我是崇拜高邮王氏父子的一个人,现在发起这个新的《读书杂志》,希望各位爱读书的朋友们把读书研究的结果借他发表出来。一来呢,各人的心得可以因此得着大家的批评。二来呢,我们也许能引起国人一点读书的兴趣,——大家少说点空话,多读点好书!

胡适很喜爱这个刊物,他希望得到鲁迅、作人兄弟的合作,3月2日,他把一张《发起〈读书杂志〉的缘起》的印件寄给周作人,上面空白处写了一封短信:"启明兄:我现在发起这小玩意儿,请你帮助。豫才兄处,请你致意,请他加入。你可以走动了吗?我现在已上课,尚不觉怎样,但尚不耐久坐作文。适。"(《胡适全集》23卷,第355页)3月5日周作人回信给他,说:"你发起《读书杂志》,我极赞成,极愿能够有所帮助。不过恐怕我的力量不大够,因为这杂志性重研究,不好用普通的议论或翻译去塞责,而实在的研究工夫,我老实说,现在还很欠缺,大学月刊上不曾投稿便为这个缘故;但我总想努力,或者关于日本的东西可以做一点。"(《胡适遗稿及秘藏书信》第29册,第550页)

1922年3月初,中国社会主义青年团组织了一个"非基督教学生同盟",15日,中国社会主义青年团的机关刊物《先驱》第4号刊出《非基督教学生同盟宣言》。3月31日,周作人、钱玄同、沈兼士、沈士远、马裕藻五人联名发表针锋相对的《主张信教自由者的宣言》。这篇刊登在1922年3月31日北京《晨报》上的《宣言》全文是:

我们不是任何宗教的信徒,我们不拥护任何宗教,也不赞成挑战的反对任何宗教。我们认为人们的信仰,应当有绝对的自由,不受任何人的干涉,除去法律的制裁以外。信教自由,载在约法,知识阶级的人应首先遵守,至少也不应首先破坏。我们因此对于现在非基督教非宗教同盟的运动表示反对,特此宣言。

据胡适说,他也参与了这件事。他 1953 年 6 月 16 日答朱文长的信说:"我的存疑论或无神论与铁幕内的'反宗教者'有一点根本不同,我觉得这个社会能容忍我的无神论自由发表,我应该报答以同样的容忍。我少年时也曾因为主张'破除迷信',曾有很不容忍的议论。但廿五岁以后,我总努力克制自己,对自己的存疑态度虽绝不放松,而对他人的宗教信仰则努力谅解、容忍。故当中国开始提倡反宗教的时期,我曾与周作人诸人发表一篇短宣言(此文现在已不可得了,不曾收入《文存》去,因为稿似是周作人拟的),表示我们不赞成这种不容忍的态度。"(《胡适全集》第 25 卷,第 523 页)只是不知道胡适在什么程度上参与了这件事,也不知道为什么没有在《宣言》上签名。可以断言的是,在主张信教自由这一点上,胡适和周作人以及钱玄同、沈兼士、沈士远、马裕藻等人的态度是一致的。这篇《宣言》发表的当天,胡适就把剪报附在日记里了。

1922 年 4 月 23 日周作人在《晨报》上发表《思想界的倾向》一文(署名仲密),对思想界的现状表示悲观。胡适就写了《读仲密君〈思想界的倾向〉》和他讨论:

昨天报上登出仲密君的《思想界的倾向》,我读了颇有点感想。我觉得仲密君未免太悲观了。他说,"现在思想界的情形……是一个国粹主义勃兴的局面;他的必然的两种倾向是复古与排外"。仲密君又说,"照现在的情形下去,不出两年,大家将投身于国粹,着古衣冠,用古文字,制礼作乐,或参禅炼丹,或习技击,或治乩卜,或作骈律,共臻东方化之至治"。这种悲观的猜测,似乎错了。

仲密的根本错误是把已过去或将过去的情形看作将来的倾向。"复古与排外"的国粹主义,当然不在将来,而在过去。"着古衣冠,用古文字"的国粹主义,差不多成了过去了。即如"金心异"先生也曾穿过用糊绉做的"深衣"来上衙门;即如仲密先生十几年前译《域外小说集》时也曾犯过"用古文字"的嫌疑。但这些都成了过去了。

仲密君还有一个大错误,就是把"不思想界"的情形看作了"思想界"的情形。现在那些"参禅炼丹,或习技击,或治乩卜"的人,难道真是"思想界"中人吗?他们捧着一张用画片放在聚光点外照的照片,真心认作吕祖的真容,甘心叩头膜拜。这样的笨伯也当得起"思想界"的雅号吗?

现在的情形,并无"国粹主义勃兴"的事实。仲密君所举的许多例,都只是退潮的一点回波,乐终的一点尾声。

即使这一点回波果然能变成大浪,即使尾声之后果然还有震天的大响,那也不必使我们忧虑。

文学革命的健儿们,努力前进!文学革命若禁不起一个或十个、百个章太炎的讲学,那还成个革命军吗?(《胡适全集》第21卷,第263—266页)

这时,胡适和鲁迅周作人兄弟交往不少。如胡适1922年3

月 4 日所记:

> 与启明、豫才谈翻译问题。豫才深感现在创作文学的
> 人太少,劝我多作文学。我没有文学的野心,只有偶然的文
> 学冲动。我这几年太忙了,往往把许多文学的冲动错过了,
> 很是可惜。将来必要在这一方面努一点力,不要把我自己
> 的事业丢了来替人家做不相干的事。

又如胡适同年 8 月 11 日日记所记:

> 到小学女教员讲习会讲演《国语教学的兴趣》,希望他
> 们注重文法与文学。
> 讲演后,去看启明,久谈,在他家吃饭;饭后,豫才回来,
> 又久谈。周氏兄弟最可爱,他们的天才都很高。豫才兼有
> 赏鉴力与创造力,而启明的赏鉴力虽佳,创作较少。启明
> 说,他的祖父是一个翰林,滑稽似豫才;一日,他谈及一个负
> 恩的朋友,说他死后忽然梦中来见,身穿大毛的皮外套,对
> 他说:"今生不能报答你了,只好来生再图报答。"他接着谈
> 下去:"我自从那回梦中见他以后,每回吃肉,总有点疑心。"
> 这种滑稽,确有点像豫才。
> 豫才曾考一次,启明考三次,皆不曾中秀才,可怪。

四

1924 年 9 月,第二次直奉战争发生。当吴佩孚亲率大军在
前线和奉军对峙之时,10 月 23 日,冯玉祥潜回北京发动政变,囚

总统曹锟。11月1日,由参与这次政变机密的黄郛(膺白)、王正廷(儒堂)等人组织新政府,黄郛代理国务院总理兼任交通、教育两部总长,王正廷兼任外交、财政两部总长。11月5日,冯军包围清宫,逐废帝溥仪出宫。胡适当天就写信给王正廷抗议这件事。信稿原文如下:

儒堂先生:

先生知道我是一个爱说公道话的人,今天我要向先生们组织的政府提出几句抗议的话。今日下午外间纷纷传说冯军包围清宫,逐去清帝;我初不信,后来打听,才知道是真事。我是不赞成清室保存帝号的,但清室的优待乃是一种国际的信义,条约的关系。条约可以修正,可以废止,但堂堂的民国,欺人之弱,乘人之丧,以强暴行之,这真是民国史上的一件最不名誉的事。今清帝既已出宫,清宫既已归冯军把守,我很盼望先生们组织的政府对于下列的几项事能有较满人意的办法:

(1)清帝及其眷属的安全。

(2)清宫故物应由民国正式接收,仿日本保存古物的办法,由国家宣告为"国宝",永远保存,切不可任军人政客趁火打劫。

(3)民国对于此项宝物及其他清室财产,应公平估价,给与代价,指定的款,分年付与,以为清室养赡之资。

我对于此次政变,还不曾说过话;今天感于一时的冲动,不敢不说几句不中听的话。倘见着膺白先生,我盼望先生把此信给他看看。

胡适敬上 十三,十一,五

(《胡适全集》第23卷,第445—446页)

周作人在报纸上看到对这封信的报道,很不以为然。他就在 11 月 9 日写信给胡适说:

适之兄:

　　在报上见你致王正廷君信的断片,知道你很反对这回政府对于清室的处置。我没有见到全信,不能知道你的意见的全部,但是我怕你不免有点为外国人的谬论所惑,在中国的外国人大抵多是谬人,不大能了解中国(当然是新的中国),至于报馆中人尤甚。例如《顺天时报》曾说优待条件系由朱尔典居中斡旋而议定的,这回政变恐列国不能赞同云云,好像言之成理,其实乃是无理取闹的话。倘若那条件真是由朱尔典与列国担保,那么复辟的时候他们为什么不出来说话,难道条约中有许可复辟的明文么?那时说这是中国内政,不能干涉,现在怎么可以来说废话?总之,这些帝国主义的(这里要模仿一句时髦的口吻)外国人都不是民国之友,是复辟的赞成人,中国人若听了他们的话,便上了他们的老当。清室既然已经复过了辟,已经不能再讲什么优待,只因当局的妇人之仁,当时不即断行,这真是民国的最可惜的愚事之一。在清室方面倘若有明白的人,或是真心同情于溥仪君的外宾,早就应该设法自己移让,不必等暴力的来到。在民国放着一个复过辟而保有着皇帝尊号的人,在中国的外国报纸又时常明说暗说的鼓吹复辟,这是怎么危险的事。这时候遇见暴力,那是谁的责任?不是当初姑息的当局(段芝泉君),不知自重的清室,以及复辟派的外国人,还有谁呢?这次的事从我们的秀才似的迂阔的头脑去判断,或者可以说是不甚合于"仁义",不是绅士的行为,但以经过二十年拖辫子的痛苦的生活，受过革命及复辟的恐怖的经验的个人的眼光来看，我觉得这乃是极自然极正当的事，虽然说不上是历史上的荣誉，但也决不是污点（在段芝泉君也应感谢，因为写也算是替他补过），在这一点上我觉得不能和你同意。我不是反帝国主义同盟员，却也不是讲仁义的理想家，我想孔老先生所说的以直报怨最为不错，所以对于清室问题是这样的看法。我与清室及国民军均无关系，不想为那一方面辩解，只是直抒所感，写给你一看罢了。

作人 十一月九日

（《胡适来往书信选》上册，第 270—271 页）

信里所说的"我怕你不免有点为外国人的谬论所惑"，这"外国人的谬论"，是指日本人办的《顺天时报》对此事的议论。周作人在 11 月 17 日出版的《语丝》周刊创刊号发表《清朝的玉玺》（收入《谈虎集》），对《顺天时报》的谬论加以反驳，说：

《顺天时报》是外国人的报，所以对于国民即使不是没有好意，也总是绝无理解；它的好恶无不与我们的相反，虽说是自然的却也是很不愉快的事。它说优待条件系由朱尔典居中斡旋，现在修改恐列国不肯于休，则不但谬误，简直无理取闹了。我要问朱尔典和列国（以及《顺天时报》记者），当复辟的时候，你们为什么不出来干涉，说优待条件既由我们斡旋议定，不准清室破约举行复辟？倘若当时说这是中国内政，不加干涉，那么这回据了什么理由可以来说废话？难道清室可以无故破约而复辟，民国却不能修改对待已经复过辟的清帝的条件么？虽然是外国人，似乎也不好

这样的乱说罢。(《周作人散文全集》第 3 卷,第 516 页)

胡适收到周作人这封信,立刻(10 日)写了回信:"我对于你的意见,也很谅解。但我要声明,我写给王儒堂君的信是五日晚上发出的,还不曾有机会受'外国人的谬论'的影响。"(《胡适全集》第 23 卷,第 449 页)

接着,胡适在 11 月 12 日又写信给周作人,说:

你的信我很能谅解。你不知道此信发于五夜十时,故疑我"不免有点为外国人的谬论所惑"。

我两年前见过溥仪君,他那时就说要取消帝号,不受优待费,并说已召李经迈来清理财产。其后他改派郑孝胥君,与以全权,在醇亲王之上,其意不可谓不诚。外间人说,解决此事,只有暴力一途;若假以时日,则必不成。(王正廷君对我如此说。)我不信此是实情。我以为,此次若从容提议,多保存一点"绅士的行为",此事亦未尝不可以办到。只此一点是你和我的不同之点。此外我并没有什么异议。

外国人与清室有关系的,如庄士敦君,我颇相熟,深知他们并没有什么复辟谬论。庄君主张取消优待条件最力;清理财产,整顿颐和园收入,皆他所主张。此外,以我所知,英文报纸上也没有鼓吹复辟的论。

你以为"这乃是极自然极正当的事",写话里的感情分子之多,正与我的原书不相上下。我们若讨论"什么是极正当",那就又要引起二十五万字的讨论了。所以我不愿意讨论此语,只说明我对此事的态度。(《胡适全集》第 23 卷,第 449—450 页)

周作人 11 月 13 日给胡适回信:

> 我那封信本想写了发表,借以骂《顺天时报》,后来不用
> 这个形式,只寄给你看,所以不大像一封信,而且里边大约
> 不少"感情分子",因为我最怕复辟,别的政变都没有什么,
> 故对于复辟派的外国人(《顺天时报》说民主不适于中国,
> 最近《京津泰晤士》说[间接看见]中国应回复到民国以前
> 状况),以及罗振玉等遗老很有反感,虽然对于满人(觉得有
> 些地方似比汉人更有大陆国民气概)特别溥仪君是很有同
> 情的。(《胡适来往书信选》下册,第 486 页)

五

1924 年北京创刊了两个刊物:鲁迅和周作人兄弟支持的
《语丝》周刊 11 月 17 日创刊;12 月 13 日,主要撰稿人有胡适、陈
源(西滢)、王世杰、唐有壬、周鲠生等人的《现代评论》周刊创
刊。在 1925、1926 这两年里,这两个刊物发生了激烈的笔战。

陈源(西滢)在《现代评论》上面辟有"闲话"专栏,每期发表
些关于文化、思想和时事的短评,多次攻击鲁迅。例如他在《闲
话》中含沙射影地说:"很不幸的,我们中国的批评家有时实在太
宏博了。他们俯伏了身躯,张大了眼睛,在地面上寻找窃贼,以致
整大本的剽窃,他们倒往往视而不见。要举个例么?还是不说吧,
我实在不敢再开罪'思想界的权威'。"说的就是鲁迅的《中国小说
史略》。对此,鲁迅在《不是信》等文章中作了详细的辩驳。

而鲁迅、周作人也在《语丝》上发表攻击陈源的文字。例如
陈源写了一篇《做学问的工具》,其中说:"不研究汉宋明清许多

儒家的注疏理论,《四书》的真正意义是不易领会的。短短的一部《四书》,如果细细的研究起来,就得用得了几百几千种参考书。"这就犯了一个常识性的错误,因为《四书》是南宋朱熹编成的一部书。鲁迅就在《杂论管闲事·做学问·灰色等》这篇文章里批评他说:"那'短短的一部《四书》',我是读过的,至于汉人的《四书》注疏或理论,却连听也没有听到过。陈源教授所推许为'那样提倡风雅的封藩大臣'之一张之洞先生在做给'束发小生'们看的《书目答问》上曾经说:'《四书》,南宋以后之名。'"(《鲁迅全集》第3卷,第202页)

周作人在1926年1月20日《晨报副刊》发表(署名启明)《闲话的闲话之闲话》一文,从头到尾都是批评和调侃陈源的。其中有这样几句:"我知道在北京有两位新文化新文学的名人名教授,因为愤女师大前途之棘,先章士钊,后杨荫榆而扬言于众曰,'现在的女学生都可以叫局'。"(《周作人散文全集》第4卷,第479页)陈源看了,当天就写信向周作人提出质问:"请先生清清楚楚回我两句话:(1)我是不是在先生所说的两位人里面?(2)如果有我在内,我在什么地方,对了谁扬言了来?"这话本来是他听张凤举说的,可是张凤举竭力央求不要把他说出来,只好答复说"前日所说声言女学生可以叫局的两个人,现经查考,并无先生在内"。(《周作人散文全集》第4卷,第492页)

他们之间的论战文章很多,后来都收入各人的集子里了。

胡适希望给他们劝和。1926年5月24日给鲁迅、周作人和陈源三个人写了一封信:

> 豫才、启明、通伯三位先生:
> 　昨天在天津旅馆里读鲁迅的《热风》,在页三三—三四

上读到这一段：

所以我时常害怕，愿中国青年都摆脱冷气，只是向上走，不必听自暴自弃者流的话。能做事的做事，能发声的发声。有一分热，发一分光；就令萤火一般，也可以在黑暗里发一点光，不必等候炬火。此后如竟没有炬火，我便是唯一的光。倘若有了炬火，出了太阳，我们自然心悦诚服的消失，不但毫无不平，而且还要随喜赞美这炬火或太阳；因为他照了人类，连我都在内。

我又愿中国青年都只是向上走，不必理会这冷笑和暗箭。尼采说：

"真的，人是一个浊流。应该是海了，能容这浊流使他干净。

咄，我教你们超人：这便是海，在他这里，能容下你们的大侮蔑。"

纵令不过一洼浅水，也可以学学大海；横竖都是水，可以相通。几粒石子，任他们暗地里掷来；几滴秽水，任他们从背后泼来就是了。

这一段有力的散文使我很感动。我昨夜一夜不能好好的睡，时时想到这段文章，又想到在北京时半农同我谈的话。今天再忍不住了，所以写这封信给你们三位朋友。

你们三位都是我很敬爱的朋友；所以我感觉你们三位这八九个月的深仇也似的笔战是朋友中最可惋惜的事。我深知道你们三位都自信这回打的是一场正谊之战；所以我不愿意追溯这战争的原因与历史，更不愿评论此事的是非曲直。我最惋惜的是，当日各本良心的争论之中，不免都夹杂着一点对于对方动机上的猜疑；由这一点动机上的猜疑，发生了不少笔锋上的情感;由这些笔锋上的情感,更引起了层层猜疑,层层误解。猜疑愈深,误解更甚。结果便是友谊上的破裂,而当日各本良心之主张就渐渐变成了对骂的笔战。

我十月到上海时,一班少年朋友常来问我你们争的是什么;我那时还能约略解释一点。越到了后来,你们的论战离题越远,不但南方的读者不懂得你们说的什么话,连我这个老北京也往往看不懂你们用的什么"典",打的什么官司了。我们若设身处地,为几千里外或三五年后的读者着想,为国内崇敬你们的无数青年着想,他们对于这种"无头"官司有何意义? 有何兴趣?

我觉得我们现在应该做的事业多着咧! 耶稣说的好,"收成是很丰足的,可惜作工的人太少了!"国内只有这些些可以作工的人,大家努力"有一分热,发一分光",还怕干不了千万分之一的工作,——我们岂可自己相猜疑,相残害,减损我们自己的光和热吗?

我是一个爱自由的人,——虽然别人也许嘲笑自由主义是十九世纪的遗迹,——我最怕的是一个猜疑、冷酷、不容忍的社会。我深深地感觉你们的笔战里双方都含有一点不容忍的态度,所以不知不觉地影响了不少的少年朋友,暗示他们朝着冷酷、不容忍的方向走! 这是最可惋惜的。

所以我不能忘记《热风》里那一段文章:

这便是海,在他这里,能容下你们的大侮蔑。

纵令不过一洼浅水,也可以学学大海;横竖是水,可以相通。几粒石子,任他们暗地里掷来;几滴秽水,任他们从背后泼来就是了。

敬爱的朋友们,让我们都学学大海。"大水冲了龙王庙,一家人不认得一家人。"他们"的石子和秽水,尚且可以容忍;何况"我们"自家人的一点子误解,一点子小猜嫌呢?

亲爱的朋友们,让我们从今以后,都向上走,都朝前走,不要回头睬那伤不了人的小石子,更不要回头来自相践踏。我们的公敌是在我们的前面;我们进步的方向是朝上走。

我写这信时,怀抱着无限的友谊的好意,无限的希望。

适之 十五,五,廿四,天津,裕中饭店

（《胡适全集》第 23 卷,第 485—488 页）

1926 年 2 月 3 日的《晨报副刊》上,刊出编者徐志摩的《结束闲话,结束废话》一文,也提出要结束这一场笔战。他说:"我们一致认为这场恶斗有从此结束的切要,不但此,以后大家应分引为前鉴,临到意气冲动时不要因为发表方便就此造下笔孽。这不仅是绅士不绅士问题,这是像受教育人不像的问题。""带住! 让我们对着混斗的双方猛喝一声,带住!"（《徐志摩全集》第 4 卷散文丙集,上海书店出版社 1995 年,第 72—73 页）鲁迅即在 2 月 7 日的《京报副刊》上发表《我还不能"带住"》一文作答:

我自己也知道,在中国,我的笔要算较为尖刻的,说话有时也不留情面。但我又知道人们怎样地用了公理正义的美名,正人君子的徽号,温良敦厚的假脸,流言公论的武器,吞吐曲折的文字,行私利己,使无刀无笔的弱者不得喘息。倘使我没有这笔,也就是被欺侮到赴诉无门的一个;我觉悟了,所以要常用,尤其是用于使麒麟皮下露出马脚。万一那些虚伪者居然觉得一点痛苦,有些省悟,知道伎俩也有穷

48

时,少装些假面目,则用了陈源教授的话来说,就是一个"教训"。只要谁露出真价值来,即使只值半文,我决不敢轻薄半句。但是,想用了串戏的方法来哄骗,那是不行的;我知道的,不和你们来敷衍。(《鲁迅全集》第3卷,第260页)

鲁迅1926年8月4日日记:"得凤举信,附胡适之信。"在这前后胡适并没有另外的信寄给他,可知张凤举转来的就是胡适这封从天津写给三个人的信。鲁迅日记里没有复胡适这封信的记载,他也不必答复了。他在2月份发表的《我还不能"带住"》已经说明了他的意思,上面摘引的那一段话也可以看作对胡适的回答。至于周作人,看到胡适这封信之后,不知道有没有回答。他和陈源的关系后来似乎有一点缓和。

六

1927年4月12日,蒋介石在吴稚晖、蔡元培、李石曾这些人的支持之下,以"清党"之名发动政变,成批地屠杀共产党人。周作人在《语丝》上发表了好些文章谴责这一暴行。他在6月26日出版的《语丝》第137期上发表的《猫脚爪》一文中,锋芒直指吴稚晖:

> 吴先生同了蔡(元培)李(石曾)两位先生发议"清党",结果把许多捣乱的"赤贼"清出去了。(因为没有明了地规定"清"法,有些地方的军民长官难免适用前清或洪宪时的捉乱党法,冤死多少有为的青年,援"我虽不杀"之例,三公也不能辞责,但这冥府判官自会写入三位老先生的账簿上,我们暂且不管。)(《周作人散文全集》第5卷,第241页)

在 9 月 17 日出版的《语丝》149 期上，周作人发表的《侮辱死者的残忍》(《偶感四则》之四)说：

> 昨夜友人来谈，说起一月前《大公报》上载吴稚晖致汪
> 精卫函，挖苦在江浙被清的人，说什么毫无杀身成仁的模
> 样，都是叩头乞命，毕瑟可怜云云。本来好生恶死人之常
> 情，即使真是如此，也应哀矜勿喜，决不能当作嘲弄的资料，
> 何况事实并不尽然，据友人所知道，在其友处见一马某所寄
> 遗书，文字均甚安详，又从上海得知，北大女生刘尊一被杀，
> 亦极从容，此外我们所不知道的还很多。吴君在南方不但
> 鼓吹杀人，还要摇鼓他的毒舌，侮辱死者，此种残忍行为盖
> 与漆髑髅为饮器无甚差异。有文化的民族，即有仇杀，亦至
> 死而止，若戮辱尸骨，加以后身之恶名，则非极堕落野蛮之
> 人不愿为也。吴君是十足老中国人，我们在他身上可以看
> 出永乐、乾隆的鬼来，于此足见遗传之可怕，而中国与文明
> 之距离也还不知有若干万里。(《周作人散文全集》第 5 卷，
> 第 309—310 页)

140 期上的《人力车与斩决》一文中，先写了江浙"清党"之
残酷：

> 江浙党狱的内容我们不得而知，传闻的罗织与拷打或
> 者是"共党"的造谣，但杀人之多总是确实的了。以我贫弱
> 的记忆所及，《青天白日报》记者二名与逃兵一同斩决，清党
> 委员到甬斩决共党二名，上海枪决五名姓名不宣布，又枪决
> 十名内有共党六名，广州捕共党一百十二人其中十三名即

枪决……清法着实不少,枪毙之外还有斩首……

文章后面就写到吴稚晖了:

> 去年一月中吴稚晖先生因为孙传芳以赤化罪名斩决江
> 阴教员周刚直,大动其公愤,写了《恐不赤,染血成之软?》一
> 文,登在北京报上;这回,吴先生却沉默了。我想他老先生
> 或者未必全然赞成这种杀法罢?大约因为调解劳资的公事
> 太忙,没有工夫再来管这些闲事罢?(《周作人散文全集》
> 第5卷,第256—257页)

《语丝》141期上,在《吴公何如?》这个标题之下,刊出了读
者荣甫的来信和周作人的复信。读者来信说:

> 岂明先生:
> 阅《语丝》合订本第六册《闲话集成(十)》,见先生有这
> 样的几句话:"清末文人以文章助成革命事业者,唯吴稚晖
> 先生始终如一,有老当益壮之概,可以佩服。"真的么?先生
> 还是这样想么?先生知不知道吴公现在干的是些什么事?
> 提议"清党"(即北方所谓讨赤),残杀异己(据说南京一处
> 已死千八百人,上海二千余人),保护面粉大王,褒奖杨虎捕
> 杀陈独秀子延年,——哈哈,老当益壮则有之,始终如一恐
> 未必罢?吴公是一个真正中国旧式文人,与陈西滢倒是很
> 相像的,而先生却以为可以佩服,未免稍缺知人之明罢?

周作人回信说:

荣甫先生：

我所说的那几句话或者有点不很对，但我要请先生原谅，因为那是去年冬天的事。——《语丝》106 期是在十五年 11 月 20 日出版的。……在这样长的时光里，一个人便不免有点变化了。我不能预料到，也可以算是我的错，但似乎也可以请人家宽恕，因为我毕竟并不真正是"问星处"。关于吴公的近事，别的无可辩解，只是那封褒奖杨虎的信我想或者还不至于写，——不过这个我也不敢担保。要不要清党，我们局外人无从说起，但是那种"割鸡似地"杀人的残虐手段我总不敢赞成：白色恐怖不会比赤色的更好。(《周作人散文全集》第 5 卷，第 260—261 页)

指名道姓攻击吴稚晖的这一期《语丝》在南方被禁止发行。

胡适对吴稚晖一直是很尊敬很佩服的。1922 年上海《密勒氏评论报》征求读者选举"谁是中国今日的十二个大人物？"胡适提出的十二个人中就有一个吴稚晖。他的理由是："吴先生是最早有世界眼光的；他一生的大成绩在于提倡留学。"(《胡适全集》第 21 卷，第 308 页)在"科学与人生观"的论战中，胡适对于吴稚晖的论文《一个新信仰的宇宙观及人生观》十分赞赏。后来他给《科学与人生观》作序，说："我们十分诚恳地对吴稚晖先生表示敬意，因为他老先生在这个时候很大胆地把他信仰的宇宙观和人生观提出来，很老实地宣布他的'漆黑一团'的宇宙观和'人欲横流'的人生观。"(《胡适全集》第 2 卷，第 207 页)

后来胡适在上海东亚同文书院讲演《中国近三百年的四个思想家》，他举了四个人代表这三百年中"反理学"的趋势，他把吴稚晖和顾炎武、颜元、戴震三位他所尊敬的古代思想家相提并论,也就可见吴稚晖在他心目中的地位了。可是当他想把这篇讲话放大重写作《几个反理学的思想家》(《胡适全集》第3卷,第104—130页)一文的时候,在报纸上看到吴稚晖写给杨虎的信,就没有兴趣写下去了。在1928年2月28日致吴稚晖的信里,胡适坦率地说明了这"没有兴趣写下去"的原因:

> 所以又迟迟如许之久者,一则先生当日身当政争之冲,述学之文或不免被人认作拍马屁;二则7月初我在杭州读先生与杨虎一书论陈延年的案子,我认为先生盛德之累,中心耿耿,不能释然,直到几个月之后方才有续作此文的兴致。今日重提此事,不过表白一个敬爱先生的人对先生的一种责望,先生或不见怪罢? (《胡适全集》第23卷,第555页)

荣甫、周作人和胡适这三个人的信都提到了的吴稚晖"褒奖杨虎的信",胡适把剪报贴在日记本上了。这封信是这样写的:

啸天先生执事:

> 今日闻尊处捕获陈独秀子延年,"其人发生额顶,厥状极陋",不觉称快。先生真天人!如此巨憝就逮佩贺之至。陈延年之恃智肆恶,过于其父百倍。所有今日共党之巨头,若李立三,若蔡鹤孙(和森),若罗亦农,皆陈延年在法国所造成。彼在中国之势力地位恐与其父相埒,盖不出面于国民党之巨魁,尤属恶中之恶!上海彼党失之,必如失一长城。故此人审判已定,必当宣布罪状,明正典刑,足以寒通国共党之胆。适返沪,以匆促未能奉谒,谨驰贺大成功。

弟吴敬恒

(《胡适全集》第31卷,第337页)

当年报纸上登出的这一封信,吴稚晖把他自己无耻和凶恶的形象彻底揭露出来了,当然叫人看不起,胡适说是"为先生盛德之累"了。胡适 1929 年 3 月 13 日这一天的日记也有记载:

> 如前年(1927)7 月 1 日报纸所登稚晖致杨虎信中,"先生真天人"一句话,在他当时不过是摇笔即来的一句现成恭维话,我前年因此语大生气,其实似可不必也。

可见对于吴稚晖这件事,胡适和周作人的看法是一样的。胡适很是赞赏周作人在《语丝》上发表的那些文章。

时过境迁之后,胡适对吴稚晖的不满也就过去了。1947 年中央研究院选举院士,胡适提名吴稚晖为候选人。他 1947 年 5 月 22 日致萨本栋、傅斯年的信说:

> 寄上我拟推的院士名单一纸,供委员会的参考。此中最有问题者,是"中国文学"一门。我仿佛记得市场评议会谈话会曾决定此门不推文学创作家。此次通告上没有说明,故我希望将来公告及选举时,此一门应附加注解说明,以免误会。
>
> 我此单里提出三位老辈:
>
> (一)吴敬恒。他是现存的思想界老前辈,他的思想比一般哲学教授透辟的多,故我很盼望孟真、济之两兄能赞成把这位老将列入提出之内。(参考我的《文存三集》《三百年来几个反理学的思想家》的"吴敬恒"一章。)(下略)
>
> (《胡适全集》第 25 卷,第 253 页)

七

1929 年,胡适对国民党统治下的人权状况不断提出批评,例如 3 月 26 日写信给司法院长王宠惠,就陈德征在国民党的三全大会上的提案提出质问;并且在《新月》月刊上连续发表《人权与约法》、《〈人权与约法〉的讨论》、《我们什么时候才可有宪法?——对于〈建国大纲〉的疑问》等文章,甚至指名道姓地批评了国民党奉为神圣的创始人孙中山。上海一个国民党的区党部通过决议,要求教育部撤销胡适中国公学校长职务。胡适受到了很大的压力。这时周作人看到报纸上的相关报道,就写信给胡适:

适之兄:

久不通信,并非事忙,实在只是懒而已。去冬兄来北平,我们有些人都劝兄回北平来,回大学仍做一个教授,当系主任,教书做书。昨天报载沪党部有什么决议,对于这件事如乐观说,不会有什么,自然亦可以;又如愤慨说,应该抵抗,自然也应当。不过我想,"这个年头儿"还是小心点好,Rabelais(拉伯雷)说得对:"我自己已经够热了,不想再被烤。"我想劝兄以后别说闲话,而且离开上海,最后的办法是到北平来。说闲话不但是有危险,并且妨碍你的工作,这与"在上海"一样地有妨碍于你的工作,——请恕我老实地说。我总觉得兄的工作在于教书做书(也即是对于国家,对于后世的义务)——完成那《中国哲学史》、《文学史》,以及别的考据工作(《水浒传考》那一类)。(关于这一点我与陈通伯先生同一意见。)而做这个工作是非回北平来不可,如在上

55

海（即使不再说闲话惹祸祟），是未必能成功的。我常背地批评你，说适之不及任公，因任公能尽其性而适之则否。任公我承认也是很有天才的人，但外国文与（新？）思想总稍差，他的成绩的最大限度恐怕不过如现在那样，即使他不做财政、司法总长及种种政治活动。适之的才力只施展了一点儿，有许多事应得做，而且也非他不可，然而他却耗费于别的不相干的事情上面（还有别的，例如说我如做了卫戍司令，想派一连宪兵把适之优待在秘魔崖等谬论）。这些不敬的话对玄同就说过好几次，现在直接奉告，请你不要见怪。总之，我想奉劝你回北平来教书，这是我几年来的意思，一直不敢说，现在因为听见报上所记消息的机会胡乱写这一封信。我自己觉得有点踌躇，这未免有交浅言深之嫌吧？我仿佛觉得"有"，又觉得没有。假如所说的话有些过分的地方，请你原谅。万一不无可取，希望兄能够毅然决然抛开上海的便利与繁华，回到萧条的北平来，——在冷静寂寞中产生出丰富的工作。我自己觉得近来更老朽了，喜欢叫人刻点图章，看了好玩，下面且印一两个呈览。小儿丰一今夏在孔德中学部毕业。日前往东京留学去了，——我觉得自己已渐益老朽更是当然了。匆匆不尽，诸祈珍重。

十八年八月三十日　作人

（《胡适来往书信选》上册，第538—539页）

　　信末印上两个"看了好玩"的图章，文字分别是"山上水手"和"凤凰专斋"。

　　胡适收到这封信，立刻写了回信：

启明兄：

　　谢谢你的长信。更谢谢你的厚意。

　　我此时不想到北京来，有几层原因：一是因为怕"搬穷"，我此刻的经济状况，真禁不起再搬家了。二是因为二年以来住惯了物质设备较高的上海，回看北京的尘土有点畏惧。三是因为党部有人攻击我，我不愿连累北大做反革命的逋逃薮。前几天百年兄来邀我回北京去，正是上海市党部二次决议要严办我的议案发表的一天，我请他看，说明此时不愿回去的理由，他也能谅解。俟将来局面稍稍安定，我大概总还是回来的。

　　至于爱说闲话，爱管闲事，你批评的十分对。受病之源在于一个"热"字。任公早年有"饮冰"之号，也正是一个热病者。我对于名利，自信毫无沾恋。但有时候总有点看不过，忍不住。王仲任所谓"心溃涌，笔手扰"，最足写此心境。自恨"养气不到家"，但实在也没有法子制止自己。

　　近来因为一班朋友的劝告——大致和你的忠告相同——我也有悔意，很想发愤理故业。如果能如尊论所料，"不会有什么"，我也可以卷旗息鼓，重做故纸生涯了。但事实上也许不能如此乐观，若到逼人太甚的时候，我也许会被"逼上梁山"的，那就更糟了。但我一定时时翻读你的来信，常记着 Rabelais（拉伯雷）的名言，也许免得下油锅的危险。

　　你信上提起"交浅言深"的话，使我有点感触。生平对于君家昆弟，只有最诚意的敬爱，种种疏隔和人事变迁，此意始终不减分毫。相去虽远，相期至深。此次来书情意殷厚，果符平日的愿望，欢喜之至，至于悲酸。此是真情，想能见信。

　　你的"老朽"之感，我也很有同情。向来自负少年，以为十年著一部书，算不得迟缓。去年去赴任公的大殓，忽然堕泪，深觉人生只有这几个十年，不可不趁精力未衰时做点能做而又爱做的事。这一学年，已决计谢绝一切酬应及一切教课，专力把《哲学史》做起来。秋后北来，或可报告一点成绩。

　　匆匆即祝珍重，并问

各位老朋友安好

适　十八，九，四

（《胡适全集》第24卷，第20—22页）

　　1930年11月28日，胡适全家从上海迁居北平。1931年1月，他重回北京大学，任文学院院长兼中国文学系主任。他复周作人的信中说的"俟将来局面稍稍安定，我大概总还是回来的"这话，这时实现了。

　　胡适重回北京大学担任文学院院长兼中国文学系主任的同时，还主持中华教育文化基金董事会编译委员会的工作。这以后周作人翻译的一些书就拿到那里去出版了。1932年6月15日，周作人写信给胡适，说是"久想奉访，因有俗事相商，恐有座客不必说，故迟迟至今。附呈稿一本，此即俗事是也"。这一件"俗事"，就是将所译《希腊拟曲》书稿寄给他。这本书包括"拟曲"十二篇，计海罗达思七篇，谛阿克里多思五篇。所谓"拟曲"，是古希腊的一种通俗短剧，周作人在译本序言中说，这是本"很不庄重的异教的杂剧"。他在致胡适的信中介绍这本书稿，说：

　　……均根据原文，参照二三英译本，译成散文，至昨始将本文抄毕，全部连序文在内大约四万字，实只区区一小册子，唯自审在所有译著中此书最为有价值有意义，费时费力亦最多,惜不投时好,如交书店出版必不能多销,故遵照兄前此所说,拟送给尊处,请一赐阅。(《胡适遗稿及秘藏书信》第 29 册,第 566—567 页)

胡适接受了这一部书稿,并且预付了稿费。周作人 7 月 1 日写信给他:"'俗事'承费心,款已照收到。"(《胡适遗稿及秘藏书信》第 29 册,第 607 页)胡适把这部书稿拿到商务印书馆在 1934 年出版了。周作人在译本序中说起了这因缘:

> ……如是又有两年,总是"捏捏放放",一直没有成就,这回因了我的朋友胡适之的鼓励,才算勉强写完。(《周作人散文全集》第 6 卷,第 42 页)

1935 年 2 月 26 日周作人写信给胡适:"拙译《希腊拟曲》日前承编译会送来数册,知已印出,甚喜。"(《胡适遗稿及秘藏书信》第 29 册,第 613 页)

周作人成了中华教育文化基金董事会编译委员会的译者,也就有可能向他们预支一点稿费了。在《胡适遗稿及秘藏书信》第 29 册所收周作人致胡适信里,有好几封都是谈的预支稿费的事情。例如 1934 年 5 月 9 日:

> 希腊神话前曾预支四百元,到近来始着手译述,统计全文约八万字,大约中秋前后可以完毕。在阴历四月底当先交去一万五或二万字,希望能于端午以前再支一百至二百元,乞费心。因有多少书籍等款须付,而学校的钱恐尚领不到也。(第 584 页)

又,22 日(当是 1934 年 12 月。因为信中有"闻兄将南行"一语,而胡适 1935 年 1 月初将到香港接受香港大学法学名誉博士学位,可以推知):

适之兄:

有一件事奉恳,在一月底(阴历年末)可否乞由贵会再支给式百五十元,因闻兄将南行,故先此奉托,乞赐示及为幸。顺颂
近安

廿二日　作人启

(第 594 页)

接着,1935 年 1 月 30 日:

适之兄:

前允支给之款已于月初由编译会送来,唯前与兄说系式百五十之数今送来百五十元,未知在此旧历年内可否再付百元,至感。匆匆不多及。顺颂
近安

一月三十日　作人启

(第 595 页)

还有,4 月 2 日(年份待考):

前奉恳事,承厚意许可,甚感。此款希望在兄南行之前能赐下最好,乞再费神转知为荷。专此奉托。(第 603 页)

1 月 17 日（年份待考）：

> 前奉恳于阴历年底预支之二百元，希望能于本星期内
> 付下是感。（第 605 页）

从这些信件中可以看出，胡适主持的中华教育文化基金董
事会编译委员会，已经是周作人的一个可以指靠的收入来源。

八

1932 年 12 月中国民权保障同盟在上海宣告成立。发起人
为宋庆龄、蔡元培、杨铨（杏佛）、黎照寰、林语堂等人。不久，鲁
迅和胡适都加入了同盟。鲁迅被推选为上海分会九个执行委员
之一，胡适被推选为北平分会执行委员和主席。这实际上是共
产国际为了营救在中国被捕的秘密工作人员牛兰而设立的。牛
兰本名雅科夫·马特维耶维奇·然德尼科，牛兰是他在中国所
用的许多化名之一。苏联契卡（克格勃的前身）工作人员。共产
国际东方部在上海设立远东局，他就在远东局联络部工作，负责
管理秘密电台、交通及经费等事项。另一个身份是红色工会国
际分支机构泛太平洋产业同盟秘书处秘书。因共产国际信使约
瑟夫在新加坡被捕，牵连到他，他也就在上海被捕了。逮捕的时
候发现他们夫妇随身携带有多国护照，在上海有多处住所，住处
抄检出了不少共产国际的文件，足以证实他的间谍身份。8 月
10 日由中国方面引渡，14 日押解南京，以"危害民国"罪受审。
牛兰在狱中进行了绝食抗议。

在《发起中国民权保障同盟宣言》公开宣布自己的宗旨有三
项：（一）为国内政治犯之释放与非法的拘禁、酷刑及杀戮之废

除而奋斗。本同盟愿首先致力于大多数无名与不为社会注意之狱囚。（二）予国内政治犯以法律及其他之援助，并调查监狱状况，刊布关于国内压迫民权之事实，以唤起社会之公意。（三）协助为结社集会自由、言论自由、出版自由诸民权努力之一切奋斗。三项目的，第一、第二两项都是关于声援和救济政治犯的。只有末一项属于一般意义的人权。后来发表的宣言更要求"立即无条件的释放一切政治犯"，实际上是要把牛兰这样的外国间谍也作为"政治犯"释放了事。

　　胡适加入中国民权保障同盟，并且担任北平分会主席之后，做的第一件事就是调查政治犯的情况。1月31日，得到张学良的同意。他和杨杏佛、成舍我三人前去视察关押政治犯的北平陆军反省院和另外两处监狱。对于监狱当局来说，这是一次出其不意的视察。政治犯们都向视察者诉说戴脚镣的痛苦和伙食太坏，还有人诉说虽准许看书，却不准看报。胡适他们直接了解到监狱里的情况，即据此向有关方面提出了一些要求。张学良的幕僚王卓然给胡适复信说："先生笃念时艰，抒发伟议，审微见远，良殷心倾。所提各节，然即向汉公（汉公即张学良，字汉卿）商办，冀能一一实现，不负先生苦心。"可见胡适的这一次活动是取得了一些成果的。

　　可是，就在这时候，2月5日，在英文《燕京报》上刊出了宋庆龄签名的信以及《北平军分会反省院政治犯控诉书》。控诉书详述反省院中种种惨酷的私刑拷打。宋庆龄函中并要求"立即无条件地释放一切政治犯"。胡适即写信给蔡元培、林语堂二人：

　　　　我读了此三项文件，真感觉失望。反省院是我们（杏佛、成平、我）三人前几天亲去调查的。有许多犯人和我们很详切地谈话；杏佛当能详告你们诸位。他们诉说院中苦痛，最大者为脚上带锁与饭食营养不足二事。但无一人说及有何种私刑吊打，如孙夫人所得 Appeal（控诉书）中所说的。谈话时，有一人名刘质文，是曾做苏联通信社翻译的，他与我英文谈话甚久，倘有此种酷刑，他尽可用英语向我诉说。依我的观察，反省院都（？）已决犯中必无用此种私刑拷打之需要。

此种文件，我前也收到过。孙夫人的文件，乃是一种匿名文件：信中明说是外人代写，而信封上偏写明寄自某某监狱。岂可不经查考，遽然公布于世？

上海总社似应调查此种文件的来源，并应考据此种文件的可信程度。若随便信任匿名文件，不经执行委员会慎重考虑决定，遽由一二人私意发表，是总社自毁其信用，并使我们亲到监狱调查者，蒙携出或捏造此种文件的嫌疑，以后调查监狱不易下手了。（《胡适全集》第 24 卷，第 147—148 页）

信末表示："如有应由总社更正或救正之处，望勿惮烦，自行纠正，以维总社的信用。"

接着的一封信中，胡适告诉蔡、林二位一件事：有人寄了一篇类似这控诉书的文稿给《世界日报》要求发表，寄件人冒称住在胡适家中，并且说稿子是胡交给他的。胡适在信中接着说：

此种文件与孙夫人所收的 Appeal 同一来源，同是捏造的。孙夫人不加考察，遽信为真，遍登各外国报纸，并用"全国执行委员会"的名义发表,这是大错。

我认为此等行为大足以破坏本会的信用。应请两公主持彻查此项文件之来源,并彻查"全国执行委员会"是否曾经开会决议此种文件的翻译与刊布。

如果一二私人可以擅用本会最高机关的名义,发表不负责任的匿名稿件,那么,我们北平的几个朋友,是决定不能参加这种团体的。(《胡适全集》第24卷,第149—150页)

他给刊登了这控诉书的英文《燕京报》编辑部写信,说明"这个反省院是我于上月31日同杨铨、成平两先生一同访问、视察过的三处监狱之一。我们曾和关押在那里的政治犯当中的三分之一以上的人谈过话。其中有些人是用英语和我谈话的,因而他们当时是处在一种可以畅所欲言而不怕被狱官们察觉的地位的。他们当中没有一个人提到上述呼吁书所描绘的那些骇人听闻的酷刑"。因此,胡适认为,"那封呼吁书十分可能是一封伪造的匿名信"。在指出这一点之后,胡适作了这样的声明:"我写这封信,并没有意思认为此地监狱的情况是满意的。民权保障同盟北平分会将尽一切努力来改善那些情况。然而我不愿依据假话来进行改善。我憎恨残暴,但我也憎恨虚妄。"(《胡适全集》第24卷,第151—152页)在同 天写给蔡元培、林语堂二人的信中,他已经写了"如果……是决定不能参加这种团体"这样决绝的话;而在公开信中,却还在用"民权保障同盟北平分会"的名义表明态度,也可说顾大局了。

这时,胡适同民权保障同盟一些人的分歧已经很明显了,他觉得有必要把自己的观点明白表示出来,就在2月7日写了一篇《民权的保障》,刊登在2月19日出版的《独立评论》周刊第

64

38 号上。文章提出："把民权保障的问题完全看作政治的问题，而不肯看作法律的问题。这是错的。只有站在法律的立场上来谋民权的保障，才可以把政治引上法治的路。只有法治是永久而普遍的民权保障。"他批评说："同盟的总会宣言有要求'立即无条件的释放一切政治犯'的话，……这不是保障民权，这是对一个政府要求革命的自由权。一个政府要存在，自然不能不制裁一切推翻政府或反抗政府的行动。向政府要求革命的自由权，岂不是与虎谋皮？谋虎皮的人，应该准备被虎咬，这是作政治运动的人自身应负的责任。"(《胡适全集》第21卷，第580页)

鲁迅听说胡适发表了这样一篇文章，很想找来看看。他1933年3月1日写信给在北平的台静农说："闻胡博士有攻击民权同盟之文章，在北平报上发表，兄能觅以见寄否？"(《鲁迅全集》第12卷，第375页)这时鲁迅已经是中国左翼作家联盟的一员，拥护共产党和共产国际的各种主张。胡适的文章他就是看了也不会接受其意见了。

胡适的这篇文章只是说了："一个政府要存在，自然不能不制裁一切推翻政府或反抗政府的行动。"他是说：这个政府必定会这样做，只不过说出了一个事实。他并没有说：这个政府有权这样做，并没有对这个必将出现的事实表示赞许和支持。可是2月21日英文《字林西报》发表了该报记者访问胡适的报道，内容和这篇《民权的保障》有一处明显的出入，就是记者用了"有权"一语，而《民权的保障》一文中并没有这意思。

《字林西报》的这一报道在民权保障同盟立刻引起了强烈的反应。民权保障同盟给胡适发来电报："本日沪《字林西报》载先生谈话，反对本会主张释放政治犯，并提议四原则，与本会宣言目的第一项完全违背，是否尊意？请即电复。"胡适没有答复。

几天之后，又由宋庆龄、蔡元培署名发来了电报："养（22日）电未得尊复。释放政治犯，会章万难变更。会员在报章攻击同盟，尤背组织常规，请公开更正，否则惟有自由出会，以全会章。盼即电复。"胡适还是没有答复。

现在已经知道，这一份伪造的"控诉书"是共产国际的人通过史沫特莱拿去发表的。在共产国际的人看来，胡适这种只是要求在法律范围内保障政治犯的人权的态度，已经跟"同盟"要求无条件释放政治犯的宗旨完全背道而驰。胡适再留在"同盟"之内已经有害无益了。而且胡适坚决反对发表伪造文件并且要求公开纠正的态度，也没有任何转圜的余地了。3月4日上海《申报》报道："中国民权保障同盟临时中央执行委员会昨日开会，决议：开除该会会员胡适之。"

据鲁迅日记，鲁迅是出席了3月3日这次执委会议的。会上蔡元培、林语堂极力为胡适辩护，没有结果。看来鲁迅是站在主张开除的多数人一边。会后他即发表文章批判胡适了。3月15日写的《"光明所到……"》一文，是就《字林西报》关于胡适视察监狱的报道而写的。这篇报道中说："他们很容易和犯人谈话，有一次胡适博士还能够用英国话和他们会谈。"鲁迅的这篇文章即据以议论道：

> 我虽然没有随从这回的"慎重调查"的光荣，但在十年以前，是参观过北京的模范监狱的。虽是模范监狱，而访问犯人，谈话却很不"自由"，中隔一窗，彼此相距约三尺，旁边站一狱卒，时间既有限制，谈话也不准用暗号，更何况外国话。
>
> 而这回胡适博士却"能够用英国话和他们会谈"，真是特别之极了。莫非中国的监狱竟已经改良到这地步，"自

66

由"到这地步；还是狱卒给"英国话"吓倒了，以为胡适博士是李顿爵士的同乡，很有来历的缘故呢？（《鲁迅全集》第5卷，第69页）

文章这样说当然是合乎事理，监规确是禁止囚犯使用外语的，何况他还举出了自己十年前参观北京模范监狱的亲身经历，更有说服力了。不过，胡适在视察反省院的时候，确实用英语跟被关押的政治犯交谈过，其中有一人是苏联塔斯社北平分社记者、翻译刘质文，就是后来著名的新闻工作者刘尊棋，1949年中央人民政府成立，他做了新闻总署国际新闻局的副局长。

还有一篇《王道诗话》，是这时住在鲁迅家的瞿秋白代笔，而用鲁迅常用的笔名发表的。这篇也就《字林西报》这篇报道中的"政府……有……镇压那些危害自己的运动的权利"一句着笔，说胡适是"人权抛却说王权"。并由此攻击到胡适编著的那本被国民党当局查禁的《人权论集》，说是"人权可以粉饰一下反动的统治"。这篇文章还散布了一个流言，说是"胡博士到长沙去演讲一次，何（键）将军就送了五千元程仪"。后来胡适日记公开出版，人们才知道何键送他的路费是四百元。

还有一篇《出卖灵魂的秘诀》，也是瞿秋白代笔的。这一篇对《独立评论》第42号（1933年3月19日出版）所刊登的胡适的《日本人应该醒醒了！》一文进行分析。胡适在这篇文章中说：

> 萧伯纳先生在二月二十四日对我说："日本人决不能征服中国的。除非日本人能准备一个警察对付每一个中国人，他们决不能征服中国的。"（这句话，他前几天在东京也一字不改的对日本的新闻访员说了。）

我那天对他说:"是的,日本决不能用暴力征服中国。日本只有一个法子可以征服中国,即就是悬崖勒马,彻底的停止侵略中国,反过来征服中国民族的心。"(《胡适全集》第 21 卷,第 603 页)

针对这些意见,这篇文章批判说:"胡适博士不愧为日本帝国主义的军师。但是,从中国小百姓方面说来,这却是出卖灵魂的唯一秘诀。"(《鲁迅全集》第 5 卷,第 82 页)

通读了胡适的全篇,读者就不会认为他是在为日本帝国主义出谋划策。这篇反复论证的是"日本决不能用暴力征服中国"。这一点,他分了三个层次来论证。第一个层次,从现在的既成事实看,日本发动了九一八事变,占领了东三省,在东三省制造了伪政权,今年又侵占了热河,前锋直指华北。"然而我们要问日本人:中国人屈服了没有? 中日的问题的解决有了一丝一毫的进步没有? 中日两国的国际关系有了一分一寸的接近没有?"回答是:"没有,绝对的没有!"

第二个层次,瞻望未来,"即令日本的暴力更推进一步乃至千万步,即令日本在半年一年之内侵略到整个的华北,即令推进到全海岸线,甚至于深入到长江流域的内地,——我们还可以断言:中国民族还是不会屈服的。中国民族排日仇日的心理只有一日深似一日,一天高似一天。中日问题的解决只有越离越远的。"这一段话好像是对后来八年抗日战争的预言。

第三个层次,即令中国的抗日战争失败了,接受了一种耻辱的城下之盟,那情况会怎样呢? "我们还可以断言:那也只是中国人的血与肉的暂时屈伏,那也决不能够减低一丝一毫中国人排日仇日的心理,也决不会使中日两国的关系有一分一寸的改善！因为中国的民族精神在这种血的洗礼之下只有一天一天的增长强大的！也许只有在这种血的洗礼之下我们的民族才会真正猛烈的变成日本的永久的敌人！"

可见为日本计，用暴力侵略中国，是决没有出路的。

胡适的这一篇题目是《日本人应该醒醒了!》，是向日本国民进言，告诉他们：侵略中国并不符合日本人自己的利益。他在为日本人设身处地来做文章，就用了日本人常用的"征服中国"这样的提法。站在中国人的立场上，这样的提法当然是无法接受的。但是他说的是，只有彻底停止侵略中国，才能征服中国民族的心。试问，侵略不就是为了征服吗？停止侵略了，怎么去征服呢？可见这里所说的征服中国民族的心，不过是获得中国人的好感的意思，把他们当朋友看的意思。也就是文章中说的"九世之仇，百年之友，都在这一点觉悟与不觉悟的关头上"（《胡适全集》第 21 卷，第 604 页）。

鲁迅的这几篇文章表明，这时他和胡适已经处于政治上完全对立的立场了。

九

这时，鲁迅和胡适已经处于政治上完全对立的立场，但是两人对于一些事情的看法还是不约而同，发表了相同或者相近的意见。例如 1934 年 8 月 27 日天津《大公报》社评《孔子诞辰纪念》，其中说：

> 最近二十年，世变弥烈，人欲横流，功利思想如水趋壑，不特仁义之说为俗诽笑，即人禽之判亦几以不明，民族的自

尊心与自信力既已荡然无存,不待外侮之来,国家固早已濒于精神幻灭之域。

鲁迅不能赞同这种意见。他在 9 月 25 日写了一篇《中国人失掉自信力了吗》,刊登在 10 月 20 日出版的《太白》半月刊上(后收入《且介亭杂文》),文章首先指出:如果说,"民族的自尊心与自信力既已荡然无存",就并不是这篇社评说的"最近二十年"的事,早就如此了:

> 从公开的文字上看起来:两年以前,我们总自夸着"地大物博",是事实;不久就不再自夸了,只希望着国联,也是事实;现在是既不夸自己,也不信国联,改为一味求神拜佛,怀古伤今了——却也是事实。
>
> 于是有人慨叹曰:中国人失掉自信力了。
>
> 如果单据这一点现象而论,自信其实是早就失掉了的。先前信"地",信"物",后来信"国联",都没有相信过"自己"。假使这也算一种"信",那也只能说中国人曾经有过"他信力",自从对国联失望之后,便把这他信力都失掉了。
>
> ……
>
> 中国人现在是在发展着"自欺力"。

文章做到这里,鲁迅把笔锋一转:

> 我们有并不失掉自信力的中国人在。
>
> 我们从古以来,就有埋头苦干的人,有拼命硬干的人,有为民请命的人,有舍身求法的人……虽是等于为帝王将

相作家谱的所谓"正史",也往往掩不住他们的光耀,这就是中国的脊梁。

　　这一类的人们,就是现在也何尝少呢? 他们有确信,不自欺;他们在前仆后继的战斗,不过一面总在被摧残,被抹杀,消灭于黑暗中,不能为大家所知道罢了。说中国人失掉了自信力,用以指一部分人则可,倘若加于全体,那简直是诬蔑。(《鲁迅全集》第6卷,第121—122页)

　　这篇文章成了鲁迅的名作。他说得真好,正如他在一封信中所说的,中国"历史上满是血痕,却竟支撑以至今日,其实是伟大的"(《鲁迅全集》第14卷,第410页)。要不是历代都有这样的"脊梁",中国又怎么能够"支撑以至今日"呢。

　　胡适也不能赞同《大公报》的这篇社评。他在9月3日写了一篇《写在〈孔子诞辰纪念〉之后》,登在他自己编的《独立评论》(9月9日出版的第117号)上,加以反驳。

　　首先,胡适也不同意社评中"最近二十年"这一说。他说:"《官场现形记》和《二十年目睹之怪现状》描写的社会政治情形,不是中国的实情吗? 是不是我们得把病情移前三十年呢?《品花宝鉴》以至《金瓶梅》描写的也不是中国的社会政治吗?这样一来,又得挪上三五百年了。那些时代,孔子是年年祭的,《论语》、《孝经》、《大学》是村学儿童人人读的,还有士大夫讲理学的风气哩! 究竟那每年'泮水桥前,大成殿上,多士济济,肃穆趋跄'(引者按:《大公报》这篇社评中语),曾何补于当时的惨酷的社会,贪污的政治?"(《胡适全集》第4卷,第529页)

　　胡适和鲁迅从不同的角度反驳了这篇社评中"最近二十年"一说。在应该看到"中国的脊梁"这一点上,两人却并没有什么不同。胡适激昂地说：

> 我们谈到古人的人格，往往想到岳飞、文天祥和晚明那
> 些死在廷杖下或天牢里的东林忠臣。我们何不想想这二三
> 十年中为了各种革命慷慨杀身的无数志士！那些年年有特
> 别纪念日追悼的人们，我们姑且不论。我们试想想那些为
> 排满革命而死的许多志士，那些为民十五六年的国民革命
> 而死的无数青年，那些前两年中在上海在长城一带为抗日
> 卫国而死的无数青年，那些为民十三以来的共产革命而死
> 的无数青年，——他们慷慨献身去经营的目标比起东林诸
> 君子的目标来，其伟大真不可比例了。东林诸君子慷慨抗
> 争的是"红丸"、"移宫"、"妖书"等等米米小的问题；而这无
> 数的革命青年慷慨献身去工作的是全民族的解放，整个国
> 家的自由平等，或他们所梦想的全人类社会的自由平等。
> 我们想到了这二十年中为一个主义而从容杀身的无数青
> 年，我们想起了这无数个"杀身成仁"中国青年，我们不能不
> 低下头来向他们致最深的敬礼；我们不能不颂赞这"最近二
> 十年"是中国史上一个精神人格最崇高，民族自信心最坚强
> 的时代。他们把他们的生命都献给了他们的国家和他们的
> 主义，天下还有比这更大的信心吗？（《胡适全集》第4卷，
> 第532—533页）

胡适表示要向他们致最深的敬礼的人中，明确包括了为共
产革命而死的青年。这些人，像柔石，像殷夫，鲁迅的这篇文章
虽然没有明确提出这一点，心里必定是想到他们的。鲁迅不但
想到战死者，还想到了那些在苦难环境中战斗着的人们，像瞿秋

白、冯雪峰他们。他说的"就是现在也何尝少呢?""他们在前仆后继的战斗",就是说的他们吧,就是写自己对他们的怀念吧。

可是,胡适就是只说到这个分寸上,也还是遭到了攻击。湖南省政府主席兼追剿军总司令何键致广东当局的电报中,说胡适此文"公然为共匪张目,谓其慷慨献身,超越岳飞、文天祥及东林诸君子之上。丧心病狂,一至于此……键身膺剿匪重任,深恐邪说披猖,动摇国本……"胡适把报纸上登出的这个电报全文转录在《独立评论》(《胡适全集》第22卷,第278页)上,算是立此存照吧。

又例如,1935年3月7日鲁迅写的《"寻开心"》一文(刊登在4月5日《太白》半月刊上,现在收入《鲁迅全集》第6卷,第279—281页)中提到了当时文化思想界的几件事:其中有一件是广东提倡读经,还有一件事是萨孟武、何炳松、王新命等十教授发表了一个《中国本位的文化建设宣言》。对这两件事,这篇文章都表示了批评的态度。

对于广东提倡读经这事,鲁迅引用了提倡者编印的《经训读本》:"孔子谓曾子曰:身体发肤,受之父母,不敢毁伤,孝之始也。"鲁迅问:"那么,'为国捐躯'是'孝之终'么?"他接着答道:"并不然,第三课还有'模范',是乐正子春述曾子闻诸夫子之说云:'天之所生,地之所养,无人为大。父母全而生之,子全而归之,可谓孝矣。不亏其体,不辱其身,可谓全矣。故君子顷步而弗敢忘孝也。'"指出了他们的自相矛盾。

对于十教授的《中国本位的文化建设宣言》,这篇文章没有正面提出批评。鲁迅是在3月7日的报纸上看到"北平大学教授兼女子文理学院文史系主任李季谷氏赞成《一十宣言》原则的谈话",当天就写了这篇文章。文中引用李氏的谈话:"为复兴民族之立场言,教育部应统令设法标榜岳武穆、文天祥、方孝孺等有气节之名臣勇将,俾一般高官戎将有所法式云。"

文章对这两件事合评说:"凡这些,都是以不大十分研究为是的。如果想到'全而归之'和将来的临阵冲突,或者查查岳武穆们的事实,看究竟是怎样的结果,'复兴民族'了没有,那你一定会被捉弄得发昏。"

对于这两件事,胡适也正是持批评的态度。他在《南游杂忆》中记下了 1935 年 1 月他在广州同陈济棠谈话的情形:

> 陈济棠先生的广东官话我差不多可以全懂。……他说的话很不客气:"读经是我主张的,祀孔是我主张的,拜关、岳也是我主张的。我有我的理由。"……他说:生产建设可以尽量用外国机器,外国科学,甚至于不妨用外国工程师。但"做人"必须有"本",这个"本"必须要到本国古文化里去寻求。这就是他主张读经祀孔的理论。……

> 我静听到他说完了,我才很客气的答他,大意说:"依我的看法,伯南先生的主张和我的主张只有一点不同。我们都要那个'本',所不同的是:伯南先生要的是'二本',我要的是'一本'。生产建设须要科学,做人须要读经祀孔,这是'二本'之学。我个人的看法是:生产要用科学知识,做人也要用科学知识,这是'一本'之学。"

> 他很严厉的睁着两眼,大声说:"你们都是忘本!难道我们五千年的老祖宗都不知道做人吗?"

> 我平心静气的对他说:"五千年的老祖宗,当然也有知道做人的。但就绝大多数的老祖宗说来,他们在许多方面实在够不上做我们'做人'的榜样。举一类很浅的例子来说

罢。女人裹小足,裹到骨头折断,这是全世界的野蛮民族都没有的惨酷风俗。然而我们的老祖宗居然行了一千多年。大圣大贤,两位程夫子没有抗议过,朱夫子也没有抗议过,王阳明、文文山也没有抗议过。这难道是做人的好榜样?"

他似乎很生气,但也不能反驳我。(《胡适全集》第 10 卷,第 462—463 页)

陈济棠说不过胡适,但是总司令有总司令的威权,原来已作安排的胡适在广州的学术讲演都被取消了。

胡适回到北平以后,对这两个问题都发表了文章。在《试评所谓"中国本位的文化建设"》一文中,他表示了对于萨孟武、何炳松等十教授的这个宣言"颇感觉失望",以为它"正是'中学为体西学为用'的最新式的化装出现"。"说话是全变了,精神还是那位《劝学篇》的作者的精神。'根据中国本位',不正是'中学为体'吗?'采取批评态度,吸收其所当吸收',不正是'西学为用'吗?"(《胡适全集》第 4 卷,第 578 页)

在这篇文章里,胡适从正面指出:

文化各方面的激烈变动,终有一个大限度,就是终不能根本扫灭那固有文化的根本保守性。……所以"中国本位",是不必劳十教授们焦虑的。……不应该焦虑那个中国本位的动摇,而应该焦虑那固有文化的惰性之太大。今日的大患并不在十教授们所痛心的"中国政治的形态,社会的组织,和思想的内容与形式,已经失去它的特征"。我们的观察,恰恰和他们相反。中国今日最令人焦虑的,是政治的形态,社会的组织,和思想的内容与形式,处处都保持中

国旧有种种罪孽的特征,太多了,太深了。(《胡适全集》第4卷,第581—582页)

在这里,胡适提出了以后几十年间备受责难的"全盘西化"的口号,对此,他作过一些解释,一些限制,例如说"'全盘'的意义不过是'充分'而已,不应该拘泥作百分之百的数量的解释"(《胡适全集》第4卷,第585页)。"此时没有别的路可走,只有努力全盘接受这个新世界的新文明。全盘接受了,旧文化的'惰性'自然会使他成为一个折衷调和的中国本位新文化。"(《胡适全集》第22卷,第255—256页)。

关于读经,胡适在他编的《独立评论》第146号转载了傅孟真为天津《大公报》写的星期论文《论学校读经》,作为呼应和阐发,同一期还发表了胡适自己写的《我们今日还不配读经》一文。傅文指出:"经过明末以来朴学之进步,我们今日应该充分感觉六经之难读。……今日学校读经,无异于拿些教师自己半懂半不懂的东西给学生。……六经虽在专门家手中也是半懂半不懂的东西,一旦拿来给儿童,教者不是浑沌混过,便要自欺欺人。这样的效用,究竟是有益于儿童的理智呢,或是他们的人格?"胡适的文章引用了,他以为这是"最精确的一段",指出"我们可以预料提倡读经的文武诸公决不会了解的"(《胡适全集》第4卷,第567页)。在这篇文章里,胡适举了好些例子说明了解经的艰难。从清代的朴学家到和他同时的丁声树、吴世昌、杨树达这些学者是怎样一个字一个字求解的。最后得出结论:"在今日妄谈读经,或提倡中小学读经,都是无知之谈,不值得通人的一笑。"(《胡适全集》第4卷,第573页)

在提倡读经的声浪中,还有一点小插曲。1934年5月初,汪懋祖在《时代公论》上发表了一篇《禁习文言与强令读经》,6月,又在该刊发表《中小学文言运动》,提出了所谓"复兴文言"的主张。他在《中小学文言运动》中说:"读经决非恶事,似毋庸讳言。时至今日,使各省当局如何键、陈济棠辈之主张尊孔读经,可谓豪杰之士矣。"由此也可以知道汪懋祖这一主张的内容和背景了。鲁迅看了汪的文章,立刻予以迎头一击。汪文说:"例如说'这一个学生或是那一个学生',文言只须'此生或彼生'即已明了,其省力为何如?"鲁迅在6月30日《中华日报·动向》上发表《"此生或彼生"》一文(后收入《鲁迅全集》第5卷,第527页)中反驳说:"这五个字,至少还可以有两种解释:一、这一个秀才或是那一个秀才(生员);二、这一世或是未来的别一世。……我就用主张文言的汪懋祖先生所举的文言的例子,证明了文言的不中用了。"这篇文章才四百字,就是鲁迅早年给许广平的信中所说的"正对'论敌'之要害,仅以一击给与致命的重伤者"(《鲁迅全集》第11卷,第476页)。对于这件事,胡适写了一篇《所谓"中小学文言运动"》(《胡适全集》第4卷,第529—566页),登在7月15日出版的《独立评论》上,全文四千多字,逐一反驳了汪文的论点,这里就不加摘引了。在鲁迅的晚年,在政治立场上和胡适可以说是处于对立的地位,可是人们也看见了异中有同。

十

1932年8月间,李大钊的长女星华来找周作人,诉说家中的困难,希望能将她父亲的藏书卖一点钱。为了这事,作人在8月26日写信给胡适说:"守常长女李星华(现在孔德学院肄业)来说,守常遗书出卖,此事曾与兄及孟邻校长说过,惟近来寄存书籍的亲戚家就要搬走,而李家家况亦甚窘苦,想早日卖掉。孟邻曾提议由大家集款买下,寄赠于图书馆(?)以作纪念,或比较由学校收买更易办亦未可知,希望兄为帮忙,为向孟邻一说,早点想一办法以了此事。闻书目已由守常内侄杨君抄交孟邻矣。"这事经周作人、胡适等多人帮助,经过不少周折,终于办妥,卖得一些钱给了李大钊的遗属,算是为亡友尽一份心吧。

1933 年 4 月 7 日,李大钊的女儿星华、炎华姐妹来看周作人,谈她们的父亲下葬的事。中共北平地下组织请一些文教界的知名人士和李大钊的生前友好出面,发起为李的公葬募捐。列名于倡议者的有沈尹默、沈兼士、周作人、胡适、马裕藻、马衡、傅斯年、蒋梦麟、刘半农、钱玄同等人。下葬的前一天,22 日,在宣武门外下斜街浙寺举行公祭。周作人送去了一只花圈,奠仪十元,安葬捐款二十元。

这件事办了之后,周作人又参与李大钊遗著出版的事了。他在 1962 年 8 月 31 日的《人民日报》上发表了一篇《关于〈守常全集〉的一点旧闻》,说:

> 据我所知道,这集子是守常先生的侄子李白余所收集的,他本名李兆瑞,是清华大学的学生。在守常先生死难以后,他立意搜编遗稿,在各图书馆勤苦抄录。等得编好了的时候,北京方面已是蒋介石的特务密布,个人行动有点不大自由了。李白余计划逃出华北,乃将抄好的文集四卷原稿一大包,交来托我代为保存,他自己就从此不见了。到了解放之后,这才重复出现,那时已经改名李乐光。可惜他已于好几年前去世了。
>
> 一九三三年在下斜街浙寺为守常开吊后的一星期,即

四月二十九日,守常夫人及女儿李星华曾来访,谈出文集事。由此推想,原稿第一、二卷寄给北新书局大约也是那时的事情。其时恐怕出版会有困难,所以听说要请蔡子民写一篇序,但是似乎他也没有写。鲁迅附识里的所谓 T 先生,可能便是蔡子民。

文集第三、四卷的原稿,连同一张守常在日本留学时的照相,则是一九四九年移交给有关人的。(《周作人散文全集》第 13 卷,第 865—866 页)

周作人这里说错了一点,鲁迅附识里写的 T 先生,不是蔡元培,而是曹聚仁。当年为了出版李大钊遗著,他正是同曹聚仁联系的。1936 年 2 月 9 日出版的《申报周刊》一卷五期上有曹聚仁的一篇《书话》,副题是《一部搁浅的书》,谈了当年他们为了这一件事联系的经过:

《李守常全集》的稿子,现在在北新书局,算来该在去年夏天可出版的。这件事由周作人先生发动;外传鲁迅先生主持,系传闻之误。民国二十二年四月间,周先生自北平来一信,说:"……兹有一事奉询,未知能设法否?守常殁后,其从侄即为搜辑遗稿,阅二三年略有成就,唯出版为难,终未能出世。近来滦东失陷,乐亭早为伪军所占,守常夫人避难来北平,又提及此事,再四思维,拟以奉询先生,未知群众图书公司可为刊行否?其实文中所谈并不只一问题,不可分量似稍多,此节当可商酌,即全集选集有二办法可取也。守常一子一女均系旧学生,现在长女星华亦在北平,如尊处可以商议,则当介绍与先生直接交涉耳。"我因为自己研究史学，对于李守常先生的史学非常爱好，当时就复信说此间愿为出版。五月间得周先生复信，说："守常遗稿承允出版，至感。当即往访守常夫人，已嘱其先行抄一目录寄呈，全稿经弟略一阅后，再行寄奉。请旧友题记一节，当不成问题。弟拟写一小序，此外胡适之、蔡子民、陶孟和诸人想亦可作文，钱玄同、马幼渔、刘半农则至少必可题字也。鄙意如陈仲甫、章行严如能找到题序，似亦有意义，或尚容再议耳。"这集子的进行出版，看起来是颇顺利了。北方约请写序的，由周先生接洽。南方的由我接洽，我曾分请鲁迅、蔡子民、陈仲甫、章行严诸先生作序，鲁迅先生的《题记》也就写好寄来。……守常先生殉难前一年，他在上海讲演历史哲学，我曾见过一面，看了鲁迅先生的《题记》，也浮起类似的印象。他是忠于学问也忠于他自己的信仰的学者。当作纯粹的学术论著，我们也觉得李守常全集有出版的意义。

然而，波折就到来了。因为北新要兜印此书，和守常先生的从侄另有接洽。那年七月底，周作人先生来信说："守常的侄子近来始找到，事先曾由弟函询尊处，承许接受，甚为感激。唯其家属方面，因北新亦曾去信兜印，意欲予之，弟亦不便与争，但对于尊处甚为抱歉，尚祈鉴原为幸。"我当时就回信，说学术天下为公，只要北新负责出版，我个人还愿意帮忙接洽。就在那时，守常夫人去世了，北新又为猪八戒的事闹大乱子，那集子直到二十三年春间，还是杳无消息。我又向周先生重提旧议，周先生回信说，"九日手书敬悉。守常遗文如能设法出版，最好；鄙意如不能全印，即选亦不妨，总之希望能不被删节，如删一二句则此篇反不如不编入为愈也。第一、二卷稿已托人带至上海，三、四卷尚在

80

散处,将来容再寄呈,此事须与守常长女星华一接洽,全稿系守常族侄所干,历时甚久,交稿来后不数日即被逮,大约要关十余年云,因此此稿由鄙人负保管之责,时以为念。如能早日成书,则大善矣。俟与李女士说定后,当再函告小峰,请其将一、二卷稿移交尊处也。"后来北新方面,也不曾将稿交来,据说要等一等,等一年再说,当时推想二十四年夏间或可出版。现在已是二十五年二月了,而李守常全集的出版,还是遥遥无期。去年春间,我曾写信给周先生,再提前议。周先生回信说:"关于印守常文集事,与李君家属一谈,未能决定,大抵拟暂且犹预,似不以此刻印行为妥当也。"这是关于这件事的最后一信。

从曹聚仁的这篇文章里可以知道,为了李大钊遗著出版的这一件事,不但鲁迅、周作人出力不少,周作人给曹聚仁的信中还提出"弟拟写一小序,此外胡适之、蔡子民、陶孟和诸人想亦可作文",可见他愿意这事有胡适的合作。可是这一件事一直没有落实。李大钊的文集直到解放以后才得以出版。也用不着周作人胡适写文章了。

十一

1932 年 5 月 22 日,胡适与蒋廷黻、丁文江、傅斯年、翁文灏、任鸿隽、陈衡哲、竹垚生等人合办的《独立评论》周刊在北平创刊。

1934 年 5 月 13 日周作人给胡适寄来《太监》一稿,附信说:

适之兄:

顷写一小文,明日当送呈,以奉贺《独立评论》之一百期或百一期,只是秀才人情纸一张,而且文章既坏,题材又大不佳,兄如收到必当哑然失笑也。匆匆。

五月十三日　作人。

(《胡适遗稿及秘藏书信》第 29 册,第 596 页)

胡适 5 月 14 日复信:"谢谢你的大文。这种贺礼,十分欢迎,十分感激。——虽然也许有人要想起纪晓岚'底下没有了'的笑话,说《独立》将来关门时,《太监》一文已成'语谶'了!"(《胡适全集》第 24 卷,第 196 页)

胡适即把这篇《太监》刊登在 5 月 20 日出版的《独立评论》第 101 号上,署名岂明。这是周作人第一次在《独立评论》上发表文章。胡适在本期编辑后记中说:"两年前,周岂明先生最初听说我们要办一个唱低调说老实话的刊物,他就写信给我,劝我不要干这种傻事。其实他心里是赞成这种傻事的。这回这个傻孩子过两周岁,岂明先生特地寄一篇《太监》来,并且说明是'奉贺《独立评论》之百一期'。我们盼望他常时捎点糖果给这个傻小子,不要等到过年过节才送礼。"(《胡适全集》第 22 卷,第 107 页)

胡适也是痛恨这种野蛮的太监制度的。他在《独立评论》第 103 号发表的《信心与反省》一文,提出:"我们的民族信心必须站在'反省'的唯一基础之上。反省就是要闭门思过,要诚心诚意的想,我们祖宗的罪孽深重,我们自己的罪孽深重;要认清了罪孽所在,然后我们可以用全副精力去消灾灭罪。"文章就用这种反省的态度清算"我们的固有文化",指出:"欧洲有三个一千年的大学,有许多个五百年以上的大学,至今继续存在,继续发展:我们有没有? 至于我们所独有的宝贝,骈文,律诗,八股,小脚,太监,姨太太,五世同居的大家庭,贞节牌坊,地狱活现的监狱,廷杖,板子夹棍的法庭,……究竟都是使我们抬不起头来的文物制度。"(《胡适全集》第 4 卷,第 502—503 页)这里,他把太监制度列入"都是使我们抬不起头来的文物制度"了。

《独立评论》在发表胡适这一篇文章之后,接着又发表了几篇讨论的文章。周作人看了这些文章以后,就给胡适写信:

适之兄:

读论"信心与反省"诸文,再三感叹青年们高唱发扬国中固有文化,原即是老新党说过的"中学为体"。子固先生又质问欧洲可有过一个文化系统过去没有类似小脚太监等等的东西,则岂不又是"西洋也有臭虫"的老调么?自有见闻以来三十余年,中国思想展转不能跳出此两圈子,此殆"固有文化"之一欤?若"忠孝仁爱"云云则须待"恢复",可知其久已沦没矣。子固先生又推举朱元璋为圣贤天才之一,闻之骇然。岂以其能逐胡元耶?其实此人乃中国古今大奸恶之一(其子朱棣亦不亚于彼,此外明朝皇帝十九凶恶),几不可以人论,而青年如此崇拜之,真奇事也!近日卧病,今始得起坐,草草书此,不尽意。顺颂

近安。

作人 六月廿日

(《周作人散文全集》第 6 卷,第 352 页)

胡适将这封信加上《"西洋也有臭虫"》的标题,在《独立评论》第 107 号(7 月 1 日)发表。在同一期的刊物上,胡适自己发表《三论信心与反省》一文,其中说:

我们对于我们的"固有文化",究竟应该采取什么态度?吴其玉先生(《独立》一〇六)怪我"把中国文化压得太低了";寿生先生也怪我把中国文化"抑"的太过火了。他们都怕我把中国看的太低了,会造成"民族自暴自弃的心理,造成他对于其他民族屈服卑鄙的心理"。吴其玉先生说:我们"应该优劣并提。不可只看人家的长,我们的短;更应当知道我们的长,人家的短。这样我们才能有努力的勇气"。

这些责备的话,含有一种共同的心理,就是不愿意揭穿固有文化的短处,更不愿意接受"祖宗罪孽深重"的控诉。一听见有人指出"骈文,律诗,八股,小脚,太监,姨太太,贞节牌坊,地狱的监牢,板子夹棍的法庭"等等,一般自命为爱国的人们总觉得心里怪不舒服,总要想出法子来证明这些"未必特别羞辱我们",因为这些都是"不可免的现象","无古今中外是一样的"(吴其玉先生的话)。所以吴其玉先生指出日本的"下女,男女同浴,自杀,暗杀,娼妓的风行,贿赂,强盗式的国际行为";所以寿生先生也指出欧洲中古武士的"初夜权","贞操锁"。所以子固先生也要问:"欧洲可有一个文化系统过去没有类似小脚,太监,姨太太,骈文,律诗,八股,地狱活现的监狱,廷杖,板子夹棍的法庭一类的丑处呢?"(《独立》一〇五号)本期(《独立》一〇七号)有周作人先生来信,指出这又是"西洋也有臭虫"的老调。这种心理实在不是健全的心理,只是"遮羞"的一个老法门而已。从前笑话书上说:甲乙两人同坐,甲摸着身上一个虱子,有点难为情,把它抛在地上,说:"我道是个虱子,原来不是的。"乙偏不识窍,弯身下去,把虱子拾起来,说:"我道不是个虱子,原来是个虱子!"甲的做法,其实不是除虱的好法

84

子。乙的做法,虽然可恼,至少有"实事求是"的长处。虱子终是虱子,臭虫终是臭虫,何必讳呢?何必问别人家有没有呢?(《胡适全集》第4卷,第514—515页)

1935年10月15日周作人又给胡适寄去一篇稿子,附信说:"近作一小文,因读《四十自述》而引起的,故其中词连老兄,特附呈一纸,请于闲中一阅。或者此时兄尚未回平,姑先呈座右,以备高览。"这篇文章就是《关于孟母》(《周作人散文全集》第6卷,第599—602页),胡适把它发表在5月19日出版的《独立评论》第151号(三周年纪念特大号)上了。

1936年6月12日周作人写信给胡适,讨论"国语与汉字"的问题。针对当时文化界一些人士谈论的汉字拼音化的主张,周作人说,虽然"用罗马字拼口语写出大众可懂的文章来,这不失为一个好理想",可是他主张"我们拿笔管的人……只要各自尽心,把诚实的自己的意思写成普通的中国文,让他可以流传"。对于汉字拼音化问题,他说:

> 我的意见是,语言用非方言的一种较普通的白话,文字用虽似稍难而习惯的汉字,文章则是用汉字写白话的白话文:总括一句,即是国语、汉字、国语文这三样东西。用方言,用拼音字,均不能通行,注音符号可以加在汉字旁边,或注中记音,很有用处,却亦不宜单用。(《周作人散文全集》第7卷,第276—277页)

胡适6月21日给周作人回信,谈他自己对于文字改革的意见:"我的历史眼光使我相信文字是最守旧的东西,最难改革的，——比宗教还更守旧，还更难改革。……所以我不期望在最近百年内可以废除汉字而采用一种拼音的新文字。"不过，他又说：

> 但我深信，汉字实在是难学难写的教育工具，所以我始终赞成各种音标文字的运动，我始终希望"音标文字在那不很辽远的将来能够替代了那方块的汉字做中国四万万人的教育工具和文学工具"。
>
> 因为我认定了这种历史的步骤，所以我对于用拼音文字替代汉字的运动，虽然诚心的赞成，总没有热烈的提倡。
>
> 今天读了你的来信，我很赞成你的见解。我相信在今日，为了"强化中国民族意识的必要"，我们的语言要用"非方言的一种较普通的白话"，文字还得用汉字，文章必须是"用汉字写白话的白话文"。这个意见，我完全同意。
>
> 我十分赞成你的主张，我们必须充分利用"国语、汉字、国语文这三样东西"来做联络整个民族的感情思想的工具。这三件其实只是"用汉字写国语的国语文"一件东西。这确是今日联络全国南北东西和海内海外的中国民族的惟一工具。
>
> 我深信你这个主张是最合理的。(《胡适全集》第24卷，第307—309页)

胡适把这来往两封信加上《国语与汉字》的题目发表在6月28日出版的《独立评论》第207号上了。这里应该附带说明一点的是：胡适表示"我始终希望'音标文字在那不很辽远的将来能够替代了那方块的汉字做中国四万万人的教育工具和文学工具'"是1936年的事，后来的意见可能有一点改变。他晚年流寓美国时候的一位少年朋友唐德刚写的《胡适杂忆》里记下了这样一件事：

> 有时我又问胡先生："汉字要不要拉丁化呢?"
>
> "兹事体大！兹事体大！"胡氏以肯定的文言文,不置可否地回答我。(华文出版社 1992 年,第 187 页)

可见他这时候的考虑比早年要更慎重更细致些了吧。

此外周作人先后在《独立评论》上发表的文章有:1935 年 1 月 6 日出版的第 134 号上的《弃文就武》(《周作人散文全集》第 6 卷,第 511—514 页);5 月 5 日出版的第 149 号上的《杨柳》(《周作人散文全集》第 6 卷,第 577—581 页);9 月 1 日出版的第 166 号上的《读禁书》(《周作人散文全集》第 6 卷,第 748—751 页);1937 年 7 月 4 日出版的第 241 号上的《关于看不懂》(《周作人散文全集》第 7 卷,第 747—749 页),都是署名知堂。几天之后卢沟桥事变发生。《独立评论》出了第 244 号也就停刊了。

胡适 1936 年 1 月 9 日给周作人写信,诉说自己办《独立评论》的心情:"三年多以来,每星期一晚编撰《独立评论》,往往到早晨三四点钟,妻子每每见怪,我总对她说:'一星期之中,只有这一天是我为公家做工,不为吃饭,不为名誉,只是完全做公家的事,所以我心里最舒服,做完之后,一上床就熟睡,你可曾看见我星期一晚上不着的吗?'她后来看惯了,也就不怪我了。"(《胡适全集》第 24 卷,第 285 页)

十二

1934 年 1 月,周作人满五十岁,13 日他作了首自寿诗:

前世出家今在家,不将袍子换袈裟。

街头终日听谈鬼,窗下通年学画蛇。

老去无端玩骨董,闲来随分种胡麻。

旁人若问其中意,且到寒斋吃苦茶。

他将这诗分寄友好,并且索和。胡适的两首和诗写在1934年1月18日给他的信里了。第一首是:

和苦茶先生打油诗

先生在家像出家,虽然弗着啥袈裟。

能从骨董寻人味,不惯拳头打死蛇。

吃肉应防嚼朋友,打油莫待种芝麻。

想来爱惜绍兴酒,邀客高斋吃苦茶。

1934,1,17,适之

其二是:

再和苦茶先生,聊自嘲也

老夫不出家,也不着袈裟。

人间专打鬼,臂上爱蟠蛇。

不敢充油默,都缘怕肉麻。

能干大碗酒,不品小钟茶。

昨和诗兴致未尽,又得一首;昨诗写兄之文雅,今诗写一个流氓的俗气。末句用典出在大观园栊翠庵。

适之 廿三,一,十八

(《胡适全集》第24卷,第180—181页)

他第一首诗中"吃肉应防嚼朋友"这一句用的是他们周家的典故。胡适1922年8月11日日记记下了听周作人说的他们祖父的这件轶事，前面已经引过了。周作人收到胡适的这首诗，复信说："意似未尽，因为续成五言八韵"，他续作的如下："双圈大眼镜，高轩破汽车。从头说人话（刘大白说），煞手揍王巴（谬种与妖孽）。文丐连天叫，诗翁满地爬。至今新八股，不敢过胡家。"

信末说：

> 天风先生《自嘲》诗只四韵，勉为续貂庶合成无言八韵云尔。廿三年一月十九日　苦茶

3月5日，周作人又写信来：

> 适之兄：
> 　日前又作打油诗一首，别纸抄呈。中有重复字及未妥处，故真是未定草也，咬大蒜乃是黎公劭西典故，低头亦是成语，遂至与光头相碰，不及另改，匆匆。作人
> 　　半是儒家半释家，光头更不着袈裟。
> 　　中年意趣窗前草，外道生涯洞里蛇。
> 　　徒羡低头咬大蒜，未妨拍桌拾芝麻。
> 　　谈狐说鬼寻常事，只欠工夫吃讲茶。

收到这诗，胡适即作《苦茶先生又寄打油诗来，再叠韵答之》：

> 肯为黎涡斥朱子，先生不可着袈裟。

笑他制欲如擒虎,那个闲情学弄蛇。

绝代人才一丘貉,无多禅理几斤麻。

谁人会得寻常意,请到寒斋喝盏茶。

林语堂主编的小品文半月刊《人间世》1934 年 4 月在上海创刊。他把周作人先后写的两首《知堂五秩自寿诗》在创刊号上发表了,诗是按手迹影印,还配发了作者大幅照片。在同一期刊物上还发表了沈尹默、刘半农、林语堂的和诗。第二期又接着发表了蔡元培、沈兼士的和诗。

这一场盛大的诗作唱和,一时颇为热闹,引起了左翼作家和左倾青年很大的反感,廖沫沙在 4 月 14 日《申报·自由谈》上发表《人间何世?》一文(署名野容)提出批评,文中并有步韵诗一首来讽刺他,中有"不赶热场孤似鹤,自甘凉血冷如蛇。选将笑话供人笑,怕惹麻烦爱肉麻"这样的句子。接着又发表了胡风的《"过去的幽灵"》一文,他对"当年为诗底解放而斗争过的《小河》底作者"现在写出这样的诗来深致不满。胡适收到一个愤青的信,信中胡诌了几首诗,分别骂这件事,骂周作人、钱玄同、刘半农等人。5 月 14 日胡适把这信转给周作人:"广西寄来一封匿名信,送上一看。邮印是'苍梧',也许是广西大学中人寄的。文章甚不通。"这些"诗"不过是发泄一下愤青的情绪罢了,确实不通,犯不上引用了。有兴趣的读者可以在《胡适全集》第 24 卷第197—199 页看到。

胡适 1935 年 12 月 25 日日记:"周启明昨送贺年诗来,今晚无聊,和他一首。"周作人的这首《贺年诗》如下:"尚有年堪贺,如何不贺年。关门存汉腊,隔县戴尧天。世味如茶苦,人情幸瓦全。剧怜小儿女,结队舞仙仙。"胡适"戏和其韵"作答的是:

"可怜王小二,也要过新年。开口都成罪,抬头没有天。强梁还不死,委曲怎能全!羡煞知堂老,关门尚学仙。"胡适日记记下这两首诗之后,说:"半夜后博生电话,殷汝耕改组'冀东防共自治政府',真所谓'隔县戴尧天'了。"读者也就可以想象到那时的时局了。

十三

1936年10月19日鲁迅病逝。他的遗孀许广平急于办两件事。一件事是邀请鲁迅生前友好中的一些知名人士组成一个"鲁迅先生纪念委员会",另一件事是着手编印鲁迅的全集。这两件事,胡适都表示愿意出力。在《鲁迅、许广平所藏书信选》(湖南文艺出版社,1987年)中所收许寿裳致许广平的信中可以看到:"与商务馆合印全集事,马幼渔兄已与胡适之面洽,胡表示愿意帮忙,惟问及其中有无版权曾经售出事,马一时不便作肯定语,裳告马决无此事,想马已转告胡矣。商务回音,俟后再告。苏梅狂吠等于蚍蜉撼树,终必自败。"(1937年3月30日,第303页)"昨与幼渔兄谈及,渠谓大先生(指鲁迅)与胡适之并无恶感,胡此番表示极愿帮忙,似可请其为委员,未知弟意以为何如? 希示及。"(5月3日,第307页)"胡适之为委员事已得其同意。拟请弟直接致胡一函,说明得马幼渔、许季茀信,知先生已允为'鲁迅先生纪念委员会'委员,表示谢意,并请其鼎力帮忙,全集事与商务馆接洽经过如何? 亦可提到。"(5月17日,第309页)"胡适之来一绍介函,特奉上,请阅毕转至王云五或先送蔡先生一阅,请其亦作一函绍介,双管齐下,较为有力,未知尊意如何? 胡君并允直接另致云五一信,日内即可寄出云。"(6月5日,第314页)

王云五不能不给胡适这个面子。商务印书馆同意接受《鲁迅全集》的出版,并且已经签订出版合同。为什么后来发生变化,没有在商务印书馆出版呢？看了王云五致许广平的一封信就明白了。王云五1938年4月1日致许广平信如下：

　　广平女士大鉴：奉读三月十日大示。以鲁迅先生全集中有已出版之若干种移转出版权之交涉尚未妥洽,拟由鲁迅先生纪念委员会先行筹资自印,暂将前与敝馆所订合同取消,俟版权交涉办妥后另订合同,仍由敝馆发行,倘敝馆对此办法同意,则全集付印时仍由敝馆经售等语敬悉。敝馆承印鲁迅先生全集,亦本纪念鲁迅先生之意,只期全集早日印行,凡有利于此项目的者,敝馆无不乐为。惟尊拟将原订契约暂行取消,果借此可使全集早日问世,敝馆绝不因有契约关系坚持不肯变通。惟阅尊致蔡孑民先生函述,委员会自印办法所需印刷费用取给于预约收入,当此非常时期,就敝馆观察,预约收入似不可靠。彼时倘一面付印一面待预约收入再付印价,恐不免发生窒碍。故如采自印办法,窃以为必先筹足全部印价始可进行无阻。此节最好由尊处详加考虑,倘认为确无问题,再与敝馆订定中止原订契约之正式手续,如何？又闻日记书信两项,因印价特昂,委员会本拟暂缓印行,不知此两项共若干页。设敝馆尚有余力,可以担任。或先印日记书信作为全集之第一期出版物,其他创作翻译则俟交涉妥洽再行续印。区区之意无非欲使鲁迅先生全集得印行而已。统祈

　　核夺见示,专复,敬颂

　　大安　　　　　　　　　　　　　　王云五

　　　　　　　　　　　　　　　　　二十七年四月一日

（《鲁迅研究资料》第 16 辑,天津人民出版社 1987 年,第 40—41 页)

应该说,这一封信的态度是够好的。王云五这一位有经验的出版家、经营家,说的话句句都很实在。特别是他提出了一个很可取的建议,即"先印日记书信作为全集之第一期出版物",如果采纳了这个建议,鲁迅 1922 年的日记就不会失掉了。

前面所引许寿裳信中说的"苏梅狂吠"是怎么一回事呢?苏梅是女作家苏雪林的笔名,她写了一封长信给胡适,攻击左翼文艺运动,特别是攻击新死的鲁迅,这封信和胡适的回信都刊登在 1937 年 3 月 1 日在汉口出版的《奔涛》半月刊上。她的"狂吠"这里就不摘引了,只把胡适复信中说鲁迅的部分摘引如下:

> 关于鲁迅,我看了你给蔡先生的信,我过南京时,有人说起你此信已寄给他了。
> 我很同情于你的愤慨,但我以为不必攻击其私人行为。鲁迅猎猎攻击我们,其实何损于我们一丝一毫?他已死了,我们尽可以撇开一切小节不谈,专讨论他的思想究竟有些什么,究竟经过几度变迁,究竟他信仰的是什么,否定的是些什么,有些什么是有价值的,有些什么是无价值的。如此批评,一定可以发生效果。余如你上蔡公书中所举"腰缠久已累累","病则谒日医,疗养则欲赴镰仓"……皆不值得我辈提及。至于书中所云"诚玷辱士林之衣冠败类,廿五史儒林传所无之奸恶小人"一类字句,未免太动火气(下半句尤不成话),此是旧文字的恶腔调,我们应该深戒。

凡论一人,总须持平。爱而知其恶,恶而知其美,方是持平。鲁迅自有他的长处。如他的早年文学作品,如他的小说史研究,皆是上等工作。通伯先生当日误信一个小人张凤举之言,说鲁迅之小说史是抄袭盐谷温的,就使鲁迅终身不忘此仇恨!现今盐谷温的文学史已由孙俍工译出了,其书是未见我和鲁迅之小说研究以前的作品,其考据部分浅陋可笑。说鲁迅抄盐谷温,真是万分的冤枉。盐谷一案,我们应该为鲁迅洗刷明白。最好是由通伯先生写一篇短文,此是"gentleman(绅士)的臭架子",值得摆的。如此立论,然后能使敌党俯首心服。

这是胡适1936年12月14日写的。是鲁迅去世不久公开发表的对他的评论。

鲁迅去世之后,胡适和周作人还是照常往来。1937年的1月1日,夏历十一月十九日,是鲁迅、周作人的母亲鲁老太太八十岁的寿辰。胡适也去拜寿了。他这天的日记:"今早九点起来,继续写论文。中间出去到中基会团拜、到周作人家贺他老母八十生日,吃了寿酒,才回家继续写文字。"

十四

1937年7月7日夜,日本军队一部在北平西南卢沟桥附近向中国军队寻衅,炮轰宛平县城。守军第二十九军一部奋起抵抗。抗日战争爆发了。这时北平许多文化界、教育界的知名人士,周作人的许多朋友和同事,都纷纷南下了。

7月29日,北平陷落。一个极大的难题摆在周作人面前了:是南下呢,还是留在北平呢;如果留下来,又怎样生活呢;在这犹

豫之中,他希望得到胡适的帮助。8月7日,他写信给胡适:

适之兄:

　　一月不相见,事情变化至此,殊出意料之外。学校恐不能开门,弟家累甚重,回南留北均甚困难,未知兄可否于编译会设法每月付给若干,俾暂得维持生活,过几个月再看,如能离开此地当再计划也。此外无可设法,望兄能赐援手,至感至感。此信如收到,乞赐复言为要。专此顺颂

　　近安　　　　　　　　　　　　　　八月七日　作人启

(《胡适遗稿及秘藏书信》第 29 册,第 615 页)

　　周作人这里说的"编译会",就是胡适主持的中华教育文化基金董事会编译委员会。在最近几年里,周作人在那里出书,预支稿费,他希望在局势大变之后还能够从这里得到进项。

　　在那个兵荒马乱的日子里,周作人不知道这封信能不能寄到。这封信是寄到了的。只是这一段日子正好是胡适最忙的时候:7 月 11 日他到庐山出席国民党中央政治委员会召开的谈话会,20 日,在会上发言;8 月 17 日,出席国防参议会第一次会议;9 月 7 日,蒋介石约见,请他去美国作非正式的外交工作……一时没有顾得上给周作人回信。几乎一年之后,那时胡适已经远在国外了,才写了一首诗寄给他,敦促他自拔南行:

寄给在北平的一个朋友

藏晖先生昨夜作一梦,

梦见苦雨庵中吃茶的老僧,

忽然放下茶盅出门去,

飘萧一杖天南行。

天南万里岂不大辛苦？

只为智者识得重与轻。

醒来我自披衣开窗坐，

谁人知我此时一点相思情。

　　　　　一九三八年八月四日

周作人收到胡适的这首诗，就在 9 月 23 日给他回信说：

藏晖兄：

　　二十日得前月四日惠寄新诗。忻感无似。即写一首奉
答，别纸写上，乞赐览。近日公超暑假北来，述孟真意与兄
相同，但弟处系累多，不能离平，此情形孟邻知之较详。弟
夫妇只二人，小儿去年北大亦已毕业，本来行止不成问题，
唯小女夫婿往陕携其二儿寄居此间，又舍弟之妻儿四人亦
向来同住，在上海入学时鲞，对其家属已有两年不寄一字
来，因此敝庵中人口不少，弟如离开则两处需用，更不能支
矣。募化米面。尊处译事本是其一份，而近来打六折，又迁
香港，恐将停顿，神话之本文及研究、神话论已成三十万言，
注释繁重只成一章已有二万字，大约注释全部亦当有十余
万言，夏中因病中止，希望本年内成之，了却一桩多年心愿。
九月起往司徒氏义塾担任两课国文，每星期去一天计四小
时，但不能抵译会米面之半，亦慰情聊胜无耳。前四十年有
人为算命，当中举人，计当教员多年正是学老师之地位，若
祭酒司业那有此福分承受，况弟已过知命之年，此当已知之
矣。匆匆顺颂

96

近安 知堂

（《胡适遗稿及秘藏书信》第29册，第616—617页）

他别纸写上的诗是：

苦住庵吟　奉答藏晖居士

老僧假装好吃苦茶，
实在的情形还是苦雨，
近来屋漏地上又浸水，
结果只好改号苦住。
夜间拼起蒲团想睡觉，
忽然接到一封远方的信，
海天万里八行诗，
多谢藏晖居士的问讯。
我谢谢你很厚的情意，
只可惜我行脚不能做到：
并不是出了家特地忙，
因为庵里住的好些老小。
我还只能关门敲木鱼念经，
出门托钵募化些米面，——
老僧始终是个老僧，
希望将来见得居士的面。

廿七年九月廿一日北平　知堂

（《胡适遗稿及秘藏书信》第29册，第618—619页）

这一封信和诗过了一年多才到胡适手中。胡适 1939 年 12

月 13 日日记:"周知堂去年九月寄一信一诗,又今年一月被刺后二诗和照片两纸,信封上写'Dr. A. T. Hu,胡安定先生',由华美协进会转。孟治兄不知是我,故搁到今天才转来。(最近他问我我叫他寄来。)"胡适收到了这些,立刻在一张明信片上写了一首诗:

> 两张照片诗三首,今日开封一惘然。
>
> 无人认得胡安定,扔在空箱过一年!

廿八,十二,十三

（《胡适遗稿及秘藏书信》第 19 册,第 227 页）

　　想来他原来是有意将这首诗寄给周作人的,所以写在明信片上。看上面没有写上收件人的姓名地址,可知没有寄出。

　　周作人"一月被刺"的事,在胡适 1939 年 3 月 4 日日记中有记载:"报载一月十二日上海特讯,说,今年元旦周岂明在平被刺未死,客人沈启无伤重而死。"这个报道与事实有一点出入,沈启无受伤未死,伤重即死的是车夫张三。周作人寄给胡适的两首遇刺后的诗是这样的:

> 橙皮权当屠苏酒,赢得衰颜一霎红。
>
> 我醉欲眠眠未得,儿题妇语闹烘烘。

> 但思忍过事堪喜,回首冤亲一惘然。
>
> 饱吃苦茶辨余味,代言找得杜樊川。
>
> 廿八年一月感事诗二首　知堂录呈藏晖兄一笑。

（《胡适遗稿及秘藏书信》第 29 册,第 620 页）

周作人认为，这次行刺，是日本军方逼迫他合作的一次严重警告。就在这次遇刺之后不久，1月12日，他终于接受了伪北京大学聘任为图书馆馆长的聘书，成了伪组织的公职人员。他辞去了燕京大学教书的职务，专门做伪北大的事了。1940年11月8日伪教育总署督办汤尔和病死。12月，他就接任这一伪职，当上部长级的大汉奸了。

1945年9月日本战败投降。周作人以汉奸罪被捕入狱。他的学生俞平伯在12月28日写了一封信给即将从美国回国就任北京大学校长的胡适，请求胡适以自己的身份和地位给周作人一点援救。这一封信写得很动人。最后一段说：

> 知知堂者莫如先生，知之而敢与言、可与之言者尤莫如先生。若夫深知旧交之中，可望其肯为、能为政府人民公言之者，九州纵大，先生一人而已。此平所始欲言，中徘徊，而终乃上书于先生也，乞垂清听焉。至如何建议政府，或致书友好之当道者，或诉诸舆论，悉候尊裁。伫企弘施，速则愈妙。盖宣判尚需时日，而牢狱非可久羁。平昔不能有曲突徙薪之深谋，今徒为焦头烂额之过举，惭疚之余，急迫抒词，无暇别择，惟先生亮之。（《胡适来往书信选》下册，第73页）

俞平伯1946年7月31日写给胡适的信中问他："去岁曾以周知堂事寄美国一函，未蒙赐示，不识曾寄到否？"（《胡适来往书信选》，第117页）前一封信是收到了并且保存下来了，可是没有回答。你叫他怎么回答呢。当年他写《寄给在北平的一个朋友》的诗寄去，已经尽了净友的责任。一失足成千古恨，这时候胡适还能够为他做什么？

十五

胡适晚年,有时候也想起鲁迅、周作人这两位过去的朋友。1955年大陆发生了反胡风的斗争,一些批判文章提到了鲁迅。胡适1955年10月23日致赵元任的信中说:

（看到"共产党的杂志上"）近因注意"胡风事件"看见这些句子。

（1）"这僵尸统治的文坛,我们咳一声嗽,也有人来录音审查。"（胡风信）

（2）"我觉得还是在外围的人们里,出几个新作家,有一些新鲜的成绩,一到里面去,即酱在无聊的纠纷中,无声无息。以我自己而论,总觉得缚了一条铁索,有一个工头在背后用鞭子打我,无论我怎样起劲的做,也是打。……"（鲁迅1935年9月给胡风的信）

鲁迅若还活着,也是应该被清算的!（《胡适全集》第25卷,第653页）

他1956年4月1日从美国写给在台北的雷震的信中又说:

《清算胡适》一文,久搁下了。起初也只想写一万字,不料写下去我才明白这个问题很不简单,必须从"四十年来的中国文艺复兴运动"（The Chinese Renaissance）来看,才可以明白为什么俞平伯的《红楼梦研究》会成为此次大清算"胡适的幽灵"的导火线,为什么中间引出了胡风的一大幕惨剧等等,所以我后来决定,这个问题得重写过,得重新估定"文艺复兴运动"在四十年中打出了几条路子,造出了什么较永久的成绩。留下了什么"抗毒""拒毒"的力量,——这样写法,就很费力了。

　　例如胡风一案,我搜了许多材料,才明白这个我从没有见过的湖北乡下人,原来是这个文艺复兴运动的一个忠实信徒,他打的仗可以说是为这个运动的文学方面出死力打的仗。所以胡风夹在"清算胡适"的大举里做了个殉道者,不是偶然的。你们在台北若找得到《鲁迅书简》可以看看鲁迅给胡风的第四封信(1935年9月12日,第946—948页)就可以知道鲁迅若不死,也会砍头的!(《胡适全集》第26卷,第15—16页)

关于周作人,胡适1956年5月11日致杨联陞的信中说:

　　我近来收集周作人的书,已近八九册,他的最近两部书是《俄罗斯的民间故事》及《乌克兰的民间故事》,已够可怜悯的了。(但序例里尚无肉麻的话,也没引证马、列诸大神!)你信上说的周遐寿的两书,我还没有见到,当托香港朋友代为访求。(《胡适全集》第26卷,第31页)

可知胡适还在怀念这个已经有许多年不再联系了的旧友,对他的处境流露出了一种悲悯之情。

　　美国加州大学图书馆的房兆楹写了一篇《关于周福清的史料》,是一篇介绍鲁迅、周作人祖父事迹的文章,材料不少。很长时期没有能够发表。最后是胡适帮助他拿到台湾《大陆杂志》半月刊(1957年12月31日出版)发表的。作者在文末的跋语中说：

> 这篇东西里关于周福清的一些史料原是十几年前搜集的。三年前看见周作人的书，于是找出笔记来写成一篇文，正好有一位朋友要稿子，就给他了。至今石沉大海，不知下落。今年胡适之再三要我抄出来由他去给发表，于是又抄了一遍。

胡适办这件事的时候，大约也会想起鲁迅、周作人兄弟的吧。

1962年2月24日胡适去世。林语堂发表了《追悼胡适之先生》一文。鲍耀明将文章中的一段话抄给周作人看。林语堂的这一段文章说：

> 文章的风格和人品的风格是脱不了的。关于文章，适之先生是七分学者，三分文人，鲁迅是七分文人，三分学者。适之的诗文并不多，创作小品仅见于补写《西游记》第八十一难一篇。在人格上，适之是淡泊名利的一个人，有孔子最可爱的"温温无所试"，可以仕可以不仕的风格。适之不在乎青年之崇拜，鲁迅却非做得给青年崇拜不可。

周作人在5月16日给鲍耀明的复信中说：

> 承示林语堂文，想系见于港报，其所言亦有一部分道理，胡博士亦非可全面抹杀的人，所云学者成分多，亦是实

话,至说鲁迅文人成分多,又说非给青年崇拜不可,虽似不敬却也是实在的。盖说话捧人未免过火,若冷眼看人家缺点,往往谈言微中。现在人人捧鲁迅,在上海墓上新立造像,我只在照相上看见,是在高高的台上,一人坐椅上,虽是尊崇他,其实也是在挖苦他的一个讽刺画,那是他生前所谓思想界的权威的纸糊高冠是也。恐九泉有知不免要苦笑的吧,要恭维人不过火,即不至于献丑,实在是大不容易事。(《周作人与鲍耀明通信集》,河南大学出版社2004年,第157页)

胡适在大陆被批判、被丑化、被妖魔化十多年之后,周作人还能够说一句"胡博士亦非可全面抹杀的人",也算不容易了。

(原载《新文学史料》2013年第3、第4期)

鲁迅与陈独秀

  鲁迅和陈独秀都属于"五四"新文化运动最重要的代表人物。他们都一度在北京大学任教，却并不同时。陈独秀是 1917 年 1 月应蔡元培之请担任北京大学文科学长的，1919 年 3 月底因受到反改革舆论的攻击而去职。鲁迅是 1920 年 8 月 6 日接了北大的聘书，前去讲授中国小说史，这时陈独秀早已不在北大了。他们两人并不曾在北京大学同事。

  鲁迅是因为《新青年》杂志才和陈独秀交往的。陈独秀编辑的《新青年》杂志是"五四"时期最重要的期刊。第一卷名《青年杂志》，1915 年 9 月在上海创刊。第二卷发刊已经是在袁世凯死后，就改刊名为《新青年》了。

  后世的人们大概都会承认，《新青年》杂志高举民主与科学的大旗，批判以儒家学说为代表的中国文化传统，在中国报刊史上可说是空前绝后影响最大的刊物。可是在它出版的时候，反应却是颇为冷落的。就是鲁迅，起初也没有怎么重视它。周作人在《鲁迅的故家》中回忆说：

    鲁迅早知道了《新青年》，可是他并不怎么看得它起。那年(引者注：1917 年)四月我到北京，鲁迅就拿几本《新青年》给我看，说是许寿裳告诉的，近来有这么一种杂志，颇多谬论，大可一驳，所以买了来的。但是我们翻看了一回之后，也看不出什么特别的谬处，所以也随即搁下了。那时

《新青年》还是用的文言文,虽然渐渐你吹我唱的在谈文学革命,其中有一篇文章还是用文言所写,在那里骂封建的、贵族的古文。(引者注:指刊登在 1917 年 2 月 1 日出版的《新青年》第二卷第六号上陈独秀作《文学革命论》。)总结的说一句,对于《新青年》总是态度很冷淡的,即使并不如许寿裳的觉得它谬。(《周作人散文全集》第 12 卷,第163 页)

周作人这一段回忆与事实有一点出入。并不是他到北京以后鲁迅才拿《新青年》给他看的。在这以前,鲁迅就已经寄它到绍兴家中给他看了。1917 年 1 月 19 日鲁迅日记:"上午寄二弟《教育公报》二本,《青年杂志》十本,作一包。"这"十本",是当时已出的全部,即第一卷的六本,第二卷的第一号到第四号(1916年 12 月 1 日出版)。以后各期,包括刊登胡适《文学改良刍议》的第五号和刊登陈独秀《文学革命论》的第六号,都是周作人到北京之后才在鲁迅那里看到的。

《青年杂志》创刊之初,鲁迅并不寄给周作人去看,现在一大包十本寄去,大约是看法变得好一点了。

许寿裳于 1917 年 9 月调任江西省教育厅厅长。鲁迅写给他的信里多次谈到《新青年》。1918 年 1 月 4 日的信:"《新青年》以不能广行,书肆拟中止;独秀辈与之交涉,已允续刊,定于本月十五日出版云。"因为销路不好,第三卷出完之后,群益书社不想出下去了。几经交涉,才答应续刊。第四卷第一号于 1918年 1 月 15 日发行的时候,距第三卷第六号(1917 年 8 月 1 日发行)已经间隔四个半月了。第四卷第二号出了(1918 年 2 月 15日),鲁迅给许寿裳寄去,同时在给他的信(3 月 10 日)中说:

"《新青年》第二期已出,别封寄上。今年群益社见贻甚多,不取值,故亦不必以值见返耳。"反正是销路不好,出版者就多送人,扩大影响。从鲁迅日记中看,他不仅寄赠许寿裳,还分赠齐寿山、钱钧夫(名家治,物理学家钱学森的父亲)等人,以及通俗图书馆。

这以后不久,鲁迅开始给《新青年》写稿。敦促最力的是新青年社同仁钱玄同和刘半农。这件事,后来钱玄同回忆说:

> 民国六年(引者按:即 1917 年),蔡孑民(元培)先生任北京大学校长,大事革新,聘陈仲甫(独秀)君为文科学长,胡适之(适)君及刘半农(复)君为教授。陈、胡、刘诸君正努力于新文化运动,主张文学革命。启明亦同时被聘为北大教授。我因为我的理智告诉我,"旧文化之不合理者应该打倒","文章应该用白话做",所以我是十分赞同仲甫所办的《新青年》杂志,愿意给它当一名摇旗呐喊的小卒。我认为周氏兄弟的思想,是国内数一数二的,所以竭力怂恿他们给《新青年》写文章。(钱玄同:《我对周豫才君之追忆与略评》)

鲁迅在《呐喊·自序》里生动地记下了他同前来劝架的钱玄同(用的是林琴南影射小说《荆生》里面攻击他的名字"金心异")的交谈,大家都很熟悉。这里就不引用了。极力敦促的还有刘半农。他的《除夕》一诗记 1918 年 2 月 10 日(夏历丁巳年除夕)到绍兴县馆看望鲁迅、周作人兄弟的事:

> 除夕是寻常事,做诗做甚么?

不当他除夕,当作平常日子过。

这天我在绍兴县馆里;馆里大树甚多。

风来树动,声如大海生波,

静听风声,把长夜消磨。

主人周氏兄弟,与我谈天:——

欲招缪撒,欲造"蒲鞭"。

说今年已尽,这等事,待来年。

刘半农自己加了两条注释:

缪撒,拉丁文作 Musa,希腊"九艺女神"之一,掌文学美术者也。

"蒲鞭"一栏,日本杂志中有之;盖与"介绍新刊"对待,用消极法笃促编译界之进步者。余与周氏兄弟(豫才、启明)均有在《新青年》增设此栏之意;惟一时恐有窒碍,未易实行耳。(《新青年》第四卷第三号)

钱玄同刘半农他们这样极力敦促鲁迅兄弟为《新青年》写稿,应该说是也反映了主编者陈独秀的态度吧。鲁迅想:他们正办《新青年》,这时仿佛不特没有人来赞同,而且也还没有人来反对,他们许是感到寂寞了。为了聊以慰藉那在寂寞里奔驰的猛士,使他不惮于前驱,于是拿起了笔来。(《呐喊·自序》)在1918 年 5 月 15 日出版的《新青年》第四卷第五号上,鲁迅发表了小说《狂人日记》和三首新诗《梦》、《爱之神》和《桃花》。正如他在《自选集·自序》里说的:

我的作品在《新青年》上，步调是和大家大概一致的，所以我想，这些确可以算作那时的"革命文学"。

　　这些也可以说，是"遵命文学"。不过我所遵奉的，是那时革命的前驱者的命令，也是我自己所愿意遵奉的命令，决不是皇上的圣旨，也不是金元和真的指挥刀。

　　"那时革命的前驱者"，落实到具体的人，当然就是陈独秀了。

　　鲁迅不只是为《新青年》写小说，写新诗，还写了《我之节烈观》、《我们现在怎样做父亲》这样的批判旧道德观念的论文，特别是在"随感录"专栏里发表了好些篇针对性极强的论战文章。后来他在《热风·题记》中说："记得当时的《新青年》是正在四面受敌之中，我所对付的不过一小部分"，这一小部分里，"有的是对于扶乩，静坐，打拳而发的；有的是对于所谓'保存国粹'而发的；有的是对于那时旧官僚的以经验自豪而发的；有的是对于上海《时报》的讽刺画而发的。"

　　就这样，鲁迅、周作人兄弟也就成为《新青年》杂志的同人了。

　　鲁迅的《忆刘半农君》（收入《且介亭杂文》）一文中有这样一段回忆往事的文字：

　　《新青年》每出一期，就开一次编辑会，商定下一期的稿件。其时最惹我注意的是陈独秀和胡适之。假如将韬略比作一间仓库罢，独秀先生的是外面竖一面大旗，大书道："内藏武器，来者小心！"但那门却开着的，里面有几枝枪，几把刀，一目了然，用不着提防。适之先生的是紧紧的关着门，门上粘一条小纸条道："内无武器，请勿疑虑。"这自然可以是真的，但有些人——至少是我这样的人——有时总不免要侧着头想一想。半农却是令人不觉其有"武库"的一个人，所以我佩服陈、胡，却亲近半农。

这里，拿"武库"之有无来表现陈、胡、刘的差异，比喻确是精彩。可是周作人对此说是否可信提出了质疑。他在1958年1月20日致曹聚仁信中说：

> 世无圣人，所以人总难免有缺点。鲁迅写文态度本是严肃，紧张，有时戏剧性的，所说不免有小说化之处，即是失实——多有歌德自传《诗与真实》中之诗的成分。例如《新青年》编辑会议好像是参加过的样子，其实只有某一年中由六个人分编，每人担任一期，我们均不在内。会议可能是有的，我们是"客师"的地位，向来不参加的。（《周作人散文全集》第13卷，第11—12页）

后来周作人在《知堂回想录》中《卯字号的名人（二）》这一节里也说到这事：

> ……《新青年》的事情以后仍归独秀去办，日记上记有这一节话：
> "十月五日，晴，下午二时至适之寓所，议《新青年》事，自七卷始，由仲甫一人编辑，六时散，适之赠所著《实验主义》一册。"在这以前，大约是第五六卷吧，曾决议由几个人轮流担任编辑，记得有独秀、适之、守常、半农、玄同，和陶孟

和这六个人,此外有没有沈尹默那就记不得了,我特别记得陶孟和主编的这一回,我送去一篇译稿,是日本江马修的小说,题目是《小的一个人》,无论怎么总是译不好,陶君给我加添了一个字,改作《小小的一个人》,这个我至今不能忘记,真可以说是"一字师"了。关于《新青年》的编辑会议,我一直没有参加过,《每周评论》的也是如此,因为我们只是客员,平常写点稿子,只是遇着兴废的重要关头,才会被邀列席罢了。(《周作人散文全集》第 13 卷,第 535 页)

从影印本原刊上可以看到,《新青年》只有第六卷是六人分担,各编一期。在第六卷第一号目录后面的一页上有一个《本杂志第六卷分期编辑表》,内容是:

第一期　陈独秀　　第三期　高一涵　　第五期　李大钊
第二期　钱玄同　　第四期　胡 适　　第六期　沈尹默

从这里可以知道周作人写的名单稍有一点误记。这六个人里面并没有陶孟和。而他翻译的《小小的一个人》刊载在《新青年》第五卷第六号。是不是第五卷已经实行了这种六人分编的办法,只是没有公布,而陶孟和正好是轮值编辑这一期呢,我就不知道了。

周作人把他自己以及鲁迅同《新青年》的关系定位于"平常写点稿子"的"客员",从来没有参加过编辑会议,更不用说独力分担某一期的编辑了。在鲁迅日记里所记同陈独秀的交往,都是些书信往来,那些"来访""往访"的见面的记载一次也没有,更没有参加《新青年》编辑会的记载了。或问:是不是在已经失掉的 1922 年的日记本上有此一类记载呢?这很容易回答:1922

年陈独秀是在广州,下半年,《新青年》出满九卷也就停刊了。当然,日记中没有见面的记载,只表明他们没有单独会见过,并不能排除多人聚会(例如共同赴宴之类)时候的相见。这样的见面想来总是有过的吧。

是不是出席过《新青年》编辑会的事情可以存疑。但是陈独秀极力催促鲁迅写稿却是千真万确的。周作人保存了一批陈独秀给他的信件可以作证。

周作人的《实庵的尺牍》一文(《周作人散文全集》第9卷,第608—613页)汇录了陈独秀写给他的十六封信。在上海人民出版社2009年出版的《陈独秀著作选编》第2卷里只选入了其中三封。下面据周作人文引用。

1918年12月14日信:"文艺时评一栏,望先生有一实物批评之文,豫才先生处,亦求先生转达。"

1920年2月19日信:

> 启明兄:五号报(引者注:指第七卷第五号)去出版期(四月一日)只四十日,三月一日左右必须齐稿,《一个青年的梦》望豫才先生速将全稿译了,交洛声兄寄沪。六号报刊打算做劳动节纪念号,所以不便杂登他种文章,《青年梦》是四幕,大约五号报可以登了。豫才先生均此不另。弟仲上,二月十九夜。

同年3月11日信中说:"我们很盼望豫才先生为《新青年》创作小说,请先生告诉他。"

同年7月9日信中说:"豫才先生有文章没有,也请你问他一声。"周作人当即将陈独秀催稿的意思转告鲁迅了。鲁迅很快作出了反应。1920年8月5日鲁迅日记:"小说一篇至夜写讫。"7日:"上午寄陈仲甫说一篇。"记的就是把刚写成的小说《风波》寄给陈独秀了。

同年8月13日陈独秀致周作人信:"两先生的文章今天都收到了。《风波》在这号报上(引者注:第八卷第一号)印出,先生译的那篇(引者注:科罗连珂作《玛加尔的梦》),打算印在第二号报上,一是因印刷来不及,二是因为节省一点,免得暑天要先生多写文章。倘两位先生高兴要再做一篇在二号报上发表,不用说更是好极了。"

同年8月22日信:"《风波》在一号报上登出,九月一号准能出版。……鲁迅兄做的小说,我实在五体投地的佩服。"

同年9月28日信:

> 二号报准可如期出版。你尚有一篇小说在这里,大概另外没有文章了,不晓得豫才兄怎么样?"随感录"本是一个很有生气的东西,现在为我一人独占了,不好不好,我希望你和豫才、玄同二位有工夫都写点来。豫才兄做的小说实在有集拢来重印的价值,请你问他,倘若以为然,可就《新潮》、《新青年》剪下自加订正,寄来付印。

陈独秀对鲁迅小说的评价,可见他鉴赏的眼光。只是他建议鲁迅将所作小说结集出版,时间还稍早了一点。这时,他还没有写他最重要的小说作品《阿Q正传》。三年之后,鲁迅的小说集《呐喊》才出版了。

这以后陈独秀忙于政治活动,他和鲁迅、周作人的文字之交也就中断了。

1933 年 3 月，鲁迅为天马书店出版的《创作的经验》一书写了一篇《我怎么做起小说来》（收入《南腔北调集》），其中回忆往事，说：

> 但是《新青年》的编辑者，却一回一回的来催，催几回，我就做一篇，这里我必须记念陈独秀先生，他是催促我做小说最着力的一个。

几个月之前，1932 年 10 月 15 日，陈独秀被捕。鲁迅对这样一位在押的政治犯公开表示感谢，也有向当局表示一点反对的意思吧。

1936 年 10 月 19 日鲁迅病逝，陈独秀正在狱中。几个月之后抗日战争爆发，不久陈独秀也就获释出狱，在 1937 年 11 月 21 日出版的《宇宙风》散文十日刊第 52 期上发表了《我对于鲁迅之认识》一文，我猜想是应《宇宙风》编者为纪念鲁迅逝世一周年的约稿。文章很短，只有三段。

第一段讲鲁迅同《新青年》的关系，指出他是"《新青年》作者之一人"，但"不是最主要的作者"。他这样说，正好印证了周作人所说的"客员"身份。

第二段讲鲁迅同共产党人的关系："在民国十六七年（引者注：1927、1928 年），他还没有接近政党以前，党中一班无知妄人（引者注：指创造社、太阳社），把他骂得一文不值，那时我曾为他大抱不平。后来他接近了政党，同是那一班无知妄人，忽然把他抬到三十三层天以上，仿佛鲁迅先生从前是个狗，后来是个神。我却以为真实的鲁迅先生不是神，也不是狗，而是个人，有文学天才的人。"

第三段谈鲁迅 1936 年对共产党抗日民族统一战线政策的态度，认为他"并不根本反对"，"他所反对的乃是对于土豪、劣绅、政客、奸商都一概联合"。文章最后说："这位老文学家终于还保持着一点独立思想的精神，不肯轻于随声附和，是值得我们钦佩的。"（《陈独秀著作选编》第 5 卷，第 215 页）这也就是他对亡友鲁迅最后的评定和怀念，也是最中肯的评价，鲁迅最可宝贵的遗产正是独立思想的精神。

鲁迅与林语堂

《语丝》周刊同人

鲁迅和林语堂是在北京女子师范大学同事的时候开始交往的。那时林语堂在女师大担任教务长兼英文系教授，鲁迅在国文系兼了一点课。不过他们更重要的关系是《语丝》周刊的同人。其实他们之间的交往还可以追溯到《语丝》创刊以前。在1924年5月23日的《晨报副刊》（这时还是孙伏园编辑）上，林语堂发表了一篇《征译散文并提倡"幽默"》，其中说：

> 近来做杂感栏文章的几位先生好得多了，然而用别号做小品文字终觉得有点儿不希奇。若是以"鲁迅"来说些笑话那是中国本来有的惯例；若是以堂堂北大教授周先生来替社会开点雅致的玩笑那才合于西洋"幽默"的身格……

这大约是林语堂第一次在公开文字里说到鲁迅即"堂堂北大教授周先生"。可以看出他是怀着敬意举鲁迅为例的。当时有人去问过鲁迅对林语堂此说的意见，同年6月19日的《晨报副刊》上的《小杂感三则》，其第一则（署名"龙"）说："林语堂先生提倡幽默的文章里，提起了鲁迅先生的名字，于是有人向鲁迅先生问及这件事。鲁迅先生说他的作品中很少有幽默的分子。幽默在日本译为表情滑稽，令人看后嫣然一笑便了。而他自己的作品，总要令人看后起不快之感，觉得非另找合适的生活不可。这是'撒替'不是'幽默'。他的作品几乎满是'撒替'（Satire）。"Satire，英语，讽刺，讽刺作品的意思。鲁迅的答复，明确表示了"他的作品中很少有幽默的分子"，正如后来鲁迅在《"论语"一年》一文中说的，"老实说罢，他所提倡的东西，我是常常反对的"；比方说，林语堂提倡的"幽默"，鲁迅说："我不爱'幽默'，并且以为这是只有爱开圆桌会议的国民才闹得出来的玩意儿。"可见这两位作家的分别和分歧在他们订交之初就已经存在。

1924 年 11 月 17 日《语丝》周刊创刊，他们之间的交往就多了。《林语堂自传》里说："那时北大的教授们分为两派，披甲备战，旗鼓相当：一是《现代评论》所代表的，以沪深博士为领袖；一是《语丝》所代表的，以周氏兄弟作人和树人（鲁迅）为首。我是属于后一派的。"（林语堂：《从基督徒到异教徒》，湖南文艺出版社 2012 年，第 213 页）他在《八十自叙》里说得更详细：

> 我不属于胡适派，而属于语丝派。我们都认为胡适那一派是士大夫派，他们是能写政论文章的人，并且适合做官的。我们的理想是各人说自己的话，而"不是说别人让你说的话"。这对我很适宜。我们虽然并非必然是自由主义分子，但把《语丝》看做我们发表意见的自由园地，周氏兄弟在杂志上往往是打前锋的。
>
> 我们是每两周聚会一次，通常是在星期六下午，地点是中央公园来今雨轩茂密的松林之下。周作人总是经常出席。他，和他的文字笔调一样，声音迂缓，从容不迫，激动之下也不会把声音提高。他哥哥周树人（鲁迅）可就不同了，每逢他攻击敌人的言辞锋利可喜之时，他会得意地大笑。

他身材矮小,尖尖的胡子,两腮干瘪,永远穿中国衣裳,看来像个抽鸦片烟的。没有人会猜想到他会以盟主般的威力写出辛辣的讽刺文字,而能针针见血。他极受读者欢迎。(《从基督徒到异教徒》,第 261 页)

他们是文字之交,在文字上就免不了既有呼应,也有切磋,互相关心彼此的文章。林语堂在《语丝》第 57 期(1925 年 12 月 14 日)发表《插说语丝的文体——稳健、骂人及费厄泼赖》一文,其中说的,像"章士钊、江亢虎之流根本就没有所谓思想,更提不到思想之诚意不诚意"。这些,鲁迅都能够赞同。可是对于这篇文章所提倡的"费厄泼赖精神",鲁迅却不能同意。林语堂的这篇文章里说:"此种'费厄泼赖'精神在中国最不易得,我们也只好努力鼓励,中国'泼赖'的精神就很少,更谈不到'费厄',惟有时所谓不肯'下井投石'即带有此义。骂人的人却不可没有这一样条件,能骂人,也须能挨骂。且对于失败者不应再施攻击,因为我们所攻击的在于思想非在人,以今日之段祺瑞、章士钊为例,我们便不应再攻击其个人。"又说:"大概中国人的'忠厚'就略有费厄泼赖之意,惟费厄泼赖决不能以'忠厚'二字了结他。此种健全的作战精神,是'人'应有的,大概是健全民族的一种天然现象,不可不积极提倡。"(林语堂:《翦拂集·大荒集》,人民文学出版社 1988 年,第 57 页)这就引出了鲁迅的一篇重要的煌煌大作《论"费厄泼赖"应该缓行》。

鲁迅表示:论现在还不能一味"费厄"。他说:

仁人们或者要问:那么,我们竟不要"费厄泼赖"么?我可以立刻回答:当然要的,然而尚早。这就是"请君入瓮"法。虽然仁人们未必肯用,但我还可以言之成理。土绅士或洋绅士们不是常常说,中国自有特别国情,外国的平等自由等等,不能适用么? 我以为这"费厄泼赖"也是其一。否则,他对你不"费厄",你却对他去"费厄",结果总是自己吃亏,不但要"费厄"而不可得,并且连要不"费厄"而亦不可得。所以要"费厄",最好是首先看清对手,倘是些不配承受"费厄"的,大可以老实不客气;待到它也"费厄"了,然后再与它讲"费厄"不迟。

鲁迅的这篇文章一开头说的是:

《语丝》五七期上语堂先生曾经讲起"费厄泼赖"(fair play),以为此种精神在中国最不易得,我们只好努力鼓励;又谓不"打落水狗",即足以补充"费厄泼赖"的意义。我不懂英文,因此也不明这字的函义究竟怎样,如果不"打落水狗"也即这种精神之一体,则我却很想有所议论。但题目上不直书"打落水狗"者,乃为回避触目起见,即并不一定要在头上强装"义角"之意。总而言之,不过说是"落水狗"未始不可打,或者简直应该打而已。

林语堂的这篇文章里并没有写打落水狗的话,这话出在上一期《语丝》周作人的文章《失题》一文里面:

现在段君(指段祺瑞)既将复归于禅,不再为我辈的法王,就没有再加以批评之必要,况且打"落水狗"(吾乡方言,即"打死老虎"之意)也是不大好的事。

鲁迅的这篇打落水狗论其实是反驳周作人的。鲁迅说：

> 今之论者，常将"打死老虎"与"打落水狗"相提并论，以为都近于卑怯。我以为"打死老虎"者，装怯作勇，颇含滑稽，虽然不免有卑怯之嫌，却怯得令人可爱。至于"打落水狗"，则并不如此简单，当看狗之怎样，以及如何落水而定。考落水原因，大概可有三种：（1）狗自己失足落水者，（2）别人打落者，（3）亲自打落者。倘遇前二种，便即附和去打，自然过于无聊，或者竟近于卑怯；但若与狗奋战，亲手打其落水，则虽用竹竿又在水中从而痛打之，似乎也非已甚，不得与前二者同论。

> 听说刚勇的拳师，决不再打那已经倒地的敌手，这实足使我们奉为楷模。但我以为尚须附加一事，即敌手也须是刚勇的斗士，一败之后，或自愧自悔而不再来，或尚须堂皇地来相报复，那当然都无不可。而于狗，却不能引此为例，与对等的敌手齐观，因为无论它怎样狂嗥，其实并不解什么"道义"；况且狗是能浮水的，一定仍要爬到岸上，倘不注意，它先就耸身一摇，将水点洒得人们一身一脸，于是夹着尾巴逃走了。但后来性情还是如此。老实人将它的落水认作受洗，以为必已忏悔，不再出而咬人，实在是大错而特错的事。

> 总之，倘是咬人之狗，我觉得都在可打之列，无论它在岸上或在水中。

只是这时鲁迅周作人早已失和，鲁迅不愿意写出他的名字，只说"今之论者"，似乎一概挂在林语堂的名下了。鲁迅的这篇文章还说：

即以现在而论，因为政局的不安定，真是此起彼伏如转轮，坏人靠着冰山，恣行无忌，一旦失足，忽而乞怜，而曾经亲见，或亲受其噬啮的老实人，乃忽以"落水狗"视之，不但不打，甚至于还有哀矜之意，自以为公理已伸，侠义这时正在我这里。殊不知它何尝真是落水，巢窟是早已造好的了，食料是早经储足的了，并且都在租界里。虽然有时似乎受伤，其实并不，至多不过是假装跛脚，聊以引起人们的恻隐之心，可以从容避匿罢了。他日复来，仍旧先咬老实人开手，"投石下井"，无所不为，寻起原因来，一部分就正因为老实人不"打落水狗"之故。所以，要是说得苛刻一点，也就是自家掘坑自家埋，怨天尤人，全是错误的。

这一段话简直是预言。几个月之后，1926 年 3 月 18 日，段祺瑞、章士钊们果然在执政府门前制造了一场空前的（可叹不是绝后的）大血案。

在三一八惨案中，女师大学生刘和珍和杨德群二人遇难。林语堂在 3 月 21 日写了《悼刘和珍杨德群女士》（载《语丝》第 72 期）一文，说：

今日是星期日，稍得闲暇，很想拿起笔来，写我这三天内心里的沉痛，但只不知从何说起。因为三天以来，每日总是昏头昏脑的，表面上奔走办公，少有静默之暇，思索一下，但是暗地里已觉得是经过我有生以来最哀恸的一种经验；或者一部分是因为我觉得刘、杨二女士之死，是在我们最痛恨之敌人手下，是代表我们死的，一部分是因为我暗中已感觉亡国之隐痛，女士为亡国遭难，自秋瑾以来，这回算是第一次,而一部分是因为自我到女师大教书及办事以来,刘女士是我最熟识而最嘉许的学生之一(杨女士虽比较不深知,也记得见过几回面),合此种种理由使我觉得二女士之死不尽像单纯的本校的损失,而像是个人的损失。

……

刘、杨二女士之死,同她们一生一样,是死于与亡国官僚瘟国大夫奋斗之下,为全国女革命之先烈。所以她们的死,于我们虽然不甘心,总是死的光荣,因此觉得她们虽然死的可惜,却也死的可爱。我们于伤心泪下之余,应以此自慰,并继续她们的工作。总不应在这亡国时期过一种糊涂生活。(《翦拂集·大荒集》,第60、63页)

鲁迅也怀着深情写了《记念刘和珍君》(载《语丝》第74期)一文。说:

在四十余被害的青年之中,刘和珍君是我的学生。学生云者,我向来这样想,这样说,现在却觉得有些踌躇了,我应该对她奉献我的悲哀与尊敬。她不是"苟活到现在的我"的学生,是为了中国而死的中国的青年。

……

但段政府就有令,说她们是"暴徒"!

但接着就有流言,说她们是受人利用的。

惨象,已使我目不忍视了;流言,尤使我耳不忍闻。我还有什么话可说呢?我懂得衰亡民族之所以默无声息的缘由了。沉默呵,沉默呵!不在沉默中爆发,就在沉默中灭亡。

鲁迅这篇文章立刻得到了林语堂的响应,他在接着写的《打狗释疑》一文中说:

惨案后教育界之沉默使我想起来,实要毛骨悚然。因为爱和平,才有这种惨案的发生。就使再屠杀四十八个学生,教育界的反响——也不过如此!为什么不再屠杀?

鲁迅先生已经说了,将来亡国也就亡在沉默中。"沉默呵,沉默呵!不在沉默中爆发,就在沉默中灭亡。"总之,生活就是奋斗,静默决不是好现象,和平更应受我们的咒诅。倘是大家不能肉搏击斗,至少亦得能毁咒恶骂,不能毁咒恶骂,至少亦须能痛心疾首的憎恶仇恨,若并一点恨心都没有,也可以不做人了。这种东西,吾无以名之,惟称他为帝国主义者心目中的"顶呱呱的殖民地的好百姓"。

前清故旧大臣曾称我们为"猛兽",我们配吗?

在三一八大屠杀之后,段祺瑞执政府有一个通缉政治犯的名单。据4月9日《京报》刊出的《"三·一八"惨案之内幕种种》一文报道:"通缉案罗织之真相:章(士钊)、马(君武)深恶教育界之迭次反对,早有大兴党狱之意,特托陈任中调查反对者之姓名,开单密告。原单计百余人,由陈交马,马自留原稿,转录一份送章。十八日事变后,经章按单挑出五十人,提付讨论。……是日晚间开紧急会议,列席各员中除贾德耀、章士钊、陈任中外,大都不主罗织人数过多,嗣选出十六人,嗣又主张七人,最后仅留五人。屈映光尚云:易培基、李煜瀛、顾兆熊,不宜目为共产党。陈任中谓易培基与徐谦至好,且助徐攫得中俄大学,李、顾把持法教俄教款,万不可听其逍遥,致碍政府整顿学风处理赔款之进行。贾氏谓事关学界,教次意见,自必不错。章士钊言此五人,情节实在相等,不易轩轾,于是通缉案遂决定矣。"徐谦、李大钊、李煜瀛、易培基、顾兆熊五人的通缉令就是这样产生的。

《京报》的这一篇报道中还全文公布了章士钊提交讨论的五十人名单(实际上只有四十八人),鲁迅列名第二十一,林玉堂列名第十七。

4月13日鲁迅根据这篇材料写了《大衍发微》一文,对这个名单中列名的四十八人逐一查明其籍贯和身份,并对章士钊们的用心作了这样的分析,他们是想趁此机会:

> 甲, 改组两个机关:1. 俄国退还庚子赔款委员会;
> 2. 清室善后委员会。
>
> 乙,"扫除"三个半学校:1. 中俄大学;2. 中法大学;
> 3. 女子师范大学;4. 北京大学之一部分。
>
> 丙,扑灭四种报章:1.《京报》;2.《世界日报》及《晚报》;3.《国民新报》;4.《国民晚报》。
>
> 丁,"逼死"两种副刊:1.《京报副刊》;2.《国民新报副刊》。
>
> 戊, 妨害三种期刊:1.《猛进》;2.《语丝》;3.《莽原》。
> (《鲁迅全集》第4卷,第604页)

同时他也看出了章士钊在公报私仇:

> 1. 连替女师大学生控告章士钊的律师都要获罪;
> 2. 陈源"流言"中的所谓"某籍",有十二人,占全数四

分之一；

　　3. 陈源"流言"中的所谓"某系"（案,盖指北大国文系也）,计有五人；

　　4. 曾经发表反章士钊宣言的北大评议员十七人,有十四人在内；

　　5. 曾经发表反杨荫榆宣言的女师大教员七人,有三人在内,皆"某籍"。（《鲁迅全集》第4卷,第605页）

　　鲁迅的这篇4月16日在《京报副刊》发表,林语堂看了,立刻写了《"发微"与"告密"》一文响应："所谓从官僚手段看去不大高明者,即其露出马脚,露的太显,当街出丑,于是使我们一些人有蛛丝马迹可寻,于是可使鲁迅先生有《大衍发微》的文章可做。倘是我们照此发微的路上走去,意义正是重大深长得很。段、章、马、陈击杀国民,通缉异己并不是一天一日偶然的事,其酝酿已久,由来渐矣。鲁迅先生以其神异之照妖镜一照,照得各种的丑态都照出来。结果呢,镜里所照,不仅有章、马,还有文妖,不仅有野鸡在大马路拉人,还有暗娼在后头兜戏。推源穷委,总可以算是章士钊登台及《甲寅》发刊以来,复古反动思潮之总结束及大成功。整顿学风之意义亦就在此结束,论定。"（《翦拂集·大荒集》,第86页）

厦门大学的同事

　　这时鲁迅和许广平已经在热恋之中,已经到了具体讨论组建一个新家庭的程度。这样,他们必须离开北京。正好出现了一个机会,鲁迅就到厦门大学去了。事情是这样的：1926年5月,林语堂回到他的家乡福建去,担任厦门大学文科学长。5月

13 日,鲁迅和徐祖正、马裕藻、许寿裳在宣南春酒家合宴林语堂,为他饯行(见《鲁迅日记》)。大约在他动身之前,鲁迅就已经跟他商量好了自己愿意前往厦门大学任教的事。这也正是林语堂希望的事。这件事很快就办妥了。7 月 28 日,鲁迅就收到厦门大学寄来的薪水四百元,旅费一百元。8 月 26 日他就离开北京南下,启程前往厦门了。

鲁迅在 1930 年 5 月 16 日写的一篇《自传》里,说明了他到厦门大学是林语堂帮的忙:"到一九二六年,有几个学者到段祺瑞政府去告密,说我不好,要捕拿我,我便因了朋友林语堂的帮助逃到厦门,去做厦门大学教授。"(《鲁迅全集》第 8 卷,第 343页)这里鲁迅只说了他离开北京的政治原因。其实鲁迅离开北京前往厦门的时候,段祺瑞早已被推翻了。他只愿意这样说,还不想让公众知道这事是同许广平商量的结果。许广平倒是在一篇文章里说出了这个情况:

> 我们在北京将别的时候,曾经交换过意见:大家好好地给社会服务两年,一方面为事业,一方面也为自己生活积聚一点必须的钱。也许读者未必会留意到此中曲折。(《因校对〈三十年集〉而引起的话旧》)

就积一点钱这方面说,厦门大学给鲁迅定的是月薪四百元,这是鲁迅一生最高的月薪。

鲁迅刚到人地生疏的厦门,是林语堂接他到学校的。鲁迅1926 年 9 月 4 日致许广平的信说:"我九月一日夜半上船,二日晨七时开,四日午后一时到厦门,一路无风,船很平稳,这里的话,我一字都不懂,只得暂到客寓,打电话给林玉堂,他便来接,

当晚即移入学校居住了。"(《鲁迅全集》第 11 卷,第 541 页)鲁迅在厦门大学的情况,林语堂在《八十自叙》里说:

> 由于朋友联系,我和鲁迅、沈兼士,还有北京大学几个很杰出的人物,和厦门大学签订了聘约,我们前去教书。北京大学这批教授一到,厦大的国文系立刻朝气蓬勃,向第十一世纪兴建的那座古老的木造巨厦"东西塔"送上了一项研究计划。这却引起了理科主任刘树杞博士的嫉妒。鲁迅那时单独住在一处,他的女友许小姐已经单独去了广州。我住在海边一栋单独的房子里。我觉得身为福建人,却没尽到地主之谊。由于刘树杞的势力和狠毒,鲁迅被迫搬了三次家。他那时正在写他的《小说旧闻钞》。他和他的同乡——报馆的朋友孙伏园——一起开伙。他们吃的是金华火腿,喝的是绍兴酒。他在这种情形之下,当然无法在厦门待下去。他决定辞职,到广州去。他要离去的消息传出后,国文系学生起了风潮,要驱逐刘树杞。我也离开了厦大。(《翦拂集·大荒集》,第 263—264 页)

从林语堂的这一段回忆可以看出鲁迅在厦门大学的处境,同时也反映出他自己的处境也够困难的。这一点鲁迅也是看见了的。他 1926 年 10 月 4 日致许寿裳的信中说到他在厦门大学的情况:

> 学校颇散漫,盖开创至今,无一贯计画也。学生止三百余人,因寄宿舍满,无可添招。此三百余人分为豫科及本科,本科有七门,门又有系,每系又有年级,则一级之中,寥

落可知。弟课堂中约有十余人，据说已为盛况云。

　　语堂亦不甚得法，自云与校长甚密，而据我看去，殊不尽然，被疑之迹昭著……(《鲁迅全集》第11卷，第563页)

1926年12月19日致沈兼士的信中也说：

　　厦校本系削减经费，经语堂以辞职力争后，已复原，但仍难信，可减可复，既复亦仍可减耳。语堂恐终不能久居，近亦颇思他往，然一时亦难定，因有家室之累。亮公则甚适，悠悠然。弟仍定于学期末离去；此校国文科第一年级生，因见沪报而来者，恐亦多将相率转学，留者至多一人而已。(《鲁迅全集》第11卷，第659页)

　　1927年，鲁迅和林语堂先后离开厦门大学。鲁迅到了广州，担任中山大学文学系主任兼教务主任。在这里，他目睹了广州四一五政变，"被血吓得目瞪口呆"，愤而辞职。

　　7月，他应广州市教育局的邀请到夏期学术演讲会作学术讲演，讲题是《魏晋风度及文章与药及酒之关系》。鲁迅联系当前的现实发了一通大议论。

　　魏晋时所谓崇奉礼教，是用以自利，那崇奉也不过偶然崇奉，如曹操杀孔融，司马懿杀嵇康，都是因为他们和不孝有关，但实在曹操司马懿何尝是著名的孝子，不过将这个名义，加罪于反对自己的人罢了。于是老实人以为如此利用，亵渎了礼教，不平之极，无计可施，激而变成不谈礼教，不信礼教，甚至于反对礼教。——但其实不过是态度，至于他们的本心,恐怕倒是相信礼教,当作宝贝,比曹操、司马懿们要迂执得多。现在说一个容易明白的比喻罢,譬如有一个军阀……从前是压迫民党的,后来北伐军势力一大,他便挂起了青天白日旗,说自己已经信仰三民主义了,是总理的信徒。这样还不够,他还要做总理的纪念周。这时候,真的三民主义的信徒,去呢,不去呢? 不去,他那里就可以说你反对三民主义,定罪,杀人。但既然在他的势力之下,没有别法,真的总理的信徒,倒会不谈三民主义,或者听人假惺惺的谈起来就皱眉,好像反对三民主义模样。所以我想,魏晋时所谓反对礼教的人,有许多大约也如此。他们倒是迂夫子,将礼教当作宝贝看待的。(《鲁迅全集》第 3 卷,第 535—536 页)

林语堂对于鲁迅这回演讲的事谈到过自己的看法。他在英文刊物《China Critic》中发表的《鲁迅》(译文载《北新》1929 年 1 月 1 日第三卷第一期)一文中说,政变以后,鲁迅的处境很困难,一些来访问的人其实是奉命来测度他的政治态度的。林语堂认为,这一回约请鲁迅去演讲,就是一次测度他态度的行动。"如果鲁迅拒绝了,那便会视为是表明不尊重那些当局们的一种'态度'。鲁迅却不那样,他更聪明些,他答应了,他洋洋洒洒地讲了一大篇有趣的话,谈的是纪元三世纪的文学状况。在那一篇演说里,他解释当时有些学者为了避免政治上纠缠之故不得不'一醉就是两个月'的故事。那些听众都觉得有趣味,赞叹他的创见与通篇中精彩的解说。而且,当然地,并没有看出那要点。"联系当时的政治环境来看,可以认为林语堂这解释是合乎实际的吧。

初 到 上 海

1928年6月,鲁迅和郁达夫为北新书局编辑的《奔流》月刊创刊,向林语堂约稿。林语堂在那上面发表了学术论文《〈左传〉真伪与上古方音》,独幕剧《子见南子》。这个剧本用了《论语》和《史记》里的材料,写卫国卫灵公夫人南子召见孔子的故事,宣传现代女权思想。山东省立第二师范学校(在曲阜)的学生演出了这个剧本,引起轩然大波,校长宋还吾因此撤职。鲁迅把有关这一公案的文件编为一辑,以《关于〈子见南子〉》为题,在《奔流》月刊发表,立此存照。鲁迅给这一辑材料写的结语说:

> 有以上十一篇公私文字,已经可无须说明,明白山东曲阜第二师范学校演《子见南子》一案的表里。前几篇呈文(二至三),可借以见"圣裔"告状的手段和他们在圣地的威严;中间的会呈(四),是证明控告的说诳;其次的两段记事(五至六),则揭发此案的内幕和记载要人的主张的。待到教育部训令(九)一下,表面上似乎已经无事,而宋校长偏还强项,提出种种问题(十),于是只得调厅,另有任用(十一),其实就是"撤差"也矣。这即所谓"息事宁人"之举,也还是"强宗大姓"的完全胜利也。(《鲁迅全集》第8卷,第336页)

几年之后,鲁迅在《在现代中国的孔夫子》一文里还说到这件事:

五六年前,曾经因为公演了《子见南子》这剧本,引起过问题,在那个剧本里,有孔夫子登场,以圣人而论,固然不免略有欠稳重和呆头呆脑的地方,然而作为一个人,倒是可爱的好人物。但是圣裔们非常愤慨,把问题一直闹到官厅里去了。因为公演的地点,恰巧是孔夫子的故乡,在那地方,圣裔们繁殖得非常多,成着使释迦牟尼和苏格拉第都自愧弗如的特权阶级。然而,那也许又正是使那里的非圣裔的青年们,不禁特地要演《子见南子》的原因罢。(《鲁迅全集》第6卷,第329页)

也就是为了《奔流》编辑出版的事,引起了鲁迅和北新书局老板李小峰的争执。据1929年11月25日鲁迅致孙用的信说,

《奔流》和"北新"的关系,原定是这样的:我选稿并编辑,"北新"退稿并酌送稿费。待到今年夏季,才知道他们并不实行,我就辞去编辑的责任。中间经人排解,乃约定先将稿费送来我处,由我寄出,这才动手编辑付印,第五本《奔流》是这新约成立后的第一次,因此中间已隔了三个月了。先生前一篇的稿费,我是早经开去的,现在才知道还是未送,模胡掉了。所以我想,先生最好是自己直接去问一问"北新",倘肯自认晦气,模胡过去,就更好。因为我如去翻旧账,结果还是闹一场的。(《鲁迅全集》第12卷,第216页)

又1929年8月7日致韦丛芜的信说:

《奔流》也许到第四期止,我不再编下去了。即编下去,

一个人每期必登一两万字,也是为难的,因为先有约定的几个撰稿者。

"北新"近来非常麻木,我开去的稿费,总久不付,写信去催去问,也不复。投稿者多是穷的,往往直接来问我,或发牢骚,使我不胜其苦,许多生命,销磨于无代价的苦工中,真是何苦如此。

"北新"现在对我说穷,我是不相信的,听说他们将现钱搬出去开纱厂去了,一面又学了上海流氓书店的坏样,对作者刻薄起来。(《鲁迅全集》第 12 卷,第 199 页)

此外北新书局还积欠鲁迅版税不少,多次催索不得,就只好请律师打官司了。他 1929 年 8 月 17 日致章廷谦的信中说:"老版原在上海,但说话不算数,寄信不回答,愈来愈甚。我熬得很久了,前天乃请了一位律师,给他们开了一点玩笑,也许并不算小,后事如何,此刻也难说。老版今天来访我,然已无及,因为我的箭已经射出了。用种种方法骂我的潘梓年,也是北新的股东,你想可气不可气。"(《鲁迅全集》第 12 卷,第 201 页)

真要打官司,李小峰就让步了。1929 年 8 月 28 日他在南云楼请吃饭,想要和解。没有料到的是鲁迅和林语堂在餐桌上发生了冲突。鲁迅日记:

二十八日　昙。上午得侍桁信。午后大雨。下午达夫来。石君、矛尘来。晚霁。小峰来,并送来纸版,由达夫、矛尘作证,计算收回费用五百四十八元五角。同赴南云楼晚餐,席上又有杨骚、语堂及其夫人、衣萍、曙天。席将终,林语堂语含讥刺,直斥之,彼亦争持,鄙相悉现。(《鲁迅全

集》第 16 卷,第 149 页)

这件事,林语堂多年之后在《无所不谈合集·林语堂自传附记》里有一个说法:

> 有一回我几乎跟他闹翻了。事情是小之又小,是鲁迅神经过敏所致。那时有一位青年作家,名张友松。张请吃饭,在北四川路那一家小店楼上。在座记得有郁达夫、王映霞、许女士及内人。张友松要出来自己办书店或杂志,所以拉我们一些人,他是大不满于北新书局的老板李小峰,说他对作者欠账不还等等,他自己要好好的做。我也说两句附合的话。不想鲁迅疑心我在说他。真是奇事!大概他多喝一杯酒,忽然咆哮起来。我内子在场。怎么一回事?原来李小峰也欠了鲁迅不少的账,也与李小峰办过什么交涉,我实不知情。而且我所说的并非回护李小峰的话。那时李小峰因北新书局发了一点财,在外养女人,与新潮时代的李小峰不同了。(我就喜欢孙伏园始终潇洒。)这样,他是多心,我是无猜,两人对视像一对雄鸡一样,对了足足一两分钟。幸亏郁达夫作和事老,几位在座女人都觉得"无趣",这样一场小风波,也就安然渡过了。(《鲁迅回忆录 散篇》中册,北京出版社 1999 年,第 564—565 页)

这是多年以后的回忆,记错了不少。那天是李小峰请客,张友松并不在场。不过他是那一天的中心话题。鲁迅请的杨铿律师是他的关系介绍来的,李小峰对他深为不满,说他挑拨离间。林语堂也不满意他,两人一齐攻击他,就引起鲁迅发怒了。这以

132

后他们两个人有很长时间不相往来，直到 1933 年都参加民权保障同盟的活动才恢复联系。

中国民权保障同盟的同事

中国民权保障同盟是 1932 年 12 月成立的。总会主席是宋庆龄，副主席是蔡元培。执行委员有杨杏佛（兼总干事）、林语堂（兼宣传主任）、伊罗生、邹韬奋、胡愈之。1933 年 1 月 17 日上海分会成立，鲁迅被选为分会执行委员。这样，他们就成了民权保障同盟的同事，在开会的时候，这两个已经三年多没有来往的老朋友有机会见面了。

这个民权保障同盟其实是共产国际为了营救被捕获的苏联间谍牛兰而建立的一个组织。牛兰的公开身份是"泛太平洋产业同盟"（职工会）秘书处的代表（这个同盟是"红色工会国际"的分支机构）。实际上是共产国际的一个驻中国的代表。1931年 6 月 15 日他在上海公共租界被特别巡捕逮捕，于 1931 年 8 月10 日由中国方面引渡，14 日押解南京，以"危害民国"罪受审。苏联立刻想尽一切方法来营救他，建立这个民权保障同盟只是措施之一。伊罗生就是共产国际派来掌握这个机构的大员。有共产国际背景的史沫特莱也在这个机构里发挥重要的作用。

鲁迅和林语堂在民权保障同盟，除了在一起开一些会之外，一同进行的活动并不很多。值得一提的一件事是 1933 年 2 月17 日在宋庆龄家里参加接待爱尔兰作家萧伯纳。宋庆龄在《追记鲁迅先生》一文中，把这看作民权保障同盟的一项活动。她说："英国文豪萧伯纳，有一次来我家午餐时，同盟的几位会员都在座。他早已受到英政府的警告，因而他在我处很少发言。当时林语堂和他滔滔不绝地谈话，致使鲁迅等没有机会同萧伯纳谈话。"

关于这一次到宋庆龄家和萧伯纳会见的情形，鲁迅1933年3月1日致台静农的信中说到了一点：

> 萧在上海时，我同吃了半餐饭，彼此讲了一句话，并照了一张相，蔡先生也在内，此片现已去添印，成后当寄上也。
>
> 他与梅兰芳问答时，我是看见的，问尖而答愚，似乎不足艳称，不过中国多梅毒，其称之也亦无足怪。
>
> 我们集了上海各种议，以为一书，名之曰《萧伯纳在上海》，已付印，成后亦当寄上。萧在初到时，与孙夫人（宋）、林语堂、杨杏佛（？）谈天不少，别人皆不知道，登在第十二期《论语》上，今天也许出版了罢，北京必有，故不拟寄。我到时，他们已吃了一半饭，故未闻，但我的一句话也登在那上面。
>
> 看在上海的情形，萧是确不喜欢人欢迎他的，但胡博士的主张，却别有原因，简言之，就是和英国绅士（英国人是颇嫌萧的）一鼻孔出气。他平日所交际恭维者何种人，而忽深恶富家翁耶？
>
> 闻胡博士有攻击民权同盟之文章，在北平报上发表，兄能觅以见寄否？
>
> 《社会新闻》已看过，大可笑。但此物不可不看，因为由此可窥见狐鼠鬼蜮伎俩也。（《鲁迅全集》第12卷，第375页）

鲁迅为日本《改造》杂志写的《看萧和"看萧的人们"记》一文详细记述了萧伯纳在上海的全过程，这里就不摘引了。其中说到,"我对于萧,什么都没有问;萧对于我,也什么都没有问"。这也就是宋庆龄在那篇文章里说的"致使鲁迅等没有机会同萧伯纳谈话"吧。宋庆龄1976年7月7日写给陈翰笙的信中谈到那一次和萧伯纳的会见,提供了一个人们没有听说过的细节:

> 当萧伯纳(在上海)短暂停留时,来参加在我寓所设的午餐会,在场的客人还有鲁迅、蔡元培、林语堂、伊罗生和艾格尼丝·史沫特莱。这次聚会本应有很有意义的谈话,但是艾格尼丝·史沫特莱以大声"耳语"对伊罗生说"激怒他!"的话,大家都听到了,尤其是萧伯纳,因为他看了她一眼。只有林语堂随便闲谈了几句。这次餐会没有什么成果。(《宋庆龄致陈翰笙书信》,东方出版中心2013年,第122—123页)

史沫特莱,以及那时的伊罗生,都是左得出奇的人物,对于被他们认定为资产阶级作家的萧伯纳,是满怀敌意的,他们来参加这次聚餐会,恐怕目的就是要来激怒萧伯纳吧。

不久之后,3月3日,发生了中国民权保障同盟开除北平分会主席胡适的事。事情的经过是这样的:2月4日,史沫特莱寄了一封英文快信给胡适,并附有宋庆龄签名的一页英文信,以及英文的《北平军分会反省院政治犯控诉书》一份。控诉书详述反省院中种种惨酷的私刑拷打。史、宋的两封信都嘱北平分会立即向当局提出严重抗议,废除反省院中种种私刑。胡适感到,信中所述显然同他几天前到反省院调查到的情况不符,显然是一份伪造的文件。可是第二天,在2月5日的英文报纸《燕京新闻》刊出了以"中国民权保障同盟全国执行委员会"名义发表的

《北平军分会反省院控诉书》,其中描绘了一些骇人听闻的酷刑。同时发表了宋庆龄的一封信,谴责这些酷刑之外,并要求"立即无条件的释放一切政治犯"。胡适认为不应把民权保障的问题完全看作政治问题,而应该看作法律的问题。政治犯也应该受正当的法律保障,而不赞成提出"立即无条件的释放一切政治犯"这样的要求。他在2月4日、5日连写了两封信给蔡元培、林语堂二人,提出:

> 上海总社似应调查此种文件的来源,并应考据此种文件的可信程度。若随便信任匿名文件,不经执行委员会慎重考虑决定,遽由一二人私意发表,是总社自毁其信用,并使我们亲到监狱调查者,蒙携出或捏造此种文件的嫌疑,以后调查监狱不易下手了。

信末表示:"如有应由总社更正或救正之处,望勿惮烦,自行纠正,以维总社的信用。"

正好这时候又发生了一件事:2月21日英文报纸《字林西报》刊出了访问胡适的报道,转述了他的这些意见,其中有一处重要的出入,胡适说的是"一个政府要存在,自然不能不制裁一切推翻政府或反抗政府的行动"。说的是政府必定会作出这样的反应,而《字林西报》上登的,这话却变成"任何一个政府都应当有保护自己而镇压那些危害自己的运动的权利",变成政府"有权"作出这样的反应。矛盾尖锐到了这个程度,民权保障同盟的临时全国执行委员会也只能作出开除胡适的决议了。

从解密的共产国际档案中可以知道:把这一份伪造的"控诉书"交给史沫特莱拿去发表的,决定开除胡适的,都是共产国际驻中国代表埃韦特。在他给共产国际执行委员会主席团委员皮亚特尼茨基的第 4 号报告(1933 年 3 月 11 日)说得很明确："在过去的报告中我向您通报过成立'民权同盟'的情况,在我们的影响下,该同盟提出了释放政治犯的问题,并在报刊上有力地揭露了敌人的恐怖活动和刑讯逼供等行为。这些做法逼得真是该组织成员的一些反动派出来反对,所以该同盟开除了北平的教授胡适。"(《共产国际、联共[布]与中国革命档案资料丛书》第 13 卷,中共党史出版社 2007 年,第 345 页)

在开除胡适这个问题上,民权保障同盟的几个执行委员的意见颇有分歧。据周建人 3 月 29 日致周作人信中说:"胡博士事,据言在《字林西报》发表之谈话,有替军阀辩护之嫌,许多人不满,当初蔡公、林语翁等力为辩护,但有些执行委员坚持,终于开除民权会了。盖执行委员中有几位美人比较的略激烈也。"(《鲁迅研究资料》第 12 辑,第 81 页)周建人信中所说情况,当是听出席了这次执委会议的鲁迅说的。"有几位美人比较的略激烈"就是指艾萨克斯(即伊罗生)和史沫特莱,他们是共产国际派来控制中国民权保障同盟的。

宋庆龄的态度,也是主张开除胡适的。她为此发表了一篇《中国民权保障同盟的任务》,说:"胡适身为同盟的盟员,又是北平分会主席,竟进行反对同盟的活动,他这种行动是反动的和不老实的。胡适是同意了同盟所发表的基本原则才加入同盟的。但当国民党与张学良公开反对本同盟时,他害怕起来了,并且开始为他的怯懦寻找借口和辩解。本同盟清除了这样一个'朋友'实在是应该庆贺的。"

从《鲁迅日记》中可以知道,他是出席了 3 月 3 日这次会议的。看来他在会上没有站在极力为胡适辩护的蔡元培、林语堂一边,而是站在主张开除的宋庆龄等人一边。会后他即写文章批判胡适了。《"光明所到……"》一文,是就《字林西报》关于胡适视察监狱的报道而写的。

胡适 3 月 4 日的日记贴了《沪民权保障同盟开除胡适会籍》的剪报,接着写道:"此事很可笑。此种人自有作用,我们当初加入,本是自取其辱。子民先生夹在里面胡混,更好笑。"这一天他还给蔡元培写了封信,表明自己对这事的态度。这信安徽教育出版社出版的《胡适全集》失收,我们只能从蔡的复信中看出其大意。蔡元培的复信说:"奉四日惠函,知先生对民权保障同盟,'不愿多唱戏给世人笑',且亦'不愿把此种小事放在心上',君子见其远者大者,甚佩,甚感。弟与语堂亦已觉悟此团体之不足有为;但骤告脱离,亦成笑柄;当逐渐摆脱耳。承关爱,感何可言!"(《蔡元培书信集》下册,浙江教育出版社 2000 年,第 1487 页)从这里,不但可以看到胡适的态度,还可以看出蔡元培、林语堂的态度,看出他们对同盟的真实看法。这时,他们已经在想脱身之计了。

在开除胡适的问题上,鲁迅和林语堂可以说是处在对立的立场。不过他们作为民权保障同盟的成员,还有过一次最后的共同活动。那就是一同到上海德国领事馆递交抗议书。

5 月 29 日《中国论坛》的报道说:

　　5 月 13 日星期六那天中国民权保障会行政委员往谒上海德国公使提出抗议法西斯蒂恐怖。由孙夫人宋庆龄女士领导,里面有蔡元培、杨铨、中国先进作家鲁迅、批评家兼作家林语堂、著名记者兼作家史沫特莱女士和中国论坛编者伊罗生。

宋庆龄 1976 年 10 月 12 日写给陈翰笙的信中回忆这件往事："说我去德国领事馆只有鲁迅同去是不对的,但我已不记得同去的还有哪些人。"又说："你知道林语堂一向胆小怕事。而这次他竟敢和我们一起去德国领事馆抗议法西斯主义!"(《宋庆龄致陈翰笙书信》,第 129 页)

　　这以后不久,蔡元培和林语堂都脱离了民权保障同盟。

　　1933 年 6 月 18 日,中国民权保障同盟总干事杨杏佛遭到暗杀。6 月 20 日杨杏佛入殓,有风声说特务要趁机刺杀民权保障同盟的人,鲁迅不顾安危,去给死难的朋友送别。回来对冯雪峰说："今天蔡先生是去的,他很悲哀,打死杨杏佛,原是对于孙夫人和蔡先生的警告,他们是坚决的。季茀也去的。林语堂就没有去。其实,他去送殓又有什么危险!"他不知道这时蔡元培和林语堂都已经脱离了民权保障同盟。蔡元培是以中央研究院院长的身份,来给中央研究院总干事杨杏佛送殓的。杨杏佛遇难以后,中国民权保障同盟也就不再活动,无形之中解体。

小品文的是非

　　林语堂主编的《论语》半月刊于 1932 年 9 月在上海创刊,提倡幽默。他和鲁迅恢复交往了,就约鲁迅为《论语》写稿。鲁迅写了几篇在 1933 年出版的《论语》半月刊第 11、12、13 期连续刊出。《学生和玉佛》,是反对政府当局将受到战争威胁地区的珍贵文物运往安全地区的措施;《谁的矛盾》谈萧伯纳在上海引起的种种反响;《由中国女人的脚,推定中国人之非中庸,又由此推定孔夫子有胃病》("学匪"派考古学之一)一文(署名何干)。从题目到内容,看去都是一篇游戏文章,可是就在游戏笔墨之中,透露出一个政治信息,像宋庆龄的邮件也要受到检查:

以上的推定，虽然简略，却都是"读书得间"的成功。但若急于近功，妄加猜测，即很容易陷于"多疑"的谬误。例如罢，二月十四日《申报》载南京专电云："中执委会令各级党部及人民团体制'忠孝仁爱信义和平'匾额，悬挂礼堂中央，以资启迪。"看了之后，切不可便推定为各要人讥大家为"忘八"；三月一日《大晚报》载新闻云："孙总理夫人宋庆龄女士自归国寓沪后，关于政治方面，不闻不问，惟对社会团体之组织非常热心。据本报记者所得报告，前日有人由邮政局致宋女士之索诈信□（自按：原缺）件，业经本市当局派驻邮局检查处检查员查获，当将索诈信截留，转辗呈报市府。"看了之后，也切不可便推定虽为总理夫人宋女士的信件，也常在邮局被当局派员所检查。（《鲁迅全集》第4卷，第522页）

　　就这样，揭露出了政府当局邮电检查的无孔不入。1933年9月，《论语》创刊一周年，他应林语堂的特别约稿写了《"论语"一年》这一篇十分精彩的文章，它对这刊物既有称赞也有批评：

　　说是《论语》办到一年了，语堂先生命令我做文章。这实在好像出了"学而一章"的题目，叫我做一篇白话八股一样。没有法，我只好做开去。

　　老实说罢，他所提倡的东西，我是常常反对的。先前，是对于"费厄泼赖"，现在呢，就是"幽默"。我不爱"幽默"，并且以为这是只有爱开圆桌会议的国民才闹得出来的玩意儿，在中国，却连意译也办不到。我们有唐伯虎，有徐文长，还有最有名的金圣叹，"杀头，至痛也，而圣叹以无意得之，大奇!"虽然不知道这是真话,是笑话;是事实,还是谣言。
但总:一来,是声明了圣叹并非反抗的叛徒;二来,是将屠
户的凶残,使大家化为一笑,收场大吉。我们只有这样的东
西,和"幽默"是并无什么瓜葛的。(《鲁迅全集》第 5 卷,第
582 页)

林语堂主编的小品文半月刊《人间世》于 1934 年 4 月 5 日
创刊。编辑陶亢德寄了两本创刊号给鲁迅。并且向他约稿。4
月 7 日,鲁迅给他复信说:

> 大札与《人间世》两本,顷同时拜领,讽诵一过,诚令人
> 有萧然出尘之想,然此时此境,此作者们,而得此作品等,固
> 亦意中事也。语堂先生及先生盛意,嘱勿藏拙,甚感甚感。
> 惟搏战十年,筋力伤惫,因此颇有所悟,决计自今年起,倘非
> 素有关系之刊物,皆不加入,藉得余暇,可袖手倚壁,看大师
> 辈打太极拳,或夭矫如撮空,或团转如摸地,静观自得,虽小
> 品文之危机临于目睫,亦不思动矣。幸谅其懒散为企。
> (《鲁迅全集》第 13 卷,第 67 页)

表示拒绝他们的约稿。他看了一下这刊物以后,就在 4 月 12
日致台静农的信里坦率地说出了对它的看法:"上海幽默已稍
褪色,语堂转而编小品文,名曰《人间世》,顷见第一期,有半农
国博《柬天行》云:'比得朝鲜美人图一幅,纸墨甚新而布局甚
别致,想是俗工按旧时粉本绘成者。'纸墨一新,便是俗工,则
生今日而欲雅,难矣,此乾隆纸之所以贵欤?"(《鲁迅全集》第
13 卷,第 74 页)

《人间世》创刊号上发表的重头作品,是《知堂五秩自寿诗》,诗按手迹影印,还配发了作者周作人的大幅照片,诗共两首:

前世出家今在家,不将袍子换袈裟。
街头终日听谈鬼,窗下通年学画蛇。
老去无端玩骨董,闲来随分种胡麻。
旁人若问其中意,且到寒斋吃苦茶。

半是儒家半释家,光头更不着袈裟。
中年意趣窗前草,外道生涯洞里蛇。
徒羡低头咬大蒜,未妨拍桌拾芝麻。
谈狐说鬼寻常事,只欠工夫吃讲茶。

同一期《人间世》上,还发表了沈尹默、刘半农、林语堂的和诗。这一场盛大的诗作唱和,引起了左翼作家和左倾青年很大的反感,廖沫沙、胡风都发表了批评的文章。面对这些攻击,最初发表这《五十自寿诗》的林语堂,写了一篇《周作人诗读法》,登在 4 月 26 日《申报·自由谈》上。他认为,周作人这诗,是"寄沉痛于幽闲","长沮桀溺乃世间热血人,明人早有此语",他并引明人张萱《复刘冲倩书》中的一段话:"夫饮酒猖狂,或沉寂无闻,亦不过洁身自好耳。今世癫鳌,欲使洁身自好者负亡国之罪,若然则'今日乌合,明日鸟散,今日倒戈,明日凭轼,今日为君子,明日为小人,今日为小人,明日复为君子'之辈可无罪。"谈到这些,林语堂愤慨地说:"后之论史者,每谓清谈亡国,不啻为逆阉洗煞,陋矣,且亦冤矣!"

142

鲁迅看了这篇，立刻就写了《小品文的生机》（收入《花边文学》）一文，对于林语堂文对周作人诗的评论并没有表示异议，只是指出这种洁身自好的态度，"去'幽默'或'闲适'之道远矣"。林语堂这篇文章说："近日有人登龙未就，……化名投稿，系统的攻击《人间世》。"鲁迅说，情况不是这样，因为这些攻击文章有"不同的论旨，不同的作风"，其中既有"真正的丑脚的打诨，但也有热心人的谠论"。这个意思他在 5 月 4 日致林语堂的信里也说到了：

> 我实非热心人，但关于小品文之议论，或亦随时涉猎。窃谓反对之辈，其别有三。一者别有用意，如登龙君（引者注：指《文坛登龙术》作者章克标），在此可弗道；二者颇具热心，如《自由谈》上屡用怪名之某君，实即《泥沙杂拾》之作者，虽时有冷语，而殊无恶意；三则先生之所谓"杭育杭育派"，亦非必意在稿费，因环境之异，而思想感觉，遂彼此不同，微词眢论，已不能解，即如不佞，每遭压迫时，辄更粗犷易怒，顾非身历其境，不易推想，故必参商到底，无可如何。但《动向》中有数篇稿，却似为登龙者所利用，近盖已悟，不复有矣。

> 先生自评《人间世》，谓谈花柳春光之文太多，此即作者大抵能作文章，而无话可说之故，亦即空虚也，为一部分人所不满者，或因此欤？（《鲁迅全集》第 13 卷，第 90—91 页）

当时鲁迅致郑振铎的几封信里都说到了小品文受到攻击的事。5 月 24 日的信说：

> 上海盛行小品文，有人疑我在号召攻击，其实不然。但

看近来名家的作品,却真也愈看愈觉可厌。(《鲁迅全集》第13卷,第122页)

6月2日的信说:

小品文本身本无功过,今之被人诟病,实因过事张扬,本不能诗者争作打油诗;凡袁宏道李日华文,则誉为字字佳妙,于是而反感随起。总之,装腔作势,是这回的大病根。其实,文人作文,农人掘锄,本是平平常常,若照相之际,文人偏要装作粗人,玩什么"荷锄带笠图",农夫则在柳下捧一本书,装作"深柳读书图"之类,就要令人肉麻。现已非晋,或明,而《论语》及《人间世》作者,必欲作飘逸闲放语,此其所以难也。

但章(引者注:章克标)之攻林,则别有故,章编《人言》,而林辞编辑,自办刊物,故深恨之,仍因利益而已,且章颇恶劣,因我在外国发表文章,而以军事裁判暗示当局者,亦此人也。居此已近五年,文坛之堕落,实为前此所未见,好像也不能再堕落了。(《鲁迅全集》第13卷,第134页)

6月21日的信:

此地之小品文风潮,也真真可厌,一切期刊,都小品化,既小品矣,而又唠叨,又无思想,乏味之至。语堂学圣叹一流之文,似日见陷没,然颇沾沾自喜,病亦难治也。(《鲁迅全集》第13卷,第158页)

鲁迅 1934 年 5 月 6 日致杨霁云的信也说到这事：

　　关于近日小品文的流行，我倒并不心痛，以革新或留学获得名位，生计已渐充裕者，很容易流入这一路。盖先前原着鬼迷，但因环境所迫，不得不新，一旦得志，即不免老病复发，渐玩古董，始见老庄，则惊其粤博，见《文选》，则惊其典赡，见佛经，则服其广大，见宋人语录，又服其平易超脱，惊服之下，率尔宣扬，这其实还是当初沽名的老手段。有一部分青年是要受点害的，但也原是脾气相近之故，于大局却无大关系，例如《人间世》出版后，究竟不满者居多；而第三期已有随感录，虽多温暾话，然已与编辑者所主张的"闲适"相矛盾。此后恐怕还有变化，倘依然一味超然物外，是不会长久存在的。

　　我们试看撰稿人名单，中国在事实上确有这许多作者存在，现在都网罗在《人间世》中，藉此看看他们的文章，思想，也未尝无用。只三期便已证明，所谓名家，大抵徒有其名，实则空洞，其作品且不及无名小卒，如《申报》"本埠附刊"或"业余周刊"中之作者。至于周作人之诗，其实是还藏些对于现状的不平的，但太隐晦，已为一般读者所不懂，加以吹擂太过，附和不完，致使大家觉得讨厌了。（《鲁迅全集》第 13 卷，第 92—93 页）

1934 年 8 月 13 日鲁迅致曹聚仁的信说得更加恳切：

　　语堂是我的老朋友，我应以朋友待之，当《人间世》还未出世，《论语》已很无聊时，曾经竭了我的诚意，写一封信，劝他放弃这玩意儿,我并不主张他去革命,拼死,只劝他译些英国文学名作,以他的英文程度,不但译本于今有用,在将来恐怕也有用的。他回我的信是说,这些事等他老了再说。这时我才悟到我的意见,在语堂看来是暮气,但我至今还自信是良言,要他于中国有益,要他在中国存留,并非要他消灭。他能更急进,那当然很好,但我看是决不会的,我决不出难题给别人做。不过另外也无话可说了。

　　看近来的《论语》之类,语堂在牛角尖里,虽愤愤不平,却更钻得滋滋有味,以我的微力,是拉他不出来的。至于陶、徐(引者注:陶亢德、徐訏),那是林门的颜曾,不及夫子远甚远甚,但也更无法可想了。(《鲁迅全集》第 13 卷,第 198 页)

　　这时鲁迅在政治上已经转变到左翼的立场,和林语堂已经有很大的分歧,看他的文章多有不同意处,多有批评和争辩。这里不可能多引,只举两篇为例。

　　林语堂在《论语》第五十五期(1934 年 12 月 15 日)发表的《游杭再记》里说,他在杭州赏菊,"见有二青年,口里含一支苏俄香烟,手里夹一本什么斯基的译本,于是防他们看见我'有闲'赏菊,又加一亡国罪状,乃假作无精打彩,愁眉不展,忧国忧家似的只是走错路而并非在赏菊的样子走出来。"表明他对左倾青年的极端反感。鲁迅就在 12 月 26 日写了《论俗人应避雅人》一文反驳他:

　　　　小心谨慎的人,偶然遇见仁人君子或雅人学者时,倘不会帮闲凑趣,就须远远避开,愈远愈妙。假如不然,即不免

146

要碰着和他们口头大不相同的脸孔和手段。晦气的时候，还会弄到卢布学说的老套，大吃其亏。只给你"口里含一枝苏俄香烟，手里夹一本什么斯基的译本"，倒还不打紧，——然而险矣。

大家都知道"贤者避世"，我以为现在的俗人却要避雅，这也是一种"明哲保身"。（《鲁迅全集》第 6 卷，第 212—213 页）

1935 年鲁迅作的《理水》这篇小说（收入《故事新编》）里再一次写到这件事，讽刺林语堂说：

"是之谓失其性灵"，坐在后一排，八字胡子的伏羲朝小品文学家笑道。"吾尝登帕米尔之原，天风浩然，梅花开矣，白云飞矣，金价涨矣，耗子眠矣，见一少年，口衔雪茄，面有蚩尤氏之雾……哈哈哈！没有法子……"（《鲁迅全集》第 2 卷，第 390—391 页）

林语堂在《人间世》28 期上发表的《今文八弊》（中）说，"今人一味仿效西洋，自称摩登，甚至不问中国文法，必欲仿效英文，分'历史地'为形容词，'历史地的'为状词，以模仿英文之 historic-al-ly，拖一西洋辫子，然则'快来'何不因'快'字是状词而改为'快地的来'？此类把戏，只是洋场孽少怪相，谈文学虽不足，当西崽颇有才。此种流风，其弊在奴，救之之道，在于思。"说到了"西崽"。鲁迅在《"题未定"草（二）》里也痛论西崽和西崽相：

西崽之可厌不在他的职业,而在他的"西崽相"。这里之所谓"相",非说相貌,乃是"诚于中而形于外"的,包括着"形式"和"内容"而言。这"相",是觉得洋人势力,高于群华人,自己懂洋话,近洋人,所以也高于群华人;但自己又系出黄帝,有古文明,深通华情,胜洋鬼子,所以也胜于势力高于群华人的洋人,因此也更胜于还在洋人之下的群华人。租界上的中国巡捕,也常常有这一种"相"。

倚徒华洋之间,往来主奴之界,这就是现在洋场上的"西崽相"。但又并不是骑墙,因为他是流动的,较为"圆通自在",所以也自得其乐,除非你扫了他的兴头。(《鲁迅全集》第 6 卷,第 366—367 页)

鲁迅所指的"西崽"有没有林语堂的影子呢?

1936 年林语堂赴美国讲学。鲁迅的死,他是在纽约听到的。他写的《悼鲁迅》一文说:

鲁迅与我相得者二次,疏离者二次,其即其离,皆出自然,非吾于鲁迅有轩轻于其间也。吾始终敬鲁迅:鲁迅顾我,我喜其相知;鲁迅弃我,我亦无悔。大凡以所见相左相同,而为离合之迹,绝无私人意气存焉。我请鲁迅至厦门大学,遭同事摆布迫逐,至三易其厨,吾尝见鲁迅廾罐头在火酒炉上以火腿煮水度日,是吾失地主之谊,而鲁迅对我绝无怨言,是鲁迅之知我。《人间世》出,左派不谅吾之文学见解,吾亦不肯牺牲吾之见解以阿附初闻鸦叫自为得道之左派,鲁迅不乐,我亦无可如何。鲁迅诚老而愈辣,而吾则向慕儒家之明性达理,鲁迅党见愈深,我愈不知党见为何物,

宜其剌剌不相入也。然吾私心终以长辈事之,至于硁硁小
人之捕风捉影挑拨离间,早已置之度外矣。

这是林语堂这一方对两人关系的最后总结。

鲁迅与傅斯年

——兼析周作人与傅斯年的交往

一

傅斯年(字孟真)还在北京大学国文门当学生的时候就已经在《新青年》杂志发表文章,参加五四新文化运动了。1918 年 1月,他在《新青年》第四卷第一号上发表了第一篇:《文学革命新申义》。接着,他在第二号、第四号,以及后来的五、六、七各卷,都有文章发表。可是他并不满足于向《新青年》投稿,于 1919 年 1 月,和一些好友合作创刊了《新潮》月刊。它追随《新青年》之后,也成了推动新文化运动的一本重要刊物。

鲁迅和周作人都是《新青年》月刊的重要作者。傅斯年以很大的兴趣和敬意细读了他们的作品,情不自禁地表示了由衷的赞扬。他在《新潮》第一卷第二号发表的《怎样做白话文》一文中谈到中国话的欧化问题,说:

> 偏有一般妄人,硬说中文受欧化,便不能通,我且不必和他打这官司,等到十年以后,自然分明的。《新青年》里的文章,像周作人先生译的小说是极好的,那宗直译的笔法,不特是译书的正道,并且是我们自己做文的榜样。(《傅斯年全集》第 1 卷,湖南教育出版社 2003 年,第 136 页)

不但赞赏周作人的文笔,更赞赏他的见解。在《新潮》第一卷第五号上发表的《白话文学与心里的改革》一文中，傅斯年从周作人（署名仲密）新发表在《每周评论》上的《思想革命》这篇里摘引了一大段文字（《周作人散文全集》第2卷，第132页），他说："我看了很受点感动，觉得他所说的都是我心里的话。"（《傅斯年全集》第1卷，第245页）周作人这篇的主旨，简单些说：古文所表达的荒谬思想，也可以用白话文表达，"中国人如不真是革面洗心的改悔，将旧有的荒谬思想弃去，无论用古文或白话文，都说不了好东西来"。傅斯年很赞同这个见解，他说："中国人在进化的决赛场上太落后了，我们不得不着急；大家快快的再跳上一步——从白话文学的介壳跳到白话文学的内心，用白话文学的内心造就那个未来的真中华民国。"（《傅斯年全集》第1卷，第246页）

这就从文学形式的革命谈到文学内容的革命了。谈到这一点，他又要引证周作人了。他说：

> 然而白话文学内心的命运却很有问题。白话文学的内心应当是，人生的深切而又著明的表现，向上生活的兴奋剂（近来看见《新青年》五卷六号里一篇文章，叫做《人的文学》，我真佩服到极点了。我所谓白话文学内心，就以他所说的人道主义为本）。（《傅斯年全集》第2卷，第248页）

《人的文学》（《周作人散文全集》第2卷，第85页），周作人作。傅斯年对这篇文章的评价：

> 据我看来，胡适之先生的《易卜生主义》、周启孟先生的

《人的文学》和《文学革命论》(引者注：陈独秀作)、《建设的文学革命论》(引者注：胡适作)等,同是文学革命的宣言书。(《周作人散文全集》第 2 卷,第 249 页)

这样高度评价《人的文学》的并不只是傅斯年一人,像胡适在《中国新文学大系·建设理论集》的导言中就说它"是当时关于改革文学内容的一篇最重要的宣言"。

《新潮》上经常发表一些新诗。在第一卷第五号新诗栏中,一开头就转载了周作人(署名仲密)的《背枪的人》和《京奉车中》这两首诗。傅斯年的按语说:

我们《新潮》登载白话诗业已好几期了,其中偏于纯粹的摹仿者居多。我想这也不是正当趋向。我们应当制造主义和艺术一贯的诗,不宜常常在新体裁里放进旧灵魂——偶一为之,未尝不可。所以现在把《每周评论》里的这两首诗选入,作个模样。　　　　　　　　　　　　记者斯年

(《周作人散文全集》第 2 卷,第 283 页)

转载周作人的这两首诗,诚然有傅斯年按语中说的作为范本的意思、推崇的意思吧。想来还有一个意思,就是希望在《新潮》上发表周作人的文稿。在第二卷第一号上周作人发表了他的重要文章《访日本新村记》(《周作人散文全集》第 2 卷,第 174 页)。这以后,他还在这里发表了几篇译文。

在《新潮》第二卷第四号目次前一页上刊出的《本社特别启事(二)》说:

今将新加入本社社员,郑重宣布如左:

　　周作人(启明)

周作人成了新潮社的社员。在《新潮》第二卷第五号卷末刊有《本社纪事》一篇,其中说:

　　适值社员徐子俊、张申甫(引者注:徐彦之、张崧年)两君将有欧洲之行,周作人君新加入本社,于是在京全体会员假中央公园开会,欢送张、徐两君,欢迎周君,并开选举票。结果周作人君当选为主任编辑,孟寿椿君当选为主任干事。嗣由周君推定编辑四人,孟君推定干事六人。

据张菊香、张铁荣编著的《周作人年谱》,这次中央公园集会,是1920年10月28日的事。他当主任编辑,是接出国留学了的傅斯年的事。

二

这时,傅斯年对鲁迅,也是满怀敬意的。《狂人日记》发表,他看了,十分佩服。在《新潮》第一卷第四号上发表的《一段疯话》一文中,他说:

　　譬如鲁迅先生所作《狂人日记》的狂人,对于人世的见解,真个透彻极了,但是世人总不能不说他是狂人。哼哼!狂人!狂人!耶稣、苏格拉底在古代,托尔斯泰、尼采在近代,世人何尝不称他做狂人呢?但是过了些时,何以无数的非狂人跟着狂人走呢?文化的进步,都由于有若干狂人,不问能不能,不管大家愿不愿,一个人去辟不经人迹的路。最初大家笑他,厌他,恨他,一会儿便要惊怪他,佩服他,终结还是爱他,像神明一般的待他。所以我敢决然断定,疯子是乌托邦的发明家,未来社会的制造者。至于他的命运,又是受嘲于当年,受敬于死后。(《傅斯年全集》第1卷,第214页)

这一位深具会心的读者对《狂人日记》一篇的主旨作了很好的阐发。

这时,傅斯年是鲁迅的"粉丝",而另一方面,鲁迅也注意阅读傅斯年的文章,互相呼应。

傅斯年在《新青年》第五卷第四号上发表了《戏剧改良各面观》、《再论戏剧改良》两篇文章,其中一些意见很引起了鲁迅的共鸣。后一篇中有这样一段:

中国人不懂"理想论"和"理想家"的真义。说到"理想",便含着些轻薄的意味,觉得"理想"即是"妄想","理想家"即是"妄人"。其实世界的进步,全是几多个"理想家"造就成的。"理想家"有超过现世的见解,力行主义的勇气,带着世界上人,兼程并进。中国最没有的是"理想家"。然而一般的人,每逢有人稍发新鲜议论,便批评道,"理想的很"。(《傅斯年全集》第1卷,第73页)

在《新青年》第六卷第一号上,鲁迅(署名唐俟)发表了《随感录三十九》,引用了傅斯年的这个意见,并且进一步指出:那些痛恨理想派的旧官僚和遗老,攻击理想派的利器就是"经验",

提出"经验"来和"理想"对立。从清朝的重臣摇身一变而成为民国总统的袁世凯,就是拿"经验"来和"理想"相对立的一人。梁启超在《袁世凯之解剖》一文中引用袁氏拒谏之词:"吾办事专事经验,君等书生之理想,迂而无当也。"(《饮冰室合集》第4册,文集之三十四,第14页)这种反对理想尊崇经验的主张,发展到极端,就像鲁迅在这篇随感录里面所描写的那样:

> 那时候,只要从来如此,便是宝贝。即使无名肿毒,倘若生在中国人身上,也便"红肿之处,艳若桃花;溃烂之时,美如乳酪"。国粹所在,妙不可言。那些理想学理法理,既是洋货,自然完全不在话下了。(《鲁迅全集》第1卷,第334—335页)

用脓疮来比喻国粹,真是太奇特,太生动,也太深刻了。这给了傅斯年很深的印象。他在《新潮》第一卷第五号上发表的《随感录》中就采用了这个比喻。(《鲁迅全集》第1卷,第259页)

鲁迅在《新青年》第六卷第一号发表的《随感录四十三》,是批评上海《时事新报》的星期图画增刊《泼克》的。这事也可以看作是他和傅斯年的互相呼应,互相声援。这事的起因,据周作人写的《傅斯年》一文(这是他听到傅斯年死了写的骂他的文章)中说的是这样:"《时事新报》其时还在反对新文化运动,由沈泊尘画过两张小漫画,第一张画出一个侉相的傅斯年从屋里扔出孔子牌位来,第二张则是正捧着一个木牌走进去,上书易卜生夫子之神位,鲁迅看了大不以为然。"(《周作人散文全集》第11卷,第432页)周作人说"鲁迅看了大不以为然"是不错的。他写的《随感录四十三》和《四十六》(载《新青年》第六卷第二

号)都是批评《泼克》。《随感录四十六》中说:

> 民国八年(1919)正月间,我在朋友家里见到上海一种什么报的星期增刊讽刺画,正是开宗明义第一回;画着几方小图,大意是骂主张废汉文的人的;说是给外国医生换上外国狗的心了,所以读罗马字时,全是外国狗叫。但在小图的上面,又有两个双钩大字"泼克",似乎便是这增刊的名目;可是全不像中国话。我因此很觉这美术家可怜:他——对于个人的人身攻击姑且不论——学了外国画,来骂外国话,然而所用的名目又仍然是外国话。讽刺画本可以针砭社会的锢疾;现在施针砭的人的眼光,在一方尺大的纸片上,尚且看不分明,怎能指出确当的方向,引导社会呢?
>
> 这几天又见到一张所谓《泼克》,是骂提倡新文艺的人了。大旨是说凡所崇拜的,都是外国的偶像。我因此愈觉这美术家可怜;他学了画,而且画了"泼克",竟还未知道外国画也是文艺之一。他对于自己的本业,尚且罩在黑坛子里,摸不清楚,怎能有优美的创作,贡献于社会呢?(《鲁迅全集》第 1 卷,第 348 页)

这两段引文,前一段讲的是钱玄同的漫画像,载 1919 年 1 月 5 日出版的该刊;后一段讲的是傅斯年的漫画像,载同年 2 月 9 日该刊。这一期的文字说明有这样的字句:某文学者"常出其所著之新文艺以炫人","然其思想之根据乃为外国偶像"。鲁迅说:"外国偶像"四个字,却亏他想了出来。并且态度鲜明的回答说:"即使所崇拜的仍然是新偶像,也总比中国陈旧的好。与其崇拜孔丘、关羽,还不如崇拜达尔文、易卜生;与其牺牲于瘟将军、五道神,还不如牺牲于 Apollo。"

《随感录四十三》一开头就提出:"进步的美术家,——这是
我对于中国美术界的要求。"从《泼克》这刊物,鲁迅谈到了对美
术界现状的不满。他说:

> 可怜的外国事物,一到中国,便如落在黑色染缸里似
> 的,无不失了颜色。美术也是其一:学了体格还未匀称的
> 裸体画,便画猥亵画;学了明暗还未分明的静物画,只能画
> 招牌。皮毛改新,心思仍旧,结果便是如此。至于讽刺画之
> 变为人身攻击的器具,更是无足深论了。

在这篇里,鲁迅提出了他的要求:

> 我们所要求的美术家,是能引路的先觉,不是"公民团"
> 的首领。我们所要求的美术品,是表记中国民族知能最高
> 点的标本,不是水平线以下的思想的平均分数。(《鲁迅全
> 集》第 1 卷,第 346 页)

这两篇随感录立刻引来了《泼克》的强烈反应,刊出一篇
《新教训》,反说随感录的作者"头脑不清楚,可怜"。鲁迅要说
的话都已经说过了,不必再纠缠,就没有作文反驳。这时候,傅
斯年就奋起应战了。他在《新潮》第一卷第五号发表的《随感
录》中说:

> 《新青年》里有一位鲁迅先生和一位唐俟先生是能做内
> 涵的文章的。我固不能说他们的文章就是逼真托尔斯泰、

尼采的调头，北欧中欧化的文学，然而实在是《新青年》里一位健者。至于有人不能领略他的意思和文辞，是当然不必怪。果然我今天在上海一家报的什么"泼克"上，看见骂他的《新教训》，说"他头脑不清楚，可怜"！

……我平素常想，若是有人骂我，必须回答时，最要紧的是要把骂我的话看清楚了，懂透彻了，然后就他的本源之地驳去。若是丢开本题，专弄几句不相干的话回敬，既没有打赢官司的希望，更糟蹋了自己的纸墨。像这位署名"记者"的《新教训》真是驴唇不对马嘴：若是把他原来的两次骂人画，一次骂废汉字的是狗心，一次骂某君崇拜外国偶像，而且"轻佻"、"狂妄"……等等，和鲁迅先生对他作进步的美术家的要求一则随感录，唐俟先生批评他的一则随感录，再加上他这一段《新教训》，就真好看了……（《傅斯年全集》第 1 卷，第 258 页）

就在刊登这一篇声援鲁迅的文章的同一号《新潮》上，还以《对于〈新潮〉一部分的意见》为题，刊出了鲁迅和傅斯年的通信。1919 年 4 月 16 日，刘半农将傅斯年的一封信转交给鲁迅，征求鲁迅对《新潮》的意见。鲁迅在复信中表示，以为纯粹介绍科学知识的文章"不要太多"，要"讲科学而仍发议论"，"无论如何总要对于中国的老病刺它几针。譬如说天文忽然骂阴历，讲生理终于打医生之类"。

先是在《新潮》第一卷第三号"通信"栏中，有读者史志元来信批评该刊"于科学之新潮，尚未能充分提倡"，建议增加这方面的内容。傅斯年答复说："我们杂志上没有纯正科学的东西，是我们的第一憾事。以后当如尊命，竭力补正。"（《傅斯年全集》

第 1 卷,第 211 页)后来他重新考虑,觉得这一条建议不应该接受。他在复鲁迅的信中说:

> 我现在所以把《新潮》第三期里加入科学文一条意见自行取消的缘故,不过以为我们当发挥我们的比较的所长,大可不必用上牛力补足我们天生的所短。先生的一番见解是更进一层了。此后不有科学文则已,有必不免于发议论;不这样不足以尽我们的责任。(《傅斯年全集》第 1 卷,第 273 页)

可见他重视鲁迅的意见。

在《新潮》上,鲁迅发表了短篇小说《明天》(第二卷第一号),尼采《察拉图斯忒拉》序言的译文(第二卷第五号)。表示了对刊物的支持。

1920 年初,傅斯年赴英国留学。《新潮》月刊出版了第三卷第二号(1922 年 3 月)之后也不再出版。傅斯年和鲁迅、周作人交往的第一阶段也就结束了。这期间,既有学生一辈对于师长一辈的尊敬,也有声气相同的亲近感。

1926 年上半年,傅斯年在德国留学期间,在致罗家伦的一封信中谈到他对周氏兄弟的一个看法。这时他是《现代评论》周刊的读者,对于陈源(笔名西滢,字通伯)和鲁迅、周作人兄弟的激烈论战留有深刻的印象。他在这信中这样评论了论战的双方:

> 《现代评论》甚不如从前,陈翰笙大作其文。通伯近有一文,竟是赞章行严(引者注:即章士钊),甚不可取,思有以规之。
>
> 通伯与两个周实有其同处。盖尖酸刻薄四字,通伯得

其尖薄(轻薄尖利),大周、二周得其酸刻,二人之酸可无待
言。启明亦刻。二人皆山中千家村之学究(吴学究之义),
非你们 damned(讨厌的)绍兴人莫办也。仆虽不才,尚是中
原人物,于此辈吴侬,实甚不敬之。他们有些才是不消说
的。(《傅斯年全集》第 7 卷,第 31 页)

信末未署日期。其中说"通伯近有一文,竟是赞章行严",当
是指第三卷第五十九期(1926 年 1 月 23 日出版)所载的西滢
《闲话》。文中又说"陈翰笙大作其文",在第三卷第五十三期
(1925 年 12 月 12 日)、第五十五期(12 月 26 日)、第五十六期
(1926 年 1 月 2 日)、第五十八期(1 月 16 日)都有陈翰笙的文
章。可以推知傅斯年这信当写于 1926 年 2 月或稍后。信中虽
对论战的双方都有所批评,但是可以看他的感情是倾向于陈源
一方的,也就是说,他属于鲁迅十分反感的"现代"派了。只是此
刻鲁迅还不知道,要一年之后和他有共事的机会才知道。

三

1926 年秋天,傅斯年学成归国。正好这个时候,广东大学改
组为中山大学。受到主持校务的朱家骅的邀请,12 月,傅斯年就
到中山大学任教了。

正好这时鲁迅也接了中山大学的聘书,于 1927 年 1 月 18 日
从厦门来到广州,任中山大学文学系主任兼教务主任。就和傅
斯年成了同事了。开始,两人的关系看来还是可以的。在鲁迅
日记中,可以看到两人交往的一些记载:

3 月 5 日:谢玉生等七人自厦门来,同至福来居夜饭,

并邀孟真、季市、广平、林霖。

　　3 月 13 日：上午与季市、广平访孟真,在东方饭店午饭,晚归。

　　4 月 1 日：江绍原来,同至福不居夜餐,并邀孟真、季市、广平。

　　可见这时他们还是很正常的友好往来。可是不久关系就恶化了,起因就是中山大学聘请顾颉刚这件事。许寿裳在《亡友鲁迅印象记·广州同住》中回忆说："有一天,傅孟真(其时为文学院长)来谈,说及顾某可来任教,鲁迅听了就勃然大怒,说道:'他来,我就走。'态度异常坚决。"顾颉刚 1927 年 4 月 28 日致胡适的信也证实了鲁迅是因他而辞职的:

　　孟真见招,因拟到粤。鲁迅在粤任中大教务主任,宣言谓顾某若来,周某即去。适厦门邮局罢工十天,孟真来书未能接到,我就单身到粤观看情形。孟真告鲁迅后,鲁迅立时辞职。(《胡适来往书信选》上册,第 429 页)

　　顾颉刚是 4 月 18 日到中山大学的。鲁迅决定提出辞职,4 月 20 日致李霁野的信中是这样叙述这件事的:

　　我在厦门时,很受几个"现代"派的人排挤,我离开的原因,一半也在此。但我为从北京请去的教员留面子,秘而不说。不料其中之一,终于在那里也站不住,已经钻到此地来做教授。此辈的阴险性质是不会改变的,自然不久还是排挤、营私。我在此的教务,功课,已经够多的了,那可以再加

161

上防暗箭，掏闲气。所以我决计于二三日内辞去一切职务，离开中大。(《鲁迅全集》第 12 卷，第 29—30 页)

这里，鲁迅有一点不了解情况，顾颉刚并不是在厦门大学站不住了才自己钻到中山大学来的，而是傅斯年主动找他来的。傅斯年在《〈新潮〉之回顾与前瞻》一文中说，"民国六年(1917)的秋天，我和顾颉刚君住在同一宿舍同一号里"，就是从他们每天的交谈中，促成了《新潮》月刊的创刊和新潮社的成立。而对于顾氏史学的成就，傅斯年当时更是推崇到无以复加的地步。他在《与顾颉刚论古史书》中称赞顾氏提出的"层累地造成的中国古史"这一观点，说："你这一个题目，乃是一切经传子家的总锁钥，一切中国古代方术思想史的真线索，一个周汉思想的摄影镜，一个古史学的新大成。"又说："学科的范围有大小，中国古史学自然比力学或生物学小得多。但它自是一种独立的，而也有价值的学问。你在这个学问中的地位，便恰如牛顿之在力学，达尔文之在生物学。"(《傅斯年全集》第 1 卷，第 447 页)他那时对顾的学术地位，评价就有这样高。他们俩人学术见解的分歧和关系的恶化，大约是 1929 年以后的事情。现在他在中山大学主持文史方面的教学，当然会要延聘顾来校任教了。当出现了鲁迅和顾颉刚只能二者择一的时候，傅斯年不怎么困难地作出了抉择。当然，他也并不想十分开罪鲁迅，曾经想找出一个两全的办法。1927 年 5 月 15 日鲁迅致章廷谦的信中说：

我到此只三月，竟做了一个大傀儡。傅斯年我初见，先前竟想不到是这样人。当红鼻(引者注：鲁迅在私人通信中对顾颉刚的蔑称)到此时，我便走了；而傅大写其信，给我,说他已有补救法,即使鼻赴京买书,不在校;且宣传于别人。我仍不理,即出校。现已知买书是他们的豫定计划,实是鼻们的一批大生意,因为数至五万元。但鼻系新来人,忽托以这么大事,颇不妥,所以托词于我之反对,而这是调和办法,则别人便无话可说了。他们的这办法,是我即不辞职,而略有微词,便可以提出的。

现在他们还在挽留我,当然无效,我是不走回头路的。季黻也已辞职,因为我一走,傅即探他的态度,所以也不干了。(《鲁迅全集》第12卷,第32—33页)

让顾颉刚赴京买书的事,前面所引顾颉刚1927年4月28日致胡适的信中也说到了:

广州中大经费甚充足而书籍颇少,现派我任购书之事,到京沪收买旧书,九月中仍回粤。这件事是我极高兴做的,因为借此可以收得许多材料。我买书的计划,除普通书外,要收地方志、家谱、档案、科举书、迷信书、唱本、戏本、报纸等。半个月可到上海,先在上海买,一个月后到北京,买上三个月。(《胡适来往书信选》上册,第430页)

正好在4月15日广州发生了反共政变。鲁迅不迟不早,在这个时候辞职,是不是也有政治的因素在内呢? 5月30日鲁迅致章廷谦的信中就说到了这一点:

不过事太凑巧,当红鼻到粤之时,正清党发生之际,所以也许有人疑我之滚,和政治有关,实则我之“鼻来我走"……之宣言,远在四月初上也。然而顾、傅为攻击我起见,当有说我关于政治而走之宣传……(《鲁迅全集》第12卷,第34页)

不久之后鲁迅即离开广州,定居上海,直到1936年去世,和傅斯年再也没有什么交往了。

四

1927年5月16日傅斯年起草了一封信给李石曾和吴稚晖,由朱家骅和他两人共同署名,详谈广州中山大学今后计划。其中有一段说:

> 我们又在这里筹一齐聘北大文理等科之良教授来此。既可免于受压迫,并开此地空气。已去请者有马叔平、李玄伯、丁山、魏建功、刘半农、周作人、李圣章、徐旭生、李润章诸先生。(台北《传记文学》第5卷第6期,1964年12月号)

周作人虽然没有应聘前往中山大学,但是这时傅斯年还是把他看作北大良教授之列的。

在1937年至1945年的抗日战争期间,傅斯年先在云南昆明、后来又在四川南溪李庄镇主持中央研究院历史语言研究所的工作。有时到重庆出席国民参政会的会议。周作人呢,却留在沦陷了的北平,落水当汉奸了,做到了伪华北教育总署督办。两人之间,当然没有任何的交往了。

1945年8月,日本战败投降。傅斯年被任命为北京大学代理校长。而这时的周作人当然想到他的叛国罪行将会受到惩处,正在提心吊胆地等待着那一天的来临。12月2日他写了一篇散文《石板路》,文末在记下写作日期之后,还添写了"时正闻驴鸣"五个字。这是什么意思呢?《周作人年谱》有记载:

> 北平各报载"十一月三十日重庆专电":"北大代理校长傅斯年,已由昆明返渝,准备赴平,顷对记者谈:'伪北大之教职员均系伪组织之公职人员,应在附逆之列,将来不可担任教职,至于伪北大之学生,应以其学业为重,已开始补习,俟补习期满,教育部发给证书后,可以转入北京大学各系科相当年级,学校将予以收容。'"

周作人见报后在当天日记中悻悻然写道:

> 见报载傅斯年谈话,又闻巷内驴鸣,正是恰好,因记入文末。

原来他写的"驴鸣"是指傅斯年的谈话。其实傅斯年的这篇谈话跟周作人并没有多少关系。他当了特任官这个级别的大汉奸,已经不是能不能继续担任教职的问题,而是怎样惩处治罪的问题了。这篇谈话对于他是一个新的刺激,使他对傅斯年充满了敌意,比做驴子以泄愤吧。

傅斯年确实也没有放过周作人的意思。几天之后他到达北平,12月8日北平《世界日报》刊出了他的答记者问,其中就说"周作人,原来享有声望,如今甘心附逆,自不可恕"(《傅斯年全集》第7卷,第313页)。

周作人在庭审中为自己辩护的材料之一,是北京大学校长蒋梦麟曾经从云南昆明打电报给他，叫他照管北大校产。傅斯年认为，确实有这么一回事，但是这完全不能为他的汉奸罪行开脱。1946 年 10 月 12 日傅斯年致胡适的信中谈到这事，指出"北大并未托他下水后再照料北大产业"(《傅斯年全集》第 7 卷，第 317 页)。

1949 年初周作人出狱。这时傅斯年已经到台湾去，担任台湾大学校长，两人之间也就再也没有任何交往。可是周作人余恨未消，还写过几篇文章骂他。一篇是刊登在 1950 年 6 月 14 日《亦报》的《〈新潮〉的泡沫二》，说："罗家伦不失为真小人，比起傅斯年的伪君子来，还要好一点。"(《周作人散文全集》第 10 卷，第 764 页)

1950 年 12 月 20 日傅斯年死了。周作人又在 1951 年 1 月 12 日的《亦报》上刊出《傅斯年》(《周作人散文全集》第 11 卷，第 432 页)一文来骂他。这两篇都没有提出什么有分量的材料，只不过表明怨恨甚深就是了。到了晚年写《知堂回想录》，回顾自己一生的经历，还在《每周评论》(上)里写了他一段，这是周最后一次写到他，现在摘录一点，就作为周作人对这两人关系的最后陈述吧：

> 《新潮》的主干是傅斯年，罗家伦只是副手，才力也较差，傅在研究所也单认了一种黄侃的文章组的"文"，可以想见在一年之前还是黄派的中坚，但到七年(引者注：1918年)十二月便完全转变了，所以陈独秀虽自己在编《新青年》，却不自信有这样大的法力，在那时候曾经问过我，"他们可不是派来做细作的么？"我虽然教过他们这一班，但实在不知底细，只好成人之美说些好话，说他们既然有意学

166

好,想是可靠的吧。结果仲甫(引者注:即陈独秀)的怀疑倒底是不错的,他们并不是做细作,却实在是投机。(《周作人散文全集》第13卷,第556页)

"投机",这就是周作人对傅斯年最后的看法吧。

鲁迅与邵洵美

　　鲁迅与邵洵美没有过个人的交往。在鲁迅的日记里没有出现过邵洵美的姓名。据现在所知道的,1933 年萧伯纳到上海,他们在笔会欢迎萧的集会上是见过一面的。鲁迅 1933 年 2 月 17 日的日记:

　　　　晨得内山君笺。午后汽车赍蔡先生信来,即乘车赴宋庆龄夫人宅午餐,同席为萧伯纳、伊〔赛克〕、斯沫特列女士、杨杏佛、林语堂、蔡先生、孙夫人,共七人,饭毕照相二枚。同萧、蔡、林、杨往笔社,约二十分后复回孙宅。绍介木村毅君于萧。傍晚归。

　　这里的"笔社"指"笔会"。就是这次约二十分钟在笔会的活动中,鲁迅见到了邵洵美。在《看萧和"看萧的人们"记》(收入《南腔北调集》)一文中,鲁迅对这事作了这样的记述:

　　　　两点光景,笔会(Pen Club)有欢迎。也趁了摩托车一同去看时,原来是在叫作"世界学院"的大洋房里。走到楼上,早有为文艺的文艺家,民族主义文学家,交际明星,伶界大王等等,大约五十个人在那里了。合围起来,向他质问各色各样的事,好像翻检《大英百科全书》似的。
　　　　萧也演说了几句: 诸君也是文士,所以这玩艺儿是全

168

都知道的。至于扮演者,则因为是实行的,所以比起自己似的只是写写的人来,还要更明白。此外还有什么可说的呢。总之,今天就如看看动物园里的动物一样,现在已经看见了,这就可以了罢。云云。

大家都哄笑了,大约又以为这是讽刺。

也还有一点梅兰芳博士和别的名人的问答,但在这里,略之。

此后是将赠品送给萧的仪式。这是由有着美男子之誉的邵洵美君拿上去的,是泥土做的戏子的脸谱的小模型,收在一个盒子里。还有一种,听说是演戏用的衣裳,但因为是用纸包好了的,所以没有见。萧很高兴的接受了。据张若谷君后来发表出来的文章,则萧还问了几句话,张君也刺了他一下,可惜萧不听见云。但是,我实在也没有听见。

……

还有面会新闻记者的约束,三点光景便又回到孙夫人的家里来。

照这篇文章说的,这次笔会的活动,是在下午两点光景到三点光景之间,与日记所记的约二十分钟有出入。大约可以理解为二十分钟以上,一小时以内吧。

在参加这次活动的大约五十个人中,文章写明了其中三人的姓名。对张若谷,是表示了明显的不满的。如果人们记得,鲁迅曾经有意写一本《五讲三嘘集》,而"三嘘"之一是张若谷,就可以知道鲁迅历来对他轻蔑的态度了。对梅兰芳,其实也是有所不满的。前面写的"伶界大王"显然是说他,也显然带有贬义。文章提到他和萧的问答,只说是"略之"。这"略之"其实也是不满的表示。3月1日鲁迅致台静农的信中说起这件事："他与梅兰芳问答时,我是看见的,问尖而答愚,似乎不足艳称,不过中国多梅毒,其称之也亦无足怪。"1981年版(2005年版也一样)《鲁迅全集》此处设有注释:"据一九三三年二月十八日上海《申报》,萧伯纳在上海笔会举行的欢迎会上和梅兰芳谈及中国演剧锣鼓声过闹,会损害观众注意力,梅答:'中国戏剧有两种,昆曲即为不闹之一。'"不知道在场的鲁迅是不是还听到了另外的提问和另外的答复,如果只看这天《申报》所登载的,则提问也并不怎么尖而答复也不怎么愚的。鲁迅作这样的评价,表明了他对梅的轻蔑态度。只看信中所用"梅毒"一词,也可见怨毒之深,他另外那些谈及梅兰芳的文字也就不用提了。

第三个提到的姓名就是邵洵美,只是客观的记述了他代表笔会向萧伯纳赠礼的事。在他姓名之前只冠以"有着美男子之誉的"这个头衔,也是并无褒贬义的中性词,而且这"美男子"也是转述他人的评语。可以说,至少,鲁迅在写这篇文章的时候,并没有表露出他对邵洵美有什么恶感。

"国际笔会"是1921年英国小说家高尔斯华绥创办的,总会设在伦敦,好些国家都设有分会。中国分会1929年在上海成立。这大约是一个保障作家权益、争取言论自由的团体。由笔会出面欢迎萧伯纳,当然是一种适当的安排。因此,这事就同邵洵美颇有关系了。贾植芳在《我的难友邵洵美》一文中,记下了他在狱中听邵讲过这事,他是这样说的:

> 1933年英国作家萧伯纳来上海访问,我作为世界笔会的中国秘书,负责接待工作,萧伯纳不吃荤,所以,以世界笔会中国分会的名义,在"功德林"摆了一桌素菜,用了46块

银元，由我自己出钱付出。参加宴会的有蔡元培、宋庆龄、鲁迅、杨杏佛，还有我和林语堂。但当时上海的大小报纸的新闻报道中，却都没有我的名字，这使我一直耿耿于怀。（《贾植芳文集·创作卷》，上海社会科学院出版社2005年，第380页）

这是多年之后的回忆。如果拿鲁迅当天所记的日记对照来看，就会发觉有的地方说得不大准确了。据鲁迅日记，那天的宴请，席设宋庆龄宅，而不在素菜馆功德林。当然，也有可能是在功德林订了一桌素菜送到宋宅去的，那么，就不好说是"在功德林摆了一桌……"而应该说是"在功德林订了一桌……"。陪同进餐的"共七人"，而这七个人的姓名都已一一写明，其中并无邵洵美。这些都是误记。但是他说的这次接待活动的费用是他拿出来的，我以为这是可信的。因为笔会（至少当年它的中国分会）是一个颇为松散的作家团体，并没有一笔公款可供开支。邵洵美那时大约可算是文学家中的首富，在文艺界有不少朋友，对于这一类活动素来热心。现在有机会接待萧伯纳，让他去订一桌素菜，送一点礼品，自然也是很乐意的。

鲁迅的这篇《看萧和"看萧的人们"记》是2月23日写的。文中客观地记述了邵洵美向萧伯纳赠送礼品的事，对其人并无褒贬。到此刻为止，鲁迅对他并没有什么恶感。可是，过了半年，鲁迅却被他的一篇文章深深地激怒了。这件事，《准风月谈·后记》里说了：

去年八月间，诗人邵洵美先生所经营的书店里，出了一种《十日谈》，这位诗人在第二期（二十日出）上，飘飘然的论起"文人无行"来了,先分文人为五类,然后作结道——

"除了上述五类外,当然还有许多其他的典型;但其所以为文人之故,总是因为没有饭吃,或是有了饭吃不饱。因为做文人不比做官或是做生意,究竟用不到多少本钱。一枝笔,一些墨,几张稿纸,便是你所要预备的一切。呒本钱生意,人人想做,所以文人便多了。此乃是没有职业才做文人的事实。

"我们的文坛便是由这种文人组织成的。

"因为他们是没有职业才做文人,因此他们的目的仍职业而不在文人。他们借着文艺宴会的名义极力地拉拢大人物;借文艺杂志或是副刊的地盘,极力地为自己做广告:但求闻达,不顾羞耻。

"谁知既为文人矣,便将被目为文人;既被目为文人矣,便再没有职业可得,这般东西便永远在文坛里胡闹。"

文人的确穷的多,自从压迫言论和创作以来,有些作者也的确更没有饭吃了。而邵洵美先生是所谓"诗人",又是有名的巨富"盛宫保"的孙婿,将污秽泼在"这般东西"的头上,原也十分平常的。但我以为作文究竟和"大出丧"有些不同,即使雇得一大群帮闲,开锣喝道,过后仍是一条空街,还不及"大出丧"的虽在数十年后,有时还有几个市侩传颂。穷极,文是不能工的,可是金银又并非文章的根苗,它最好还是买长江沿岸的田地。然而富家儿总不免常常误解,以为钱可以使鬼,就也可以通文。使鬼,大概是确的,也许还可以通神,但通文却不成,诗人邵洵美先生本身的诗便是证据。

鲁迅看了8月20日出的《十日谈》上邵洵美的这一篇，立刻写了《各种捐班》(24日)和《登龙术拾遗》(28日)（两篇都收入《准风月谈》）予以谴责。前一篇说"只要有钱，就什么都容易办了"。有了钱就可以捐班做文学家：

> 捐做"文学家"也用不着什么新花样。只要开一只书店，拉几个作家，雇一些帮闲，出一种小报，"今天天气好"是也须会说的，就写了出来，印了上去，交给报贩，不消一年半载，包管成功。

后一篇就点明"女婿"问题了：

> 穷小子想爬上文坛去，有时虽然会侥幸，终究是很费力气的；做些随笔或茶话之类，或者也能够捞几文钱，但究竟随人俯仰。最好是有富岳家，有阔太太，用赔嫁钱，作文学资本，笑骂随他笑骂，恶作我自印之。"作品"一出，头衔自来，赘婿虽能被妇家所轻，但一登文坛，即声价十倍，太太也就高兴，不至于自打麻将，连眼梢也一动不动了，这就是"交相为用"。

这里说到了"富岳家"、"阔太太"，就简单说一下这件事。邵洵美之妻盛佩玉，是清末邮传部大臣盛宣怀的孙女。他们原是姑表姊弟，亲上做亲。邵洵美和他的父亲两代都是盛家的女婿。邵洵美的生母是盛宣怀的女儿，盛佩玉的四姑母。邵洵美的祖父邵友濂，在清朝也是封疆大吏，地位和财富虽不能跟盛家相比，也算是门当户对的婚姻了。表姊弟在童年有机会接触，长大了萌生了爱情,也是很自然的事情。婚姻与家庭,纯属个人的私事,本来不属于公众关心的范围。这一回是邵洵美自己先拿出大富豪的口气,去奚落贫穷的文人,鲁迅看不过去了,才作文指明这一点。这完全是他自己招来的。

在这两篇之后,鲁迅批评邵洵美的文字,还有好几处。

其一是《"滑稽"例解》(作于 1933 年 10 月 19 日,收入《准风月谈》)。其中写到同邵洵美有关的是两件事。一是《晶报》跟《十日谈》的纠纷,鲁迅根据《申报》所载《〈十日谈〉向〈晶报〉声明误会表示歉意》的广告发了几句议论。文中的引语,"舆论界的新权威","说出一般人所想说而没有说的话",见于《十日谈》创刊时在报上刊出的广告,其余的引语就见于这篇道歉的启事了。将这自我吹嘘的和表示歉意的两个广告一对照,的确不能不使人感到滑稽了。另一件事就直接涉及"女婿问题"了。有一篇帮邵洵美讲话的文章,说攻击有阔太太的人,是出于嫉妒,是"狐狸吃不到葡萄,说葡萄是酸的"。鲁迅称这位作者是"打诨的高手","他竟拉到我万想不到的诗人太太的味道上去了"。

其二是鲁迅于 1934 年 1 月 11 日致郑振铎信中再次表达了对于"邵洵美之徒"的恶感:

> 上海的邵洵美之徒,在发议论骂我们之印《笺谱》,这些东西,真是"前不见古人,后不见来者",吃完许多米肉,搽了许多雪花膏之后,就什么也不留一点给未来的人们的——最末,是"大出丧"而已。

关于鲁迅与郑振铎合作印制《北平笺谱》这件事,知道的人都了解鲁迅在其中倾注了心血,也投入了金钱,用个人的力量企望保留中国古法木刻以供效法。他们是用预订的方式力争不赔钱或收回本钱。不料,邵洵美所编《十日谈》上刊出杨天南《二十二年的出版界》一文,其中说:"特别可以提起的是《北平笺谱》,此种文雅的事,由鲁迅、西谛二人为之,提倡中国古法木刻,真是大开倒车,老将其实老了。至于全书六册预约价十二元,真吓得煞人也。无论如何,中国尚有如此优游不迫之好奇精神,是十分可贺的,但愿所余四十余部,没有一个闲暇之人敢去接受。"

此文指鲁迅、郑振铎"大开倒车",又嫌《笺谱》定价高得吓人,发愿让那"所余四十余部"卖不掉,鲁迅看了怎能不光火? 又讥嘲"老将"之"老",这讥嘲,鲁迅早在创造社的才子以及高长虹的文章中就领受过了,无非意指鲁迅"过时""落伍"。然而历史证明,时至今日,鲁迅的人与文都不曾"速朽"。而讥笑他的人与文倒是因为作了《鲁迅全集》的注脚才被今天的我们读到。

其三是《漫骂》(1934年1月17日作,收入《花边文学》)。其中说道:"诗人没有捐班,富翁只会计较,因为事实是这样的,所以这是真话,即使称之为漫骂,诗人也还是捐不来,这是幻想碰在现实上的小钉子。"鲁迅在将这稿子投寄《申报·自由谈》的时候,致编者黎烈文的信中说:"此次偶一不慎,复碰着盛宫保家婿,然或尚不至有大碍耶?"

其四是《关于中国的两三件事》(收入《且介亭杂文》),其中有一段话也是评论邵洵美的:

> 然而文明是出奇的进步了,所以去年也有了提倡每年该放犯人回家一趟,给以解决性欲的机会的,颇是人道主义气味之说的官吏。其实,他也并非对于犯人的性欲,特别表着同情,不过因为总不愁竟会实行的,所以也就高声嚷一

下，以见自己的作为官吏的存在。然而舆论颇为沸腾了。有一位批评家，还以为这么一来，大家便要不怕牢监，高高兴兴的进去了，很为世道人心愤慨了一下。受了所谓圣贤之教那么久，竟还没有那位官吏的圆滑，固然也令人觉得诚实可靠，然而他的意见，是以为对于犯人，非加虐待不可，却也因此可见了。

这里说的"有一位批评家"，是指《十日谈》第二期所载《自由监狱》一文，其中说："最近司法当局复有关于囚犯性欲问题之讨论……本来，囚禁制度……是国家给予犯罪者一个自省而改过的机会……监狱痛苦尽人皆知，不法犯罪，乃自讨苦吃，百姓既有戒心，或者可以不敢犯法；对付小人，此亦天机一条也。"这篇文章的作者，1981年版《鲁迅全集》注明：署名郭明。2005年出版的新版《鲁迅全集》更进一步注明：郭明是邵洵美的笔名。鲁迅在这里又是批评邵洵美。顺便做一个广告罢：新版《鲁迅全集》中，这一类的改进还很不少，读者诸君切勿以为既有旧版即不必再看新版了。

就是这一篇《关于中国的两三件事》，原是作者应日本改造社的约稿用日文写的，最初以《火，王道，监狱》为题发表在1934年3月号《改造》月刊上。邵洵美、章克标所编的《人言》周刊上，刊出了这篇谈监狱那一部分的译文，后面还加了一个居心险恶的"编者注"，说什么"鲁迅先生的文章，最近是在查禁之列，此文译自日文，当可逃避军事裁判"，还说鲁迅是"被本国迫逐而托庇于外人威权之下"。身受者当然不会不感觉到："其中含有甚深的杀机。"鲁迅认为，具体做这件事的是章克标，1934年6月2日他致郑振铎的信中说："章颇恶劣，因我在外国发表文章，而以军事裁判暗示当局者,亦此人也。"在《准风月谈·后记》中,谈到章克标的这种手段,说"邵府上也有恶辣的谋士的",把这具体操作的人摆在邵府谋士的地位,表明他已经感到邵对自己的敌意有多深了。

如果说此前鲁迅眼里的"邵洵美之徒"只是文学捐班、无聊文人,那么,因了章克标的"恶辣",鲁迅一定是将他们列入"一个都不宽恕"的名单当中了。就在相当于遗嘱的《死》这篇作于1936 年 9 月的文章中,鲁迅生前最后一次刺了邵洵美一笔:

> ……我倘曾贵为官保(指盛宣怀),富有千万,儿子和女婿及其他一定早已逼我写好遗嘱了……

这里暗刺盛宣怀死后其亲属曾因争夺遗产而引起诉讼。另外,关于盛宣怀家产,鲁迅早在 1933 年 5 月所作的《从盛宣怀说到有理的压迫》一文中予以揭示,这也有助于人们理解鲁迅对邵洵美的态度吧。

现在来写"鲁迅与邵洵美"这个题目,有一个困难,就是鲁迅这一面的文章都收到他的全集里面,容易看到;而邵洵美写的诗文,现在却很不容易找到了。鲁迅攻击过的文人,例如周作人、林语堂、徐志摩、梁实秋、施蛰存等,他们的作品都留下来了,表明了他们的存在。而杨邨人、张若谷、邵洵美却没有能够留下多少痕迹。这真是无可如何的事。

邵洵美对鲁迅最后的态度,我没有看到过他自己写的文章,但是从贾植芳写的《我的难友邵洵美》中看到了一点。文章写的是他们一同坐牢时候的一次谈话。他郑重其事地对贾植芳说:

贾兄,你比我年轻,身体又好,总有一日会出去的。我
有两件事,你一定要写一篇文章替我说几句话,那我就死而
瞑目了。

他说的两件事,一件事是 1933 年接待萧伯纳是他出的钱,这一
段话本篇前边已经引述了。第二件事是:

我的文章,是写得不好,但实实在在是我自己写的,鲁
迅先生在文章中说我是"捐班",是花钱雇人代写的,这真是
天大误会。我敬佩鲁迅先生,但对他轻信流言又感到遗憾!
这点也拜托你代为说明一下才好。

贾植芳不负所托,写了文章代为说明。不过就从这说明中
可以看出邵洵美对鲁迅的文章也有一点误解。鲁迅所说的"捐
班",是"……有阔太太,用赔嫁钱,作文学资本,笑骂由他笑骂,
恶作我自印之。'作品'一出,头衔自来,……"并未表示不承认
这"恶作"是出自他本人的笔下。假如连恶作自己也写不出,必
得雇请枪手来代笔,那就要更低一个档次了。鲁迅写这些文章,
也不是因为轻信了流言,而是对于邵洵美发表在《十日谈》上的
文章作出的反应。在鲁迅的《登龙术拾遗》中,可议之处只有用
了"赘婿"一词,他 1934 年 5 月 18 日致陶亢德信中也用了"盛家
赘婿"这字眼。这却是不准确的。《辞海》的解释:"赘婿,俗称
'招女婿'。中国宗法制度下就婚于女家的男子。入赘后,须改
从妻姓,所生子女从母姓。"显然,邵洵美、盛佩玉的婚姻不是这
个情况。鲁迅大约是为了强调邵对岳家的依附程度,才故意用
了"赘婿"一语吧。

最后讲一件鲁迅给《论语》半月刊写稿的事。这刊物同邵洵美颇有关系。盛佩玉的回忆《盛氏家族·邵洵美与我》一书中说："那时林语堂提议出版《论语》，洵美当了后台老板兼编辑。"（人民文学出版社2004年，第107页）这刊物是邵家开的时代图书印刷公司发行，所以说是"后台老板"吧。因为林语堂的约稿，鲁迅在《论语》发表过好几篇文章：《学生和玉佛》、《谁的矛盾》、《由中国女人的脚，推定中国人之非中庸，又由此推定孔夫子有胃病》、《"论语"一年》，与魏猛克的《通信》。1934年5月，鲁迅将《大美晚报》刊登的一条社会新闻剪寄给《论语》"古香斋"一栏，后来以《玄武湖怪人》为题刊出。鲁迅在致陶亢德信中谈到按语怎么署名的时候，说："《论语》虽先生所编，但究属盛家赘婿商品，故殊不愿与之太有瓜葛也。"

鲁迅与曹聚仁

——兼析周作人与曹聚仁的交往

一

1900 年出生的曹聚仁要比鲁迅、周作人兄弟小十多二十来岁,按辈分说,应该说是属于学生一辈,尽管他并没有做过他们的学生。他在自传性质的《我与我的世界》一书中说:"五四运动前后,我们受了《新青年》的影响,对于陈独秀、胡适、钱玄同、鲁迅兄弟的言论,不独心向往之,几乎奉之如神明。"(人民文学出版社 1983 年,第 167 页)作为杭州一师的一名学生,仰望着《新青年》上灿烂的群星,也就是这样一种心情吧。

曹聚仁第一次见到鲁迅本人,是在 1927 年 12 月 21 日。这天鲁迅日记:"午后衣萍来邀至暨南大学演讲。"这次演讲是该校文学社团秋野社主办的。这时章衣萍是校长秘书兼文学院教授,因为他和鲁迅在北京时期就相熟,就由他登门敦请了。

曹聚仁这时也在暨南大学任教。他在《我与我的世界》中说:

> 我和章衣萍很少往来,只有一回,鲁迅先生到暨大来演讲,我曾作了记录;那份稿子,寄到《北新》半月刊去,他却把稿子压住了,没让鲁迅先生看到。后来,我的笔录稿在《新闻报》发表了;鲁迅先生才知道有这么一段经过,说了他一顿。……这是我和鲁迅相识之始。(第 245 页)

章衣萍为什么要阻挡曹聚仁记录稿的发表呢？因为事先已经布置了章铁民作记录。27日章衣萍去鲁迅家，大约就是将章铁民的记录稿送请鲁迅审阅。鲁迅29日日记："下午寄还暨南大学陈翔冰讲稿。"这陈翔冰就是暨南大学秋野社成员、《秋野》月刊的编者。这篇标题为《文学与政治的歧途》的章铁民记录稿，就在1928年1月出版的《秋野》第三期上刊出，章衣萍当然不希望有另外的记录稿发表了。

鲁迅《集外集》的编者杨霁云是曹聚仁的学生，师生间交往不少。当他着手编辑《集外集》的时候，曹聚仁就将《新闻报》上刊出的这篇交给他编入书中。鲁迅1934年12月19日致杨霁云的信中说："曹先生记的那一篇也很好，不必作为附录了。"表示认可了这一份记录。

鲁迅第一次和曹聚仁发生文字上的交往，是在1933年初。这时曹聚仁在编辑《涛声》周刊。鲁迅很欣赏这刊物。1933年1月21日出版的第2卷第4期上刊登了周木斋的杂文《骂人与自骂》，责备北平的大学生，以为在日本军队侵占山海关的时候，"即使不能赴难，最低最低的限度也不应逃难"。鲁迅不赞同这个意见，就写信给《涛声》的编辑先生说："我是和周先生的主张正相反，以为'倘不能赴难，就应该逃难'，是属于'逃难党'的。"这封署名"罗怃"的信就以《三十六计走为上计》为题刊登在《涛声》上，后来编入《南腔北调集》时改题为《论"赴难"和"逃难"》。这时曹聚仁并不知道"罗怃"是鲁迅的另一笔名，还在刊物上登出启事寻他联系。

这以后不久又有一次文字上的交往。1933年4月10日的《申报·自由谈》上刊登了曹聚仁的杂文《杀错了人》。文章认为，革命总要杀一些人，"应该多杀中年以上的人，多杀代表旧势力的人"。而辛亥革命成功以后,"袁世凯拿大权,天天杀党人,甚至连十五六岁的孩子都要杀;这样的革命,不但不起隔离作用,简直替旧势力作保镖;……我名之曰'杀错了人'"。对于这事,鲁迅比他看得更深刻也更本质,就在《〈杀错了人〉异议》(收入《伪自由书》)一文中指出:"袁世凯在辛亥革命之后,大杀党人,从袁世凯那方面看来,是一点没有杀错的,因为他正是一个假革命的反革命者。""中国革命的闹成这模样,并不是因为他们'杀错了人',倒是因为我们看错了人。"后来曹聚仁在《鲁迅评传》中说:"这话,当然说得更真切的,我们不仅看错了袁世凯,也看错了蒋介石了。"(复旦大学出版社 2006 年,第 82 页)

二

曹聚仁的姓名第一次出现在鲁迅的日记里,是 1933 年 5 月 7 日:"得曹聚仁信,即复。"这就开始了两人的直接交往。

从鲁迅"即复"的这封信里可以知道,曹的来信,是约请鲁迅为李大钊的文集作序。鲁迅在复信中说:"惠函收到。守常先生我是认识的,遗著上应该写一点什么,不过于学说之类,我不了然,所以只能说几句关于个人的空话。我想至迟于月底寄上,或者不至于太迟罢。"

为了出版李大钊的遗著,曹聚仁是出了大力的。最初向他提起这事的是周作人。1933 年 4 月,在北平的周作人写信给他,说:

> 兹有一事奉询,未知能设法否?守常殁后,其从侄即为搜集遗稿,阅二三年略有成就,唯出版为难,终未能出世。近来滦东失陷,乐亭早为伪军所占,守常夫人避难来北平,

又提及此事，再四思维，拟以奉询先生，未知群众图书公司可为刊行否？其实文中所谈并不只一问题，不过分量似稍多，此节当可商酌，即全集选集有二办法可取也。守常一子一女均系旧学生，现在长女星华亦在北平，如尊处可以商议，则当介绍与先生直接交涉耳。

这群众图书公司大约就是曹聚仁自己办的，他编的《书信甲选》、《小品文甲选》、《散文甲选》、《小说甲选》这些书，以及期刊《涛声》，都是在这里出的。他能够做主，就一口答应了。接着在他和周作人的好几封通信里讨论了一些有关出版这书的事务，例如请哪些人作序题字之类。周作人在一封信里，提出了一个十分重要的编辑原则：

　　守常遗文如能设法出版，最好；鄙意如不能全印，即选亦不妨，总之希望能不被删节，如删一二句则此篇反不如不编入为愈也。

这就是说，如果文章中有的字句段落送审时无法通过，宁可全篇抽下来也不要删节，宁可不出全集出选本，我看这应该作为当下编辑业务的规范之一。

鲁迅在 5 月 7 日的复信中答应序言"至迟于月底寄上"。他信守诺言，就在 5 月 29 日写好，30 日寄出了。这篇《〈守常全集〉题记》就刊登在《涛声》第 2 卷第 31 期上，现在收在《南腔北调集》里。文章深情地怀念这位以身殉主义的朋友，并且指出："他的遗文却将永住，因为这是先驱者的遗产，革命史上的丰碑。"

鲁迅也想到了书稿如果送审可能遇到的麻烦。他在6月3日致曹聚仁的信中说：

> 《李集》我以为不如不审定，也许连出版所也不如胡诌一个，卖一通就算。论起理来，李死在清党之前，还是国民党的朋友，给他留一个纪念，原是极应该的，然而中央的检查员，其低能也未必下于邮政检查员，他们已无人情，也不知历史，给碰一个大钉子，正是意中事。到那时候，倒令人更为难。所以我以为不如"自由"印卖，好在这书是不会风行的，赤者嫌其颇白，白者怕其已赤，读者盖必寥寥，大约惟留心于文献者，始有意于此耳，一版能卖完，已属如天之福也。

这一部鲁迅作序的《守常全集》进行中经历了许多曲折，终于没有能够出版。出版李大钊著作是中华人民共和国成立以后的事情了。五卷本的《李大钊全集》到2006年才由人民出版社出版，收文比周作人保存的书稿更加完全。

三

1933年6月2日曹聚仁致鲁迅的信中还请他为《涛声》写稿，鲁迅复信说：

> 我现在真做不出文章来，对于现在该说的话，好像先前都已说过了。近来只是应酬，有些是为了卖钱，想能登，又得为编者设想，所以往往吞吞吐吐，但终于多被抽掉，呜呼哀哉。倘有可投《涛声》的，当寄上；先前也曾以罗怃之名，

寄过一封信，后来看见广告，在寻这人，但因为我已有《涛声》，所以未复。

在这篇署名罗怃的《三十六计走为上计》之后，鲁迅在《涛声》上还发表了六篇诗文：

《"蜜蜂"与"蜜"》(2卷23期)，就《涛声》所载陈思(即曹聚仁)《"蜜蜂"》一文作了一些分析和补充。

《〈守常先生全集〉题记》(2卷32期)。

《祝〈涛声〉》(2卷32期)，这篇鲁迅谈了他对这刊物的看法："《涛声》的寿命有这么长，想起来实在有点奇怪。"为什么呢？因为它上面"常有赤膊打仗，拼死拼活的文章"，容易犯忌。不过它又"喜欢引古证今，带些学究气"，才得以在当时的文化统治下幸存吧。可见鲁迅是很看好这刊物的。

《关于连环图画》(2卷33期)，这并不是鲁迅有意地投稿，是他给何家骏、陈企霞两人的一封回信。何家骏本名魏猛克，他姐夫曹礼吾那时和曹聚仁同在暨南大学当教授，又是好朋友，曹聚仁在《我与我的世界》中称他为"生平知己"(第224页)，两家时有往来。曹聚仁看到了鲁迅的这封信，就拿来在《涛声》上发表了。

《悼丁君》(2卷38期)，曹聚仁在《鲁迅评传》中说：丁玲被捕后，"那时，外传丁玲已被处死，笔者有一天，忽接鲁迅来信，信中附了一首悼丁君的诗"(第96页)，鲁迅1933年9月21日致曹聚仁的信中说的"旧诗一首，不知可登《涛声》否？"就是这首诗。

《论翻印木刻》(2卷46期)，这篇原是给《申报·自由谈》的投稿，没有能够刊出，11月20日收到黎烈文的退稿，就寄给曹聚仁了。附信说:"约二十天以前,曾将关于木刻之一文寄《申报·自由谈》,久不见登载,知有异,因将原稿索回,始知所测并不虚。其实此文无关宏旨,但因为总算写了一通,弃之可惜,故以投《涛声》,未知可用否? 倘觉得过于唠叨,不大相合,便请投之字篓可也。"曹聚仁毫不怠慢,立即将它刊登在 11 月 25 日出版的刊物上了。发表别处的退稿,也真够朋友的。

这一期其实也是《涛声》的最末一期。上面还刊出了《休刊辞》,说 11 月 20 日下午"本刊奉令缴还登记证",被勒令停刊了。鲁迅在《祝〈涛声〉》一文中说它长寿到令人觉得奇怪,真是"不幸而吾言中"了。

在《涛声》上,曹聚仁也发表过他声援鲁迅的文章。那时,为了施蛰存向青年读者推荐《庄子》和《文选》这事而引发的一场大论战里,鲁迅和施蛰存两人都发表了好几篇互相辩驳的文字。(见《准风月谈》)曹聚仁在《涛声》第 2 卷 43 期上发表了给施蛰存的公开信《论突围》,明确表示"反对先生的介绍《庄子》与《文选》给青年",他说:"近来,孔庙重建,高考再作,读经之声洋洋盈耳;南方还有人表彰汉人伪作的《孝经》,奉为治世大典;这个黑漆一团的乾坤,比民国十三年时代何如? 先生还趁此间叫青年读《庄子》和《文选》,叫我怎能忍得住不反对呢?"

在同一期《涛声》上,曹聚仁还作文批评了《十日谈》上刊登的一幅以《鲁迅翁之笛》为题的漫画,画一大群老鼠应着鲁迅的笛声跳跃而去,指左翼青年为盲目追随鲁迅的老鼠。曹聚仁在这篇也以《鲁迅翁之笛》为题的杂文中说:"把今日青年,比作故事里的群鼠,也太小之乎视今日之青年了。"鲁迅看了他这篇文章,在给他的复信中说:"其实如欲讽刺,当画率群鼠而来,不当是率之而去,此画家似亦颇懵懂。"(1933 年 11 月 13 日)

四

曹聚仁和鲁迅的私交,他在《我与我的世界》中说:

> 我和鲁迅相识那年,已经接近三十岁了,因为我那时已经做了七八年大学教授,别人心目中,不把我当作青年人看待了。有人以为我和鲁迅闲谈,一定谈文论道,跟什么讲习会相似的。实际上,决不如此,我和他从来没谈过文论过道,和青年人的天真想法绝不相同。因为这样,我们才可以相处得很不错。(第 399 页)

鲁迅在《华盖集续编·一点比喻》一文里引用了叔本华的一个"将绅士们比作豪猪"的比喻:"人们因为社交的要求,聚在一处,又因为各有可厌的许多性质和难堪的缺陷,再使他们分离。他们最后所发现的距离,——使他们得以聚在一起的中庸的距离,就是'礼让'和'上流的风习'。"曹聚仁在《鲁迅评传》里引用了这个意思来说明他和鲁迅的关系:"鲁迅就因为和文人这小圈子朋友往来,一群冬天的豪猪,是难得处好的。笔者和他相处,一直就保持着一段距离,所以结果还不错。"(第 134 页)

朋友之间的来往,餐桌上的聚会总是常有的事吧。《鲁迅评传》中说:"我和鲁迅同过许多回酒席,他也曾在我家中喝过酒。"(第 11 页)这里说的"同过许多回酒席",是指报刊编者或者文化界朋友请客,他们两人都作为受到邀请的客人,在筵席上见面。例如鲁迅 1934 年 1 月 6 日日记:"午烈文招饮于古益轩,赴之,同席达夫、语堂等十二人。"《徐懋庸回忆录》记下了这次宴聚:"1934 年新年,1 月 6 日,黎烈文邀请《自由谈》的十来个撰稿者聚餐,其中有鲁迅、郁达夫、曹聚仁、陈子展、唐弢、周木斋、林语堂……也有我。"(人民文学出版社 1982 年,第 74 页)可知这天曹聚仁是同席的一人。

又同年 5 月 10 日鲁迅日记:"林语堂函邀夜饭,晚往其寓……同席十人。"大约他是为《人间世》创刊宴请作者的。确实知道徐懋庸是被邀请了(见《徐懋庸回忆录》,第 74 页),想来曹聚仁也在被邀请之列。诸如此类的宴聚无从细考,曹聚仁说有过"许多回",大约也未必是夸张。

至于鲁迅到曹家喝酒,据他日记的记载,一共有两次。一次是 1933 年 9 月 11 日:"曹聚仁邀晚饭,往其寓,同席六人。"这餐晚饭,曹聚仁在《我与我的世界》一书的记述是这样的:

> 有一天晚上,鲁迅在我家中吃晚饭,〔曹〕礼吾、〔陈〕子展、〔徐〕懋庸、〔周〕木斋诸兄都在坐,我说到了礼吾讲《好的故事》的事,鲁迅大为赞许呢。我说我有一个不伦不类的比喻:"鲁迅先生是嵇康,礼吾则是阮籍,所以礼吾懂得周先生的《野草》。"大家都说我说得对。(第 226 页)

在《鲁迅评传》里,他记下了这个晚上另外的一些交谈内容:

> 1933 年冬天的一个晚上,鲁迅先生在我的家中吃晚饭,一直谈到深夜。他是善于谈话的,忽然在一串的故事中,问了我一句:"曹先生,你是不是准备材料替我写传记?"他正看到我书架上有一堆关于他的著作和史料。我说:"我知道我并不是一个适当的人,但是,我也有我的写法。我想与其把你写成为一个'神',不如写成一个'人'的好。"接着,

我们就谈到路德维希的《人之子》(耶稣传记)。(第 1 页)

接着曹聚仁记下了当时他自己说的话,例如他对路德维希著作的评介,他为什么不愿意去应孙中山传记的征稿,等等。这里就不摘引了。可以注意的是,他记下了鲁迅的反应:"他并不阻止我准备写他的传记。"

关于为鲁迅作传记的话题,在《我与我的世界》里还记下了这样一些话:

> 鲁迅先生看见我书架上的一角,堆积了他的种种作品以及一大堆资料片,知道我准备替他写传记。我笑着对他说:"我是不够格的,因为我不姓许。"他听了我的话,也笑了,说:"就凭这句话,你是懂得我的了!"就凭这一句话,我就在大家没动手的空缺中,真的写起来了。原来,鲁迅生平有五位姓许的知己朋友,三男:许季上、许寿裳和许钦文,二女:许羡苏(钦文的妹妹)和许广平。(第 394 页)

那天除了曹聚仁和鲁迅的这些交谈之外,还有人谈到想买不久前北平古佚小说刊行会影印的《金瓶梅词话》。9 月 21 日鲁迅去信说:

> 前蒙赐盛馔,甚感。当时有一客(非杨先生,绍介时未听真,便中希示及)言欲买《金瓶梅词话》,因即函询在北平友人,顷得来信,裁出附呈,希转达,要否请即见告,以便作复。此书预约时为三十六元,今大涨矣。

这位"在北平友人"就是宋紫佩。鲁迅给他的这些信件没有保存下来,不知道这书后来买成了没。

鲁迅第二次去曹家喝酒,见他 1934 年 9 月 13 日的日记:"晚曹聚仁招饮于其寓,同席八人。"这餐晚饭,在《我与我的世界》里有大段的记述:

> 有一晚,他在我家中吃晚饭,在座的有曹礼吾、周木斋、黎烈文、徐懋庸、杨霁云、陈子展、陈望道诸先生和李儵(他是我的四弟)。他才知道周木斋并非笔名,而李儵倒是笔名,并非姓李的。(第 393 页)

这里曹聚仁写了八个姓名,加上他本人和鲁迅,应该说"同席十人"才对。看来是多年之后写回忆录的时候多写上了两个姓名吧。接着,他记下了交谈的内容:"那晚我和鲁迅先生在书斋中谈了一回,谈的是他们正在为'义子'而头痛的事。"这"义子"也就是《三闲集·序言》里说的"有一个从广东自云避祸逃来,而寄住在我的寓里的廖君"。查鲁迅日记,这位廖君是 1928 年 1 月 8 日来到鲁迅家中的,8 月 24 日离去,在他家住了七个半月。离去之后在 1930 年 3 月 13 日还来过一次信。要说头痛,也是几年以前的事情了。不知道那天晚上为什么又要提起这个话题,还说是"正在"为这事头痛。

接着,曹聚仁说还谈到了为鲁迅作传记的事,这是他把上年的谈话内容重复记在这里了。此外人们无从知道那天晚上他们交谈的内容。

鲁迅宴请曹聚仁的事,有过一次,见鲁迅 1935 年 3 月 5 日日记:"晚约阿芷、萧军、悄吟往桥香夜饭,适河清来访,至内山书店又值聚仁来送《芒种》,遂皆同去,并广平携海婴。"这次聚餐原是为了编印"奴隶丛书"的事。鲁迅有意把叶紫(阿芷)著的短篇小说集《丰收》、萧军的小说《八月的乡村》和萧红(悄吟)的小说《生死场》编成"奴隶丛书",约他们到餐桌上商谈,算是工作晚餐吧。黄源(河清)和曹聚仁二位正巧碰上了,就一同去了。《芒种》是徐懋庸和曹聚仁合编的文学半月刊,这一天他是送刚出版的创刊号来。在这本刊物上,有鲁迅的《集外集·序》。

五

曹聚仁有过一次帮鲁迅查阅资料的事。增田涉在翻译《中国小说史略》的时候,不懂得为什么隋炀帝被杀的那一场兵变叫作"焚草之变",就在 1933 年 10 月 24 日写信问鲁迅,鲁迅手头没有《隋书》,无法作答,就写信请曹聚仁帮他查找了(11 月 10 日)。曹聚仁从《隋书·宇文化及传》里抄出了相关的一段作答(11 月 13 日),当天鲁迅就据以回答了增田涉。从这件事也可以看出当时鲁迅的工作条件,像"二十四史"这样文史方面的常用书,他手头就没有;又深居简出,没法去图书馆,就只好请友人帮帮忙了。

当然,曹聚仁得到鲁迅的帮助是更多些。他的一些活动都得到了鲁迅的合作与支持。办刊物约稿之类的事情这里就不说了,只说一件提倡大众语的事。在《我与我的世界》里有"大众语运动"一节,提供了他对这一件事的说法:

> 1934 年夏天,一个下午,我们(包括陈望道、叶圣陶、陈子展、徐懋庸、乐嗣炳、夏丏尊和我)七个人,在上海福州路印度咖喱饭店,有一小小的讨论会。我们讨论的课题,针对

着当时汪懋祖的"读经运动"与许梦因的"提倡文言"而来（汪氏是扬州中学校长，曾在《时代公论》发表文言复兴论，有"文言复兴之自然性与必然性"之语）。我们认为白话文运动还不够彻底……因此大家就提出了大众语的口号。（第 465 页）

这一些，他在《鲁迅评传》和《鲁迅年谱》中都说过，只是发起人的姓名，《年谱》中还多写了一个金仲华，说是"一共八个人"（第 102 页）。看来，曹聚仁是把这看作他生平大事，是他对文化事业的一大贡献。他在自己的好几种著作中一再说起，说他所起的倡导和主导作用。同时说明这不是鲁迅策动和领导的。至于鲁迅有什么贡献呢？曹聚仁在《鲁迅评传》中说："当时，鲁迅应了我的请求，写了一篇《门外文谈》，那倒是大众语运动中最有力量的文字。"（第 102 页）在提倡大众语的时候，曹聚仁建议鲁迅写这样一篇文章，以壮声势，当然是完全可能的。

同曹聚仁关系比《门外文谈》这一篇更加明显的，是《答曹聚仁先生信》。

1934 年 7 月 25 日，曹聚仁以《社会月报》编者的身份发出一封征求关于大众语的意见，信中提出了五个问题。鲁迅在 29 日写给他的复信现在收在《鲁迅全集》第十三卷（2005 年版，第 187 页）里。曹聚仁来信中提出的五个问题，都照录在这信的注〔1〕里。可以看出，鲁迅是针对来问逐一作答的。

可是曹聚仁当时并没有发表鲁迅的这一份答卷。鲁迅 1934 年 7 月 29 日写给他的这封信，是鲁迅死后许广平征集鲁迅书简的时候，曹聚仁才将它连同其他一些信件共二十四封交给许广平的。在 8 月号《社会月报》（第 1 卷第 3 期，大众语特辑）里发表的鲁迅的《关于大众语的意见》虽然也并列了五条答案，可是如果和来问相对照，立刻就会发现完全答非所问，显然是对另一份提问所交的答卷。这是怎么一回事呢？信末所注的日期：8月2日。看这天鲁迅的日记："上午得猛克信，下午复。"答案就在这里。原来这里刊出的，是鲁迅给魏猛克的复信。这一封复魏猛克的信为什么会变成《答曹聚仁先生信》呢？龙泽巨的《关于鲁迅与魏猛克的信》一文透露了这事的内情：

> 原来，鲁迅给魏猛克的这封信是寄给徐懋庸托他转交魏猛克的。当时《社会月报》编者曹聚仁与徐同住在法租界金神父路花园坊，7月25日，曹曾发信向鲁迅征求关于大众语的意见，鲁迅于7月29日作复。后来曹在徐家发现了鲁迅给魏猛克的信，因其阐述比鲁迅给他的信详细，便拿去更换称谓在《社会月报》上登载了。事后，鲁迅曾就此向魏猛克说："曹先生通知过我，但想不到要发表。"后来鲁迅结集《且介亭杂文》时，便按《社会月报》上的面目收入了。（《鲁迅研究资料》第15辑，第430页）

龙泽巨说，"我多次请魏猛克回忆当时的情况"，他这一篇就是根据同魏猛克的交谈写成的，是可信的。其实，这件事，当时文化人中间很有些人都知道。1935年1月28日田汉致鲁迅的信中说："我们知道先生那信是写给猛克的，曹聚仁君不能不负擅登的责任。"（周海婴编：《鲁迅、许广平所藏书信选》，湖南文艺出版社1987年，第169页）当年这样做了倒也罢了，到1967年他出的《鲁迅年谱》，还要说"鲁迅先后回我两封信"（《鲁迅评传》，复旦大学出版社2006年，第360页），这就少了一点实事求是之意了。

　　曹聚仁将鲁迅致魏猛克的这封复信作为这一期《社会月报》的头条刊出,可是在同一期刊物上,他还发了共产党的叛徒杨邨人的反共文章《赤区归来记》。这就引起一场风波了。8 月 31 日《大晚报》副刊《火炬》上,刊出了署名"绍伯"的文章《调和》,以调侃的口吻说:"鲁迅先生似乎还'嘘'过杨邨人氏,然而他却可以替杨邨人氏打开场锣鼓,谁说鲁迅先生器量窄小呢?"这是鲁迅晚年一大恨事。他在《答〈戏〉周刊编者信》(收入《且介亭杂文》)中说:"我并无此种权力,可以禁止别人将我的信件在刊物上发表,而且另外还有谁的文章,更无从豫先知道,所以对于同一刊物上的任何作者,都没有表示调和与否的意思;但倘有同一营垒中人,化了装从背后给我一刀,则我的对于他的憎恶和鄙视,是在明显的敌人之上的。"这里,他没有责备这样安排刊物内容的编辑,心中的不快总还是有的吧。对于这一位有一点合作,也有一点距离(这是曹聚仁有意保持的)的友人隐忍不说,旁人还是看在眼睛里的。聂绀弩的《论乌鸦》一文就提到了"他把鲁迅的文章和杨邨人的文章编在一起,即让鲁迅替杨邨人'打开场锣鼓'的事"。(《聂绀弩全集》第 1 卷,武汉出版社 2004 年,第 331 页)

六

　　引起鲁迅更大不快的事情,是《海燕》文学月刊的夭折。这刊物,是他和胡风、聂绀弩、萧军、萧红、周文等人合作办起来的。创办的经过,胡风在《关于左联及与鲁迅关系的若干回忆》中说:

　　　　到 1935 年底,萧军、聂绀弩,都写信给鲁迅,说要办刊物,我也想办一个刊物,鲁迅对我说,如每人各办一个,这就大大分散了战斗力,不如大家合起来共同办一个刊物,后来我就创办了《海燕》。《海燕》的编辑工作是以我为主进行的,由我负责收集选定稿子,然后交聂绀弩去联系印刷、发行等具体事务。《海燕》第1期署名"史青文"编,就是聂绀弩想出来的。(《胡风全集》第7卷,湖北人民出版社1999年,第16页)

在《鲁迅书信注释》中,胡风说:

关于《海燕》,萧军和聂绀弩都写信要办刊物。鲁迅对我说,不应该这样分散力量,不如由我负责编辑,合出一个刊物。我和聂绀弩、萧军商量,他们高兴地同意了。拟刊名的时候,鲁迅提出了《闹钟》,我说叫《海燕》如何?他马上同意了。第二天见面时,他把他写的"海燕"二字给我了。(《胡风全集》第7卷,第29页)

1935年1月19日鲁迅日记:"晚同广平携海婴往梁园夜饭,并邀萧军等,共十一人。《海燕》第一期出版,即日售尽二千部。"这是庆祝《海燕》创刊的聚餐,同席的都是《海燕》的同人吧。从日记中可以看出他兴奋的心情,他对这刊物是很看好的。在第1期上,刊出了他不久前刚写出来的小说《出关》(收入《故事新编》)、《"题未定"草(六、七)》(收入《且介亭杂文二集》)以及两条补白《文人比较学》、《大小奇迹》(都收入《且介亭杂文末编》)。第2期上刊出了他的《阿金》(收入《且介亭杂文》)、《"题未定"草(八、九)》和《陀斯妥夫斯基的事》(都收入《且介亭杂文二集》)以及两条补白《难答的问题》和《登错的文章》。在同鲁迅有过关系的刊物里,大约只有《莽原》能够和它相比了。

这刊物的停刊同曹聚仁又有什么关系呢? 胡风在《鲁迅书信注释》中说:

> 第一期出版后,租界捕房要总代售书店标出发行人来。曹聚仁听到后找聂绀弩,愿当发行人。实际上他是想在《海燕》上发表文章。第二期写上了"发行人曹聚仁"。国民党马上找他谈话,他把《海燕》的作者编者都说了,并声明退出不当发行人。《海燕》也被禁了。致曹聚仁信(1936 年 2 月 21 日)中所说的"一点小事情",就是这件事,指出了他不得不有所顾虑的苦心孤诣。(《胡风全集》第 7 卷,第 29—30 页)

这话胡风不止说过一次。更早,他在《关于三十年代前期和鲁迅有关的二十二条提问》中说:

> 捕房找总经售书店,要有负责发行人。第一期大概是由曹聚仁有关的群众书店(?)总经售的。曹聚仁闻风而起,愿意出面当发行人,其实是想钻进《海燕》来当同人,发表文章。第二期印了曹聚仁当发行人……出版后,国民党社会局就找发行人曹聚仁去谈话,曹就把他知道的《海燕》的情况都上禀了,并声明不当发行人。于是,《海燕》被禁,不能再出了。(《胡风全集》第 6 卷,第 575—576 页)

胡风说的,有一处和事实不符。事实上,这事并不是曹聚仁主动去找的聂绀弩,而是聂绀弩先去找曹聚仁。直接去交涉这事的聂绀弩更了解情况。他在 1946 年写的《论乌鸦》一文中说：

　　十一年前的一个年底年初，鲁迅和胡风、萧军、萧红等合办一个刊物：《海燕》。校对、排版以及别的杂事由我担任，对外算是我编。但不要我做发行人，发行人要有住址，大家不愿把我的地址公开。可是别的人却不容易找，不是人家不敢，就是我们不愿。一晚，我走到曹先生的住处附近，忽然想起他的住址本来是公开的；他自己就在办刊物，当一个文艺刊物的发行，在他理解刊物性质的人，该不会认为怎么危险，于是鬼使神差，立刻去拜访他。他答应了，并且谈得很相洽，我一面兴高采烈的通知鲁迅他们，一面就在刊物上印上"发行人曹聚仁"字样。谁知刊物送到书店之后，他来说他没有答应，叫书店把他的名字勾去。他又到巡捕房去告密，说这刊物是谁办的，谁编的，如何危险，以致我找到别人去声请发行，巡捕房也不准许了。他还在《申报》登广告，说我们怎样窃他的大名。又写信到鲁迅那里去剖白，《鲁迅书简》里有一封答他的信，就是和他谈这事的。总之，那刊物因此之故，只出了两期就寿终了，而这刊物的主持人，我告诉过他，是鲁迅。他就是这样尊敬鲁迅的！（《聂绀弩全集》第 1 卷，第 331—332 页）

关于这件事，后来曹聚仁在《鲁迅评传》中是这样说的：

　　1934 年冬天（引者按：是 1936 年初），为了群众书局出版《海燕》的事，我和 Y 君（引者注：指聂绀弩）闹得不十分愉快（Y 君为了此事，一直在骂我，却不曾把真相说出来）

（引者按：在曹聚仁写作此书的十年之前，聂绀弩已经发表《论乌鸦》一文说明此事真相了）。鲁迅先生写信给我，劝了我一阵。（第2页）

他认为鲁迅劝了他一阵的，是指1936年2月21日的来信，于是照引了这信中的相关一段，并且加上了注解和按语。鲁迅的这信中说他"明白青年的不顾前后，激烈的热情，也了解中年的怀着同情，却又不能不有所顾虑的苦心孤诣"。曹聚仁加注：青年"指Y君"，也就是聂绀弩，中年"指笔者"，也就是我曹聚仁。大段引文之末的按语是："这是鲁迅对我的暗示，要我不要计较Y君的坏脾气。"似乎鲁迅是站在他这一边，而对聂绀弩即曹说的Y君有所不满的。不过这里有一点奇怪：这时曹是36岁，聂是33岁，不过大了三岁罢了，怎么一个是中年一个是青年呢？是不是他平日摆出来的老成持重的姿态给了鲁迅这样的印象呢？或者是一时找不出别的理由去"劝"解呢？鲁迅并不是一个无是非之心的人。在这件事情上的是非，他是有鲜明的态度的。《半夏小集》之五（收入《且介亭杂文末编》）：

A：B，我们当你是一个可靠的好人，所以几种关于革命的事情，都没有瞒了你。你怎么竟向敌人告密去了？

B：岂有此理！怎么是告密！我说出来，是因为他们问了我呀。

A：你不能推说你不知道吗？

B：什么话！我一生没有说过谎，我不是这种靠不住的人！

《海燕》的同仁当然一看就明白这里说的是谁。胡风在《鲁迅先生》一文中说：

> 他……见到国民党官就把他知道的《海燕》的情况全部说了，并声明悔过，决不做《海燕》的发行人。他安然无恙，照旧当教授，但《海燕》不得不停止唱歌和呼吸了。
>
> 鲁迅呢？他也有了收获，那就是《半夏小集》之五。那位 B 的原型就是曹聚仁。B 向 A 表白他同情革命，要为革命帮点忙，A 相信了他。到敌人向他问到 A 时，他就把 A 的情况都告了密。A 责问他，他理直气壮地说，他一生是老实人，不能说谎，他不是这种靠不住的人。一百多字，画出了一个典型。但同时，曹聚仁还有勇气写信给鲁迅为自己辩解，鲁迅不得不写回信说明，他能够理解他的处境和苦心，决不会误解他。把这当作"说谎"也可以，当作不得已的讽刺话看也可以。（《胡风全集》第 7 卷，第 81 页）

作为鲁迅的传记作者，曹聚仁不可能没有看过《半夏小集》，也不可能看不懂文章所说的是谁。可是他还是要说鲁迅从来没有骂过他，这样来自欺，也可以吧，如果要用来欺人，就未必有效了。

七

1935 年初，曹聚仁和徐懋庸合作，筹备创办文学半月刊《芒种》，写信向鲁迅约稿。鲁迅复信（1 月 29 日）说："《芒种》开始，来不及投稿了，因为又在伤风咳嗽，消化不良。我的一个坏脾气是有病不等医好，便即起床，近来又为了吃饭问题，在选一部小说（引者注：指《中国新文学大系·小说二集》），日日读名作及非名作,忙而苦痛,此事不了,实不能顾及别的了。"

3 月 5 日出版的《芒种》创刊号上,还是有鲁迅的文章:《〈集外集〉序》。因为《集外集》是在曹聚仁办的上海群众图书公司出版的,这篇序言正在他手中,就拿来编入《芒种》创刊号,以光篇幅了。

创刊之后,曹聚仁还是来信约稿,鲁迅复信(3 月 29 日)说:"《芒种》文极愿做,但现在正无事忙,所以临时能否交卷,殊不可必。在此刻,却正想能于下月五日以前寄出一篇。"他想:此刻手上正有一篇搁置的未定稿,可以定稿寄去。他 3 月 30 日日记:"为徐懋庸杂文集作序。夜补完《从'别字'说开去》成一篇。"这两篇后来都登在《芒种》上,《从"别字"说开去》刊于第 4 期,《〈打杂集〉序言》刊于第 6 期。

在《芒种》的最后一期(2 卷 1 期,10 月 5 日)上,发表了鲁迅的《"题未定"草》(五)。这刊物可说从始至终得到鲁迅的支持。

八

曹聚仁可以说是陈灵犀《社会日报》的同人。《我与我的世界》中有一节《陈灵犀与〈社会日报〉》,表示他很看好这张报纸,并且说:

> 我还参加他们的工作,跟帮黎烈文兄编《自由谈》那么起劲一样,什么都是一本正经地。我还帮他主编的《社会日报》拉稿子。那封黎锦熙先生答复我有关大众语问题的长信,也在《社会日报》上刊出的。(第 357 页)

1935 年 7 月 31 日的《社会日报》上刊出了主编陈灵犀的改版宣

言《明日的本报》,宣布他增聘了八位新的撰稿人,前四名是曹聚仁、杜衡、韩侍桁、杨邨人。因为曹聚仁的推荐,鲁迅也就订阅了《社会日报》。

1935 年 10 月 29 日的《社会日报》上刊出了曹聚仁撰写的社论《大处着眼——胡蝶嫁人算得什么一回事》,鲁迅看了,就写信给他说:曹聚仁"以大家之注意于胡蝶之结婚为不然,其实这是不可省的,倘无胡蝶之类在表面飞舞,小报也办不下去"。在这封信里,鲁迅还写了一段对《社会日报》的看法:

> 因为先生信上提过《社会日报》,就定来看看,真是五花八门,文言白话悉具,但有些地方,却比"大报"活泼,也有些是"大报"所不能言。例如昨天的"谣言不可信,大批要人来",就写得有声有色。近人印古书,选新文章,却不注意选报,如果择要剪取,汇成巨册,若干年后,即不下于《三朝北盟汇编》矣。

从这信可以看出,这时候鲁迅对这张报纸还是看好的。不过,看得多了,他就发现它颇有点造谣生事,渐渐地产生了不满和反感。他是不是对曹聚仁有所表示,现在已经无从确说,因为他给曹聚仁的信件,曹聚仁只是有选择地交出了二十三封给许广平编入《鲁迅书简》,还有二十来封没有拿出来,其中当有他不愿意让别人看到的。读者从鲁迅公开发表的《答徐懋庸并关于抗日统一战线问题》看到他对《社会日报》的批评:

> 此后的小报,每当攻击胡风时,便往往不免拉上我,或由我而涉及胡风。最近的则如《现实文学》发表了 O. V. 笔

录的我的主张以后，《社会日报》就说 O. V. 是胡风，笔录也和我的本意不合，稍远的则如周文向傅东华抗议删改他的小说时，同报也说背后是我和胡风。最阴险的则是同报在去年冬或今年春罢，登过一则花边的重要新闻：说我就要投降南京，从中出力的是胡风，或快或慢，要看他的办法。

这点明了是《社会日报》的造谣的。还有没有点明，其实也是说《社会日报》的，例如说"小报却偏喜欢记些鲁比茅如何"，就是指 1935 年 12 月 26 日《社会日报》所载的《鲁迅茅盾暗斗》（署名黄老太）一文，其中说："讲起作品、学识和才能，茅盾究竟敌不住鲁迅。可是，茅盾在阴险的一点上却远胜鲁迅，一到短兵相接的时候，他就施展诡计，想来中伤鲁迅。"谣言都造到自己头上来了，这《社会日报》也就属于他所蔑视的小报了。

曹聚仁说，他帮《社会日报》拉稿子。想来也一定拉过鲁迅的稿子的。因为他藏匿鲁迅近一半的来信，这一点无从确说。鲁迅当然不会给一张造自己谣言的报纸写稿。不过曹聚仁有办法，他把鲁迅给他的一封信（1933 年 6 月 18 日）加上一个《旧信新抄之一》的标题，擅自发表在 1936 年 3 月 8 日的《社会日报》上了，署名罗怃。这样鲁迅也就成了《社会日报》的撰稿人之一了。没想到却给鲁迅留下了一个后遗症。

鲁迅在《答徐懋庸并关于抗日统一战线问题》中说了一句："我看徐懋庸也正是一个喊喊嚓嚓的作者，和小报是有关系了"，徐懋庸就在 9 月 20 日《社会日报》"星期论文"专栏里发表《关于小报的种种》一文反驳说：

> 鲁迅先生也曾在《社会日报》上，用罗怃的笔名，把他写

给别人的私信当作作品发表,别的许多高尚的作家也曾写过《星期论文》,他们都不怕发生"关系",我怕什么来!责任分明,"罗怃"先生们不是并无"喊喊嚓嚓"之嫌么?

曹聚仁无意之间为徐懋庸的反驳提供了一个借口。

鲁迅在《答徐懋庸并关于抗日统一战线问题》长文中对《社会日报》的严厉批评,曹聚仁看了,心里也很不舒服。他在 8 月 17 日给鲁迅的信中说:

> 先生复懋庸的信中,几处提到《社会日报》;好像《社会日报》所载那些文坛消息,颇有和懋庸等一吹一唱的痕迹,我想为《社会日报》向先生表白几句。我和《社会日报》发生关系以后,颇想使它向上,劝灵犀先生把第三版专刊文艺界消息的地位改载国内社会通信,事实上虽未完全做到,文坛消息的确逐渐减少了。而且我请他特别注意几个熟人的消息,格外慎重一点。我所以主张不刊文坛消息,因为一则文人的花样很多,知道利用新闻自吹自捧或攻讦别人,报中既无专人采访,道听途说的十有八九不可靠;二则文人的吃饭睡觉,相骂打架没有告诉读者的价值。先生所举的那些消息,当然有写寄的人,不过我敢说决非《社会日报》的珍闻,大概市场上有此传说,寄稿的人就有此新闻,未必有什么作用罢?我自己绝对不写文坛消息,懋庸也从来不曾写过,这一点,请先生谅解一点。(《鲁迅、许广平所藏书信选》,第 211—212 页)

他就这样为《社会日报》上所载的谣言作了徒劳的辩解。鲁迅没有复信。这也是曹聚仁给他的最末一信,两个月以后,鲁迅就去世了。

　　还可以附带提一笔的是,曹聚仁责备鲁迅,认为他不该将徐懋庸的来信同时发表,因为来信涉及胡风、黄源等人,"人生何处不相逢? 这样破了脸,真会终身切齿成仇呢! 原信一刊出来,似乎两面都不能收场"。在 8 月 23 日的《社会日报》上,他发表《论友谊》的社论,副题是"寄徐懋庸先生的一封信",说徐不应该在信中说什么"以胡风的性格之诈,黄源的行为之诌"这些话,"人是有血气性子的,叫别人怎么忍得下?""这是你这回攻击别人的大错误。"他给鲁迅的信和这篇社论,同样是一个排难解纷的和事佬的姿态。在这篇社论同时也是给徐懋庸的信中,他对徐说:"我不相信你和鲁迅先生之间的友谊就此决裂了的!"对于正处境艰难的徐懋庸来说,这不失为一种适时的宽慰。只是一个多月之后鲁迅辞世,这预言也就落空了。

九

　　1936 年 10 月 19 日鲁迅去世。在 10 月 25 日出版的《申报》周刊第 1 卷第 42 期上刊出了曹聚仁的悼文《鲁迅先生》,文中摘引了好些鲁迅给他信件的段落。这是鲁迅这些文字的初次发表,很能引起读者的重视。这些摘引中确实有不少很重要很精彩的内容,足以显出鲁迅和他并非泛泛之交。

　　1937 年 1 月 15 日许广平在《中流》1 卷 9 期刊登征集鲁迅书信启事:"凡保有先生亲笔书信者,望挂号寄下,由广平依原信拍照后,负责寄还。"曹聚仁很久没有反应。她知道曹收信较多,于是直接去信征集,这样曹聚仁才在 3 月 31 日给她回信,并寄给她一本粘贴了鲁迅信件的册子。信中说:

奉教敬悉。

鲁迅先生的来信,我早想奉上,因为友人借去一张诗稿,没有还来,一直拖延到现在,抱歉得很。

保存在这册子中的,共二十三封,此外还有十七张很简单的信不粘上了。次序有点乱的,请先生再选择一下,其中有的是犯忌讳的,弟意为不用为妥,请先生斟酌。(《鲁迅、许广平所藏书信选》,第404页)

这就是说,他告诉征集者:他交出的并不是所收到信件的全部,所缺的17封都是"很简单的"。

许广平即将他所交来的23封信编入了《鲁迅书简》,在这23封完整的信之外,是从曹的悼文《鲁迅先生》中转录的一个片段,作为第二十四。1976年8月人民文学出版社出版《鲁迅书信集》,又增加了1935年10月29日的那封信,据编者注:"此信据收信人作《鲁迅先生轶事》(1937年7月千秋出版社版)所载抄存。"(下册,第900页)1981年出版的十六卷本又增加了1933年9月7日给他的那一封信(第12卷,第222页)。现在发表的鲁迅致曹聚仁的信也就是这26件了。鲁迅日记中所记寄给他的信共有40封,还缺15封没有着落。

这缺少信件的原因,后来他在《鲁迅评传》中的说法却完全不同了。他的新说法是:

鲁迅写给我的信有四十四封,第一批送到许广平那边去的二十四封,即《鲁迅书简》中所收的。还有二十封,因为内容比较重要,想抄了原信再送去。哪知八·一三淞沪战事发生,我匆匆上战场,不及料理这些琐事。其后太平洋战争发生,我的师友信札,寄存亲戚家全部毁去;中有周作人来信五十六封,连着这二十封信全部丧失了。因此,《鲁迅书简》中,许氏根据我的纪念文中所引,辑有逸文。(第257页)

请看:1937年说的,所缺的都是"很简单的信",1956年说的,所缺的都是"内容比较重要"的了!你为什么要"抄了原信再送去"呢?许广平的征集启事说得明明白白,她照相之后原信奉还嘛。其实,曹前后两个说法都与事实不符。他说"很简单"的不收吗?现在读者都可以看到,已收入的就有好几封只是三言两语很简单的。就说鲁迅1935年10月29日的那封谈到他对《社会日报》看法的信,本文前面已经摘引,内容很重要。就是曹聚仁本人也承认它的重要性。1936年10月21日《社会日报》上发表曹的悼文《鲁迅先生眼中的〈社会日报〉》一文中就引用了这信,并且表示,他是"把这封信当作一件纪念品刊在本报上"。在《社会日报》上发表这篇悼文,为了切题,只摘引来信中谈到《社会日报》的部分,当然无可厚非。可是当许广平征集书信的时候,你为什么不把这封你也认为重要的信交出去呢?这时候这信就在你的手上嘛。看来只是因为这信的其他部分是曹不愿意让别人看到的,就用"下略"略去了。

他1956年说的,缺的是"内容比较重要"的,也不是事实,现在传世的鲁迅致曹聚仁书信中,就有不少是内容十分重要,并且被他本人以及研究者不断引用的。大约,缺失的原因只是收信人要保护自己的隐私权。假如把鲁迅许广平收到的曹聚仁全部来信发表,大约可以猜测出更多他的忌讳吧。

鲁迅死后,曹聚仁说他做了三种纪念的工作。第一种工作是编了一本《鲁迅手册》,收鲁迅的自传,张定璜、景宋等关于鲁迅的文章,1937 年上海群众图书公司出版。这件事也有人非议,比如聂绀弩的《论乌鸦》就说他是把别人的文章"从储存的旧报旧刊物上一剪,一贴,一钞,排列一下,不费吹灰之力"就去赚大笔的版税。这当然是满怀怨恨的说法。当然不能排除赚钱的动机,但是也不必抹杀他的纪念的意义。这只是一本不必怎么重视的书,毛病也不大,价值也不大,就不必多说了。

他说的第二种工作是 1956 年在香港世界出版社出了一本《鲁迅评传》。第三种工作是 1967 年在香港三育图书文具公司出了一本《鲁迅年谱》。2005 年复旦大学出版社出版他的《鲁迅评传》,把《鲁迅年谱》也包括在内。

曹聚仁对他的这部著作非常自负,以为是可以传世的史籍。书中还大肆贬损他人的同类著作,说别人写的《鲁迅传》"不懂得史学,不善剪裁,不会组织,糟得不成样子"(第 5 页)。事实上,他说的这些话,每一句都可以移来评论他自己的这一部书。

传记属史部。必须把传主置于他的历史背景之前,才有可能对其生平事迹作出恰当的叙述。传记作者在熟知传主行状的同时,也必须深知那一段历史。不幸的是,以"史人"自诩的曹聚仁就用这本书表明他对历史背景的一知半解。与鲁迅没有直接关系的那大量史实错误这里就不去说它了(笔者另有专文),下面只举几个与鲁迅直接相关的史实错误。

祖父周福清的科场行贿案。曹聚仁照抄周作人《鲁迅的故家》中的说法,说是"将出钱人所开一万两银子的期票封在信里"(第 12 页),要真是这样,案发之后,他就不能生还了。浙江巡抚崧骏办案的奏折说的是:"其所开洋票,系属自写虚赃,与议单文券不同,且财未与人,未便计赃科罪。"曹著说是一张可以兑付一万两银子的期票,可说是大错了。

父亲的病死。曹著说"他父亲病了一年,死时只有三十七岁"(第 22 页)。这就没有任何史料根据了,多种资料都表明,他从发病到死,大约是两年左右。

鲁迅和周作人决裂,搬出八道湾之后,曹著《评传》写了这样一件事:

> 鲁迅搬到西三条的新居,那间小书室既成,他就独自回到八道湾大宅取书籍去了,据说作人和信子大起恐慌。信子急忙打电话,唤救兵,欲假借外力以抗拒,作人则用一本书远远地掷入。鲁迅置之不理,专心检书。一忽儿外宾来了,正欲开口说话,鲁迅从容辞说,这是家里的事,无须外宾费心。到者也无话可说,只好退了。不过这件事,鲁迅并不曾在日记上提过,那是他顾全弟兄的情谊之处。(第 220 页)

这事在鲁迅 1924 年 6 月 11 日的日记上是有记载的:

> 下午往八道湾宅取书及什器,比进西厢,启孟及其妻突出骂詈殴打,又以电话招重久及张凤举、徐耀辰来,其妻向之述我罪状,多秽语,凡捏造未圆处,则启孟救正之,然终取书、器而出。

《鲁迅日记》已在 1951 年 4 月至 5 月由上海出版公司影印出版。曹聚仁给鲁迅作传的时候,难道没有细看这部日记吗?

1925 年北京女子师范大学部分学生不满校长杨荫榆对学校的严格管理,闹起风潮来。鲁迅站在闹事学生一边,为了这事写了好些篇文章。当时报刊上攻击杨荫榆的文章很不少,一切能够攻击她的材料和理由都用上了。举一个例,许广平专写此事的《鲁迅先生与女师大事件》这篇文章最初在刊物上发表的标题是《鲁迅先生在北平的反帝斗争》,是人民文学出版社将它编入《欣慰的纪念》的时候才改题目的。可见在许广平看来,杨荫榆就等于帝国主义了。可是在对她的种种攻击中,还没有谁攻击她贪污腐败的。可是在曹聚仁的这本书里,写的却是"由于学生们反对校长杨荫榆的贪污腐败"(第225页)。就真是毫无根据的信口开河了。如果真有这事,当时以及后来的出版物攻击她的时候能够放过这一点吗?

无中生有虚构"史实"的事,还可以举一个例。书中说:

> 鲁迅对林语堂的忠告是恳切的,在上海时期,他们也时常往还的,可是到了1933年以后,就彼此疏远了。笔者觉得十分怅然的,他们最后会面,还是那年秋天,在我家中那一席晚饭呢!(第101页)

照这段文字的说法,是1933年秋天,鲁迅和林语堂在曹家同席吃晚饭,却闹了起来,从此两人不再往来了。

查阅一下鲁迅日记,就可以发现曹在这里写的每一句话都与事实不符。

是发生过一次鲁、林二人在筵席上闹翻的事。1929年8月28日日记:

> 午后大雨。下午达夫来。石君、矛尘来。晚霁。小峰来,并送来纸版,由达夫、矛尘作证,计算收回费用五百四十八元五角。同赴南云楼晚餐,席上又有杨骚、语堂及其夫

人、衣萍、曙天。席将终，林语堂语含讥刺，直斥之，彼亦争
持，鄙相悉现。

两人发生冲突的原因涉及鲁迅同北新书局的版税诉讼。此
事和曹聚仁毫无关系，不必细说。从日记可知，这事发生的时间
在鲁迅和曹聚仁直接交往之前，地点在南云楼，并不是在曹家。
同席的人都同这事有关，曹也并不在场。

这事之后，两人有三年多没有来往。到 1933 年才恢复联
系。2 月 17 日，他们同在宋庆龄家里欢迎了来访的萧伯纳，并应
林之约为其所编《论语》写了篇关于萧伯纳的《谁的矛盾》（收入
《南腔北调集》）。这以后，他还在《论语》上发过几篇文章，他们
还一同参加了一些民权保障同盟的活动。1934 年 5 月 10 日日
记："林语堂函邀夜饭，晚往其寓，赠以磁制日本'舞子'一枚，同
席共十人。"足见曹著说他二人"最后会面"是 1933 年秋天，是
毫无根据的。

创造社太阳社提倡革命文学，围攻鲁迅。后来又停止攻击，
和鲁迅合组中国左翼作家联盟，这是鲁迅生平的一件大事。这
事正是发生在中共党内立三路线开始抬头之时，是出于李立三
的决策，而曹著却说，是出于瞿秋白的推动。（第 82 页）其实这
事与瞿完全无关，这时他在莫斯科共产国际工作，不在国内。

1931 年 2 月 7 日，柔石等"左联五烈士"遇难，同时遇难的还
有十八或十九位职业革命家。曹著却说死难的是"二十四个青
年作家"（第 348 页）。这些事例表明曹聚仁对这些事情都没有
弄清楚就来著书了，真不能不佩服他的胆大。

前面说过传记属史部，历史是时间的科学，知所先后是一个
必要的条件，而曹聚仁缺少的就是一个时间观念，书中不少时间

错乱的叙述。例如这一段：

> 到了1933年冬间,中共的军队,从赤都瑞金撤出,开始向西北转进,即所谓二万五千里长征。蒋介石随着他的追剿计划,不仅迫着中共远遁,而且完成了对大西南的统一局面。这一来,他便开始他的追随希特勒的法西斯统治。上海文化界,才受到了最冷酷的镇压,那是鲁迅处境最困苦的时期(上面说到的蔡元培和孙夫人所领导的民权保障同盟会,便是那一时期成立的)。那时期,南京上海成立了图书杂志检查委员会,在上海检查尤为严格。鲁迅的文章,几乎没有地方可以发表。他时常更换笔名,有时一篇文章,一个笔名。(第94页)

这一段文字,看来可以用作中学生历史考试的改错题来用。这里他讲了三件有时间可考的事情:中国工农红军第一方面军从瑞金出发开始长征,事在1934年10月10日;宋庆龄、蔡元培等人的《发起中国民权保障同盟宣言》刊登在1932年12月18日上海《申报》上;中央图书杂志审查委员会成立于1934年6月9日。而鲁迅变换笔名最多的《准风月谈》,却是1933年下半年的作品,时间在这审查委员会成立之前。作者把从1932年到1934年的这两年间的事情,一概归之于"那时期"了。

还有,不要只是看这书写了什么(写错了什么),还要看它没有写什么。一本人物传记,传主一生中的重大事件总是应该写到的吧。而在曹聚仁的这一本《鲁迅评传》里,好些必须写到的事情都被他遗漏了。比方说,鲁迅离开北京前往厦门,是他这一生中关系重大的一件事,是他准备同许广平建立新家庭的一个过渡步骤。书中对此一字不提,似乎他是无缘无故跑到厦门去的。

曹聚仁书中也提到,鲁迅同"左联"的战友相处并不是很愉快的,这"不愉快"有些什么具体事例呢？书中只说了徐懋庸来信一事,其实,还有三件"同一营垒中人"在报刊上公开发表文章攻击鲁迅的事是不能不提到的。一是首甲等四人反驳他的《辱骂和恐吓决不是战斗》,一是绍伯说他为杨邨人"打开场锣鼓",一是林默说他的杂文是"花边文学",《倒提》一篇有买办意识。所有这几件事,书中对此也都是一字不提。

《评传》少不了要评论传主。曹聚仁评论的基调,他在书的一开头就说:"我想与其把你写成为一个'神',不如写成为一个'人'的好。"在他的笔下,鲁迅确实只是一个'人',而且还是一个庸人。1927 年末,鲁迅应大学院(院长蔡元培,即教育部)之聘,为特约著作员,每个月有三百元的收入。这么一件事,曹著中是这样评述的:

> 他对于蒋介石政权,也是十分头痛的;但他也在国民政府教育部属下的中央研究院供职;直到一·二八的炮火震破了南京为止。为了"生存",抱关击柝,我们都可以做到的,因为鲁迅也和我们一样是"手不能提,肩不能挑",没有别的生存技能的人(一定要把鲁迅想像得高不可攀的人,也是可笑的)。(第 386 页)

他这"评语"的意思很清楚:用了敌人的钱！不过他以宽恕的态度表示:这也不足深责,这是为了"生存",无论怎样卑微的职业(下至守门打更,即所谓"抱关击柝")都可以去做的。不必说什么操守了。在这一段引文里,曹聚仁两次用了"我们"一词,表示他自己就会是这样做的,用这种"推己及人"的办法来"原谅"鲁迅。我不禁想起鲁迅在《论辩的魂灵》(收入《华盖集》)里描写过的一种论证方法:"你自以为是'人',我却以为非也。我是畜类,现在我就叫你爹爹。你既然是畜类的爹爹,当然也就是畜类了。"

这件事,鲁迅完全不需要曹聚仁的宽恕,因为本来就无可指摘。就看这事持续的四年间他所写的文章,有任何一篇甚至一句是迎合趋附权力者的吗?而且,这事跟中央研究院毫无关系,而曹著却说鲁迅是"在中央研究院供职",表明他连这是怎么回事都还没有弄清楚,就凭想象来作评论了。他还把这样一本书作为纪念鲁迅的一种工作哩。

十

1956年9月7日,已经定居香港的曹聚仁看望了蛰居北京的周作人。这以后他们之间不时有书信来往。这时周作人的处境很不好,政治上是个受管制的贱民,经济很拮据,想卖点文章也不容易有发表的机会。那时香港还在英国殖民统治之下,曹聚仁就利用自己是香港居民的身份给了周作人不少帮助。

一件事,帮他张罗在香港出书。1957年5月17日,他将《知堂乙酉文编》书稿交给来访的曹聚仁,请他带到香港设法去出版。这部书稿,后来分成两本书,于1961年在香港三育图书文具公司出版。周作人在1960年2月16日写的"题记"中说:

> 古散文十七篇,本系《乙酉文编》原稿的一部分,在一九五二年冬天编成后,久藏箧底,三年前曹聚仁先生北游见

访，出以相示，承他带至香港，在杂志上发表若干篇，后来集印为一册，即《过去的工作》便是。余下的这一部分，他又为整理出版，就使用这《乙酉文编》的名称。曹先生的种种厚意，实在很可感谢的。

再一件，帮他联系给香港《新晚报》写稿。1960 年 12 月 9 日曹聚仁写信给他：

> 这以前，我曾写了一信说到替先生和《新晚报》方面谈妥写稿的事(还附了《新晚报》副刊及《环海》一份)，每月一万字，最好是八九百字一篇。写得愈通俗越好，因为我们是无法适合读者要求，写得很下流的。不必掉文，尽可能趣味化。总之，不是人写稿，而是稿写人了；《新晚报》经济情况好，稿费一定有把握。罗兄答应十元一千字，这是香港最高的。
>
> 《环海》方面，"海天谈薮"那一角，每篇一千二百字上下，也一定有稿费，不过迟一点就是了。此外，右派报纸，你不能写，你交代不了的。所以只好写这几家了。《循环》，左边办的报纸而以中央偏右的姿态出现的……
>
> 我的意思，一切只能迁就现实，每天写点短稿，总有办法可以送出去的；积少倒可以成多的。不要希望藏之名山，而且炒冷饭也不要紧；只不要太熟了。

这时周作人给香港报纸写稿，已经不是经营名山事业，著书都为稻粱谋，完全是为了稿费了。那时物资匮乏，许多生活必需品都是按人口凭票证供应，没有票证，就是有钱也买不到东西。

而为了鼓励侨汇,每收到一笔从境外汇来的钱,都按金额的多少发给一些购物的票证。曹聚仁从香港给他寄稿费来,就不仅仅一笔钱,还可以使他得到一笔额外的供应。周作人 1961 年 3 月 29 日日记:"得曹聚仁汇来港币百元,计四二元七角,又布票四尺,油糖肉各八两。"同年 4 月 24 日日记:"银行送来曹聚仁汇款港币百五十元,计人民币六四元〇五分,油糖肉及布票供给照例,又高级点心票二斤四两。"他 3 月 28 日致另一香港友人鲍耀明的信中说他向香港报纸投稿,"多为'稻粱谋'耳。虽然稿费有限,唯此刻侨汇有优待,此乃极不高尚的打算也"。

曹聚仁对周作人最重要的一项帮助,是促成他写了晚年最重要的著作《知堂回想录》。在本书的"后序"中,周作人说:

> 我要在这里首先谢谢曹聚仁先生,因为如没有他的帮忙,这部书是不会得出版的,也可以说是从头就不会得写的。当初他说我可以给报纸写点稿,每月大约十篇,共总一万字,这个我很愿意,但是题目难找,材料也不易得,觉得有点为难,后来想到写自己的事,那材料是不会缺乏的,那就比较的容易得多了。我把这个意思告知了他,回信很是赞成,于是我开始写《知堂回想》,陆续以业余两整年的工夫,写成了三十多万字,前后寄稿凡有九十次,都是由曹先生经手收发。这是回想录的前半的事情,即是它的诞生的经过。但是还有它的后半,这便是它的出版,更是由于他的苦心经营,乃得有成。

这书写作和发表过程中曲折很多,不必细说。

曹聚仁也将他写的《鲁迅评传》送给了周作人。周 1958 年 1

月 20 日给他的信中说:"《鲁迅评传》大旨看完了,很是佩服,个人意见觉得你看得更是全面。"同年 5 月 20 日又去信说:"《鲁迅评传》现在重读一过,觉得很有兴味,与一般的单调者不同,其中特见尤为不少,以谈文艺及政治观为尤佳。"不要把这些话看作在通信中给对方戴高帽子,他在日记中也写下了同样的看法。如 1964 年 5 月 18 日:"聚仁寄书二部,《鲁迅评传》甚有特见,此已为第三次索取矣。"同年 6 月 19 日:"下午阅《鲁迅评传》,诸人所作以此为特优矣。"

一部写得糟透了的传记,为什么周作人给予它如此高的评价呢? 我想,一个原因,书中对周作人真是推崇备至,比如说:"鲁迅的大弟周作人,他的文艺成就以及五四以来在新文坛的地位,即使不在鲁迅之上,也可以说和鲁迅相比并的。"(第 216 页)"笔者认为在现代作家之中,真的能继续鲁迅风的,只有一个人,那便是他的弟弟周作人,但周作人的隽永风格,却在鲁迅之上,'启明风'的韵味,和鲁迅虽不相同,却是瑜亮一时,各不相下的。"(第 176 页)曹著称鲁迅的《中国小说史略》为"传世之作","其书取材博而选材精,现代学人中,惟王国维、陈寅恪、周作人足与相并。"(第 177 页)

曹聚仁写的是《鲁迅评传》,经他评定,在鲁迅之上还有一人,那就是周作人! 周作人能不喜欢这本书吗? 他不但自己一看再看,还再三索取,赠送友人,这岂不比自我吹嘘要好得多吗?

比赞颂更重要的是,这可以说是一本宣扬周作人见解的书。比方说,鲁迅早年是不是参加过光复会,许寿裳以会员的身份证明是参加了。林辰的考证也以为是参加了。可是周作人说"鲁迅始终不曾加入同盟会,也没有入光复会",曹著就说"我以为他的话是可信的"(第 26 页)。尽管他也说这是"一件待考定的公案",尽管他在书中其他地方也表示赞赏林辰的考证,只是在这个问题上,只因为周作人有这个说法,他就不提出任何理由表示接受了。

曹著中引用周作人的文章,有些是加了引号的,这可算是著作时正常的引文,有些却是并不加引号,读者只能认为是他自己的文章,自己的见解了。却不知道也是从周作人文章中引来的。例如在"社会观"这一节中,曹聚仁说鲁迅"大约现代文人中对于中国民族抱着那样一片黑暗的悲观的难得有第二个人吧"。说他"从小喜欢杂览,读野史最多,受影响亦最大"。"在书本里得来的知识上面,又加上亲自从社会里得来的经验,结果便造成一种只有苦痛的与黑暗的人生观,让他无条件(除艺术的感觉外)的发现出来,就是那些作品。"(第130页)这些话,书中都未加引号,可是全是一字不差从周作人《关于鲁迅》一文中照抄来的。如果说这是曹的著作,那也是代周立言了。

在"政治观"这一章里,曹说鲁迅"其实他带了浓重的虚无色彩"(第155页),这个见解又是从周作人那里来的。1936年10月22日《大晚报》刊登的访问记《鲁迅先生噩耗到平,周作人谈鲁迅》中,周作人对来采访的记者说:"说到他的思想方面,最起初可以说是受了尼采的影响很深,就是树立个人主义,希望超人的实现。可是最近又有点转到虚无主义上去了,因此,他对一切事,仿佛都很悲观。"(张菊香、张铁荣编:《周作人年谱》,天津人民出版社2000年,第508页)曹在书中,宣扬周的这些见解,周当然大为赞赏了。周作人在1958年5月20日信中特地提出这一点来,说他书中"以谈文艺观及政治观为尤佳,云其意见根本是虚无的,正是十分正确"。曹说的其实是周的话,周当然说曹十分正确了。

周作人对许广平意见甚大,而曹聚仁的《鲁迅评传》中对她也说了不少坏话。例如说:"许广平不懂得史学,不独不会修正,连批评也不中肯。"(第5页)谈到许广平为鲁迅一些行为所作的解释,曹著说:"假如鲁迅在世的话,他会同意她的解释吗?我看未必如此。"(第113页)"许景宋追记鲁迅的文字,本来可以写得很好,假使她不一定把鲁迅打扮得太伟大。"(第200页)这岂不是说她立意要把鲁迅打扮得太伟大,她的那些回忆文字都没有写好吗?这些都是周作人很愿意听的话,是他也久有此意却不便说出来的话,现在曹聚仁说出来了,他当然要叫好,希望尽量扩大其影响。

　　至于说曹聚仁书中存在那么多的违背史实之处,周作人大约也未必看得出来。他和鲁迅两人多年来已无交往,特别鲁迅定居上海之后,他对鲁迅的一些事情,例如,鲁迅在左联的情况,鲁迅同共产党的关系,共产党内的一些情况,周作人所知道的,大约也不会比曹聚仁知道得更多,所以曹著中的那触目皆是的硬伤,他都看不出来。他看见的,只有自己赞同的见解,所以才觉得"诸人所作以此为特优矣"。如果有谁盲目接受他的这个评语,就上当了。

　　1967年5月6日,周作人在寂寞中去世。这时他的最后著作《知堂回想录》还没有出版。它1970年在香港三育图书文具公司出版的时候,曹聚仁在卷后写了篇《校读小记》说:"这部《知堂回想录》,先后碰了种种挫折,终于和世人相见了。此稿付印时,知堂老人尚在人间,而今老人逝世已三年余,能够印行问世,我也可慰故人于地下了。"

　　这应该算是他为纪念周作人做的一件工作。

鲁迅与章锡琛

　　章锡琛，1889 年出生。出版家。字雪村。浙江绍兴人。1921 年至 1925 年 8 月任商务印书馆《妇女杂志》主编。他在该刊第十一卷第一号（"新性道德号"，1925 年 1 月）发表《新性道德是什么》一文。同期刊物上发表的还有该刊编辑周建人的《性道德之科学的标准》。两篇文章提出了性道德解放的主张。文章发表，立刻引起了争论。北京大学教授陈百年在《现代评论》上发表《一夫多妻的新护符》批评他们。他们的答辩文章，《现代评论》拖了很久才删节刊出。鲁迅为了表示支持，就将他们这两篇答辩全文在《莽原》周刊发表。

　　1925 年底，章锡琛脱离商务印书馆。1926 年 1 月创刊《新女性》月刊。8 月，创办开明书店，自任董事兼总经理。这时，他在上海，鲁迅在北京，时有书信来往，互相赠送著译的事。鲁迅翻译的《苦闷的象征》、《思想·山水·人物》，作序的《苏俄的文艺论战》，著作《中国小说史略》，辑录的《小说旧闻抄》，都在出书后分赠友人的时候送了一份给章锡琛。他收到章锡琛的赠书有《妇女问题十讲》、《新文学概论》（本间久雄著，章锡琛译）、《新性道德讨论集》、《妇人论》（倍倍尔著，开明书店出版）等。

　　1926 年 8 月，鲁迅和许广平离开北京南下，途中在上海停留了几天。鲁迅日记：

　　　　二十九日昙。晨七时抵上海。……夜同三弟至北新书局访李志云。至开明书店访章锡箴。

三十日午后雪箴来。下午得郑振铎柬招饮，与三弟至中洋茶楼饮茗，晚至消闲别墅夜饭，座中有刘大白、夏丏尊、陈望道、沈雁冰、郑振铎、胡愈之、朱自清、叶圣陶、王伯祥、周予同、章雪村、刘勋宇、刘叔琴及三弟。夜大白、丏尊、望道、雪村来寓谈。雨。

31 日的日记记载，这一天章锡琛来访两次，先是和高长虹同来的，后一次是和张梓生同来的。9 月 1 日，鲁迅就登上了开往厦门的轮船。

鲁迅在厦门，发生了同高长虹的纠纷，写了一篇《所谓"思想界先驱者"鲁迅启事》驳高，"即送登《语丝》、《莽原》、《新女性》、《北新》四种刊物"。《新女性》的这一份是寄给章锡琛拿去发表的。

1927 年 10 月 3 日，鲁迅、许广平从广州来到上海。5 日晚上，章锡琛和夏丏尊、赵景深、张梓生一同来访，不巧鲁迅应李小峰的邀请赴宴去了，没有见着。10 月 12 日鲁迅到开明书店回访了他。17 日，"夜〔江〕绍原及其夫人招饮于万云楼，同席章雪村、李小峰及其夫人、三弟、广平"。18 日，"夜章雪村招饮于共乐春，同席江绍原及其夫人、樊仲云、赵景深、叶圣陶、胡愈之及三弟、广平"。这当是接风的宴请。

当然，重要的并不是酒食往来，而是事务性的接触。一件事是未名社结束时，经结算应付还鲁迅垫付的本金，加上鲁迅应得的版税共计三千余元，议定将该社出盘给开明书店的书版所值二千三百余元全部付给鲁迅，其差额以韦丛芜、韦素园著译的版税填补，由开明书店直接送交鲁迅，作为他们兄弟偿还社中欠款。这事直到 1935 年 11 月才了结。11 月 14 日鲁迅写信给他：

雪村先生：

韦丛芜君版税，因还未名社旧款，由我收取已久，现因此项欠款，大致已清，所以拟不续收，此后务乞寄与韦君直接收下为祷。

专此布达，即请

道安。

鲁迅上　十一月十四日

另一件事，就是编印瞿秋白的译文集《海上述林》，是由章锡琛办的美成印刷厂担任排版的。鲁迅 1935 年 12 月 7 日给他的信，就是提出对排版的要求。1936 年 10 月 2 日《海上述林》上卷出版，鲁迅即寄了七本给他，请他分赠开明书店的朋友。信中说：

雪村先生：

今送上《海上述林》上卷共七本，乞分赠：章（锡琛）、叶（圣陶）、徐（调孚）、宋（云彬）、夏（丏尊），以上五位，皮脊订本各一本。王（伯祥）、丁（晓先），以上二位，绒面订本各一本。

下卷已将付印，成后续呈。专此，即请

秋安。

树人　顿首（十月二日）

十多天之后，鲁迅即与世长辞。

鲁迅与左联五烈士

一

鲁迅的《为了忘却的记念》一文(收入《南腔北调集》),纪念亡友白莽、柔石、冯铿、李伟森和胡也频。他们都是中国左翼作家联盟的盟员,遇难之后,被称为"左联五烈士"。这篇文章里说:

> 忽然得到一个可靠的消息,说柔石和其他二十三人,已于二月七日夜或八日晨,在龙华警备司令部被枪毙了,他的身上中了十弹。

除了文章里写了的五人姓名之外,同时被杀的还有十八人,他们的姓名和身份,文章里都没有说到。屠杀发生之后不久,左联就出版了《前哨》"纪念战死者专号",纪念的是"左联五烈士",以及上一年在南京被杀的左翼戏剧家联盟的盟员宗晖。可是那一同被杀的另外十八位死难者却没有受到纪念。在很长时间里,人们只说"左联五烈士",却不说"龙华二十三烈士",这是怎么一回事呢?

这里,有一个中共党史上的秘密。中共中央党史研究室编的《中共党史大事年表》中有这样的记载:

> 〔一九三一年〕一月七日,根据共产国际的指示,中国共

222

产党六届四中全会在上海召开。出席会议的除中央委员、候补中央委员二十二人外,还有全总、海总、铁总党团、团中央、苏维埃准备委员会以及白区党的基层组织的代表,共三十七人。共产国际代表米夫出席了会议,并不断使用组织手段控制会议的进行。会上,陈绍禹(王明)等在米夫的支持下,以"执行国际路线"、"反对立三路线"、"反对调和主义"为旗号,指责以李立三为代表的错误是在"左"的词句掩盖下的"右倾机会主义",提出一系列比李立三的冒险主义还要"左"的错误观点。会议通过《中共四中全会决议案》,补选王明等为中央委员,改选了政治局,向忠发、周恩来、项英、张国焘、徐锡根、卢福坦、任弼时、陈郁、王明九人为委员,关向应、罗登贤、毛泽东、温裕成、顾顺章、刘少奇、王克全七人为候补委员,改选的中央政治局常务委员会委员有向忠发、周恩来、张国焘。会后不久,王明又补为政治局常委。这样,王明等人实际上掌握了中共中央的领导权。从此,以王明为代表的"左"倾冒险主义统治全党达四年之久。六届四中全会及其以后的中央,一方面提拔了一些"左"倾教条主义者和宗派主义者到中央的领导岗位,另一方面过分地打击了犯立三冒险主义错误的同志,错误地打击了以瞿秋白为首的所谓犯"调和路线错误"的同志,并在"反右倾"的口号下,打击了何孟雄、林育南和李求实等。不久,何孟雄等被敌人逮捕,在狱中坚贞不屈,英勇就义。(人民出版社 1987 年,第 80—81 页)

这里的李求实就是左联五烈士中的李伟森。他和何孟雄、林育南都参加了四中全会,都反对四中全会和四中全会所产生的中央委员会。在一次反对四中全会的党内会议上,他们一同被捕。那天秘密枪杀的二十三人,就包括他们三人在内。

当时从事反对四中全会活动的,为首的是六届候补中委罗章龙和史文彬。四中全会以后,罗章龙写了一本小册子《力争紧急会议,反对四中全会报告大纲》,在党内外广泛散发。这本小册子说:四中全会的参加者多"是立三路线调和主义的积极分子",而"对其他被召列席的坚决反立三路线与调和主义的中央委员及群众的干部同志是全守秘密的,他们在赴会之前是完全不知道会议的性质及会议内容的,因此引起各列席的群众中干部同志的愤怒与严重质问",而且"每人发言不得十五分钟,因此有些同志因时间限制连第一次发言都没有允许,这完全表现是丝毫没有民主化的包办式的会议"。(中央档案馆编:《中共中央文件选集》第七册,中共中央党校出版社1991年,第75页)多年之后,罗章龙在回忆录里这样记下了当时现场的情况:

> 在四中全会开始时,米夫首先宣布开会,会议按预先所拟定的议事日程进行。首先由国际代表作政治报告,着重批判右倾思想,要求执行国际路线,强调改造党的领导机构,成立布尔什维克化的中央机构。……最后由米夫起立宣布进行选举,提名王明、博古等名字,说明国际全力支持他们的决心。座中诸同志不耐,以脚擦地板,会场上一片嘘声四起,登时秩序紊乱。史文彬首先起立,代表今天出席的中委等二十六人声明选举不合手续,会议应即停开,宣告会议决裂。于是代表群起集体退席,走出会场。

> 会后罗章龙提出一个召开紧急会议的口号,积极进行反对

四中全会的活动。

1931年1月17日在上海三马路东方饭店举行的,就是一次反对四中全会的党内集会。罗章龙和史文彬两人临时有别的事情没有到场,会议由何孟雄主持。因为有内奸告密,到会者就在这里被捕了。所以,李求实(伟森)、冯铿、柔石、白莽、胡也频他们并不是在左联的活动中,以左联成员的身份被捕的。

这一场大逮捕发生之后,王明的反应是怎样的呢?陈修良在《潘汉年非凡的一生》一书中说:

> 1931年1月党的六届四中全会期间,王明集团篡夺了党中央和江苏省委的领导权。会后不久,何孟雄、林育南、李求实、胡也频、冯铿等二十四位反王明错误路线的重要干部,即因叛徒告密而被捕,他们有的在东方旅社中被抓走,有的在家里被带去,形势十分险恶。其时江苏省委机关正在开会,还不知道出了事。刚调到中央"特科"的潘汉年(还兼任着省委宣传部副部长),冒险赶到省委,通报消息,要求省委立即停止会议,设法营救何孟雄等同志。大家听到这消息都很着急,只有省委书记王明的态度非常冷漠,说什么这是"咎由自取",说这批人是"反党的右派分子,进行反党活动才被捕的"。他幸灾乐祸的表情,引起大家的愤慨。潘汉年执拗地问他:"怎么办?"王明这才指着潘汉年说:"你去调查一下吧!"沉吟一下,他又说:"此事要同中央商议,省委不要管。"(上海社会科学院出版社1989年,第16页)

陈修良所说,是可信的,有档案材料支持。《共产国际执行

委员会远东局成员同陈绍禹谈话记录》(1931年2月4日于上海)中说:

> 关于被捕的二十七名反对派分子,他通报如下:由于奸细出卖,何孟雄全部招认了,此外,他还向警察局长写了申请,请求归还被捕时抄走的全部材料,因为他想写详细报告。此外,何孟雄还给戈卢别夫(原注:即陈绍禹,亦即王明)写了一封信。同志们不知道如何解释这件事。在龙华监狱(专为共产党人设的军事监狱)关押着五百人,其中三百至四百人是我们的同志。他们在狱中成立了支部,但他们不知道如何对待反对派。这个支部的书记写了一封信,请求告诉他们党内情况并作出如何对待反对派的指示,省委作了答复,让他们别把反对派列入自己的组织,而要尽量通过对个别误入迷途的人做解释工作把他们争取到自己方面来。(《共产国际、联共[布]与中国革命档案资料丛书》第10卷,第42页)

给狱中支部书记的指示是:"别把反对派列入自己的组织",就是说,不把他们看作自己人了。这样,当然也不会去营救。可以说,即使决心营救,也不会有结果的。罗章龙他们反对四中全会的组织"非常委员会"("非委")是设法营救了的。被捕者的家人和亲友更是竭尽全力营救。最后,被捕者中的二十三人还是被杀害了。陈修良在前引书中说:

> 2月7日,中央与省委机关中传来了二十四位烈士在龙华英勇牺牲的噩耗,潘汉年与许多同志都主张要开追悼会,

纪念他们,但却为王明所阻挠,他说:"何孟雄等人虽然已经死了,但对这些人的错误还是要继续清算!"(《共产国际、联共[布]与中国革命档案资料丛书》第 10 卷,第 17 页)

所谓"左联五烈士"的大背景就是这样。下面,就依鲁迅这篇文章说到的先后次序,说说鲁迅和他们的交往的情况。

二

殷夫,本名徐柏庭,上学时名徐祖华、徐文雄,笔名还有徐白、白莽、沙菲、洛夫、任夫等。1909 年 6 月 22 日出生,浙江象山人。他幼年丧父,长兄徐芝庭(培根)曾留学德国,在国民党军队中任职,担任过国民革命军总司令部参谋处长,军政部航空署署长。另外还有两个哥哥兰庭和松庭,也是国民党的军政官员。

殷夫十三岁毕业于象山县立高等小学校,这时他已经看过不少小说,并开始学习写诗了。后来到上海,先后在民立中学、澄衷中学、浦东中学念过书。就是这时候,他和革命运动开始发生关系。1927 年四一二政变,他因一个国民党员的告密而被捕了。在狱中,他怀了必死的决心,写了一首五百多行的长诗《在死神未到之前》,诗中说:

> 我十七年的生命,
> 像飘泊的浮萍,
> 但终于要这样的,
> 这样的埋葬了青春。

我十七年的青春，
这槁枯的灰尘，
消灭了，消灭了，
一切将随风散陨！

　　他被囚禁三个月就由大哥保释出狱。他把这诗投寄给《太阳月刊》。当时编者是阿英，他读了这诗，立刻被它激动了，将它编入了1928年4月出版的《太阳月刊》，并且在"编后记"中作了这样的推荐："任夫几百行的长诗是他去年在狱中所作，技巧虽然不怎样的成熟，但出于一个十七岁被捕以后的革命青年之手，在我们觉得是最值得纪念的。"从此，殷夫成了太阳社社员，经常在《太阳月刊》、《拓荒者》等刊物上发表诗作。在鲁迅和郁达夫合编的《奔流》月刊上，也刊登了他翻译的裴多菲的诗歌和行状。同鲁迅的联系也是这时候建立起的。

　　出狱以后不久，殷夫考入同济大学德文补习科。在这里只念了一年多，到1928年秋天又一次被捕了。大哥再次利用自己在官场的关系把他保了出来，并即刻送他回象山老家软禁了一段时间。大哥规劝他不要再走这一条危险的革命道路。可是他对长兄的关切却是难于领情。在一次收到哥哥的规劝信之后，写了一首诗作为回答：

别了，我最亲爱的哥哥，
你的来函促成了我的决心，
恨的是不能握一握最后的手，
再独立地向前途踏进。

二十年来手足的爱和怜，
二十年来的保护和抚养，
请在这最后的一滴泪水里，
收回吧，作为恶梦一场。

你诚意的教导使我感激，
你牺牲的培植使我钦佩，
但这不能留住我不向你告别，
我不能不向别方转变。

在你的一方，哟，哥哥，
有的是，安逸，功业和名号，
是治者们荣赏的爵禄，
或是薄纸糊成的高帽。

只要我，答应一声说：
"我进去听指示的圈套。"
我很容易能够获得一切，
从名号直至纸帽。

但你的弟弟现在饥渴，
饥渴着的是永久的真理，
不要荣誉，不要功业，
只望向真理的王国进礼。

因此机械的悲鸣扰了他的美梦，

因此劳苦群众的呼号震动心灵，
因此他尽日尽夜地忧愁，
想做个普罗米修士偷给人间以光明。

真理的忿怒使他强硬，
他再不怕天帝的咆哮，
他要牺牲去他的生命，
更不要那纸糊的高帽。

这，就是你弟弟的前途，
这前途满站着危崖荆棘，
又有的是黑的死，和白的骨，
又有的是砭人肌筋的冰雹风雪。

但他决心要踏上前去，
真理的伟光在地平线下闪照，
死的恐怖都辟易远退，
热的心火会把心血溶消。

别了，哥哥，别了，
此后各走前途，
再见的机会是在，
当我们和你隶属着的阶级交了战火。

就这样，殷夫同自己慈父般的长兄最后诀别，同自己生身的
阶级最后诀别了。从此，他更无牵挂地投身于革命斗争之中，不

再进学校,在共青团工作,参加了《列宁青年》的编辑。并从事工人运动,写过不少这方面的论文。

上面已经说过,殷夫是因为给《奔流》投稿才开始和鲁迅交往的。在《为了忘却的记念》一文里,鲁迅说了这经过:

> 我们相见的原因很平常,那时他所投的是从德文译出的《彼得斐传》,我就发信去讨原文,原文是载在诗集前面的,邮寄不便,他就亲自送来了。看去是一个二十多岁的青年。面貌很端正,颜色是黑黑的,当时的谈话我已经忘却,只记得他们自说姓徐,象山人;我问他为什么代你收信的女士是这么一个怪名字(怎么怪法,现在也忘却了),他说她就喜欢起得这么怪,罗曼谛克,自己也有些和她不大对劲了。就只剩了这一点。

> 夜里,我将译文和原文粗粗的对了一遍,知道除几处误译之外,还有一处故意的曲译。他像是不喜欢"国民诗人"这个字的,都改成"民众诗人"了。第二天又接到他一封来信,说很悔和我相见,他的话多,我的话少,又冷,好像受了一种威压似的。我便写一封回信去解释,说初次相会,说话不多,也是人之常情,并且告诉他不应该由自己的爱憎,将原文改变。因为他的原书留在我这里了,就将我所藏的两本集子送给他,问他可能再译几首诗,以供读者的参看。他果然译了几首,自己拿来了,我们就谈得比第一回多一些。这传和诗,后来就都登在《奔流》第二卷第五本,即最末的一本里。

> 我们第三次相见,我记得是在一个热天。有人打门了,我去开门时,来的就是白莽,却穿着一件厚棉袍,汗流满面,

彼此都不禁失笑。这时他才告诉我他是一个革命者，刚由被捕而释出，衣报和书籍全被没收了，连我送他的那两本；身上的袍子是从朋友那里借来的，没有夹衫，而必须穿长衣，所以只好这么出汗。……

我很欣幸他的得释，就赶紧付给稿费，使他可以买一件夹衫，但一面又很为我的那两本书痛惜：落在捕房的手里，真是明珠暗投了。那两本书，原是极平常的，一本散文，一本诗集，据德文译者说，这是他搜集起来的，虽在匈牙利本国，也还没有这么完全的本子，然印在《莱克朗氏万有文库》（Reclam's Universal-Bibliothek）中，倘在德国，就随处可得，也值不到一元钱。不过在我是一种宝贝，因为这是三十年前，正当我热爱彼得斐的时候，特地托丸善书店从德国去买来的，那时还恐怕因为书极便宜，店员不肯经手，开口时非常惴惴。后来大抵带在身边，只是情随事迁，已没有翻译的意思了，这回便决计送给这也如我的那时一样，热爱彼得斐的诗的青年，算是给他寻得了一个好着落。所以还郑重其事，托柔石亲自送去的。谁料竟会落在"三道头"之类的手里的呢，这岂不冤枉！

1936年3月10日，鲁迅收到一个署名齐涵之的人从汉口寄来的信。信中说，他和白莽是同济学校的同学，藏有白莽诗集《孩儿塔》的稿本，正在经营出版，出版家要求有一篇鲁迅的序言，于是他就写信来求序了。当时鲁迅不知道，这"齐涵之"是史济行的化名，一个常常干一点骗取文稿之类勾当的无聊文人，以为自己真是遇到了一个为了亡友遗文的流布出力的有心人，在收到这信的第二天就写好了《白莽作〈孩儿塔〉序》（收入《且介亭杂文末编》）。序言深情地回忆起这位亡友：

> 他们就义了已经足有五个年头了，我的记忆上，早又蒙
> 上许多新鲜的血迹；这一提，他的年轻的相貌就又在我的眼
> 前出现，像活着一样，热天穿着大棉袍，满脸油汗，笑笑的对
> 我说道："这是第三回了。自己出来的。前两回都是哥哥保
> 出，他一保就要干涉我，这回我不去通知他了。"……

接着，鲁迅说，他为什么要写这篇序言：

> 一个人如果还有友情，那么，收存亡友的遗文真如捏着
> 一团火，常要觉得寝食不安，给它企图流布的。这心情我很
> 了然，也知道有做序文之类的义务。

不过，作序之际，他感到惆怅的是，他以为自己简直不懂诗，
当然也就不能评说他的诗了。
于是，他从另外一个角度给白莽的诗写了这样一个评语：

> 这《孩儿塔》的出世并非要和现在一般的诗人争一日之
> 长，是有别一种意义在。这是东方的微光，是林中的响箭，
> 是冬末的萌芽，是进军的第一步，是对于前驱者的爱的大
> 纛，也是对于摧残者的憎的丰碑。一切所谓圆熟简练，静穆
> 幽远之作，都无须来作比方，因为这诗属于别一世界。

他这"热天穿着大棉袍"上鲁迅家的事，先在《为了忘却的
记念》里面也是说到了的。这是 1929 年 9 月 21 日的事。这天

鲁迅日记中有"下午白莽来，付以泉五十，作为稿费"的记载。不是当真付稿费，而是用付稿费或预付稿费这说法给他五十元，"使他可以买一件夹衫"。"作为稿费"的"作为"二字透露了这个信息。

三

柔石，是赵平复的笔名。他原名赵平福，又名赵少雄。1902年9月28日生于浙江宁海县。这里是出过灭十族都不怕的方孝孺的地方。柔石幼年念书的正学小学，那校名就是对方孝孺的纪念。

赵家很穷。柔石的父亲赵子廉十四岁就背井离乡，到海游（现三门县治）一爿咸货店当学徒。三年满师，留下来当伙计。微薄的工资难以维持一家生计。后来才回到宁海，自己弄了一个小小门面。柔石的哥哥赵平西比他大八岁，没有能够念书，十三岁就帮助父母在店里做事了。柔石到十岁才入小学。

五年之后小学毕业，他考进了浙江省立第六中学。校址在台州。离家远，学费也难以负担，读了一年就退学了。只有下决心报考学膳费一概免收的师范学校。1918年秋天，他超过众多的竞争者，考取杭州的浙江省立第一师范。一师的校长经亨颐（子渊）"与时俱进"，很能容纳新思想。由他延请先后来校任教，有陈望道、夏丏尊、刘大白、李叔同、叶绍钧、朱自清等人。五四运动爆发，一师俨然成为东南各省新文化运动的中心。一师学生施存统发表《非孝》一文，在浙江引起绝大波澜，经校长因而去职。尽管柔石作为一个入校还不满一年的十七岁学生，没有参与多少活动，但思想上不能不受到很深的影响。1921年，一师一些爱好新文学的师生，还有校外的友人，组织了一个文学团体：晨光社,柔石是社员之一。其他社员有朱自清、叶绍钧、冯雪峰、潘漠华、魏金枝等。

1923年6月,柔石在第一师范毕业。原想进东南大学深造,没有如愿;又想在上海谋一职业,也没有成功。不能老是在家闲住,于是他到杭州去给人做过一段时间的家庭教师,又到慈溪县去教过一段小学。就在这一段时间里,他开始写起小说来了。1925年初自费出版了他的第一本书:《疯人》,收短篇小说六篇。

1925年2月,柔石到北京。不久,就成了北京大学的旁听生。在这里,他听鲁迅讲授中国小说史,听他讲解厨川白村的《苦闷的象征》。从此,鲁迅成了他终生景仰的人。

1926年初,柔石从北国回到江南,往来奔走于杭州、上海一带。想找个职业,不成功;邀一些友人想创办一所中学,也失败了,苦闷得很。就在这颠沛流离之中,他开始了长篇小说《旧时代之死》的写作。他希望把这部稿子卖掉到法国去留学。

这时北伐战争正在迅猛发展,孙传芳所部夏超、陈仪、周凤岐等都望风归顺,北伐军于1927年2月占领浙江全省。新的政治形势使柔石产生了新的希望,他回到故乡,在宁海中学担任国文教员。这是一群热情青年赤手空拳创办起来的穷学校,没有基金,没有经费,全体教职员都是尽义务的,还得抵抗旧势力的压力。柔石是学校的热情撑持者之一。他为自己在教育界赢得了声誉,使他在1928年初出任宁海县的教育局长。他不顾旧势力的阻挠,把全县小学校长和教职员作了一次大的更动。可是,这时已经是"四一二政变"之后,政治形势已经逆转。柔石在教育局长的职位上已经不可能有很多作为了。1928年5月24日,宁海县亭旁农民暴动,遭到镇压。宁海中学受到牵连,被解散了。柔石带着《旧时代之死》的稿本,只身逃往上海。

柔石到上海之后不久，就开始了和鲁迅的交往。鲁迅在《为了忘却的记念》一文中说：

> 我和柔石最初的相见，不知道是何时，在那里。他仿佛说过，曾在北京听过我的讲义，那么，当在八九年之前了。我也忘记了在上海怎么来往起来，总之，他那时住在景云里，离我的寓所不过四五家门面，不知怎么一来，就来往起来了。

柔石认识鲁迅之后，他们第一次合作，就是组织了一个朝华社。这件事，在《为了忘却的记念》一文里是这样说的：

> 我们往来了许多日，说得投合起来了，于是另外约定了几个同意的青年，设立朝华社。目的是在绍介东欧和北欧的文学，输入外国的版画，因为我们都以为应该来扶植一点刚健质朴的文艺。接着就印《朝花旬刊》，印《近代世界短篇小说集》，印《艺苑朝华》，算都在循着这条线……

朝华社的成员，除了鲁迅和柔石两人之外，还有王方仁和崔真吾，他们都是鲁迅在厦门大学任教时候的学生。中坚人物就是柔石。事情就像《为了忘却的记念》一文里说的那样："除买纸之外，大部分的稿子和杂务都是归他做，如跑印刷局，制图，校字之类。可是往往不如意，说起来皱着眉头。"

他忙于各种各样的事情，只有一件事无须他费力，那就是买纸。这事是专门由王方仁去办的。许广平在《鲁迅回忆录》中说："王方仁以有哥哥在上海四马路开教育用品社的方便为词，请求由他的社代买纸张及代为销售。"可是他买来纸"多是从拍卖行兜来的次货,油墨也是廉价的",以致印出来的外国版画,只"是一块块,一堆堆不见线条的画"。书也卖不出去,代售处的钱也收不回来,终于无法维持,散了。鲁迅1930年1月19日写信告诉李霁野说:"朝花社之不行,我早已写信通知。这是一部分人上了一个人的当,现已将社停止了。"散伙之后,柔石又为遗留问题忙起来了。鲁迅的那篇文章说:"他于是一面将自己所应得的朝花社的残书送到明日书店和光华书局去,希望还能够收回几文钱,一面就拼命地译书,准备还借款。"

他们合作的第二件事,就是鲁迅请柔石接替自己担任《语丝》的编辑。《语丝》周刊原在北京出刊。1927年10月被张作霖封禁,12月移上海出版,由鲁迅担任编辑。这件事,鲁迅在《我和〈语丝〉的始终》(收入《三闲集》)一文中有一点记载:

> 小峰(北新书局老板李小峰)有一回到我的上海的寓居,提议《语丝》就要在上海印行,且嘱我担任做编辑。以关系而论,我是不应该推托的。于是担任了。
>
> 经我担任了编辑之后,《语丝》的时运就很不济了……积了半年的经验之后,我就决计向小峰提议,将《语丝》停刊,没有得到赞成,我便辞去编辑的责任。小峰要我寻一个替代的人,我于是推举了柔石。

这事,柔石的日记(1929年1月11日)里有记载:

> 晚上鲁迅先生问我,明年的(指旧历)《语丝》,要我看看来稿并校对,可不可以。我答应了。同时我的生活便安

定了,因为北新书局每月给我四十元钱。此后可以安心做点文学上的工作。(《鲁迅研究资料》第 7 册,天津人民出版社 1980 年,第 51 页)

他 1 月 17 日的日记:

> 人是由"机会"去造成的。我很这样想,当此刻读完此处来《语丝》投的二十一封信以后。四个月以前,我还不敢做将我的短篇小说寄到《语丝》里来发表的尝试,我唯恐失败了。虽则我那时很想卖一篇文章过活。现在却由我的手来选择里面的揭登作品;这不是机会给我的么?我决意将一班来稿,仔细地读过,凡是可以登出的,我都愿给他们投稿者一个满足的希望。尤其是诗与小说。纸和印刷费是北新老板出的。多几张篇幅,读者也总不会说"太厚了一点的样子呢"的么?(《鲁迅研究资料》第 7 册,第 52 页)

用这种态度对待投稿者,显出了一个编辑的敬业精神,忠厚待人的精神。"但不知为什么,柔石编辑了六个月,第五卷的上半卷一完,也辞职了。"(《为了忘却的记念》)第五卷下半卷,也就是《语丝》这刊物最后的一段,是李小峰自己编完的。

柔石的中篇小说《二月》于 1929 年 11 月在上海春潮书局出版,鲁迅为它写了"小引"(收入《三闲集》)。

也正是在这时候,中国共产党中央的李立三决定争取和团结鲁迅参与发起中国自由运动大同盟和中国左翼作家联盟。柔石这在鲁迅影响下的人,也都参与其事了。鲁迅日记:1930 年 2 月 13 日,"晚邀柔石往快活林吃面,又赴法教堂"。据《鲁迅全集》的注释,这"赴法教堂","指参加中国自由运动大同盟成立大会。鲁迅赴会,并与柔石、郁达夫等五十人列名《中国自由运动大同盟宣言》,为该盟发起人"。

柔石参与筹备左联这事,冯雪峰在《一九二八至一九三六年上海左翼文艺运动两条路线斗争的一些零碎参考材料》这篇长文中有这样的记载:

> 潘汉年来找我,要我去同鲁迅商谈成立左联的问题。记得是在1929年大概10月11月间。他同我谈的话,有两点我是记得很清楚的:一、他说党中央希望创造社、太阳社和鲁迅及在鲁迅影响下的人们联合起来,以这三方面人为基础,成立一个革命文学团体。二、团体名称拟定为"中国左翼作家联盟",看鲁迅有什么意见,"左翼"两个字用不用,也取决于鲁迅,鲁迅如不同意用这两个字,那就不用。
>
> 我去同鲁迅商谈的经过,我也记得很清楚的:鲁迅完全同意成立这样一个革命文学团体,同时他说"左翼"二字还是用好,旗帜可以鲜明一点。(《雪峰文集》第4卷,人民文学出版社1985年,第533页)
>
> 大概是二九年底,产生了所谓基本构成员十二人,我记得是鲁迅、郑伯奇、蒋光慈、冯乃超、彭康、夏衍(沈端先)、阿英(钱杏邨)、柔石、沈起予、洪灵菲、阳翰笙(华汉)、我。这也就是发起人和筹备人的意思。这名单可能是由潘汉年提出和各方面商量决定的。(《雪峰文集》第4卷,第534页)

显然,柔石是以"鲁迅影响下的人"这个身份参加"左联"的发起和筹备的。左联正式成立之后,他先被选为执行委员,次任常务委员、编辑部主任。5月,参加中国共产党。同时以左联代表资格出席全国苏维埃区域代表大会。

柔石的家庭生活却是很不如意的。还在一师念书的时候,遵从父母之命,他就同宁海乡下东溪的吴素瑛结婚。她不识字。柔石的短篇小说《课妻》带有自传的性质,从其中可以看到他帮助妻子学习文化的情景。1924年,他们的长子帝江出生;越二年,女儿小薇出生;又二年,幼子少微出生。由于文化素养的很大差距,夫妻之间的关系很难说是怎样美满的。他在1929年1月19日的日记中写道:"近来常不知不觉地想起自己的运命。竟不知为什么,总想到凄凉的国土里去。想想妻的不会说话,常是一副板滞的脸孔,有时还带点凶相,竟使我想得流出泪来! 天呀,妻子是你给我安排定的么?"2月9日是夏历除夕,应邀在鲁迅家吃年夜饭,菜是好的,谈话也愉快,"我虽偶尔想起自己离开父母妻子,独身在上海,好似寄食一般在人家家里过年,但精神是愉悦的。去年,因为妻要我送灶司,不是和我口角么? 在三十日夜流泪、叹息自己的运命,是不会忘记的。今夜呢,虽则孤零,倒是觉得人间清凉,尘世与我无碍"。从他保存下来不多的日记里可以看到:他常常写到深夜,直到非常疲乏了才罢,而且还谋不到衣食,天天想债项。可是,"素瑛一心要出外,竟不愿任我一人在外,逍遥自在"。这是何等可怕的隔膜呵。可是柔石,他,"无论从旧道德,从新道德,只要是损己利人的,他就挑选上,自己背起来"。哥哥从乡下来看他,絮说猥琐的家事,使他对妻子产生了一种悲悯之心。柔石在日记中说:"不知怎样,我似乎不愿听,心里忍不住的难受! 我的生命似乎从这些判定我受了死刑,而妻子孩子们,又可怜了你们了!"哥哥回乡下去,在贫困中挣扎的他除了给父母亲买了葡萄酒和苹果,还给妻子捎去了法兰绒衣料,给五岁的帝江和婴儿买的是皮书包和奶粉。

在上海,鲁迅待他,倒真是亲切如同家人。在鲁迅日记里,可以看到些这样的记载:

> 1930 年 9 月 27 日,"今日为海婴生后一周年,晚治面买肴,邀雪峰、平甫(即柔石)及三弟共饮"。
>
> 同年 10 月 6 日,"是日为旧历中秋,煮一鸭及火腿,治面邀平甫、雪峰及其夫人于夜间同食"。

儿子周岁,过中秋节,才两三个客人吧,都邀了柔石。

1931 年 1 月 15 日夜间,柔石来和鲁迅见了最后一面。《为了忘却的记念》一文中记载说:"明日书店要出一种期刊,请柔石去做编辑,他答应了;书店还想印我的译著,托他来问版税的办法,我便将我和北新书局所订的合同,抄了一份交给他,他向衣袋里一塞,匆匆地走了。"

四

柔石在参加左联的活动中,遇到了一位文章知己,她就是冯铿。冯铿是广东潮州人,小柔石五岁,出生这天夏历是十月初十,"十月先开岭上梅",家里就给她取名为岭梅。父母亲都是教师,家境清寒,与人落落寡合。姐姐素秋比她大十岁,能诗,有反抗精神。这些,都给了幼年冯铿很大影响。她八九岁就读了《水浒传》《红楼梦》和林琴南翻译的外国小说,培养了她对文学的兴趣和才能。1925 年五卅运动爆发,她是汕头友联中学的学生,被选为学生联合会的代表,参加了爱国运动。也是这一年,她开始在学校的刊物和当地报纸上发表文章。1926年高中毕业,她当了小学教师,常常同恶劣环境冲突,从而不断受到恶劣势力的迫害。1927年四一二反革命政变后的白色恐怖中,她险遭不测。几经艰险,才从农村逃了出来。

1929年春天,她到上海进了持志大学。由于经济困难,加上对学校不满,不久辍学。5月,加入中国共产党。从此,她成了一个职业革命家。1930年3月左联成立,她即加入,致力于普罗文学运动。5月,同柔石等人一道出席了全国苏维埃区域代表大会。

共同的志趣使她很快同柔石接近起来。1930年10月14日她给柔石的信中说:“你把我的精神占领了去!坦白地告诉你:十天以来,不,自看了你的《二月》以后,一种神秘的、温馨的情绪萦绕着我差不多每一件事情,每一个时间空间,我的心里总是充塞了这样不可救药的情绪,弄得自己简直莫名其妙,好像完全转换了另一个人!‘这就是恋爱么?为什么呢?’这之间,还参加了不断地实际问题的冲突,然而,好似一个第三者,一件什么东西把我又蒙蔽了——那种心情,简直抒写不出来。……在公园中,月夜凄清,在那种低徊幽怨的情绪底下的我便起了如下的念头:‘我们沉醉在这样可爱的秋月底下,这样令人迷惑的桂花香吧!什么都应当抛弃,我们找一处隔绝尘寰的幽居来尽量沉醉吧……’好可怕的欲念呀!”在这封信中,冯铿宣称自己从来就是一个不易被了解的女人,“虽然从前曾经以生命来爱我而同居数载的他也未能十分充足地了解我。至于你,我敢相信你是更不能了解的……而你竟爱上了我,为什么呢?”对于这个问题,冯铿的回答是:“唯其因为你我的出发点是大部分的相同,所以,你我

便全都陷于不能自拔的境地!"柔石也是同样的热烈,信中称她
"亲爱的梅","我的小鸟儿"。一次冯铿来访的时候他外出了,
回来就遗憾地在冯铿留的字条上吻了三四次。

柔石同冯铿一道去看望了鲁迅,谈了一阵子。鲁迅的印象
是:疑心她有点罗曼蒂克,急于事功;同时还感觉到她对柔石有
很大的影响能力,柔石想要转换作品的内容和形式,似乎就是出
于她的主张。

冯铿对鲁迅是十分景仰的。史沫特莱在《中国的战歌》中记
载了1930年9月17日左联在荷兰西餐室为鲁迅祝寿的情形。
她这样说到了冯铿:

> 一个矮胖、短发的年轻妇女接着谈起发展无产阶级文
> 学的必要。她在结束谈话时,吁请鲁迅担当起新成立的左
> 翼作家联盟和左翼美术家联盟——后来成为中国文化总同
> 盟的两个创始组织——的保护者和"导师"。(史沫特莱:
> 《中国的战歌》,江枫译,作家出版社1986年,第88页)

五

《为了忘却的记念》一文中说:"同时被难的四个青年文学
家之中,李伟森我没有会见过。"这话说得不很准确。他们只是
没有单独会见过,那一天在荷兰西餐室向鲁迅祝寿,李伟森到场
了,还讲了话。

李伟森,又名李求实,湖北武汉人,1903年生于一贫困的知
识分子家庭,父亲教过书,也做过小职员。五四运动中,伟森参
加了武汉地区的学生爱国运动。接着他又参加了恽代英、林育

南组织的利群书社,编报卖报,勤工俭学,书社成了当时武汉进步青年的核心。不久,他到黄陂北乡木兰川余家大湾正谊小学去教书,和当地农民群众打成一片。1921 年他在武昌外语学校念书的时候,加入了北京大学马克思学说研究会。加入中国共产党也是在这前后。不久,他随恽代英到四川泸州,创办泸州联合师范学校,受到地方当局的压迫,伟森不是本地人,无法存身,就回武汉,当了武汉《日日新闻》的总编辑。

1923 年,伟森作为京汉铁路总工会党团成员之一,参加领导了"二七"大罢工的斗争。翌年,他被共青团中央选拔,送到苏联东方劳动者共产主义大学学习,同时担任团中央驻莫斯科总代表。在这里学习了一年多,由于国内五卅运动后出现革命高潮,奉调回国。先是到河南,不久又调广东,担任团省委宣传部长。1926 年 5 月,《中国青年》由上海移广州出刊,伟森就继恽代英主编这一刊物。9 月又创办《少年先锋》,他在这两个刊物上发表了不少政论。那时北伐战争正迅速向北进展,十月进入两湖,伟森即调任湖南团省委书记。1927 年 4 月,他又调武汉。在这里,他参加了共青团第五次全国代表大会,当选团中央委员,兼任团中央宣传部长。上海发生四一二反革命政变以后,武汉一时还在左派手中,伟森在这复杂的艰苦环境下坚持工作。7 月15 日汪精卫在武汉公开"分共",伟森就随着团中央机关转移到上海去了。不久,他又秘密前往广州,参加了广州起义。起义失败,他回到了上海。

1929 年 5 月 19 日,伟森主持创办的《上海报》出刊。这一张中国共产党的报纸,原想用极为通俗和适宜于公开发行的字句来进行革命宣传,然而只两星期即被查禁,不得不改为秘密发行。由于环境的险恶,报纸先后用了《天声》、《晨光》、《沪江日报》、《海上日报》等化名,一直到 1930 年 8 月 14 日同《红旗》合并为党中央机关报《红旗日报》。

作为一个职业革命家,李伟森把全部心力投入到实际斗争之中,在紧张战斗的余暇,他也从事一些文学方面的著译。翻译的有《朵思退夫斯基》(北新书局版)等,若干单篇的译文发表在《语丝》、《北新》半月刊上。左联成立后,他即加入。因忙于实际斗争,左联的活动参加不多,但他对工农兵通信做了不少工作。1930 年 6 月,全国苏维埃代表大会上海办事处成立,他被选为书记。9 月 17 日伟森在荷兰西餐室为鲁迅祝寿时讲了话,史沫特莱在《中国的战歌》中记载了当时情景:

> 继他之后,是《上海报》的那位编辑发言,我生平第一次听到了有关中国红军兴起和农民"秋收起义"的真实报道:那些起义农民在和地主进行斗争之后便大批涌入红军,像无数细流汇入不断壮大的江河。(史沫特莱著,江枫译:《中国的战歌》,作家出版社 1986 年,第 88 页)

六

那一天到荷兰西餐室向鲁迅祝寿的,还有胡也频。在左联五烈士里,他还是最早和鲁迅有点关系的一人。

胡也频,又名胡崇轩,幼名胡培基,福建福州人,1903 年 5 月 4 日生。父亲胡廷玉曾以包戏为业,收入很不稳定。也频幼年在私塾里念过些《幼学琼林》、《论语》之类。十五岁,他被送到福州祥慎金铺去做学徒。一天,铺子里失落了一只金戒指,怀疑是他偷了,于是哄他,吓他,推他,敲他,羞辱他,直到把他捆绑起来,逼他交出他并没有拿的戒指。原来这戒指并没有丢失,后来掌柜记起是他拿给人看去了。大家都知道了这事同也频毫无牵连,可是谁也没有想到应该向这个蒙受不白之冤的少年道一声歉。这事可真是伤了他的心。过了一个月,也频恨恨地当真偷了一副很重的大金钏,悄悄地搭了去上海的海船,那是1920年的春天。从此,他再也没有回到过他的故乡。

也频把金钏换成钱,进了上海浦东中学。在这里读了一年左右,他又到天津大沽口,进了不收学膳费的海军预备学校,学轮机,一时对于学习机械似乎颇为专注。到第三年,这个海军学校停办。他就来到北京,住在公寓里,想考进北京大学,因为外语不及格,没有录取。于是他同海军学校的同学项拙以及新结识的荆有麟三个人合作编辑一种刊物,那就是1924年12月9日创刊的《民众文艺周刊》,为《京报》附刊之一。他自己也在这刊物上发表不少文章和通信。

也频的《雷峰塔倒掉的原因》(载1925年2月2日《京报副刊》,署名胡崇轩)引起鲁迅写了一篇《再论雷峰塔的倒掉》,发了一通绝大的议论。鲁迅说:"无破坏即无新建设,大致是的;但有破坏却未必即有新建设。""凡这一种寇盗式的破坏,结果只能留下一片瓦砾,与建设无关。""瓦砾场上还不足悲,在瓦砾场上修补老例是可悲的。我们要革新的破坏者,因为他内心有理想的光。"鲁迅的这些议论是因也频的文章而发,这一段文字因缘,注意到的人似不太多吧。

也是1925年在北京住公寓编刊物的时候,也频遇到了湖南来的丁玲。后来丁玲回忆说:"我们也是在这年夏天认识的。由于我的出身、教育、生活经历,看得出我们的思想、性格、感情都不一样,但他的勇猛、热烈、执拗、乐观和穷困都惊异了我,虽说我还觉得他有些简单,有些蒙昧,有些稚嫩,但却是少有的'人',有着最完美的品质的人。他还是一块毫未经过雕琢的璞玉,比起那些光滑的烧料玻璃珠子,不知高到什么地方去了。因此我们一下就有了很深的友谊。"

1925年5月,丁玲回到湖南常德她母亲工作的学校里,大约两三个月之后,也频也跟踪而至。这年秋天,他们一同到了北京,蛰居在西山碧云寺下的一个村子里。在这里,也频写了不少充满伤感情绪的诗。然而生活十分拮据,几乎是靠典当度日。

1927年冬天,有人介绍冯雪峰来教丁玲的日文。他们知道他是个共产党员,很快就像一个老朋友一样推诚相见了。1928年春天冯雪峰去上海。不久,他们也怀着一种朦胧的希望到上海去。那时,鲁迅、雪峰编译的《科学的艺术论丛书》正陆续出版,也频以极大的热情阅读这些书,进而读了一些社会科学、政治经济学、哲学方面的书。他对丁玲说:"我觉得要懂得马克思也很简单,首先是要你相信他,同他站在一个立场。"

也频初到上海,没有职业。经朋友介绍,他到《中央日报》去编副刊。《中央日报》是国民党的党报,他编了两三个月就不愿再干下去了。辞掉了这个待遇优厚的工作,而卖稿为生,收入不稳定。正好这时候他父亲来上海,帮他借了一千元,每月三分利。就用这一千元做本钱,他和丁玲还邀了沈从文办起了一个小小的出版社:红黑出版社,出了一个《红黑月刊》。也频除了写文章之外,所有事务,诸如跑印刷厂、校对、同书局商谈代销、收款等等,大都是他一人承担。这出版社只存在半年多一点时间,留下一大笔债务倒闭了。为了偿还债务,也频只身到济南山东省立高中教书,不久丁玲也去了。在济南高中,他积极宣传马克思主义,宣传普罗文学,成了学校里最激烈的人物,深受学生的爱戴。然而，危险也随之而来。校长向他透露了山东国民党当局要抓他的消息，并送来了两百元路费，他当夜就搭车去青岛，接着和赶来的丁玲一同到了上海。这是在 1930 年 5 月。

一到上海，也频和丁玲立即参加了不久前成立的左联，他被选为左联的执行委员，担任工农兵文学委员会的主席。出席了苏维埃区域代表会。写作也很勤。继 1929 年写的《到莫斯科去》之后，又写了《光明在我们的前面》。

1930 年 11 月，胡也频参加了中国共产党。

七

冯雪峰的《回忆鲁迅》中说："柔石等被捕，是在 1931 年 1 月 17 日。消息完全证实是在事情发生后的第三天，经过了一天的考虑，鲁迅先生在第四天离开了他在北四川路底的寓所，暂时避居于附近的一家日本人开的公寓里。但他照常工作，一面等待着柔石等案件的发展。"（《雪峰文集》第 4 卷，第 201 页）

鲁迅想到，柔石衣袋里有一份他抄写的合同，那些人会不会因此而找到自己呢？他于是在 1 月 20 日下午同许广平带着才一岁多的儿子避居到花园庄旅馆来了。外面还流传起了他也被捕甚至被杀的谣言，害得他"十日以来，几于日以发缄更正为事"（2 月 4 日致李秉中信中语）。他也看到柔石被捕以后写出来的两封信，一封是写给冯雪峰的：

> 雪兄：
>
> 　　我与三十五位同胞（七个女的）于昨日到龙华。并于昨夜上了镣，开政治犯从未上镣之纪录。此案累及太大，我一时恐难出狱，书店事望兄为我代办之。现亦好，且跟殷夫兄

248

学德文,此事可告大先生;望大先生勿念,我等未受刑。捕房和公安局,几次问大先生地址,但我那里知道。诸望勿念。祝好!

赵少雄　一月二十四日

信中的"大先生"是一些亲近的人对鲁迅的称呼。鲁迅怕一般读者看不懂,在《为了忘却的记念》引用这信的时候,就将"大先生"改为"周先生"了。从信中可以知道,那些人真有通过柔石这个线索找到鲁迅的意思,鲁迅的安全确实也受到了威胁。

柔石的另一封信是写给他的同乡王育和(号清溪)的:

请将此信挂号转寄至闸北横浜路景云里 23 号王清溪兄收。

清溪兄:

在狱已半月,身上满生起虱来了。这里困苦不堪,饥寒交迫。冯妹脸堂青肿,使我每见心酸!望你们极力为我俩设法。大先生能托得一蔡先生的信否?如须赎款,可与家兄商量。总之,望设法使我俩早日脱离苦海。下星期三再来看我们一次。借钱给我们。丹麦小说请徐先生卖给商务。

祝你们好!

雄　五日

这封信是 2 月 5 日星期四写的。两天之后即被杀,他已经没有"下星期三"了。他完全不知道这已经是他生命的最后几十个小时,还希望大先生能设法(例如通过蔡元培)去营救他。

鲁迅看到这封信之后,还当真去找过蔡元培。2 月 14 日鲁迅日记:"雨雪。午后访蔡先生,未遇,留赠《士敏土图》两本。"这天,柔石被杀已经一个星期了,可是他不知道,还在为营救奔走。如果不是救友心切,他大约不会冒着雨雪出门吧。

当知道柔石他们已经遇难之后,"我沉重地感到我失掉了很好的朋友,中国失掉了很好的青年"。他写了那首有名的"忍看朋辈成新鬼,怒向刀丛觅小诗"的悼诗。在左联秘密出版的《前哨》——纪念战死者专号上发表《中国无产阶级革命文学和前驱的血》(收入《二心集》)一文,说:

> 我们现在以十分的哀悼和铭记,纪念我们的战死者,也就是要牢记中国无产阶级革命文学的历史的第一页,是同志的鲜血所记录,永远在显示敌人的卑劣的凶暴和启示我们的不断的斗争。

鲁迅与丁玲

丁玲,1904 年出生。原名蒋冰之,湖南临澧人。她和鲁迅交往的开始,倒很有一点曲折。那时她一个人在北京飘零,在苦闷中,她写信给鲁迅,诉说自己的困境和苦恼,也就是后来她笔下的莎菲女士那样的心情吧,她在 1981 年写的《鲁迅先生于我》一文中详细说了这事的经过:

> 我想来想去,只有求助于我深信指引着我的鲁迅先生,我相信他会对我伸出手的。于是我带着无边的勇气和希望,给鲁迅先生写了一封信,把我的境遇和我的困惑都仔仔细细坦白详尽的陈述了一番。这就是《鲁迅日记》1925 年 4 月 30 日的"得丁玲信"。信发出之后,我日夜盼望着,每天早晚都向公寓的那位看门老人问:"有我的信吗?"但如石沉大海,一直没有得到回信。

在这件事之后又有一件事,她刚认识不久的男朋友胡也频以"丁玲的弟弟"的名义去访问过鲁迅:

> 后来,胡也频告诉我,我离开北京不久,他去看过鲁迅。原来他和荆有麟、项拙三个人在《京报》编辑《民众文艺周刊》,曾去过鲁迅家,见过两三次面。这一天,他又去看鲁迅,递进去一张"丁玲的弟弟"的名片,站在门口等候。只听

鲁迅在室内对拿名片进去的佣工大声说道："说我不在家！"
他只得没趣的离开。

这两件事都引起鲁迅很大的反感。鲁迅为什么会反感她的
来信呢？很久之后她才知道这原因："我听人说，鲁迅收到我信
的时候，荆有麟正在他的身边。荆有麟说，这信是沈从文化名写
的，他一眼就认得出这是沈从文的笔迹。"原来是因为这样一个
误会！

1925 年 7 月 20 日鲁迅给钱玄同的信里就写下了这些事情，
信中说：

> 且夫"孥孥阿文"（引者注：指沈从文），确尚无偷文如
> 欧阳公（引者注：指欧阳兰）之恶德，而文章亦较为能做做
> 者也。然而敝座之所以恶之者，因其用一女人之名，以细如
> 蚊虫之字，写信给我，被我察出为阿文手笔，则又有一人扮
> 作该女人之弟（引者注：指胡也频）来访，以证明实有其
> 女人。

（附带说一下：丁玲原来没有看到过鲁迅给钱玄同的这一
封信，是我告诉她的。她在《鲁迅先生于我》一文中说："去年，
湖南人民出版社专门研究鲁迅著作的朱正同志告诉我说，确是
有这一误会。他抄了一段鲁迅先生给钱玄同的信作证明，现转
录如下……"我抄给她的就是上面引的这一段。）

几年之后，这误会也就消除了。她和鲁迅都是左联的成员。
丁玲以崇敬的心情在《"开会"之于鲁迅》一文中记下了他们的
交往：

记得那时我在"左联"，我们都是很爱他的，我们总不愿拿些噜噜苏苏的事去麻烦他，不愿把他的时间随便用掉，所以每当举行什么会议的时候，如果我们之中有谁说，"找不找老头子来呢?"我们总是考虑了一下，常不去找他。但不是在会前，也必然在会后去告诉他一些情况，他也总给我们一些意见，有什么事必须要他办的，他从不推辞就办了。这时之所以不常找他开会，一方面是因为我们感到我们的会议中，实在有许多琐琐碎碎的什么工作计划啰，工作检查啰，我们不愿意拿这些经常的琐事麻烦他，一方面那时我们在上海要开一个人数较多的会，实在不容易布置。但有些必要的会，那些我们认为最好鲁迅先生要参加的会，他总是到会的。虽说我们常常担心他不能按时到会，因为我们知道他是睡得很迟的，但他从不迟到。在开会的时候，他总是很平和的，精神集中的听着，有时有些青年作家们常常爱发表一些大套的理论，仿佛这就是最重要的，最新的意见，语气当中又是那末含着教训人的意味，说什么"你们这些老作家们……"，就是当这种时候，我也从没有看见鲁迅先生的任何一个表情上有什么不耐烦或不快。鲁迅先生在这些会议上说话是不多的，他总是听着，他也没有反驳过谁，说谁是大错特错;也没有批评过谁，说谁是左倾右倾。尽管有些人的意见是幼稚得可笑，但鲁迅先生结果总是说，"我们要做起来，我们要一点一点做起来，我们就照着这些意见切实的做吧。"开过了会，我们常常感到对他有些抱歉似的，对他说到种种难处，承认我们准备得不好，又解释着某某虽还幼稚，却是一个有希望的青年等等，鲁迅先生总是毫不介意的笑了笑，接着他就同我们谈起那些应该如何具体的去着手的工作了。

1931 年 9 月，丁玲主编的左联机关刊物《北斗》杂志创刊，在出刊的一年里，鲁迅给它提供插图，在它上面发表了十多篇文章。

1933 年 5 月 14 日下午，丁玲在上海家中被一伙特务分子绑架。这时正在她家的左翼文化总同盟书记潘梓年也一同被捕。原先约定要来这里的应修人不知道已经发生了这一情况，刚走上楼就遇到守候在那里的特务，已经来不及退避了，扭打起来，寡不敌众，被从窗口推出，当场摔死。

鲁迅很挂念丁玲的安危，可是传出来的消息总是不好的居多，甚至有说她已经遇害了的。这使他很觉悲哀。这时，他写了一首《悼丁君》：

> 如磐夜气压重楼，剪柳春风导九秋。
> 瑶瑟凝尘清怨绝，可怜无女耀高丘。

5 月 22 日，鲁迅在内山书店接受朝鲜《东亚日报》记者申彦俊的采访。记者问："在中国现代文坛上，您认为谁是无产阶级代表作家？"鲁迅答：

> 丁玲女士才是唯一的无产阶级作家。我是小资产阶级出身的作家，所以，我写不出真正无产阶级的作品。不过，我可以算是左翼方面的人。（《新文学史料》1983 年第 3 期）

后来丁玲在《鲁迅先生于我》一文的"补记"中说：

鲁迅先生为什么对一个外国的访问者作这样溢美的评价呢？我正是在他们这次会见的八天之前被国民党秘密绑架的，存亡未卜。出于对一个革命青年的爱惜，才使鲁迅先生这样说的吧。因为我是一个左翼作家，是一个共产党员，是因为从事革命活动而陷入险境，鲁迅先生才对我关切备至，才作了过分的揄扬。

1933 年 8 月 1 日鲁迅致科学新闻社的信中也说起了丁玲："至于丁玲，毫无消息，据我看来，是已经被害的了，而有些刊物还造许多关于她的谣言，真是畜生之不如也。"关切之情溢于言表。

丁玲的中篇小说《母亲》是 1934 年 1 月在良友图书公司出版的，怎样把这本书的稿费稳妥送到她母亲手中去呢？1934 年 1 月 22 日鲁迅复信给良友图书公司的赵家璧，告诉他：

> 顷查得丁玲的母亲的通信地址，是："湖南常德、忠靖庙街六号、蒋慕唐老太太"，如来信地址，与此无异，那就不是别人假冒的。
>
> 但又闻她的周围，穷本家甚多，款项一到，顷刻即被分尽，所以最好是先寄一百来元，待回信到后，再行续寄为妥也。

鲁迅帮助难中的她料理这些家务事，想得也是很周到的。

1934 年，鲁迅和茅盾应美国友人伊罗生的约请帮助他编选现代中国短篇小说选《草鞋脚》。丁玲的作品选了《莎菲女士的日记》和《水》这两篇。在为《草鞋脚》写的附录《中国左翼定期

刊编目》里,对《北斗》杂志作了这样的评价:

> 1931年秋出版,到1932年春,共出九期。丁玲主编。这是那时期唯一的公开的左翼文艺刊物。这个月刊也是左联直接领导的。执笔者除了左联的作家外,也有"自由主义"的中间作家。这是和以前《拓荒者》等不同的地方。以前《拓荒者》对于"自由主义"的中间作家是取了关门的态度,而《北斗》则是诱导的态度。《北斗》的重要内容除创作外(可惜创作这方面,好的很少),是文艺理论的介绍和短小尖锐的批评小论(杂感)。《北斗》在青年中间很有些相当的影响。后来被压迫停刊。

在这以后不久,鲁迅又应美国友人斯诺的约请,帮助他编选另外一本现代中国短篇小说选《活的中国》。在这个选本里,丁玲的作品选了《水》和《消息》这两篇。这也就是他对失去自由的朋友的一点怀念,一点帮助吧。

到了1936年,丁玲费了许多周折逃离南京。这期间,她写了一封信给鲁迅。《鲁迅日记》1936年7月18日:"午后得丁玲信。"三个月之后他即与世长辞。而这时丁玲已经逃到了西安。不久就到了陕北苏区。

鲁迅与冯雪峰

冯雪峰，1903 年出生，浙江义乌人。这一位 1927 年入党的共产党员，同柔石是浙江第一师范的同学，又都是青年文学团体杭州晨光社的成员，两人有交情。1928 年 12 月 9 日，柔石把他带到了鲁迅家里。从此他走进鲁迅的生活圈子里来了。

那时正是创造社和鲁迅论战的时候。冯雪峰在 1928 年 9 月出版的《无轨列车》第二期上发表了一篇《革命与知识阶级》（署名"画室"），其中表示了他对这一场论战的态度，对于创造社的攻击鲁迅颇不以为然。他说：

> 创造社改变了方向，倾向到革命来，这是十分好的事；但他们没有改变向来的狭小的团体主义的精神，这却是十分要不得的。一本大杂志有半本是攻击鲁迅的文章，在别的许多的地方是大书着"创造社"的字样，而这只是为抬出创造社来。对于鲁迅的攻击，在革命的现阶段的态度上既是可不必，而创造社诸人及其他等的攻击方法，还含有别的危险性。革命现在对于知识阶级的要求，是至少使知识阶级承认革命。但我们在鲁迅的言行里完全找不出诋毁整个的革命的痕迹来，他至多嘲笑了革命文学的运动（他也并没有嘲笑革命文学的本身），嘲笑了追随者中的个人的言动；而一定要说他这就是诋毁革命，"中伤"革命，这对于革命是有利的吗？而且不是可笑的吗？对于一切的恶意的诋毁

者,为防御自己起见,革命要毫无犹豫地击死他们,革命也正不必遮瞒一切;但将不是诋毁革命者强要当作诋毁者,是只有害处没有益处的。

在冯雪峰开始和鲁迅交往的时候,鲁迅正在翻译《苏俄的文艺政策》,冯雪峰正在翻译普列汉诺夫的《艺术与社会生活》。后来这就是《科学的艺术论丛书》中最初的两本了。他们就从这件事情上的合作开始,关系日渐亲近。冯雪峰成了同鲁迅交往最多、关系最深的共产党员。共产党组织希望鲁迅做什么事情,他都有本领使鲁迅同意照做。许广平在《鲁迅和青年们》一文中,这样记述了他们交谈的情景:

> 敲门声响,他来了。一来就忙得很。《萌芽》、《十字街头》、《前哨》等刊物的封面、内容固然要和先生商讨,要先生帮忙。甚至题目也常是出好指定,非做不可的。有时接受了,有时则加以拒绝。走出了,往往在晨二三时。然后先生再打起精神,做豫约好的工作,直到东方发亮,还不能休息。这工作多超过先生个人能力以上,接近的人进忠告了。先生说:"有什么法子呢? 人手又少,无可推委。至于他,人很质直,是浙东人的老脾气,没有法子。他对我的态度,站在政治立场上,他是对的。"……有时听听他们谈话,觉得真有趣。F(引者注:指冯雪峰)说:"先生,你可以这样这样的做。"先生说:"不行,这样我办不到。"F又说:"先生,你可以那样做。"先生说:"似乎也不大好。"F说:"先生,你就试试看吧。"先生说:"姑且试试也可以。"于是韧的比赛,F目的达到了。

258

像要让鲁迅参与发起组织自由大同盟、中国左翼作家联盟这些事情,党组织都是通过冯雪峰去做的。他们合编左联的刊物《萌芽》。在《萌芽》第五期上,冯雪峰发表了《讽刺文学与社会改革》一文(署名成文英),借反驳梁实秋的攻击,代鲁迅表明政治态度。梁实秋在《新月》第二卷第八号上发表《"不满于现状",便怎样呢?》一文,含沙射影地攻击"夙来有'前驱者''权威''先进'的徽号的人",说他"仅仅是冷嘲热讽的发表一点'不满于现状'的杂感而已"。冯雪峰在《讽刺文学与社会改革》一文里指出:这里,梁实秋是"对于鲁迅先生的抨击'现状'和传统思想等的杂感及论文而发的反感和讥笑",他回答说:

> 在鲁迅先生的作品中,也不会找得出"世间一切都不满意"的痕迹来。诚然,随感录形式的讽刺作品之多,是由于他看见不满意的现状之多的缘故,然而这正是因为和一切伟大讽刺作家一样,他是热烈的社会改革家的缘故,一切社会事情他都要过问的缘故。一切可以被讽刺的东西,常常有不可以被讽刺的东西相对照。鲁迅先生是将阿Q这病态的国民性底集合物讽刺了,但这是因为他看见了健全的国民,并希望他在中国存在的;他将旧礼教否定了,然而他有新伦理;他将国家主义骂了,也将无政府主义,好政府主义,狂飙主义,改良主义等劳什子都骂了,然而偏偏只遗下了一种主义和一种政党没有嘲笑过一个字,不但没有嘲笑过,分明地他还在从旁支持着它。

这样,冯雪峰就代鲁迅表白了他拥护共产主义和共产党的立场。

后来许广平在回答苏联友人的提问《研究鲁迅文学遗产的几个问题》里，第二十二个问题是："在现代中国作家中，谁是被认为先生文学遗产的通人？"许广平答："自到上海以后（1927—1936年）的十年间，以冯雪峰比较可以算是他的通人。"

鲁迅与黄源

　　黄源,1906 年出生,字河清,浙江海盐人。他最早和鲁迅的交往是在 1927 年。10 月 25 日鲁迅到江湾劳动大学讲演,就是现在收在《集外集拾遗补编》里的《关于知识阶级》那一篇,用的就是黄源的记录稿。但是他们的交往真正多起来却是办《译文》杂志时候的事情。《译文》是鲁迅倡议创办,由他邀了茅盾和黎烈文两位朋友合作办起来的一个翻译介绍外国文学的月刊,1934 年 9 月 16 日创刊,上海生活书店出版。刊物由文学社的黄源出面编辑,但一至三期实际上是鲁迅自己编的,选用哪些稿子和插图,稿子排定的次序,标题的字体字号,插图制版的尺寸,他都一一标明之后交给黄源,第四期起才由黄源接编。他翻译的果戈理的《鼻子》、高尔基的《俄罗斯的童话》、西班牙巴罗哈的《山民牧唱》的部分内容,都是最先在《译文》上发表的。他为这刊物付出了不少的心力。也许可以说,《译文》是他晚年十分钟爱的一个刊物。

　　可是,这刊物只出了一年,到 1935 年 9 月,《译文》出了它的"终刊号"。《译文》停刊这事的原因和经过是这样的:那时,鲁迅正在翻译果戈理的名著《死魂灵》,在郑振铎为生活书店编辑的大型文艺刊物《世界文库》上连载。他一直是很喜爱果戈理的作品的,希望翻译界能译出一部中文版的果戈理选集。1934 年 12 月 4 日他写给翻译家孟十还的信中说:"我想,中国其实也该有一部[果戈理的]选集: 1.《Dekanka 夜谈》; 2.《Mirgorod》;

3. 短篇小说及 Arabeske;4. 戏曲;5. 及 6. 《死魂灵》。"一天,鲁迅和黎烈文谈到这事,大家以为,不仅可以出果戈理的选集,还可以索性出一套《译文丛书》,包含各种选集。鲁迅对于这个设想很感兴奋,就委托黄源去和出版《译文》杂志的生活书店商谈这件事。当时生活书店的主持人邹韬奋正在国外旅游,黄源同生活书店经理徐伯昕接洽,徐一口答应,愿意接受出版《译文丛书》。8 月 29 日邹韬奋回国以后,情况就变了。邹向黄源表示:生活书店正在出版《世界文库》,不准备出版《译文丛书》了。

像这样毁约的事,鲁迅碰到过多次了,倒也不觉得怎样。只是他觉得这《译文丛书》的计划如果因此流产,总是可惜的。于是去和吴朗西、巴金主持的文化生活出版社接洽,居然一说就成。从此,《译文丛书》就成了文化生活出版社长期保留的很有声誉的一个品牌。为了商谈这事,9 月 15 日黄源邀了鲁迅、茅盾、黎烈文、巴金、吴朗西等人在南京饭店夜饭,同席还有胡风和傅东华。席间谈得很高兴,很随便,并没有涉及生活书店什么。不料这一次晚餐竟引起了生活书店方面的强烈反应。9 月 17 日,生活书店邀鲁迅到新亚公司夜饭,席间发动突然袭击:要求撤换黄源的《译文》编辑职务。鲁迅不能接受这种对黄源的缺席裁判,他很为自己的这一位年轻朋友受到不公正的对待深感不平。他听到这里,把筷子一放,拂袖就走。《译文》也就不能在生活书店出下去,停刊了。

9 月 24 日鲁迅致黄源信中,谈到生活书店方面的一些动作:

前天沈先生来,说郑先生前去提议,可调解《译文》事:一,合同由先生签名;但,二,原稿须我看一遍,签名于上。当经我们商定接收;惟看稿由我们三人轮流办理,总之每期必有一人对稿子负责,这是我们自己之间的事,与书店无关。

今天上午沈先生和黎先生同来,拿的是胡[愈之]先生的信,说此事邹先生不能同意,情愿停刊。那么,这事情结束了。

他们那边人马也真多,忽而这人,忽而那人。回想起来:第一回,我对于合同已经签字了,他们忽而出了一大批人马,翻了局面;第二回,郑先生的提议,我们接收了,又忽而化为胡先生来取消。一下子对我们开了两回玩笑,大家白跑。

1935 年 10 月 4 日鲁迅致萧军的信说的也是这件事:

对于《译文》停刊事,你好像很被激动,我倒不大如此,平生这样的事情遇见的多,麻木了,何况这还是小事情。但是,要战斗下去吗? 当然,要战斗下去! 无论它对面是什么。

丛书和月刊,也当然,要出下去。丛书的出版处,已经接洽好了,月刊我主张找别处出版,所以还没有头绪。倘二者一处出版,则资本少的书店,会因此不能活动,两败俱伤。德国腓立大帝的"密集突击",那时是会打胜仗的,不过用于现在,却不相宜,所以我所采取的战术,是:散兵战,堑壕战,持久战——不过我是步兵,和你炮兵的法子也许不见得一致。

《死魂灵》已于上月底交去第十一章译稿,第一部完了,此书我不想在《世界文库》上中止,这是对于读者的道德,但自然,一面也受人愚弄。不过世事要看总账,到得总结的时候,究竟还是他愚弄我呢,还是愚弄了自己呢,却不一定得很。至于第二部(原稿就是不完的)是否仍给他们登下去,我此时还没有决定。

现在正在赶译这书的附录和序文，连脖子也硬的不大能动了，大约二十前后可完，一面已在排印本文，到下月初，即可以出版。这恐怕就是丛书的第一本。

至于我的先前受人愚弄呢，那自然，但也不是第一次了，不过在他们还未露出原形，他们做事好像还于中国有益的时候，我是出力的。这是我历来做事的主意，根柢即在总账问题。即使第一次受骗了，第二次也有被骗的可能，我还是做，因为被人偷过一次，也不能疑心世界上全是偷儿，只好仍旧打杂。但自然，得了真赃实据之后，又是一回事了。

那天晚上，他们开了一个会，也来找我，是对付黄先生的，这时我才看出了资本家及其帮闲们的原形，那专横、卑劣和小气，竟大出于我的意料之外，我自己想，虽然许多人都说我多疑，冷酷，然而我的推测人，实在太倾于好的方面了，他们自己表现出来时，还要坏得远。（《鲁迅全集》第 13 卷，第 559 页）

1935 年 10 月 22 日鲁迅致曹靖华的信中也说到了这件事：

《译文》合同，一年已满，编辑便提出增加经费及页数，书店问我，我说不知，他们便大攻击编辑（因为我是签字代表，但其实编辑也不妨单独提出要求），我赶紧弥缝，将增加经费之说取消，但每期增添十页，亦不增加译费。我已签字了，他们却又提出撤换编辑。这是未曾有过的恶例，我不承认，这刊物便只得中止了。

其中也还有中国照例的弄玄虚之类，总之，书店似有了他们自己的"文化统制"案,所以不听他们指挥的,便站不住了。也有谣言,说这是出于郑振铎、胡愈之两位的谋略,但不知真否? 我们想觅一书店续出,但尚无头绪。

我们都好的,请释念。《译文社丛书》亦被生活书店驱逐,但却觅得别家出版,十一月可出我译的 Gogol 作《死魂灵》第一卷。

几经周折,到1936年3月,《译文》才在上海杂志公司复刊。鲁迅写的《复刊词》一开头就引了《庄子》里的典故,说《译文》就是在"相濡以沫,相呴以湿","这样的状态之下出世的"。他以为《译文》的同人就是一种"相濡以沫,相呴以湿"的关系吧。就是在《译文》的出刊和停刊的过程中,鲁迅和黄源的交情更深了。

没有想到的是,1936年8月2日,鲁迅收到徐懋庸的一封信,这一封来信在攻击鲁迅提出的"民族革命战争的大众文学"口号的时候,同时攻击当时同鲁迅接近的几位作家:巴金、黄源、胡风,说"以胡风的性情之诈,以黄源的行为之谄,先生都没有细察,永远被他们据为私有,眩惑群众,若偶像然",又说"黄源是一个根本没有思想,只靠捧名流为生的东西。从前他奔走于傅郑门下之时,一副谄佞之相,固不异于今日之对先生效忠致敬。先生可与此辈为伍,而不屑与多数人合作,此理我实不解。"鲁迅在《答徐懋庸并关于抗日统一战线问题》一文中反驳说:

我和胡风,巴金,黄源诸人的关系。我和他们,是新近才认识的,都由于文学工作上的关系,虽然还不能称为至交,但已可以说是朋友。不能提出真凭实据,而任意诬我的朋友为"内奸",为"卑劣"者,我是要加以辩正的,这不仅是我的交友的道义，也是看人看事的结果。

至于黄源，我以为是一个向上的认真的译述者，有《译文》这切实的杂志和别的几种译书为证。巴金是一个有热情的有进步思想的作家，在屈指可数的好作家之列的作家，他固然有"安那其主义者"之称，但他并没有反对我们的运动，还曾经列名于文艺工作者联名的战斗的宣言。黄源也签了名的。这样的译者和作家要来参加抗日的统一战线，我们是欢迎的，我真不懂徐懋庸等类为什么要说他们是"卑劣"？难道因为有《译文》存在碍眼？难道连西班牙的"安那其"的破坏革命，也要巴金负责？

黄源未尝作文捧我，也没有给我做过传，不过专办着一种月刊，颇为尽责，舆论倒还不坏，怎么便是"谄"，怎么便是对于我的"效忠致敬"？难道《译文》是我的私产吗？黄源"奔走于傅郑门下之时，一副谄佞之相"，徐懋庸大概是奉谕知道的了，但我不知道，也没有见过，至于他和我的往还，却不见有"谄佞之相"，而徐懋庸也没有一次同在，我不知道他凭着什么，来断定和谄佞于傅郑门下者"无异"？当这时会，我也就是证人，而并未实见的徐懋庸，对于本身在场的我，竟可以如此信口胡说，含血喷人，这真可谓横暴恣肆，达于极点了。莫非这是"了解"了"现在的基本的政策"之故吗？"和全世界都一样"的吗？那么，可真要吓死人！

其实"现在的基本政策"是决不会这样的好像天罗地网的。不是只要"抗日"，就是战友吗？"诈"何妨，"谄"又何妨？又何必定要剿灭胡风的文字，打倒黄源的《译文》呢，莫非这里面都是"二十一条"和"文化侵略"吗？

鲁迅与施蛰存

　　施蛰存,1905年出生,浙江杭州人。1928年和戴望舒等人办起了一个文艺半月刊《无轨列车》。他在一篇回忆文里说:"那时候……冯雪峰也常来。我们编《无轨列车》创刊号,向雪峰要稿,雪峰就把《文学工场》未印出的那篇《革命与知识阶级》交给我们发表。"(施蛰存:《沙上的脚迹》,辽宁教育出版社1995年,第13页)冯雪峰的这一篇《革命与知识阶级》(署名"画室")是发表在9月出版的《无轨列车》第二期上的。这时正是创造社为了革命文学和鲁迅论战的时候。冯雪峰的那篇文章有一点批评创造社、为鲁迅讲话的意思。施蛰存在《无轨列车》发表这篇文章,大约可以认为在创造社和鲁迅论战中,他的同情更多是在鲁迅这一方面吧。

　　1929年,他又和人合作办起了一个水沫书店。这时他通过冯雪峰就同鲁迅有了一些联系了。水沫书店出版了柔石的中篇小说《三姊妹》,"柔石的稿子是鲁迅托冯雪峰介绍来的"(《沙上的脚迹》,第15页)。

　　水沫书店出版的《科学的艺术论丛书》更是得到鲁迅的合作与支持才得以出版的。施蛰存回忆说:"一天,雪峰来闲谈,讲起鲁迅正在译卢那卡尔斯基的《文艺与批评》。我们便灵机一动,想到请鲁迅主编一套介绍马克思主义文艺理论的丛书。我们托雪峰去征求鲁迅的意见。过了几天,雪峰来说,鲁迅愿意编一个这样的丛书,但不能出面主编。对外,他只能参加几种译稿,其

267

他都和他没有关系。我们同意了鲁迅的建议，就请雪峰和鲁迅一起做一个计划，并拟定书目，分配译者。"(《沙上的脚迹》，第18—19页)列入第一批书目的共有十二本书，这个计划后来没有全部完成，不过鲁迅自己翻译的《文艺与批评》和《文艺政策》却都是列入这个丛书出版的。

1932年春天，施蛰存应上海现代书局的聘请主编《现代》月刊，多次向鲁迅约稿。鲁迅在这刊物上发表了《论"第三种人"》(第二卷第一期)、《关于翻译》(第三卷第五期)、《小品文的危机》(第三卷第六期)等篇。而最重要的一篇是在《现代》第二卷第六期刊出的《为了忘却的记念》。这一篇的发表经过颇有一点曲折，施蛰存在《关于鲁迅的一些回忆》一文里有很详细的记述：

> 1933年2月7日，鲁迅在日记上写道："下午雨。柔石于前年是夜遇害，作文以为记念。"这一天所作的文，就是《为了忘却的记念》。在文章的末尾，鲁迅也记下了写作月日，但却是"二月七—八日"，好像这篇文章写了两天。这篇文章有七千字，需要写两天才完成，这是极有可能的。但是我认为，鲁迅这样记录，并非表示这篇文章写了两天，而是因为文章中说："忽然得到一个可靠的消息，说柔石和其他二十三人，已于二月七日夜或八日晨，在龙华警备司令部被枪毙了。"可知柔石被害的准确时日，没有知道。鲁迅虽然在日记中写了"前年是夜"，在文尾却更准确地写了"二月七—八日"。可见鲁迅这样写的意义，还是为了记念柔石。
>
> 这篇文章发表于我主编的《现代》杂志第二卷第六期，1933年4月1日出版。我在2月28日写的《社中日记》里曾交代过，大意说此文本来应当在第五期上发表，但是因为

文稿到达我手里时,第五期已经发排完成,来不及补编进去,不得不搁迟一个月,才能和读者见面。

无论如何,鲁迅在2月8日肯定已经写成了这篇文章,如果在2月15日或迟至20日以前交到我手里,我一定有办法把它排进三月份出版的第五期里,让读者可以早一个月读到。但是事实上我收到这篇文章已在2月20日以后。然则,从2月9日至2月下旬这十几天里,这篇文章在哪里呢?

柔石、殷夫、胡也频等五位青年作家被害之后,鲁迅曾在愤怒和悲痛的情绪中写了一篇《中国无产阶级革命文学和前驱的血》,发表在当年4月出版的《前哨》月刊《纪念战死者专号》上。在那篇文章里,鲁迅控诉了"敌人的卑劣和凶暴"但没有提起五位青年作家的姓名,而且仅署了笔名 L·S。

对统治阶级的暴行的愤怒,对被害的革命同志的哀悼,在鲁迅心中始终不能消释。它们被勉强压抑了整整二年,终于在这个二周年纪念日又爆发了。这就是鲁迅自己说的:"我在悲愤中沉静下去了,不料积习又从沉静中抬起头来,写下了以上那些字。"这里所谓"积习",不应该理解为写文章的"积习",事实上是革命的同志爱的"积习"。

在这篇文章里,鲁迅说出了五位被害青年的姓名,说出了他们被害的地点和年、月、日,还说出他们被迫害的情况。这些都是以前报刊上从来没有公然透露的,在鲁迅的文章中也是从来没有这样直言无忌的。但是,尽管如此,鲁迅写这篇文章,还是竭力保持"沉静",琐琐地叙述他和柔石、殷夫的友谊交往,完全从悼念青年文学朋友的角度着笔,而没有像《前哨》上发表的那篇文章那样地厉声痛斥"统治者"。

鲁迅给《现代》的文章,通常是由冯雪峰直接或间接转来的,也有托内山书店送货员送来的。但这篇文章却不是从这两个渠道来的。那一天早晨,我到现代书局楼上的编辑室,看见有一个写了我的名字的大信封在我的桌上。拆开一看,才知道是鲁迅的来稿。问编辑室的一个校对员,他说是门市部一个营业员送上楼的。再去问那个营业员,他说是刚才有人送来的,他不认识那个人。这件事情很是异常,所以我至今还记得。

后来才听说,这篇文章曾在两个杂志的编辑室里搁了好几天,编辑先生不敢用,才转给我。可知鲁迅最初并没有打算把这篇文章交给《现代》发表。

我看了这篇文章之后,也有点踌躇。要不要用?能不能用?自己委决不下。给书局老板张静庐看了,他也沉吟不决。考虑了两三天,才决定发表,理由是:(一)舍不得鲁迅这篇异乎寻常的杰作被扼杀,或被别的刊物取得发表的荣誉。(二)经仔细研究,这篇文章没有直接犯禁的语句,在租界里发表,顶不上什么大罪名。

于是,我把这篇文章编在《现代》第二卷第六期的第一篇,同时写下了我的《社中日记》。(《沙上的脚迹》,第112—114页)

这一则《社中日记》是这样写的:"鲁迅先生的纪念柔石的文章,应该是编在第五期上的,但因为稿子送来时,第五期稿已全部排讫,只得迟到今天。稍微失去一点时间性了。"

大约鲁迅和施蛰存两人都没有想到,他们之间的这种合作的关系,几个月之后就因为那一场关于《庄子》和《文选》的论战而中断了。这件事的起因是施蛰存在回答《大晚报》提问的时候,在"要介绍给青年的书"一项里,他写的是"《庄子》、《文选》",还附加了一句注脚:"我青年文学修养之助。"鲁迅在1933年10月6日《申报·自由谈》上发表的《感旧》一文里涉及这件事。这是一篇怀念光绪年间老新党的文章,它同时指出:当时有些新青年却是倒退了。在列举的几种"要以古雅立足于天地之间"的表现里,就有一句"劝人看《庄子》、《文选》了",施蛰存立刻发表了答辩的文章。一来一往,就有了一场小小的论战。鲁迅在一篇论战的文章里甚至用了"洋场恶少"这样的重话。11月5日鲁迅致姚克的信中说:

> 我和施蛰存的笔墨官司,真是无聊得很,这种辩论,五四运动时候早已闹过的了,而现在又来这一套,非倒退而何。我看施君也未必真研究过《文选》,不过以此取悦当道,假使真有研究,决不会劝青年到那里面去寻新字汇的。此君盖出自商家,偶见古书,遂视为奇宝,正如暴发户之偏喜摆士人架子一样,试看他的文章,何尝有一些"《庄子》与《文选》"气。

从此以后,鲁迅在施蛰存的文章里遇到可以批评的地方也就拿来做点文章。《现代》五卷五期上刊登施蛰存的《我与文言文》,其中就苏俄也要排演原本"莎士比亚"剧一事发表评论,说"苏俄最初是'打倒莎士比亚',后来是'改编莎士比亚',现在呢,不是要在戏剧季中'排演原来莎士比亚'了吗?(而且还要梅兰芳去演《贵妃醉酒》呢!)这种以政治方策运用之于文学的'丑态',岂不令人齿冷!"

鲁迅看了,就在《花边文学·"莎士比亚"》一文里这样奚落施蛰存：

> 苏俄太远，演剧季的情形我还不了然，齿的冷暖，暂且听便罢。但梅兰芳和一记者的谈话，登在《大晚报》的《火炬》上，却没有说要去演《贵妃醉酒》。
>
> 施先生自己说："我自有生以来三十年，除幼稚无知的时代以外，自信思想及言行都是一贯的。……"（同前）这当然非常之好。不过他所"言"的别人的"行"，却未必一致，或者是偶然也会不一致的，如《贵妃醉酒》，便是目前的好例。

在《且介亭杂文二集·弄堂生意古今谈》一篇里又顺便提一下关于《庄子》和《文选》的事，借此讽刺施蛰存。这一篇里写到小贩的叫卖声："那些口号也真漂亮，不知道他是从《昭明文选》或《晚明小品》里找过词汇的呢，还是怎么的，实在使我似的初到上海的乡下人，一听到就有馋涎欲滴之概。"这里《昭明文选》不用说，一看就知道是说施蛰存，就是《晚明小品》说的也是他，因为不久前他在上海光明书局出版了一本《晚明二十家小品》。

1936 年 1 月出版的《海燕》第一期上有鲁迅的一篇《文人比较学》（署名齐物论），也是讽刺施蛰存的：

> 《国闻周报》十二卷四十三期上，有一篇文章指出了《国学珍本丛书》的误用引号，错点句子；到得四十六期，"主编"的施蛰存先生来答复了，承认是为了"养生主"，并非"修儿孙福"，而且该承认就承认，该辨解的也辨解，态度非常磊落。末了，还有一段总辨解云："但是虽然失败，虽然

出丑,幸而并不能算是造了什么大罪过。因为充其量还不过是印出了一些草率的书,到底并没有出卖了别人的灵魂与血肉来为自己的'养生主',如别的一些文人们也。"

中国的文人们有两"些",一些,是"充其量还不过印出了一些草率的书来"的,"别的一些文人们",却是"出卖了别人的灵魂与血肉来为自己的'养生主'"的,我们只要想一想"别的一些文人们",就知道施先生不但"并不能算是造了什么大罪过",其实还能够算是修了什么"儿孙福"。

但一面也活活的画出了"洋场恶少"的嘴脸——不过这也并不是"什么大罪过","如别的一些文人们也"。

这已经是鲁迅去世前几个月的事了,可见他一直到最后依然耿耿于怀。

鲁迅与徐懋庸

　　徐懋庸,1910 年出生,浙江上虞人。"左联"成员。1933 年11 月将所译《托尔斯泰传》(法国罗曼·罗兰著)寄赠鲁迅。从此两人间就有了书信往来。徐向鲁迅请教一些翻译上的问题,鲁迅都细心作答。

　　徐懋庸又是《申报·自由谈》的经常撰稿人,1934 年 1 月 6日《自由谈》的编者黎烈文邀请十来个撰稿人在古益轩聚餐,席上他第一次见到鲁迅。

　　5 月,黎烈文被迫去职。这时,徐懋庸的回忆录里说:

　　　　"左联"想办一个半月刊,代替《自由谈》这个阵地。恰好有一个惯于投机而不负责任的"光华书店",愿意出版这个刊物,且想利用《自由谈》在群众中的影响,力主定名为《自由谈半月刊》,"左联"就叫我担任编辑,我将这事请示鲁迅。他于 5 月 26 日的复信中说:

　　　　　　来示谨悉。我因为根据着前五年的经验,对于有几个书店的出版物,是决不投稿的,而光华即是其中之一。

　　　　　　他们善于伺机利用别人,出版刊物,到或一时候,便面目全变,决不为别人略想一想。例如罢,《自由谈半月刊》这名称,是影射和乘机,很不好的,他们既请先生为编辑,不是首先第一步,已经不听编辑者的话了么。则后来可想而知了。

　　　　　　我和先生见面过多次了。至少已经是一个熟人,所以我想进一句忠告：不要去做编辑。先生也许想：已经答应了，不可失信的。但他们是决不讲信用的，讲信用要两面讲，待到他们翻脸不识时，事情就更糟。所以我劝先生坚决的辞掉，不要跳下这泥塘去。

先生想于青年有益，这是极不错的，但我以为还是自己向各处投稿，一面译些有用的书由可靠的书局出版，于己于人，益处更大。

这个《自由谈半月刊》后来还是用《新语林》半月刊的刊名出版了，还是由徐懋庸编辑，可是情况就和鲁迅这封信里预言的一样，不久徐懋庸干不下去了，只好辞职，第五期起由庄启东接编。这以后不久，徐懋庸被选为"左联"常委，担任宣传部长。他这一位才二十三岁的新盟员为什么会被选为常委还担任宣传部长呢？他在回忆录里作了这样的解释：

当时周扬所主持的原"左联"常委会的人，已经没有一个可以同鲁迅谈得拢，而我，特别经过《新语林》的一段工作，在他们看来，鲁迅同我的关系很好。周扬虽然和鲁迅关系不好，但还要团结他，要有个人去同他联系。

一时徐懋庸成了"左联"常委会和鲁迅之间的联系人，或者说周扬和鲁迅之间的联系人了。

徐懋庸又是一个鲁迅很看好的杂文作家。1935年3月31日，鲁迅为他的杂文集《打杂集》作序。序言指出：当时所谓文坛上流行一些贬低杂文的议论，"近一两年，作短文的较多了，就又有人来削'杂文'，说这是作者的堕落的表现，因为既非诗歌小说，又非戏剧，所以不入文艺之林"。针对这种"人言"，鲁迅回答他们说："杂文这东西，我却恐怕要侵入高尚的文学楼台去的。小说和戏曲，中国向来是看作邪宗的，但一经西洋的《文学概论》引为正宗，我们也就奉之为宝贝，《红楼梦》、《西厢记》之类，在文学史上竟和《诗经》、《离骚》并列了。杂文中之一体的随笔，因为有人说它近于英国的 Essay，有些人也就顿首再拜，不敢轻薄。寓言和演说，好像是卑微的东西，但伊索和契开罗，不是坐在希腊罗马文学史上吗？"于是鲁迅谈到当时中国的杂文作者群了："我知道中国的这几年的杂文作者，他的作文，却没有一个想到《文学概论》的规定，或者希图文学史上的位置的，他以为非这样写不可，他就这样写，因为他只知道这样的写起来，于大家有益。农夫耕田，泥匠打墙，他只为了米麦可吃，房屋可住，自己也因此有益之事，得一点不亏心的糊口之资，历史上有没有《乡下人列传》或《泥水匠列传》，他向来就并没有想到。"具体是到徐懋庸的杂文作品，序言说：

> 这本集子的作者先前有一本《不惊人集》，我只见过一篇自序；书呢，不知道那里去了。这一回我希望一定能够出版，也给中国的著作界丰富一点。我不管这本书能否入于文艺之林，但我要背出一首诗来比一比："夫子何为者？栖栖一代中。地犹鄹氏邑，宅接鲁王宫。叹凤嗟身否，伤麟怨道穷。今看两楹奠，犹与梦时同。"这是《唐诗三百首》里的第一首，是《文学概论》诗歌门里的所谓"诗"。但和我们不相干，那里能够及得这些杂文的和现在切贴，而且生动，泼剌，有益，而且也能移人情。能移人情，对不起得很，就不免要搅乱你们的文苑，至少，是将不是东西之流的唾向杂文的

许多唾沫，一脚就踏得无踪无影了，只剩下一张满是油汗兼雪花膏的嘴脸。

这嘴脸当然还可以唠叨，说那一首"夫子何为者"并非好诗，并且时代也过去了。但是，文学正宗的招牌呢？"文艺的永久性"呢？

这也可见他们两人的关系了。可是到了"左联"要解散的时候，他们两个人的良好关系也就到头了。在"左联"要不要解散，解散的时候要不要发一个宣言这两件事上面，鲁迅和"左联"常委会有不同的主张。徐懋庸两边跑，也没有能够把双方的意见协调起来。这曲折的过程徐懋庸的回忆录里写得很详细，这里只说一件事，那就是他8月1日写了一封信给鲁迅，其中对鲁迅作了不少指摘："在目前，我总觉得先生最近半年来的言行，是无意地助长着恶劣的倾向的。以胡风的性情之诈，以黄源的行为之谄，先生都没有细察，永远被他们据为私有，眩惑群众，若偶像然，于是从他们的野心出发的分离运动，遂一发而不可收拾矣。"信中还从政治方面指摘鲁迅"对于现在的基本的政策没有了解"。

这封来信使鲁迅十分愤怒。他在冯雪峰代拟的初稿上，花了四天时间作了大量的修改和增补，写成《答徐懋庸并关于抗日统一战线问题》这篇万言长文，发表在《作家》月刊8月号上。

徐懋庸说他"对于现在的基本的政策没有了解"，鲁迅回答说：

中国目前的革命的政党向全国人民所提出的抗日统一战线的政策，我是看见的，我是拥护的，我无条件地加入这战线,那理由就因为我不但是一个作家,而且是一个中国人,所以这政策在我是认为非常正确的,我加入这统一战线,自然,我所使用的仍是一枝笔,所做的事仍是写文章,译书,等到这枝笔没有用了,我可自己相信,用起别的武器来,决不会在徐懋庸等辈之下!

徐懋庸的来信给病中的鲁迅刺激是大的。8月25日鲁迅致欧阳山的信中说:

> 我也真不懂徐懋庸为什么竟如此昏蛋,忽以文坛皇帝自居,明知我病到不能读,写,却骂上门来,大有抄家之意。我这回的信是箭在弦上,不得不发,但一发表,一批徐派就在小报上哄哄的闹起来,煞是好看,拟收集材料,待一年半载后,再作一文,此辈的嘴脸就更加清楚而有趣了。

8月28日致杨霁云的信中说:

> ……我今年自知体弱,也写得很少,想摆脱一切,休息若干时,专以翻译糊口。不料还是发病,而且正因为不入协会,群仙就大布围剿阵,徐懋庸也明知我不久之前,病得要死,却雄赳赳首先打上门来也。
>
> ……
>
> 其实,写这信的虽是他一个,却代表着某一群,试一细读,看那口气,即可了然。因此我以为更有公开答复之必要。倘只我们彼此个人间事,无关大局,则何必在刊物上喋喋哉。先生虑此事"徒费精力",实不尽然,投一光辉,可使

278

伏在大纛荫下的群魔嘴脸毕现,试看近日上海小报之类,此种效验,已极昭然,他们到底将在大家的眼前露出本相。

不久,鲁迅去世。徐懋庸送的挽联说:

> 敌乎友乎? 余惟自问;
> 知我罪我,公已无言。

对他们两人的关系,对他此刻的心情,表达都是很准确的。

鲁迅与王希礼、柏烈伟

《阿Q正传》第一个俄文译本是王希礼译出的。

王希礼原名波·阿·瓦西里耶夫,是当时苏联支援中国革命的人员之一,在驻开封的冯玉祥部国民军第二军俄国顾问团当翻译。他不但会汉语,而且喜爱中国文学。看过一些《聊斋志异》之类的作品。那时曹靖华也在这个部队里,他们相识了。王希礼就请曹靖华给他介绍一点新文学作品。曹靖华就给他介绍了《阿Q正传》。王希礼读过之后兴奋地对曹靖华说,鲁迅"是同我们的果戈理、契诃夫、高尔基一样的世界大作家",他决心把它翻译成俄文。于是就在曹靖华的帮助下动手了。

曹靖华在《好似春燕第一只》这篇文章接着写他译书的事情:

> 他着手翻译了。
>
> 《阿Q正传》第一章第二段里,就碰上了一大堆传的名目,什么列传、自传、内传、外传、别传、家传、小传……呵,十八世纪俄罗斯大学者罗蒙诺索夫谈到俄语优点的时候,纵然说过俄语有拉丁语的丰富,可是在这一点上,却不能不感到穷于应付了。而对我来说,更难的却是像绍兴民间赌博之类。什么"天门"啦,"角回"啦等等。
>
> 我从来对一切赌博都讨厌。从小在农村时,每逢过年,到处都有各种赌博,可是我连看都讨厌看。连北方民间赌

博尚且一窍不通,更不用说南方的了。这时,我不能不感到自己生活的狭隘、贫乏了。

　　《阿Q正传》初稿译完时,为了详实,把所有疑难都列举出来。写了一封信给鲁迅,信内附了王希礼的一页信。信中除请鲁迅解答疑难之外,还请他给俄译本写一篇序、自传,并请他附寄最近照片等等给俄译本用。(曹靖华:《花》,作家出版社1962年,第135页)

　　1925年5月8日鲁迅日记:"得曹靖华信。"就是说的这封信;次日:"寄曹靖华信,附致王希礼笺。"就是对来问疑难的解答。

　　5月29日鲁迅日记:"夜作《阿Q传序》及《自传略》。"

　　6月8日日记:"下午以《阿Q正传序及自叙传略》及照像一枚寄曹靖华。"这篇《俄文译本〈阿Q正传〉及著者自叙传略》的中文底稿就发表在6月15日出版的《语丝》周刊第31期上,后来收入《集外集》里。

　　7月10日鲁迅日记:"下午静农、目寒来并交王希礼信及所赠照相,又曹靖华信及译稿。"这是曹靖华将自己的译稿以及王希礼给鲁迅的信件和照相一起寄给台静农和张目寒,托他们转交鲁迅。王希礼的这封信和照片都保存下来了。信的全文如下:

　　鲁迅先生:

　　　　你的传略、序和相片,已经由友人曹靖华转给我了,我抱着很真诚的至意,谢谢你!

　　　　传略和序文,都已译就,和着相片与《阿Q正传》全文,付邮寄到莫斯科去付印，书出版之后，即送一本译本。

我倘使将来到北京去，那时一定亲去看你。现在送上我的一张相片，请收下留为纪念。别的话以后再谈吧！

祝你平安！

王希礼上

（《鲁迅、许广平所藏书信选》，第40页）

他的这个译本1929年在列宁格勒（现名圣彼得堡）激流出版社出版，书名为《阿Q正传——俄文版鲁迅短篇小说集》，除了他翻译的《阿Q正传》之外，还收入了别人翻译的《幸福的家庭》、《高老夫子》、《头发的故事》、《孔乙己》、《风波》、《故乡》和《社戏》等篇。

为了查明王希礼其人的简历，我从《共产国际、联共（布）与中国革命档案丛书》里找到了一点简单的线索。在第五卷附录的《参加1925—1927年中国革命的苏联军事翻译和汉学家》名录里有这样一点点：

波·阿·瓦西里耶夫（Б. А. Васильев）列宁格勒大学东方系毕业，主要担任武官А. И. 格克尔，Н. М. 沃罗宁，А. И. 叶戈罗夫的翻译。（北京图书馆出版社1998年，第609页）

这里提到的三个武官，在第四卷卷末人名索引里都有简单的介绍：

格克尔 А. И.（1888—1938）　1920至1922年任（巴库）第十一军和（第比利斯）高加索独立军军长。1922年任工农红军军事学院院长。1922 年至 1925 年任苏联驻中国全权代表处武官。后从事军事、外交工作。遭非法镇压,死后恢复名誉。(第 528 页)

沃罗宁 H. M.(1885—?) 1925 年任华北苏联军事顾问组组长。(第 567 页)

叶戈罗夫 A. И.(1883—1939) 1934 至 1938 年为联共(布)中央候补委员。1924 至 1925 年为苏联驻华大使馆武官处工作人员。1925 至 1926 年任苏联驻华大使馆武官。后来担任苏联最高国民经济委员会军事工业局副局长、工农红军参谋长、副国防人民委员。遭非法镇压,死后恢复名誉。(第 573 页)

得到瓦西里耶夫翻译服务的三个人,一个人后来的情况不详,有两个是死于斯大林的大清洗之中的。瓦西里耶夫本人,据《鲁迅全集》(第 7 卷,第 86 页)注他的生卒年,是"(？—1937)",1937 年是斯大林杀人如麻的年份,看来他也不是善终。

在瓦西里耶夫之后,还有一个俄国人说是要翻译《阿 Q 正传》,那就是柏烈伟。

柏烈伟(C. A. ПоЛеВой),也有译做柏烈威或者鲍立维的,当时在北京俄文专修馆、北京大学俄文系任教师。他托李霁野向在广州的鲁迅提出翻译《阿 Q 正传》的要求。鲁迅 1927 年 2月 21 日复李霁野的信中说:

柏烈威先生要译《阿 Q 正传》及其他,我是当然可以的。但王希礼君已经译过,不知于他(王)何如?倘在外国习惯上不妨有两种译本,那只管译印就是了。(我也没有与王希礼君声明,不允第二人译。)(《鲁迅全集》第 12 卷,第 19 页)

柏烈伟也为他计划中的译本索取了作者的相片。鲁迅 4 月 9 日致台静农的信中说:

我的最近照相,只有去年冬天在厦门所照的一张,坐在一个坟的祭桌上,后面都是坟(厦门的山,几乎都如此)。日内当寄上,请转交柏君。或用陶君(引者注:陶元庆)所画者(未名社似有)亦可,请他自由决定。(《鲁迅全集》第 12 卷,第 29 页)

《阿 Q 正传》之外,柏烈伟还要翻译鲁迅的其他小说。他通过李霁野征求鲁迅对选目的意见。1929 年 3 月 22 日鲁迅复李霁野的信中说:

柏烈伟先生要译我的小说,请他随便译就是,我并没有一点不愿意之处,至于那几篇好,请他选定就是了,他是研究文学的,恐怕会看得比我自己还清楚。(《鲁迅全集》第 12 卷,第 154 页)

其实,柏烈伟的身份,更重要的还不是俄语教师和翻译家,他还是中共党史上不能不提到的人物,中共的建党,还同他颇有一点关系。共产国际派维经斯基(下面的引文里或者写作魏金

284

斯基、威金斯基)来中国建立共产党,就是柏烈伟把北京大学的同事李大钊介绍给他的。张申府在《中国共产党建立前后情况的回忆》一文中说:

> 1920 年 4 月,共产国际东方局的代表魏金斯基来华,考察中国革命运动的实际情况,帮助中国建立共产党。他来到北京后,经北京大学俄籍教员柏烈伟的介绍,见到李大钊和我,他与我们就中国的问题进行了广泛的交谈,特别希望我们建党。在北大,魏金斯基还召开过几次座谈会。后李大钊又介绍他到上海去见了陈独秀。(张申府:《所忆》,中国文史出版社 1993 年,第 17 页)

还有张国焘在《我的回忆》中说:

> 一九二○年,约在五月间,共产国际伊尔库斯克远东局派了一位代表威金斯基来华,他以记者身份偕同旅俄华侨(具有俄共党籍)杨明斋作助手,路经北京,由柏烈伟介绍与李大钊先生接触。据杨明斋后来告诉我,他和威金斯基初来中国的时候,对于中国情形十分陌生。他们的使命是要联络中国共产主义运动的领袖人物,但不知找谁是好。他们从少数俄侨口中探得了一些五四运动的情形,知道现居上海的陈独秀是这一运动的领袖,而上海又是社会主义运动的一个中心,因此他向威金斯基建议立即去上海找陈先生。他虽对陈先生毫无所知,但认为中国的共产主义运动必须找有学问的人才能号召。威金斯基接受了他的建议,因而找到北大俄国籍教员柏烈伟作介,首先认识了李先生,

再拿着李先生的介绍信到上海去找陈独秀。关于这件事,杨明斋曾向我夸耀,表示日后的事实发展证明了他这个大胆建议的正确。(东方出版社 2004 年,第 81 页)

维经斯基经过柏烈伟认识了李大钊,又经过李大钊的介绍到上海去会见了陈独秀。他的这次上海之行取得了圆满的成功。一年之后中国共产党成立,陈独秀、李大钊,都是中共建党之初的领袖人物。在这件事情上,柏烈伟起了很重要的作用。

这么一个起过重要作用的活动家,后来怎么在共产主义运动中不见踪影了呢?张西曼所著《历史回忆》中的《北大俄文系的厄运》这篇里说明了这人的后来情况:

北大俄文系经苏使馆的协助,除聘有俄方伊凤阁(使馆汉文秘书)、诗人铁捷克(著有《中国怒吼吧!》等)、作家伊文等勉强任教外,也不能有所振作和发展希望。另有一败类华名柏烈伟,他自命为研究中国《诗经》的专家,来到中国锻炼普通语文的。十月大革命后他运动当上第三国际驻天津的文化联络员,对于民十年(引者注:1921 年)前后秘密从华北入苏的中国青年(瞿秋白、俞颂华、李仲武、凌钺和其他多人),都给以绸制长方小块的秘密入境证件,但对中国境内的路费等绝未发过丝毫补助。他却对第三国际报上了许多花帐,侵蚀了若干公款。等到他的上司发现了他的舞弊,就要调他回国查办。他震于党纪国法的森严,就声明脱离苏联国籍。混到日寇进陷北平的时候(引者注:1937 年 7 月 29 日北平沦陷),他似乎短期被捕,以后就申请入了美国籍,束装渡海了。在他未叛党前,我还与他合编过中俄对照的简明俄文法，出版后销路很不错，但所有版税都被此贼吞没。（《张西曼纪念文集》，中国文史出版社 1995 年，第 311 页）

张西曼说的这事，也可以算是党史上的一条掌故。至于他说要译的《阿 Q 正传》，却一直未见出版。是他译出了却没有付印呢，还是没有译完，甚至只是说是要译，却根本没有动手呢，人们就不知道了。

鲁迅与史沫特莱、伊罗生和斯诺

鲁迅定居上海以后,结识了三个美国朋友。那就是:艾格尼斯·史沫特莱(1890—1950)、加罗尔特·艾萨克斯(1910—1986,一译伊赛克,中文名伊罗生)、埃德加·斯诺(1905—1972)。

一

史沫特莱和鲁迅的交往,据《鲁迅日记》的人物注释,列举了这样几项:

> 1928 年底以德国《法兰克福日报》特派记者身份来华。1930 年 3 月曾为《萌芽月刊》撰稿,同年 9 月曾为"左联"庆祝鲁迅五十寿辰代借会场;1931 年起协助鲁迅搜集、编印凯绥·珂勒惠支的版画;1932 年春与鲁迅等同参加营救牛兰夫妇;1933 年参加中国民权保障同盟;1936 年鲁迅病重时曾为延医诊视。鲁迅作《黑暗中国的文艺界的现状》及《写于深夜里》均由她译成英文,在美国进步刊物上发表。(《鲁迅全集》第 17 卷,第 40 页)

大约就是这几项,并无遗漏。只是这不过简单地提到有这么几件事。她的《中国的战歌》里有一节小标题就是"鲁迅",讲她和鲁迅的交往就颇为详细具体了。例如,1930 年 9 月 17 日在荷兰西莱室为鲁迅祝寿的聚会,她细细写出了从始至终的全过程。字数太多,这里就不引述了。我觉得很有意思的是她写了这样一个细节:聚会结束时,一个青年人向史沫特莱表示了他的"失望":"鲁迅对待无产阶级文学的态度,真叫青年人泄气。"(《中国的战歌》,第89页)看来,这个年轻人还停留在创造社、太阳社批判鲁迅的立场上。史沫特莱对这人的回答是:"我完全赞同鲁迅。"

帮助鲁迅到国外发表文章的事,她写了一件。那是她知道柔石他们遇难的消息之后:

> 我急忙赶到鲁迅的寓所,发现他正在书房里,面色阴沉,没有刮胡须,头发蓬乱,面颊深陷,眼睛里闪射着灼灼逼人的光焰。他的语声充满骇人的仇恨。
>
> "这是我在那天夜里写成的一篇东西",他边说边递给我一份以他那种碑刻似的笔体写成的稿件,"我叫它《写于深夜里》。请译成英语,在国外发表。"
>
> 他说明大意之后,我提醒他,这篇文章一旦发表,他就性命难保。
>
> "有关系吗?"他愤慨地回答:"总得有人说话吧!"(《鲁迅全集》第17卷,第92—93页)

史沫特莱写的有一点记忆上的错误。《写于深夜里》是1936年的文章。当柔石1931年遇难时鲁迅拿给她翻译的,当是《黑暗中国的文艺界的现状》。这篇的英文译文后来发表在美国《新群众》杂志上。

可是,史沫特莱不仅是一位记者和作家,这只是她公开的身份。实际上,她很深地卷入了政治活动之中,她有着共产国际的背景。在《共产国际、联共(布)与中国革命档案资料丛书》里可以看到不少有关她的材料。苏联红军参谋部第四局上海站的间谍佐尔格写给共产国际执行委员会主席团委员皮亚特尼茨基的信中说:

> 我们感到惊讶的是,我们建议利用史沫特莱(女人)来做国际范围的报刊工作,您没有作出反应(罗伯特对她很了解)。相反,您却派来了一大批人,其中一部分人不是很有用,如果他们能学会点什么的话,那也需要过一两年才能对这里的条件有所了解。为什么呢?史沫特莱可以根据我们的意见多做两倍的工作,还会少花三分之二的费用。在这方面,我们想请您注意,她的帮助是需要的,以便用某种方式还给她应从《莫斯科新闻》得到的钱和她在家里翻译书稿的费用。史沫特莱现在没有工作,在写一本新书,没有钱用。在家里,在大城市,她有很多钱,但没人给她寄去。我们恳请您帮助给她弄些钱,这也是为了您的利益。(第13卷,第159页)

佐尔格的推荐是起了作用的,共产国际注意了史沫特莱这个有用的人才,交了一些事情给她去办。她参与了营救被中国政府关押的苏联间谍牛兰的活动。当宋庆龄牵头组织的牛兰夫妇救援委员会扩大改建为中国民权保障同盟的时候,她成了同盟的一位很活跃的成员。鲁迅担任了执行委员,他们成了同事了。

史沫特莱在中国民权保障同盟做的最重要的一件事,就是提交了一份《北平军分会反省院政治犯控诉书》,其中详述反省院中种种残酷的私刑拷打。她将这份《控诉书》寄给了民权保障同盟北平分会主席胡适,同时并附上了一页有宋庆龄签名的英文信,嘱北平分会立即向当局提出严重抗议,要求废除反省院中的种种私刑。宋庆龄签名的一页信中还提出了"立即无条件地释放一切政治犯"的要求。就在几天之前胡适到反省院去调查过,知道那里并没有这"控诉书"中所说的私刑拷打的事。史沫特莱不仅把这文件寄给了胡适,还把它拿到北平出版的英文《燕京报》上公开发表了,引起了陪同胡适等人前往调查的王卓然的质问。王卓然是张学良的重要幕僚,是他促成这次对反省院的调查的。他看到这篇毫无事实根据的"控诉书",十分恼怒。胡适无法回答他的质问。为了补救,胡适给蔡元培、林语堂写信,提出"如有应由总社更正或救正之处,望勿惮烦,自行纠正,以维总社的信用"。民权保障同盟对于这一分歧,最后是以开除胡适来解决的。

这一份"控诉书"的来历,林语堂在回复胡适的信(1933年2月9日)说了:"此报告系由史沫特烈(莱)交来,确曾由临时执行委员会传观,同人相信女士之人格,绝不疑其有意捏造,故使发表。"(《胡适来往书信选》中册,第185页)至于史沫特莱是从什么地方拿来的,林语堂就不知道了。看来是共产国际的人给她的。共产国际驻中国代表埃韦特的第4号报告(1933年3月11日)中说:

　　在过去的报告中我向您通报过成立"民权同盟"的情况,在我们的影响下,该同盟提出了释放政治犯的问题,并在报刊上有力地揭露了敌人的恐怖活动和刑讯逼供等行为。这些做法逼得真是该组织成员的一些反动派出来反对，所以该同盟开除了北平的教授胡适。(《共产国际、联共[布]与中国革命档案资料丛书》第 13 卷，第 345 页)

鲁迅和史沫特莱都出席了 1933 年 3 月 3 日民权保障同盟临时中央执行委员会的会议。会上决定开除胡适。会上的情况，事后鲁迅说给他三弟周建人听了。据周建人写给周作人的一封信(3 月 29 日)透露："当初蔡公、林语堂等力为〔胡适〕辩护，但有些执行委员坚持，终于开除民权会了。盖执行委员中有几位美人比较的略激烈也。"(《鲁迅研究资料》第 12 辑，第 81 页)执行委员中的美国人，也就只史沫特莱和艾萨克斯两位。这位艾萨克斯，更是共产国际驻中国代表责成他分管中国民权保障同盟的(这一点下一节里有详说)。他们两人当然坚决贯彻共产国际的决策。蔡元培、林语堂这些陪客为胡适所作的辩护当然毫无作用了。

鲁迅在出席这次执委会会议之后，连续发表了两篇攻击胡适的文章：《王道诗话》(瞿秋白作，用鲁迅常用笔名干发表)和《"光明所到……"》(都收在《伪自由书》里)，表明他是赞同开除胡适的决议的，也表明他采取了和史沫特莱相同的立场。

1933 年 6 月，史沫特莱要到苏联去。动身之前，她请鲁迅帮她保管一箱文件。这件事，许广平说："忽然史沫特莱女士要离开上海。她是属于革命工作的一类人物的。她向鲁迅请求寄存一个文件箱子，像普通衣箱那样大小，鲁迅不便推却，但对自己住处也有顾虑，商之内山(完造)先生，居然满口应承，就把它放在店里茶座的桌子底下几个月。鲁迅看到高兴地对我说：'这办法真好，似漫不经意地随便一放，别人也不会起疑心。'"(《鲁迅

回忆录》手稿本,长江文艺出版社 2010 年,第 123 页)

鲁迅设宴为史沫特莱饯行。5 月 10 日鲁迅日记:"史沫特列女士将往欧洲,晚间广平治馔为之饯行,并邀永言及保宗。"永言即蔡咏裳,是她去托史沫特莱张罗庆祝鲁迅五十寿辰的餐会的,保宗即茅盾。几天之后,5 月 15 日鲁迅日记:"林语堂为史沫特列女士饯行,亦见邀,晚间同广平携海婴至其寓……夜饭同席十一人,十时归。"

这一去,史沫特莱在苏联停留了十个月。她在苏联期间,共产国际驻上海代表埃韦特曾经想让她重来中国,取代艾萨克斯担任《中国论坛》的编者(这事在下一节里再细说)。埃韦特1934 年 1 月 27 日写给共产国际执行委员会书记皮亚特尼茨基的报告中说:

> 我们需要新的编辑。只能是合法的美国人(来自美国)。任何别的人都会被驱逐出境。如果您那里没有什么其他人,那就马上把艾格妮丝·史沫特莱派来。她在政治方面不够强,但可以帮助她,而对我们来说最重要的是,报纸掌握在可靠的人手里。(《共产国际、联共[布]与中国革命档案资料丛书》第 14 卷,第 34 页)

可见在共产国际看来,她是个"可靠的人",缺点只是"政治方面不够强","但可以帮助她"。埃韦特的这个意见被采纳了。1934 年 4 月 3 日共产国际执行委员会政治书记处政治委员会会议作出决定:

> 为出版《中国论坛》,派艾格妮丝·史沫特莱同志去中

国工作。责成米夫和王明同志起草关于杂志的拨款和性质的建议，并将其提交政治委员会批准。(《共产国际、联共[布]与中国革命档案资料丛书》第 14 卷，第 102 页)

根据这个决定，米夫、王明和康生于 4 月 9 日提交了一份《关于〈中国论坛〉性质的建议》：

《中国论坛》报(如果不能继续用以前的名称出版，或者用别的名称出版)应该是与中共中央局(原注：指中共上海中央局)有联系并由该局领导的，但它不应具有公开的共产主义性质，而按其方针应该是反帝反法西斯的刊物，它奉公守法，同情中国工人运动、农民运动和反帝运动，包括(在国民党地区的)游击运动和苏维埃运动。

它每月出版应不少于两次，一有机会可更多次出版，至少每周一次。它应同时用两种文字出版，英文版面应面向中国大学生、知识分子和城市小资产阶级，而中文版面应使用更通俗易懂的语言，使中国工人能看得懂。

在《中国论坛》报周围要组织读者小组和广泛的工人通信员、农民通信员和学生通信员网，并对他们加以利用，作为我们做群众工作的方式。(《共产国际、联共[布]与中国革命档案资料丛书》第 14 卷，第 114—115 页)

这个建议得到了共产国际的批准。这就是要求史沫特莱接办《中国论坛》以后应该执行的方针。

可是史沫特莱并没有马上到上海来接编《中国论坛》，这刊物在 1934 年 1 月出了第三卷第四期以后即没有再出版了。她从苏联回到了美国,住了半年。到 1934 年 10 月 22 日才重来上海。只几天,鲁迅就去看望她了。10 月 29 日鲁迅日记:"晚同仲方往上海疗养院访史美德君,见赠俄译《中国的运命》一本。"仲方即茅盾。又 11 月 1 日日记:"得史美德信并《现代中国》稿费二十金,又书籍画片一包。"据《鲁迅全集》注释:"史沫特莱寄来的二十美元为《现代中国》发表鲁迅《中国文坛上的鬼魅》英译文的预支稿费。"

不知道史沫特莱这次重来上海之后有些什么活动。她同鲁迅也很少交往了,在 1935 年里只有过一回。1935 年 8 月 5 日鲁迅日记:"上午史女士来并赠花一束,湖绉一合,玩具汽车一辆。"大约是纯礼节性的问候。

从解密的档案中可以知道,在这段时间里史沫特莱和中国共产党、和共产国际的关系严重恶化了。1935 年 5 月 4 日米夫、王明和康生给共产国际执行委员会政治委员会的信中说:

> 根据 1934 年 4 月 3 日政治委员会的决定,为出版反帝机关报,艾格妮丝·史沫特莱被派往上海。
>
> 现在我们获悉,由史沫特莱制订的并已交给中共上海(中央)局领导人科尔萨科夫(原注:黄文杰)同志的这份报纸的出版计划,在科尔萨科夫遭逮捕时已落入警察的手里,警察已将该计划的照片寄给各领事馆。在这种情况下出版该机关报已经不可能了。此外,艾格妮丝·史沫特莱违背我们的指示,开始会见在上海的一些做地下工作的外国人(他们与中国共产党有联系),由于警察很了解她,并且在对她进行密切的监视,所以根据她的行踪,一些外国同志和(通过他们)一些中国同志可能会暴露。

因此,我们建议以征询意见方式作出以下决定:

(1)放弃最近一个时期在上海出版合法反帝机关报的计划;

(2)立即从上海召回艾格妮丝·史沫特莱。(《共产国际、联共[布]与中国革命档案资料丛书》第 14 卷,第 407 页)

在这个文件上还有共产国际领导人的批语。曼努伊尔斯基的批语是:"同意,但我建议追究那些推荐如此轻浮的同志担任此工作的人的责任。"季米特洛夫的批语是:"调查!"

从这些档案资料中可以知道,史沫特莱的真实身份首先是一位革命家,和共产国际有甚深的关系。不过共产国际也认为她"政治方面不够强","轻浮"。鲁迅对于她的这一方面,即使有所了解,也了解不多吧。

史沫特莱大约也是最关心鲁迅健康的一人。茅盾发表在 1940 年 10 月 19 日重庆《新华日报》上的《纪念鲁迅先生》一文中记下了一件 1935 年 11 月的事情:

> 记得是十月革命节(注:11 月 7 日)的前一天或后一天,上海苏联领事馆招待少数文化人到领事馆去看电影。中国人去的只有五六个,其中有鲁迅和他的夫人、公子。那晚上看了《夏伯阳》(大概是),鲁迅精神很好,喝了一两杯伏特加。史沫特莱喝得很多,几乎有点醉了;但在电影映完,大家在下临黄浦江的月台上休息时,史沫特莱严肃地对鲁迅说:"我觉得你的身体很不好,你应该好好休养一下,到国外去休养。"

"我自己并不觉得什么不对，"鲁迅笑着说，"你从哪里看出来我非好好休养不行呢？"

　　"我直觉到。我说不上你有什么病；可是我凭直觉知道你的身体很不行！"

　　鲁迅以为她醉了，打算撇开这个话题，然而史沫特莱很坚持，似乎马上要决定：何时开始治病，到何处去……等等，她立刻要得一个确定。她并且再三说："你到了外国，一样做文章，而且对于国际的影响更大！"

　　那晚上没有结论。但在回去的汽车中，史沫特莱又请鲁迅考虑她的建议，鲁迅也答应了。(《鲁迅回忆录　散篇》中册，第702页)

这一件事，许广平早在1939年写《鲁迅先生的娱乐》一文中也说到过：

　　在一九三五年，时间似乎是初秋，由一位熟朋友通知：有一个地方请看电影，家属也可以同去，是晚上七时到那里。同去的人，有茅盾先生，来约的时候，刚巧黎烈文先生也在我家，于是带着海婴，五个人坐在预备好的汽车，开到一个停车处，遇到宋庆龄先生和史沫特黎女士，再一同转弯抹角了一通，然后停在一个大厦的前面。走了进去，出来招待的是苏联大使夫妇和驻沪领事，先是开映电影，《夏伯阳》那一张片子在电影院还没有开映之前先看到了。房间的结构很精致，座位十多个，正好看得清楚，招待的人还随时加以口头解释，有几位讲得一口流畅的北京话，所以言语上也还方便。看完电影，差不多九时了，正要告辞，却被招待到另一个修整的房间里,盛宴款待,却是还不过算作点心而已。席上各式名酒,每人酒杯大小有六七只之多,鱼的种类很多,光是鱼子,除了普通见到红色的之外,还有一种黑色的,据说最名贵。点心也真多其实各种各式的菜更多,末了各种难得的水果和茶、可可,真是应接不暇。可惜那一天我们都吃了饭去,鲁迅先生又正发热,吃不下多少,但在他,恐怕是毕生最讲究的宴会了。……后来大家都到下临苏州河的凉台上乘凉,这时集中的谈话就是邀请鲁迅先生到苏联观光,旁边赞助最力的是史沫特黎女士等。她们已经看到他憔悴的颜容,不堪重压的躯体,为了中国,希望这一位哲人多活些时,善意真可感激。(《鲁迅回忆录 专著》上册,第 392—393 页)

劝鲁迅出国休养的事终于没有结果,史沫特莱就给他找医生来看病了。1936 年 5 月 31 日鲁迅日记:"下午史君引邓医生来诊,言甚危,明甫译语。"记的就是史沫特莱请美国医生邓恩来给他诊病的事情,明甫就是茅盾。那一天担任翻译的茅盾后来在《我和鲁迅的接触》一文中详细记下了这事的经过:

她(史沫特莱)认为鲁迅得的是肺病。她有两个朋友,都是肺病专家,一个是德国人,一个是美国人,都是很可靠的。她要我转告鲁迅,让这两个专家诊一下。但鲁迅不同意,因为鲁迅一向由须藤医生诊治,一旦又请别人诊断,似乎不信任须藤了,鲁迅觉得这不是待朋友之道。……许广平也曾劝过鲁迅,可否叫这两位医生来诊断一下,但鲁迅坚决不同意。

1936 年 4 月,冯雪峰从陕北回上海,他帮同许广平说服了鲁迅。五月末的一天,冯雪峰找我,要我立即找史沫特莱转请那两位医生。我给史沫特莱打电话,恰巧一打就通了。史沫特莱说她马上去找医生,叫我先到鲁迅家等候。我到鲁迅家不久,史沫特莱同 D 医生也到了。我在楼下接待他们。D 医生问:病人懂几国文字?史沫特莱说:日文很好,德文可以看书,不懂英文。医生说那么我们用英语交谈吧。上了二楼,D 医生听诊以后,走到史面前,那时鲁迅躺在床上,面向窗,史和我站在窗前。史问大夫病情如何,大夫回答说:"严重。"史又问严重到什么程度?医生答:"恐怕过不了年。"史沫特莱这时忍不住流下眼泪。医生又说,鲁迅不光有肺病,还有其他病,需要详细检查。他建议找一个设备好的外国人办的医院,开个病房,由他诊治,只借用该医院的设备;病人如同意,马上就可以办。医生先走了。我同史沫特莱商量,我们只能把大夫说的住院详细检查的话告诉鲁迅,其他的话只能悄悄地告诉许广平。于是我就这样对鲁迅说了,可是鲁迅不信,他说你们骗我,大夫一定说得很严重,我看见史沫特莱哭了。

几个月之后鲁迅逝世,当时她不在上海,仍旧被鲁迅的亲属和好友提名为治丧委员会的一人,也就是认为她属于鲁迅最重要的友人之一。

鲁迅去世之后史沫特莱的情况,这里只讲一件事,那就是她在西安事变中的作为。当时她是张学良总部的英语播音员,却信口开河,说了好些不能说的话。1937 年 1 月 19 日共产国际执行委员会书记处给中共中央的电报中说:

我们觉得艾格妮丝·史沫特莱的行为相当可疑。最后，必须取消她以共产党人的名义和似乎他们所信任的人的身份发表演讲的机会，必须在报刊上谴责她的所作所为。（《共产国际、联共［布］与中国革命档案资料丛书》第15卷，第271—272页）

如果说，这一指摘没有提供具体的事实，那么在宋庆龄给王明的一封信(1937年1月26日)就说得十分清楚了：

我必须向您报告以下情况，这些情况有可能威胁我的工作和损害我将来在中国可能与之有联系的任何运动。我提出这些情况供您研究，希望您能着眼于业已发生的情况，给我提供关于今后行为方式的建议。

一段时间以前，作为对毛泽东同志请求帮助提供资金的来信的答复，我在三个月前给他寄出了一笔款项。此事在这里只有一个人(原注：潘汉年)知道，他起了联络人作用，通过他我收到了来信和转寄了钱款。

几周前，宋子文得到释放蒋介石的保证从西安回来后，想与我见面。他对我说，蒋介石获释有一些明确的条件，这些条件经商定是严格保密的，并且蒋介石再过一段时间是要履行的。但是他说，共产党人出乎意料地通过西安电台公布了这些条件，而且英译稿也经史沫特莱报道出去了。史沫特莱小姐以自己的名义公开证实了这些消息的真实性，并补充说，周恩来同蒋介石、宋子文进行了谈判，等等。宋子文说，我们说好了，所有这些事情要绝对保密。

蒋介石对"共产党人违背诺言和缺乏诚信"非常恼火，

决定不再受这些诺言的约束,也不履行任何条件。他对宋子文说,别指望同这些人合作,"他们没有起码的诚实"等等。这使宋子文极为不安,因为他知道不可能再保持其〔西安协议〕保证人的地位。

我自然为我们的同志们辩护,我说,这种背信弃义的事应该是杨虎城干的,还说,无论如何史沫特莱不是在为共产党做工作,而是一个同情中国民族解放运动的自由派作家和新闻记者。当时宋子文问我:"要是我告诉你,周恩来曾告诉我,不久前您给他们寄去了五万美元,您还会否认您的同志出卖了您吗?并且他还对我们两个人(我和宋美龄)说,我们可以通过您同红军的代表取得联系。"

至于史沫特莱小姐,我想说,她不顾不止一次的指示,继续保持着不好的关系,向他们提供资助,然后就要求党来补偿那些由她提议花费的款项。实际上这里的人认为她是共产国际的代表。她把《〔中国〕工人通讯》的出版社(原注:董维江)、工会书记(原注:饶漱石)、〔中共中央上海局〕特科的工作人员和其他许多人带到同情我们的外国人的一个住所,结果这个用于重要目的的特殊住所遭到破坏。虽然她无疑是出于好意,但她的工作方法给我们的利益造成了损失。

我转达了您把她孤立起来的指示,但我不明白,为什么我们的同志让她在西安工作,给我们造成了麻烦和困难。或许他们认为这只是我个人的看法。(《共产国际、联共〔布〕与中国革命档案资料丛书》第15卷,第275—277页)

这一封信,有助于读者了解鲁迅的重要友人史沫特莱(以及宋庆龄)的真实身份。

二

艾萨克斯,在鲁迅的日记和书信里多写作伊罗生的。关于
他的简历以及鲁迅和他交往的情况,据《鲁迅日记》的人物注释,
是这样的:

> 1930 年到上海,任上海《大美晚报》记者,1932 年时为
> 上海出版的《中国论坛》(《China Forum》)编辑。1933 年任
> 中国民权保障同盟上海分会执行委员。1934 年约请鲁迅和
> 茅盾编选中国现代短篇小说集《草鞋脚》,随即往北平翻译。
> 1935 年 7 月回国。

在这些简单的记载之外,还可以补充一件事,就是 1933 年 2
月 17 日他和鲁迅一同参加了接待萧伯纳的活动,杨杏佛在宋庆
龄家拍摄的那一帧有他在内的多人合影现在很容易看到。为了
编译《草鞋脚》,鲁迅给他的那些信件现在都收在《鲁迅全集》第
14 卷里。

据《鲁迅日记》1932 年 7 月 12 日:"上午伊赛克君来。"这是
他们二人交往的开始。这时艾萨克斯是《中国论坛》的编辑。他
在《草鞋脚·序言》中说:

> 我开始办《中国论坛》时也正好二十一岁。那时我来到
> 中国已一年多。最初在上海两家英文报纸上海《大美晚报》
> 和《大陆报》担任记者或编辑;后来游荡于长江上游,一直深
> 入到川西,几乎到达西藏,回来时沿江而下,在 1931 年长江

洪泛所造成的大批死难和无人过问的大灾难中,于当年仲夏返回上海。仅仅几天之后,1931 年 9 月 18 日日本发动了进攻中国的新战争,首先占领沈阳,并开始侵占满洲。南京政府正倾全力镇压国内的反对派,宣布对日本入侵采取不抵抗政策。那一年的所有这些暴露、震动、遭遇和教训同时对我产生影响后不久,我在上海结识的共产党朋友和对党表示友好的人士就建议我能否自己创办一份报纸。我欣然接受了这一建议,结果创办了《中国论坛》。

《中国论坛》是 1932 年 1 月 13 日创刊的。艾萨克斯说是上海共产党的朋友建议他办的,确实是这样,它实际上就是共产国际的一种出版物。在共产国际的有关档案中我们可以看到这样一些材料:

1932 年 4 月 9 日共产国际执行委员会政治书记处政治委员会会议记录:"听取关于资助《中国论坛》杂志(原注:应为报纸)的问题。决定:允许拨给一次性资助,数额为 500 美元。共产国际执行委员会书记皮亚特尼茨基(签字)。"(《共产国际、联共[布]与中国革命档案资料丛书》第 13 卷,第 135 页)

同年 8 月 3 日共产国际执行委员会政治书记处政治委员会会议记录:"听取关于给《中国论坛》的经费援助。决定:在鲁埃格〔夫妇〕(注:即牛兰夫妇)的案子结束前,从 1932 年的备用基金中拨出 500〔美元〕,资助《中国论坛》。共产国际执行委员会书记皮亚特尼茨基(签名)。"

在档案中,这个文件还有一个附件,即共产国际执行委员会候补委员波波夫的一份书面报告。这份 8 月 1 日写的报告简单说明了《中国论坛》的情况和作用以及应该资助它的理由:

《中国论坛》〔报〕是在孙逸仙夫人和美国编辑加罗尔特·艾萨克斯领导下于1932年1月15日（原注：应为1月13日）在上海出版的。

按其内容来说，报纸倾向于反对在华的帝国主义，从道义上支持苏维埃中国并开展为释放鲁埃格及其妻子的运动。

近来，中国政府和美国领事方面因报纸的内容而加强了对它的严厉抨击。

在经费方面，报纸两次各得到500美元。

为使报纸有可能继续出版，鉴于即将审理鲁埃格及其妻子的案子，尤其有这个必要，极需再拨款500美元。（《共产国际、联共〔布〕与中国革命档案资料丛书》第13卷，第192—193页）

从附录的这一报告中可以知道，艾萨克斯是在宋庆龄的参与之下创办《中国论坛》的。一个重要的目的，就是为了营救牛兰制造舆论。办这张报，也就是营救牛兰这个大活动中的一项内容。报纸上确实刊登了不少有关营救牛兰的文章。在陈漱渝、陶忻合编的《中国民权保障同盟》这本资料集里边，我们就可以看到从《中国论坛》辑录的这些文字（刊期从略）：

牛兰夫妇在南京狱中绝食
牛兰夫人致宋庆龄书
宋庆龄电南京当局要求释放牛兰夫妇
宋庆龄为牛兰绝食再致电汪（精卫）、居（正）
无条件释放一切政治犯

北平政治犯的黑暗生活

政治犯争求释放去打日本帝国主义

这时,共产国际对《中国论坛》还是满意的。它的驻上海代表埃韦特 1933 年 3 月 11 日写给皮亚特尼茨基的一份报告中说:

> 《中国论坛》又改为每月出版两期(现在出的是第 2 期)(注:指第二卷第 2 期)。该刊影响很好,因为重要文章除用英文刊发外还有中文版。就其内容而言,除了存在政治上的不准确和错误提法外,还不够具体和通俗。但这种状况会随着时间的推移得到改善。南京政府迅速要求美国领事停止出版该报纸,这一要求目前已遭拒绝。(《共产国际、联共[布]与中国革命档案资料丛书》第 13 卷,第 345 页)

说"该刊影响很好",也就是说,这时对该刊的编者艾萨克斯的看法很好。可是几个月之后看法完全变了。共产国际认为,艾萨克斯是托洛茨基分子。为此,埃韦特写了一封"绝密"的长信(1934 年 1 月 13 日)给中共上海中央局:

> 亲爱的同志们:请你们讨论一下涉及《中国论坛》的问题和建议,以便我们能够在星期二的例行会议上达成协议。
> 首先,讲几句开场白。你们当然知道《中国论坛》编辑的政治面目,因为我们已经多次讲过。他出身于富裕的资产阶级阶层,在美国受的教育,一段时间当过资产阶级的记者,没有任何革命经验,没有受过党的培训,他只是几年前

对中国革命运动产生兴趣。一开始他同在上海当新闻记者的南非托洛茨基分子建立了联系。这个人一直对艾萨克斯有很大的影响,决定了他托洛茨基主义的"同情心"和越来越明显的托洛茨基主义思想倾向。大约在半年前,托洛茨基分子格拉斯(人们这样称呼从南非来的这个人)离开上海到美国去了。显然,他在那里立即同托派组织取得了联系,同样显然,他从美国给艾萨克斯写信,继续对他施加影响和给他作出指示。

有许多指令指出,艾萨克斯遵循这些指示行事,一些征兆表明,托派同艾萨克斯一起制定了为公开进行托派反革命宣传和组织工作逐步建立基础的计划。

我仅举出几个事实:艾萨克斯越来越明显地不愿意同我讨论《中国论坛》的内容问题;他对一些问题默不作答,因为在这些问题上他发表意见会把自己束缚起来;他在最近两个月特别明显地不愿意执行我关于一些文章的写作方针的建议并抑制这个方针;不愿意提及苏联及其社会主义建设(在 11 月号的一篇文章中,甚至没有提及两个五年计划和列宁去世以来取得的巨大胜利);他在同人们的谈话中把一些看法改变成在他看来容易接受他的观点的看法(我们通过一些人了解到他这样的看法,认为"苏联在执行民族主义政策"等等)。

这里要补充另一个需要给以极大注意的很重要的因素,即组织《中国论坛》的读者协会。组织这个协会的想法最初不是来自艾萨克斯,实际上是很早(9 到 11 个月)以前由党倡议的。它完全独立于这种想法的所有者。很自然,像《中国论坛》这样的报纸(唯一合法的报纸)的组织作用应该是很大的。工人和特别是承担定期散发《中国论坛》工作的学生小组,在寻找半合法的组织形式,来进行讨论,来扩大革命运动的影响和在更大范围散发《中国论坛》这个在他们看来是最好的革命报纸的刊物。

我们已几次同你们讨论过委托可靠的同志或党团来领导读者小组的问题。我们第一次讨论这个问题的时候,读者小组还不多,而且艾萨克斯的意向还不十分明朗。但现在,一方面,读者小组在迅速产生,而另一方面,艾萨克斯(和隐藏在他身后的托派分子)在打算利用这些小组作为继续搞破坏工作的组织基础。

因此,我们应该竭尽全力加强我们对这些读者小组的政治领导和组织领导。我们在这些小组中越强大,托派分子争夺它们的威胁就越小。

我们都赞同这样一个看法:我们都非常关心《中国论坛》的继续出版。这个重要刊物对于我们来说可以具有更大的意义。但是在艾萨克斯手里,它可能成为有害的工具,至少在有限的时期内会是这样。问题在于,托洛茨基分子艾萨克斯在法律上可以以目前的名称出版这个报纸(而大家知道,名称至少在一段时间内具有很大的意义)。还难于剥夺他在法律上的印刷权利和把这个权利赋予另一个可靠的人。

我曾努力寻求摆脱这种局面的出路,使问题得到体面的解决。因此,大约在4个月以前,当他对我说他打算写几本关于中国的书,但在这里他没有时间写时,我建议他到我们"家里"去。在那里,他不仅有时间,而且也有新的认识、新的印象。我给自己提出了两种任务:第一,我把很大希望寄托在人们对他产生另一个方向上的影响;第二,如果没有发生这种情况,我们能把编辑工作委托给另一个可靠的人。

一开始,艾萨克斯表现出很大的热情。他对我说,由于他需要调整一系列的工作(他在加瓦斯通讯社、在《中国论坛》报社等的工作),他要考虑考虑这个问题,也许他在1934年春天或夏天动身。我怀疑他给美国写信,询问了指示。但几天前,我通过一个人得知,他在同你们的可靠朋友之一交谈时,无意中说出这样一句话:"建议他回家,这是试图收买他。"这种看法十分明显地表明,他的托洛茨基主义已发展得多么严重了。

我告诉你们这些细节是为了了便于你们作出决定。问题具有很大的意义,为了同艾萨克斯讨论这个问题,我们需要同你们就所有措施充分协商一致。

还有某种(当然是微弱的)希望,意思是我们提出的措施,使我们能够避免发生公开的决裂,并对《中国论坛》建立有力的监督。但要对公开决裂做好准备。不管怎样,必须解决目前这种不能忍受的局面。

我们建议采取两种措施:

1. 党的一般措施。

2. 党对艾萨克斯的措施。

先谈后一种措施。

我们应该要求他:(1) 社论和其他最重要的文章在付印前要交给党检查;每一期的内容在付印前应进行讨论,而每期最重要的文章应经我们检查。(2)《中国论坛》现在或将来拥有的所有联系(同情者团体、读者小组等）也应转交给党。（3）艾萨克斯应该同我们一起工作，同托派断绝关系。

这是基本的几点。如果你们还有什么建议，请在星期二以前准备好。我认为，只能我们同他谈，因为你们处于地下，不便这样做。但需要你们对他说明，同他谈话的人是根据中国党的授权进行的。

至于党的直接措施，我认为必须做到以下几点：

1. 要把所有读者小组牢牢掌握在我们手里。要弄清楚，哪些人加入了不久前成立的委员会（原注：指《中国论坛》读者委员会），并要加强我们在其中的主导作用。要把我们特别工作的目的和必要性以及存在的危险告诉最可靠的同志。

2. 要同印刷工人建立直接联系，部分工人是党员，很忠实于艾萨克斯（也就是忠实于《中国论坛》）。

3. 要同翻译（党员）建立联系，并要弄清楚艾萨克斯对他有多大影响。

4. 要同分发机构，特别是其领导人建立联系，以便取得在上海和省里的所有联系。这个人物是非常重要的。

5. 尽可能多地组织《中国论坛》记者和读者小组，要求刊登受到中国报刊抵制的有关苏联社会主义建设的更广泛的消息。

6. 组织一个不大的由可靠的同志组成的《中国论坛》常设记者队伍。

上述某些措施要予以实行，至于其他建议，你们要考虑一下。请在星期二告诉我们还有什么考虑。我认为，现在艾萨克斯想避免公开决裂，也可能还服从某些指示，在暗中搞破坏。他请求给予指示,可能将坚持让格拉斯从美国返回。但另一方面,不排除这样的可能性:他现在就公开反对我们。

在这样的问题上,应该迅速采取行动,因为延误时间只会对艾萨克斯有利。此致

敬礼

（《共产国际、联共［布］与中国革命档案资料丛书》第14卷,第19—23页）

1934年1月20日,共产国际执行委员会政治书记处政治委员会给埃韦特和施特恩发来一份绝密电报:"据各种消息来源报告,《中国论坛》编辑艾萨克斯是托洛茨基分子,并在组织托派小组。我们同艾萨克斯没有联系,我们不支持他。请告你们的意见,为孤立他和使他离开,可以和需要做些什么工作。"（《共产国际、联共［布］与中国革命档案资料丛书》第14卷,第26页）

埃韦特在找艾萨克斯谈话之后,于1月27日向皮亚特尼茨基写了报告,其中说:

同艾萨克斯的辩论还没有结束,但已经表明,他对所有基本问题的认识都完全是托洛茨基主义的。他没有公开讲出自己意见的地方,多是要外交手腕,而不是不清楚。尽管存在这种情况,但还有不经公开斗争把他挽救回来的可能性。至少我们打算这样做,当然不忘准备同他作斗争的措施。我们建议建立一个由他、党的代表和我们中一个人组成的编辑委员会,在答复这个建议时,艾萨克斯请求"让他

考虑一下"。可以推测,他在以某种形式拒绝这个建议。(《共产国际、联共［布］与中国革命档案资料丛书》第14卷,第34页)

紧接在这一段后面,埃韦特的报告提出了让史沫特莱取代艾萨克斯的建议。报告中的这一段原文,在上一节里已经摘引过了。

埃韦特对待艾萨克斯的这种态度是不是过于温和了呢?果然就有人提出批评了。1934年7月3日也是驻在上海的共产国际执行委员会远东局委员赖安在给共产国际执行委员会东方书记处的信中批评说:

在最近一年间,你们的代表(原注:埃韦特)始终对于这个托洛茨基分子艾萨克斯和对《中国论坛》杂志实行机会主义的方针和政策。不顾很明显的事实,即艾萨克斯过去和现在都是托洛茨基分子,他极力利用刊物及其读者群从组织上加强中国的托派运动,你们的代表未经〔中共〕中央和〔中共〕上海〔中央〕局允许,未经我们(注:指共产国际执行委员会远东局)允许,自冒风险,在很大程度上把整个公开的群众工作和原中国民权同盟,鲁格保卫委员会,反战会议等的技术事务管理机关都集中在艾萨克斯手中。当上海中央局、我们的朋友和我开始坚决反对艾萨克斯和反对刊物的方针时,你们的代表站出来保护艾萨克斯,借口是"艾萨克斯是个诚实人,他从不背叛革命"等等。你们的代表坚持要同他保持"友好的"工作关系,甚至指示我同艾萨克斯会面,这样的会面在2月份有两次,后来我拒绝执行这种指示。

311

（《共产国际、联共［布］与中国革命档案资料丛书》第 14
卷，第 158—159 页）

这封信里还说到：

　　这一年 3 月《中国论坛》停止出版后，你们的代表继续
同艾萨克斯会面，付给他 500 美元，似乎艾萨克斯将这些钱
用到了印刷设备上，你们的代表将保卫鲁格运动的领导权
留给了艾萨克斯，继续相信这个托洛茨基分子的"诚实"和
他把印刷设备转交给党的"承诺"。只是现在，在艾萨克斯
发表"声明"和卖掉印刷设备并把得到的钱转给当地托派之
后，你们的代表才"承认"，"艾萨克斯最终成了敌人"等等。
有些迟到的"承认"是为了不再谈这件事。（《共产国际、联
共［布］与中国革命档案资料丛书》第 14 卷，第 159 页）

　　从赖安的这封信中可以知道：原先共产国际执行委员会驻
中国代表埃韦特对艾萨克斯信任之深和倚仗之专。像牛兰夫妇
上海营救委员会和由它扩大改建而成的中国民权保障同盟，像
反战会议，这些活动就交给艾萨克斯分管。民权保障同盟和反
战会议的活动，鲁迅都参加了的，都是鲁迅传记中不能忽略的内
容，这也表明艾萨克斯对于鲁迅的关系了。不知道他在反战会
议中有什么名义，在民权保障同盟里，他和鲁迅是同被列名为执
行委员的。
　　这年 11 月，赖安回到了莫斯科。关于埃韦特和艾萨克斯的
关系问题，又告了一状。详见绝密档案《在共产国际执行委员会
与赖安的谈话记录》（《共产国际、联共［布］与中国革命档案资

312

料丛书》第 14 卷,第 303 页)。内容和上面所引信件大致相同,这里就不引用了。

1936 年 9 月 7 日赖安关于艾萨克斯的书面报告(绝密)中有些材料有助于人们对这事的了解:

好像艾萨克斯是通过宋庆龄参加《中国论坛》出版社工作的。

作为《中国论坛》的编辑,艾萨克斯这个美国人可以更好地为这家中国共产党所需要的杂志提供"保护"。他也因此从党那里领到了《中国论坛》出版和印刷的补贴,在美国领事馆那里他以自己的名义办理了《中国论坛》的出版手续。得到党资助的这家印刷所也是作为属于艾萨克斯的美国企业注册登记的。

党还派遣中国同志到编辑部进行合作,并为印刷所提供了工人。

关于艾萨克斯不可靠的最初警告是来自宋庆龄,她曾详细地把她同艾萨克斯的谈话告诉了我和共产国际执行委员会的代表(原注:埃韦特),从这些谈话中可以看出,他在努力用托洛茨基的思想说服她。

后来,《中国论坛》很少刊登有关苏联的材料,甚至从来不提斯大林的名字,这一点引起了我们的注意。

当我们送去一篇关于联共(布)第十七次代表大会的文章,而那里无论如何也不能回避斯大林同志的报告时,艾萨克斯这个托洛茨基分子完全暴露了自己的面目,他消极怠工,想方设法规避在《中国论坛》上刊登这篇文章。(《共产国际、联共［布］与中国革命档案资料丛书》第 15 卷,第

248—249 页）

从共产国际的这些档案材料中可以看到，他们把艾萨克斯从看做一个得力的工作人员变成一个公开的敌人的过程。艾萨克斯在《草鞋脚·序言》里却提供了他自己的说法：

> 关于我自己逐渐积累起来的与共产党朋友以及《中国论坛》的支持者之间的矛盾，则说来话长，在这里不可能，也没有必要叙述。值得深思的是，这些矛盾始于对政治上的谎言和夸大的天真的抵制，不是针对国民党及其恐怖统治，对于它是谈不到夸大的，而是关于共产党对他们自己的政策和成就所作的声明而言。这是从当初我发现共产党关于抗击日本的上海战役的对外宣传和我自己在那几周对如今已经被人们遗忘的流血事件的见闻有出入而开始的。的确，我在《论坛》上发表的关于这一事件的报道，在后来我正式刊登的一封长篇谴责信中遭到"批评"。关于其他地方的事件以及有关共产主义运动的其他争论，我已开始阅读和进行研究，这足以使我产生许多复杂的疑问。1933 年 11 月我刊登了一篇关于俄国革命十六周年纪念的文章，文中没有提到斯大林，更不用说对他加以吹捧，这就成了我最大的罪行。我和地下党朋友之间的冷淡关系，终于冻结了。当我正式拒绝改正——悔过？——一切于是就突然结束了，我那依旧天真的作风使我永远离开了他们的圈子。

这篇序言还谈到了《中国论坛》的结局：

314

最后一期于 1934 年 1 月 13 日出版,距创刊号正好两周年。停刊是突然发生的,这并不是因为国民党或上海的外国当局查禁终于成功,而是因为我和我的共产党朋友之间的分歧越来越严重,在我们决裂后,报纸也无法存在了。

《中国论坛》停刊以后,艾萨克斯和他的妻子维奥拉(中文名姚白森)从上海迁居北平。1934 年 3 月 25 日鲁迅日记:"夜招知味观来寓治馔,为伊君夫妇饯行,同席共十人。"伊君即伊罗生。

艾萨克斯在北平,即着手进行编译现代中国短篇小说选《草鞋脚》的工作。这书先由鲁迅和茅盾向他提供了一份推荐的目录,再由他选定译出。书中所收,多数是左联作家的作品,如丁休人(即应修人)已经牺牲,如丁玲、楼适夷正在狱中。鲁迅和茅盾就有意通过这个选本把他们的作品介绍出去。

为了交换编选中的意见,艾萨克斯不断和上海的鲁迅和茅盾通信。在《鲁迅全集》第十四卷里收了七封给他的信(1934 年 5 月 30 日、7 月 14 日、7 月 31 日、8 月 22 日[两封]、8 月 25 日,1935 年 10 月 17 日),前面六封都是关于《草鞋脚》的(其中有三封是鲁迅、茅盾共同署名)。鲁迅还为它写了序言(《草鞋脚·小引》),题写了中文书名。在 1934 年 8 月 22 日鲁迅、茅盾给他的信中,表示了对他这一工作由衷的赞许:

> 我们觉得像这本《草鞋脚》那样的中国小说集,在西方还不曾有过。中国的革命文学青年对于您这有意义的工作,一定是很感谢的。我们同样感谢您费心力把我们的脆弱的作品译出去。

可是这本书出版却很不顺利。四十年之后才在美国麻省理工学院出版社出版。而这"很不顺利"的原因也和政治有关。艾萨克斯在《草鞋脚·序言》中说了这原委:

> 在《论坛》出版初期,纽约一位知名的出版商就曾对我们准备出版的小说集表示了兴趣,但从他最早表示愿意支持到最后我交出初稿,这期间情况发生了变化。当他发现我变成"人民的敌人",或者比这更糟,而且他将不能指靠纽约共产主义运动给予的"特别资助"时,他的热情就消散了。在那些日子里,纽约共产主义运动很善于利用这种"特别资助"对书籍出版施加影响;它能保证任何普通出版商完成他预期一本图书的销售额,能保证一本未必受群众欢迎的书,结果不盈不亏。至于我这本书,不知是因为没有"特别资助"——正如一位出版商在写信回绝我时,就曾坦率地这样说——还是因为在当时没有发现这些小说本身有出版价值,在以后的两年里,《草鞋脚》遭到一个又一个出版商的拒绝。当 1936 年埃德加·斯诺没有遇到我这样的障碍,而终于出版了他编辑的一本中国短篇小说集(注:指《活的中国》,下一节要详说)时,我们完全气馁了,我们只得懊丧地将《草鞋脚》搁置一旁,作为我们的纪念品之一了。

艾萨克斯在北平,一方面从事《草鞋脚》的编译工作,一方面从事中国大革命史的研究。他在刘仁静(中共一大代表,和托洛茨基有直接联系的托派分子)的帮助之下,写成了他的大著作《中国革命的悲剧》。这是一项大工程。他 1938 年 6 月 15 日为这书写了一篇简短的弁言,说:

这本书是将近四年工作的结果,它写作的动机乃由于发现1925—1927年震撼中国的伟大事变,尚无详尽的研究。当时发生的社会大破局,其教训之作出适逢新事变开始发生,故尤其切合时机。此次新事变乃发生于本书泰半杀青之后,在本书结尾的几章中有所阐释。

　　许多友人借阅珍贵之资料、札记、报章、文件、小册子及书籍,以供本书准备写作之用,著者实深铭感。此种材料均有其自身之历史,盖国民党自1927年后,到处一经发现它们,则加以焚毁;而共产国际的档案库纵或保有上述全部文献,但对于勤求史实而排拒凭空作伪的人,是闭门不纳的。

　　因为这种资料,头一次在这里运用的是如是之多,又因为共产国际进行与这些事变有关的历史伪造运动有十年之久,作者从当代文献方面采用精确的,恐怕甚至过量的引文,其目的一方面充作印证,一方面充作未来学者的指南。中国名称的拼音,在各国语文中,差异甚大,但已按照中国最通用之英语,加以划一(包括引文中者)。J.C.L.(注:即刘仁静)对中文文献之译助,在此特致谢忱。

　　就中著者最感激的是他们的合作者,维奥拉.罗宾生(注:V. Robinson,著者的妻子,中文名姚白森),讹误之处,均蒙她斧正。(刘海生译,1947年上海向导书局)

从这里可以看出,他所花的力气和这书的价值了。他第一次指出共产国际的错误领导是产生中国大革命失败的悲剧的原因。这是正面面对这一尖锐问题的第一部著作。尽管今天看来,它资料还不够丰富,以致有些论断也不够确切,有些地方也还应该作更深入的分析,但它的学术价值、人文价值都应该做很高的评价。它必将作为二十世纪重要史学著作之一而传世。

1980 年 10 月，艾萨克斯夫妇应中国作家协会的邀请来华访问。在《丁玲年谱长编》里有这样一点记载：

> 13 日，在北京烤鸭店主持中国作协欢迎美国友人伊罗生的便宴。曹靖华、李何林、陈翰笙、唐弢、戈宝权等人在座。
>
> 14 日，晚，去后海宋庆龄寓所，出席欢迎伊罗生夫妇的家庭宴会。丁玲第一个来到宴会厅，接着是伊罗生，他给丁玲带来美国麻省理工学院出版社 1974 年出版的《草鞋脚》，此书由鲁迅和茅盾在 1934 年编成，内收有丁玲的《莎菲女士的日记》和《水》。出席家宴的还有茅盾、赵朴初、陈维博和史迪威将军的两个女儿。（王作如、李向东编著：《丁玲年谱长编》，天津人民出版社 2006 年，第 570 页）

三

鲁迅和斯诺的交往是 1933 年 2 月 21 日开始的，这天鲁迅日记："晚晤施乐君。"那天谈的，是斯诺要将鲁迅的小说译成英文的事。这天谈话之后不久，3 月 22 日，鲁迅就应斯诺的请求为他正在进行的这个译本写了一篇自序。

不久之后斯诺移居北平，在燕京大学兼任讲师，同时在精通英文的中国作家姚克合作之下翻译鲁迅的小说。1934 年 6 月 19 日鲁迅日记："姚克来并交施乐君及其夫人信，即写付作品翻译及在美印行权证一纸。"斯诺得到了作者的授权。后来艾萨克斯也有意翻译鲁迅的小说，也希望得到这样的授权。鲁迅回信给他说："我的小说，今年春天已允许施乐君随便翻译，不能答应

第二个人了。"(1934 年 8 月 22 日)

后来斯诺的计划有了改变,不是翻译出版英译本鲁迅小说选集,而是在收入已经译好的几篇鲁迅作品之外,还收入另外一些作家的作品。这本以《活的中国》为书名的现代中国短篇小说选,收了鲁迅《药》、《一件小事》、《孔乙己》、《祝福》、《风筝》、《论"他妈的"》、《离婚》等七篇。他人有作品入选的,有已经被杀的柔石,有正在狱中的丁玲,有新从沦陷的东三省归来的田军(即萧军),此外还有茅盾、巴金、沈从文、孙席珍、林语堂、萧乾、郁达夫、张天翼、郭沫若、沙汀等人。女作家杨缤(即 1957 年反右派斗争初期自杀的《人民日报》副总编辑杨刚)的自传性小说《日记拾遗》,是用"失名"这个署名编入书中的。

后来,斯诺在他的《复始之旅》中自己评论《活的中国》这本书说:"这本小书的文学价值并不大,但是,它是中国文学中现代反抗精神和同情心的最初证据,也是要求最广泛的社会公平的证据,这是中国历史上第一次确认'平民百姓'的重要性。"(《斯诺文集》第 1 卷,新华出版社 1984 年,第 159 页)

两人的交往虽然不多,但是彼此的印象都是好的。斯诺记下的他的印象:

> 我会见鲁迅时,他已是一位受人敬重的学者、导师和伟大作家了。他身材不高,肤色浅黑,目光炯炯,眉毛潮润。他当时五十多岁,正患着医不好的肺病,看样子不久于人世了。(《斯诺文集》第 1 卷,第 157 页)

斯诺也记下了一些他们交谈的内容。很有意思的是关于《阿 Q 正传》的谈话:

"你们已经进行了第二次革命或者说国民革命了,难道你觉得现在仍然有过去那么多的阿Q吗?"我问鲁迅。

　　鲁迅大笑道:"更糟了,他们现在还在管理国家哩。"(《斯诺文集》第1卷,第158页)

　　在鲁迅看来,国民党的统治,就是阿Q的统治吧。

　　鲁迅在致郑振铎的一封信(1935年1月8日)中写下了他对斯诺的评价:

　　　S君是明白的。有几个外国人之爱中国,远胜于有些同胞自己,这真足叫人伤心。

　　鲁迅日记最后一次记载斯诺,是1936年4月26日:"与广平携海婴往卡尔登影戏院观杂片,姚克、施乐同来,未见。"真是不凑巧,客人来访,主人出去看电影了,没见着。

　　这次扑空的拜访之后不久,斯诺就动身到陕北苏区去了,会见了毛泽东等许多中国共产党的领袖,写成了他的不朽名著《红星照耀着中国》(译本名《西行漫记》),第一次向全世界客观地报道了苏区、红军和共产党。他成了毛泽东的一位终身的朋友,是冷战时代中美两国之间一条联系的渠道。这些,当然都是鲁迅身后的事情了。

鲁迅与夏震武

——兼析夏震武其人其事

鲁迅1910年12月21日致许寿裳的信中说,"木瓜之役,倏忽匝岁",这是怎么一回事呢?

许寿裳在《亡友鲁迅印象记》中说了一个大概。1909年,鲁迅在浙江两级师范学堂任课,"到了冬天,学校里忽然起了一个风潮,原因由于监督易人:衡山先生(引者按:即沈钧儒)被选为谘议局副议长了,继任者是一位以道学自命的夏震武,我们名之曰'夏木瓜'。到校的一天,他要我陪同谒圣,我拒绝了,说开学时已经拜过孔子,恕不奉陪。他很不高兴,我也如此。接着因为他对于住堂的教员们,仅仅差送一张名片,并不亲自拜会,教员们大哗,立刻集会于会议厅,请他出席,他还要摆臭架子,于是教员们一哄而散。我因为新旧监督接替未了,即向旧监督辞职,不料教员们也陆续辞职,鲁迅便是其中之一。教员计有朱希祖、夏丏尊、章嵌、张宗祥、钱家治、张邦华、冯祖荀、胡浚济、杨乃康、沈朗斋……统统搬出了校舍,表示决绝。夏震武来信骂我是'离经叛道,非圣侮法',简直是要砍头的罪名;我便报以'理学欺人,大言诬实'。使得他只好勉强辞职,我们便回校,回校后开了一个'木瓜纪念会'。"

马叙伦《石屋续渖》中也有"夏震武"一节:

夏灵峰先生震武,字伯定,号涤庵,浙江富阳县里山人。

以进士官工部主事,治理学,宗程朱,而实私淑晦庵。母殁,葬杭州西湖之灵峰,遂又号灵峰。先生庐墓三年,巡抚尝使致劳,睹芒鞋竹篓者不知即先生也,不为礼,先生因亦不语以姓名。知仁和、钱塘两县事者,以时候起居,夏孝子之名遂播于人口。服阕,赴曹,及甲午之役,劾李鸿章误国,不报,遂归田。至清末,刘廷琛为京师大学堂监督,聘为教员,先生以师道自居,朔望谒拜孔子,必先监督。某年,先生年假还里,过杭州,寓望仙桥塊旅馆,使招余往,率然问曰:君看汤蛰仙为何如人?蛰仙,汤先生寿潜字也。时蛰丈方办沪杭甬铁路,有盛名。余知先生言必有谓,不敢遽对。先生曰:蛰先,伪君子也。余唯唯而已。辛亥后,先生里居不复出。余往候之,先生束发冠儒冠,衣深衣,俨然如对古人。余宿其宅,内外不闻语声。先生有弟则剪发矣。设米店于江边,弟司其业。然闻里山人云:买卖升斗出入不同,未知如何。余荷先生青目,昔时庋藏其所遗书牍,经渐当付阙如矣。

清亡之后,夏震武要当遗老,不做民国的官,怎么营生呢?他是开了一爿米店,由他弟弟经营。据当地人说,他做生意可不大规矩,大斗进,小斗出,不讲商业道德。用道学家的话说,就是欺心。这也印证了一句古老的名言:"黄金无假,道学无真。"说起假道学,还可以举一小例。不是说他是个庐墓三年的著名孝子吗?当年和鲁迅同在两级师范任教的杨莘耜,也是"木瓜之役"的参加者,在《六十年间师友的回忆》一文中也说起了这件事:

其时两级师范教职员中留日学生约占十之八九,短衣无辫。在夏震武看起来,这些人都是乱党,都是革命党,我们对夏亦看不顺眼,说他是个老顽固,说他是个假孝子(传说他在母死后庐墓三年中生有一子的事情,这种争论,在现在看来,也是很可笑的)。

刘福姚的《庚子纪闻》也说到了这位夏震武。庚子那年,刘是浙江乡试主考。他也是个顽固派。就在这篇《庚子纪闻》里说康有为"实荒谬妄诞人也,与其徒梁启超喜言变法,将举中国而夷之"。他引夏震武为同调。八国联军攻占北京,慈禧、光绪逃到西安。"诏求贤才,各省不闻有举者。余保荐数人,主事洪嘉与夏震武二人得引见。二人皆敢言,然当路不愿闻之,屡加申饬焉。"(《义和团史料》上册,中国社会科学出版社 1982 年,第226—227 页)夏震武是怎样的"敢言",又受到怎样的"申饬"呢?

关于这件事,龙顾山人(郭则沄)在《庚子诗鉴补》中有一诗咏他:

> 新旧才人貉一丘,虚名误尽过江流。
> 请看十六中兴策,此士獐头亦虎头。

诗后的解说:

同、光以来,朝贵宏奖虚声,于是浮薄之士,竞侈谈时务,以弋名干进。甲申、甲午两役,误于此辈者为多。至是两宫西狩,慨念时艰,颇有乏材之叹,适工部主事夏震武,自里居奔赴行在,上中兴十六策。枢臣鹿文端(引者按:新任军机大臣鹿传霖)伟之,荐于上,命入对。夏自请使俄,争东三省和约,且举洪嘉与许珏为助。西朝不许,仅命赴北京参预和议。夏大失望,因具疏请斩王文勤(引者按:军机大臣王文韶),目为汉奸。朝旨责其狂妄,拟遣戍。鹿力为营护,乃削职归。其人通籍,后尝越职言事,忤朝贵,因乞终养。凤有风汉之目,非能当大任者也。杨子勤太守《庚子感事诗》云:"新旧人才皆误国",其言绝痛。(《义和团史料》上册,第153页)

这事在《光绪朝东华录》里有一点记载,光绪二十六年十一月二十八日(1901年1月18日)上谕:

> 现因时事艰难,下诏求言,原期广益集思,有裨大局。近日工部主事夏震武,条奏多未能按切时势立言,着不准行。昨据鹿传霖奏参:夏震武奏劾王文韶请置重罪。王文韶朝廷任用有年,克勤厥职,办理洋务,尚能分别轻重,斟酌缓急。何得以传闻臆度之词,率请将大臣置之重典,殊属冒昧。姑念迂儒不达时务,虽其言过甚而心尚怀忠,免其置议。本日引见时条奏繁征博引。虽间有可采,究多窒碍难行,总之书生之见,不免好名,毋庸再行渎奏。嗣后言事诸臣,务须择其补偏救弊确实可行者,详细敷陈,以副下诏求言之至意。

王文韶是军机大臣。《清史稿》卷四百三十七本传说:"拳匪仇教,文韶力言外衅不可启,不见纳。"袒护拳匪的端郡王载漪、辅国公载澜这些人早就想杀他,密疏劾他通敌,请置诸法。

如果不是荣禄向慈禧担保,他真有可能跟许景澄、袁昶一样被砍头了。夏震武上条陈,请诛王文韶,不过是旧话重提罢了。可惜他提晚了几个月,情况已有很大的变化。闰八月初二(9月25日)已经发下了一道惩处纵庇拳匪诸王大臣的上谕,载漪、载澜等人都列名其中,给予处分。夏震武到十一月底还来上这样的条陈,也真是"迂儒不达时务"了。

夏震武碰了这个硬钉子并不知趣,还想寻找一个什么机会再一次表现一下自己。正好这时候发生了一件事情:盛京将军增祺越权派人同俄国签订有损国家利益的条约,十一月二十八日(1901年1月18日)上谕"奕劻等电奏,增祺派委已革道员周冕往旅顺,与俄擅立《奉天交地暂且约章》九条画押等语。此事增祺始终并未奏明,擅行委员,妄加全权字样,殊属荒谬。着交部严加议处。钦此"。夏震武以为这事对于他自己是一个机会,于是连忙写了一道奏折,请署工部尚书鹿传霖代呈。他在这奏折中说:

> 春秋之义,人臣无将,将则必诛。增祺擅派、周冕擅议,无君已甚,罪在不赦。此风一开,则十八省督抚皆可与各国私行立约,卖国之臣效尤接踵,国家号令不得复行于天下矣,臣实痛之。伏乞降旨,亟逮增祺、周冕,械送行在,审明正法。简人署理将军,立遣专使亲至俄廷,折之以大义,动之以至诚,晓之以利害。俄主英明,夙与英、日为仇,必不贪小利昧远图,以朝廷恩意结之,必欣然听命,归我东三省,昭布大义于天下,增祺之约一言立废。俄约既定,改各国之约如反掌耳。宗社存亡,两宫安危,在此一举。

既然"立遣专使亲至俄廷"是一件关系这样重大的事情,那么,由谁来担当这专使的重任呢?夏震武觉得他责无旁贷,毛遂自荐了。他在奏折中回顾了前一次上奏折碰钉子的事:

　　臣杜门二十年,被命复出,志在殉国,有死无二。迂儒谬论,屡荷优容,目击时艰,忧愤所发,力劾枢辅,并及部臣,越职妄言,分当窜逐。复蒙圣恩,曲赐矜全,奖其怀忠,免其置议,闻命感泣,图报无由。

接着,就表示了请任专使的愿望了:

　　伏念俄约关系存亡安危,必当以死力争。区区愚忠,愿仗天威,奉国书亲谒俄皇,喻以大义,动以至计。臣非敢苟为权宜之术,取济一时;实欲立中国自强之基,宣布上意。必令俄主感悦信服,返侵地归故疆,修好释嫌,尽罢要求,为各国倡。中俄协力,振作保卫,弭生灵涂炭之祸,寝暴主分割之谋。救亡图存,止戈已乱,在于今日,间不容发,失此不图,后悔无及。犬马微躯,唯当被发人山,闭户待死。臣志素定,愿于至艰之事,力行所言。天恩许臣,臣即星夜兼程,前赴京师,熟商李鸿章,李鸿章必奋发感动。然后晤商俄使,先废谬约,疾赴俄都,与俄皇定议。臣必有以自效,必不误国辱命。如臣言不效,愿伏欺罔之罪,死无所逃。(中国第一历史档案馆编:《义和团档案史料续编》上册,中华书局1990年,第916—919页)

　　这一下就碰了个更大的钉子。光绪二十六年十二月十五日

（1901 年 2 月 3 日）上谕："工部代奏学习主事夏震武条陈一折。国家交涉事宜，何等慎重详筹。岂有以疏远小臣，自请简使，即可遽信之理。夏震武前请赴京先见李鸿章，姑允所请，冀抒一得之长。今乃妄请自充专使，并援引洪嘉与许璟同往。直以国家重大之事视同儿戏，推其心欲自博忧国敢言之誉，贻朝廷以弃贤拒谏之名，实属狂愚谬妄，自应予以重惩。姑念迂愚无知，从宽严行申斥，勿庸前往京师，亦不准再行渎请。"他想通过上书言事求得升迁的路是走不通了。

夏震武对自己的期许甚高，所以对只屈就了一个两级师范学堂的监督，自然是极不得意。为了自我安慰，虽是小官，也要拿出做大官的排场来，把这些新从外国留学回来的教职员看做下属，颐指气使，于是激起了风潮。"木瓜之役"胜利，教职员成功地抵制了官厅任命的监督，这虽然只是一个学堂的事，影响也不过及于杭州学界，却反映了新对旧斗争的胜利，知识分子对官厅斗争的胜利，从一个侧面折射出清末社会政治风气等方面的变化。

鲁迅与张凤举

——小人张凤举

张凤举,名黄,又名定璜。1921 年 8 月因沈尹默介绍同鲁迅相识。鲁迅对他,最初的印象是很好的,在给二弟的信中说:"前天沈尹默绍介张黄,即做《浮世绘》的,此人非常之好,神经分明。"从鲁迅的日记中可以知道,在那几年里,两人的交往颇为频繁。他的长文《鲁迅先生》,是最早写鲁迅的文章之一。鲁迅说,这篇"未免说得我太好些"(致许广平信中语)。后来,他和鲁迅轮流编辑《国民新报副刊》乙刊。三一八惨案后,报上刊出了一张当局想要通缉的名单,他和鲁迅都名列其中。

可是,这人却是一个小人。

"小人"这顶"帽子",是胡适给他戴上的。胡适 1936 年 12 月 14 日致苏雪林的信中说:

> 鲁迅自有他的长处。如他的早年文学作品,如他的小说史研究,皆是上等工作。通伯先生当日误信一个小人张凤举之言,说鲁迅之小说史是抄袭盐谷温的,就使鲁迅终身不忘此仇恨!现今盐谷温的文学史已由孙俍工译出了,其书是未见我和鲁迅之小说研究以前的作品,其考据部分浅陋可笑。说鲁迅抄盐谷温,真是万分的冤枉。盐谷一案,我们应该为鲁迅洗刷明白。(《胡适全集》第 24 卷,第 324—325 页)

"通伯先生"即陈源。这里写的是鲁迅同陈源论战中的一大公案：陈源先是在《现代评论》的《闲话》中含沙射影地说"思想界的权威""整大本的剽窃"，接着又在《晨报副刊》发表的《致志摩》中挑明，说鲁迅的《中国小说史略》是拿盐谷温的书做"蓝本"。对此，鲁迅在《不是信》等文章中作了详细的辩驳。只是争论的双方谁都没有提到张凤举。在胡适这封信发表以前，一般读者都不知道张凤举这人在这一论争中起了这样的作用。鲁迅更是完全不知道这事，还是同先前一样同张凤举往来。但胡适说的是可信的，大家知道，他同陈源关系甚深，这事想必是陈源直接告诉他的吧。想想看：因为女师大的学潮，这时鲁迅和陈源之间已经开始了论战，而张凤举一面同鲁迅继续友好往来，一面又到他的论敌那里去造他的谣言，让人家拿来攻击他。这样挑拨离间、两面三刀，称此人为小人，真是一点也不冤枉。

用谣言作武器，是最坏的武器，当人家摆出事实真相来，你就一败涂地了。这一回陈源就吃了张凤举的亏，面对鲁迅提出的那些论据，他无法回嘴。这时，他本来可以说明这是听张凤举说的，多少可以让张分担一点责任，但他一个字也没有涉及张。我可以断言，一定是张央求他不要说出自己来。

我敢于把话说得这样绝对，是因为我知道另一件多少有些类似的事，那件事也与鲁迅、陈源二人有关。《南腔北调集》里有一篇《世故三昧》，里面说："那是十多年前，我在教育部里做'官僚'，常听得同事说，某女学校的学生，是可以叫出来嫖的。"回顾往事，他就这样平平淡淡地说了。在当年，这也是一场舌剑唇枪的笔墨官司。过程大概是这样：1926 年 1 月 20 日《晨报副刊》刊登了启明（周作人）的一篇文章，从头到尾都是批评和调侃陈源的。其中有这样几句："我知道在北京有两位新文化新文学的名人名教授,因为愤女师大前途之棘,先章士钊,后杨荫榆而扬言于众曰,'现在的女学生都可以叫局'。"(《周作人散文全集》第4卷,第479页)陈源一看到就火了,当天写信给周作人提出质问:"先生兄弟两位捏造的事实,传布的'流言',本来已经说不胜说,多一个少一个也不打紧。可是一个被骂的人总情愿知道人家骂他的是什么。所以,如果先生还有半分人气,请先生清清楚楚回我两句话:(1)我是不是在先生所说的两位人里面?(2)如果有我在内,我在什么地方,对了谁扬言了来?"(《周作人散文全集》第4卷,第497页)这可使周作人作难了,他无法回答陈源的质问。为什么呢? 多年以后,他才把这曲折写了出来。他在《〈语丝〉的回忆》一文中说:

> 有一次陈源对有些人说,现今女学生都可以叫局。这句话由在场的张定璜传给了我们,在《语丝》揭露了出来,陈源急了,在《现代评论》上逼我声明这话来源,本来是要据实声明,可是张定璜竭力央求,不得不中止了,答复说出自传闻,等于认错,给陈源逃过去了。张定璜与"正人君子"本来有交情,有一个时期我也由他的中介与"东吉祥"诸君打过交道,他又两面拉拢,鲁迅曾有一时和他合编过《国民新报》的副刊,也不免受了利用。上面所说的声明事件,川岛前后与闻,在张定璜不肯负责证明陈源的话的时候,川岛很是愤慨;那时"语丝社"在什刹海会贤堂聚会,他就要当场揭穿,经我劝止,为了顾全同事的面子,结果还是自己吃了亏。(《周作人散文全集》第12卷,第774页)

有人证,周作人无法拿出,只好在《晨报副刊》上这样回答陈源:"前日所说声言女学生可以叫局的两个人,现经查考,并无先生在内,特此奉复。"(《周作人散文全集》第 4 卷,第 440 页)真正是"等于认错"了。看到张凤举怎样央求周作人不要说出他来,就可以想见他是怎样央求陈源不要说出是他造的抄袭盐谷温的谣言的吧。在这件事情上,陈源也同周作人一样吃了他的亏。谁要同这种两面三刀的小人交朋友,讲交情,谁就准备吃亏吧。抗日战争期间,张凤举落水附逆,看来不是偶然的了。

鲁迅与徐祖正

徐祖正,1895 年出生,字耀辰,江苏昆山人。日本留学生。北京大学教授,是鲁迅、周作人兄弟共同的朋友和同事,他又是《语丝》周刊的同人。在鲁迅日记中可以看到,有好几次朋友间的宴聚中都有他在座。

鲁迅、周作人兄弟失和之后,鲁迅从八道湾旧宅搬了出来,当西三条胡同新居落成以后,1924 年 6 月 11 日,鲁迅就回八道湾旧宅去取出自己的书籍等物件,和周作人夫妇发生了激烈的冲突。鲁迅日记:

> 下午往八道湾宅取书及什器,比进西厢,启孟及其妻突出骂詈殴打,又以电话招重久及张凤举、徐耀辰来,其妻向之述我罪状,多秽语,凡捏造未圆处,则启孟救正之,然终取书、器而出。

关于这一幕,许寿裳在《亡友鲁迅印象记·一七·西三条胡同住屋》一节里有所记述:

> 说起他的藏书室,我还记得作人和信子抗拒的一幕。这所小屋(引者注:指西三条新居)既成以后,他就独自个回到八道湾大宅取书籍去了。据说作人和信子大起恐慌,信子急忙打电话,唤救兵,欲假借外力以抗拒;作人则用一

332

本书远远地掷入,鲁迅置之不理,专心捡书。一忽儿外宾来了,正欲开口说话;鲁迅从容辞却,说这是家里的事,无烦外宾费心。到者也无话可说,只好退了。

徐祖正当然不好介入兄弟间的家务事,只好退了。

1926年,北京大学的同事、《语丝》周刊同人林语堂要到厦门大学任职。朋友们要给他饯行。5月13日鲁迅日记:"与耀辰、幼渔、季市饯语堂于宣南春。"

又,同年8月16日鲁迅日记:"下午以丛芜诗转寄徐耀辰。"那时徐耀辰正和周作人等人合办文艺刊物《骆驼》和《骆驼草》,这想必是韦丛芜托他办的事吧。十天之后鲁迅就离京南下了。

在1927年8月出版的《语丝》周刊上徐祖正发表了一篇《教育漫语》。鲁迅看了,就写了《反"漫谈"》一文,虽然说徐祖正发的是"迂论",其实是深喜的。文章一开头就说:

> 我一向对于《语丝》没有恭维过,今天熬不住要说几句了:的确可爱。真是《语丝》之所以为《语丝》。
>
> 像我似的"世故的老人"是已经不行,有时不敢说,有时不愿说,有时不肯说,有时以为无须说。有此工夫,不如吃点心。但《语丝》上却总有人出来发迂论,如《教育漫谈》,对教育当局去谈教育,即其一也。
>
> "不可与言而与之言",即是"知其不可为而为之",一定要有这种人,世界才不寂寞。这一点,我是佩服的。但也许因为"世故"作怪罢,不知怎地佩服中总带一些腹诽,还夹几分伤惨。徐先生是我的熟人,所以再三思维,终于决定贡献一点意见。这一种学识,乃是我身做十多年官僚,目睹一

打以上总长,这才陆续地获得,轻易是不肯说的。

对"教育当局"谈教育的根本误点,是在将这四个字的力点看错了:以为他要来办"教育"。其实不然,大抵是来做"当局"的。

鲁迅的这一篇,是对徐祖正的响应,也深刻揭露了官场运作的规则。

1929 年 5 月,定居上海的鲁迅回北平省母,20 日曾经去看望徐祖正。29 日鲁迅在北京大学第二院讲演之后,沈尹默、马廉、张凤举、徐祖正邀他到森隆夜餐。

抗日战争期间,周作人做了汉奸,担任过伪北京大学校长。徐祖正和周作人的关系太深了,他跟着去做了伪北京大学英文系主任。抗日战争胜利,北京大学代理校长傅斯年宣布:"伪北大之教职员均系伪组织之公职人员,应在附逆之列,将来不可担任教职",他重回北大的路是堵死了。估计他是在 1956 年知识分子政策比较宽松之际被北京大学录用的。不久到了 1957 年,反右派斗争开始,这时他在北京大学东语系,不说别的,就凭他那个"大汉奸"的"前科",他就被划为右派分子了。

关于他最后在北京大学的情况,在 2004 年 5 月 23 日《中华读书报》上刊登的金克木《徐祖正教授的难得一笑》一文里可以看到一点点:

"文革"末,我去北大图书馆,到编目室闲看,见到地上堆着许多外文书,捡起一看,都是日本印的英国文学书,老古董,想到这必是新故的徐祖正教授赠图书馆的遗书。随后翻看几本,不料有一本书里夹着一张纸。一望那写得满满的毛笔字就知道是周作人的手迹,不免匆匆偷阅一遍。开头是"耀辰兄",末尾是"弟作人",中间是借书。周作人早年译过日本的《狂言十番》,这信正是借《狂言》,还说到一些作者和版本,可惜我茫然没记住。我看信后既不敢"私下腰包",也不敢告诉编目的朋友,恐怕一声张就会遭到销没,甚至于抄检书籍,影响到徐氏赠书的命运。于是悄悄夹回去,不露痕迹。现在不知埋葬在何处等待"有朝一日"发掘出来供人考证了。

我与徐先生忝为同事,却一直很少接触。我少年时就知道他的小说《兰生兄弟日记》,以为是写姐妹兄弟的事。后来见到,也没看懂,未留印象。他来北大没多久就划了右派。他自己不承认。"文革"末期,我从江西乡间回来,不再是"五七战士",搬在他住的宿舍园子里,才在清晨园外散步时见到他。有一次,我对他提到三十年代初在北京教英文的几位中外男女人士,他都熟悉。当年那些人在我的青年眼光和他的同辈眼光中都各有不同趣味。我一提到,彼此所知的人和事一样而所见所感不同,四顾无人,不禁两人同时哈哈大笑。那一笑,对我是久别,对徐先生是稀客。很可能认识徐先生的人都不会相信,那个一向面无表情的老人怎么会笑得那么开心。但我敢对天盟誓,这是真的。他的嘴咧得很大,声音很响。当然只有一次,而且他也没有失去绅士体统。

辛亥革命时,即我出生前一年,投笔从戎的少年,我认识的有两位,一是许德珩先生,一是徐祖正先生。徐家还收藏着退伍时的证书。"文革"初抄了出来,作为参加反动军队的证据。徐先生对我谈起,不懂对清朝皇帝造反怎么有罪？不是"造反有理"吗？他退伍后去了日本，学的英国文学。回国后起先教的也是英国文学。听说有一次他请周作人代课，周因为自己的英文发音是日本式的，竟上了一堂英文课而一个英文字不讲，书让学生念，他口头翻译，又提问题让学生讲，他修正补充。学生说英文，他说中文。这是上过这堂课的学生对我说的。当时我们不由得又好笑，又佩服。

徐先生终身未娶，他的妹妹也终身未嫁。两人"相依为命"，去世也相差不久，妹先兄后。两人都是基督徒，很虔诚，在心里。徐先生个子很矮，皮鞋是特制的高底，手里经常拿着一根西式手杖。我一见他就恍惚遇上了没胡子的夏目漱石。"文革"时剥夺了他的皮鞋和手杖。他在"勒令"之下无可奈何，不能西装革履持手杖打扫厕所。到"文革"末散步时恢复了旧装，只除去西服领带。听说抗战结束时他走在王府井大街上被路人当作日本人遭到辱骂，不知挨打了没有。徐氏藏书还在书库，书主人及其好友也在旧书中安息了。不要扰乱他们罢。

下部　与政界军界人士交往

我恐怕是以不好见客出名的。但也不尽然,我所怕见的是谈不
来的生客,熟识的不在内,因为我可以不必装出陪客的态度。我这
里客并不多,我喜欢寂寞,又憎恶寂寞,所以有青年肯来访问我,很
使我喜欢。

——鲁迅致李秉中

鲁迅与宋庆龄

一

鲁迅和宋庆龄的交往，是在 1933 年 1 月他参加了中国民权保障同盟的时候才开始的。中国民权保障同盟是共产国际为了营救牛兰而建立的一个组织。据伊斯雷尔·爱泼斯坦写的传记《宋庆龄——二十世纪的伟大女性》书中说："牛兰是'泛太平洋产业同盟'（职工会）秘书处的代表（这个同盟是'红色工会国际'的分支机构）。更为机密的是，他又是共产国际的代表，专门协助中国的地下革命者。……他们也是先由公共租界的特别巡捕逮捕，然后转送给蒋介石政府的。"（人民出版社 1992 年，第 290 页）他于 1931 年 8 月 10 日由中国方面引渡，14 日押解南京，以"危害民国"罪受审。苏联立刻想尽一切方法来营救他。

宋庆龄是为母亲奔丧，于 1931 年 7 月末离开德国，取道莫斯科回国，8 月 13 日到达上海，立刻为了营救牛兰进行了广泛的活动。据前引爱泼斯坦写的传记中说，"在营救牛兰夫妇的公开活动中，宋庆龄是中心人物。1932 年 7 月 12 日，她组成了'牛兰夫妇救援委员会'"。（《宋庆龄——二十世纪的伟大女性》，第 292 页）五个月之后，1932 年 12 月成立的中国民权保障同盟，实际上就是由这"牛兰夫妇上海营救委员会"扩大改建的。除了原来营救委员会的成员大都成了同盟的盟员之外，还尽量吸收了一批重量级的文化教育界的知名人士入盟，更加重了这一组织的分量。除了仍旧把营救牛兰夫妇作为实际上的首要任务之外,还加上了营救其他政治犯的任务,加上维护一般人权的口号,以争取更多的同盟者。表明"牛兰夫妇上海营救委员会"和"中国民权保障同盟"其实是一回事的,有一个有趣的旁证。在前引爱泼斯坦的书中列举了参加"牛兰夫妇救援委员会"的部分成员名单,其中包括鲁迅和胡适。(《宋庆龄——二十世纪的伟大女性》,第292页)可是人们都知道,这两人都没有参加牛兰救援委员会,他们只参加了中国民权保障同盟。爱泼斯坦是把这两个团体混为一谈了,可见在他的心目中,这是一回事。还可以注意一点是:在民权保障同盟成立之后,营救牛兰的活动即以同盟的名义进行,不再以营救委员会的名义进行了。

中国民权保障同盟名义上的负责人是宋庆龄和蔡元培,据《共产国际、联共[布]与中国革命档案资料丛书》第14卷的一份档案资料可以知道,当年中国民权保障同盟以及原来的牛兰夫妇上海营救委员会、后来的远东反战会议这许多事情,都是共产国际驻上海代表埃韦特委托艾萨克斯(即伊罗生)分管的。(《共产国际、联共[布]与中国革命档案资料丛书》第14卷,第158—159页)同样有共产国际背景的史沫特莱也是民权保障同盟能量极大的成员。据杨天石说,宋庆龄本人也可能有共产国际的背景。他的《蒋氏秘档与蒋介石真相》一书中说:"有材料说,宋庆龄是共产国际发展的秘密党员,这是可能的。"(社会科学文献出版社2002年,第371页)

1932年12月18日上海《申报》刊出了宋庆龄、蔡元培、杨铨(杏佛)、黎照寰、林语堂等人以筹备委员会名义发表《发起中国民权保障同盟宣言》,宣称"本同盟之目的"有三项,首要的一项就是"为国内政治犯之释放与非法的拘禁、酷刑及杀戮之废除而奋斗"。一句没有公开说出来的话是:首先是要为牛兰的释放而奋斗。

鲁迅的参加中国民权保障同盟,据宋庆龄说是杨杏佛出面去邀请他的。她在《追记鲁迅先生》一文中说:

> 鲁迅和杨杏佛曾于 1911 年同在南京临时政府担任职务,但直到 1927 年同时加入中国济难会以后,两人才有机会相识。1932 年夏杨任中央研究院秘书时,请鲁迅先生加入中国民权保障同盟。当年秋季鲁迅、蔡元培和我都被选为该同盟执行委员。当时白色恐怖很厉害。鲁迅住在上海虹口区,处境困难,因为那里有很多国民党反动派的特务和警察监视他。
>
> 中国民权保障同盟每次开会时,鲁迅和蔡元培二位都按时到会。鲁迅、蔡元培和我们一起热烈讨论如何反对白色恐怖,以及如何营救被关押的政治犯和被捕的革命学生们,并为他们提供法律的辩护及其他援助。这个同盟虽然做了一些工作,但 1933 年 6 月杨杏佛被暗杀后,同盟即停止活动。(《鲁迅回忆录 散篇》下册,第 1039 页)

鲁迅参加民权保障同盟的活动,在他 1933 年 1 月份的日记里有记载:

> 十一日 大风,小雨。下午往商务印书[馆]访三弟,即同至中央研究院开民权保障同盟[会],胡愈之、林玉堂皆不至,五人而已。六时散出,复同三弟至四如春吃饭,并买杂书少许。夜雪。(注:到场的"五人而已"当是宋庆龄、蔡元培、杨杏佛、鲁迅和周建人。)

十六日　雨。往中央研究院。夜风。

十七日　昙。午后微雪。下午往人权保障大同盟开会，被举为执行委员。蔡孑民先生为书一笺。为七律［绝］二首。（注：在这次会上选出的执行委员是：宋庆龄、蔡元培、鲁迅、杨杏佛、邹韬奋、林语堂、伊罗生、陈彬和、胡愈之九人。）

十八日　大雪。往中央研究院午餐，同席八人。

二十日　夜寄孙夫人、蔡先生信。风。

二十五日　晴。下午往中央研究所［院］。旧历除夕也，治少许肴，邀雪峰夜饭，又买花爆十余，与海婴同登屋顶燃放之，盖如此度岁，不能得者已二年矣。

三十日　晴。下午往中央研究院。

日记里写的这些"往中央研究院"，都是去参加民权保障同盟的活动。在这里，他和宋庆龄在一起开会，也就熟识起来了。

鲁迅参加民权保障同盟以后做的第一件事，就是 1933 年 1 月 21 日写信给宋庆龄和蔡元培：

　　庆龄、孑民先生：

　　黄平被捕后，民权保障同盟曾致电中央抗议，见于报章，顷闻此人仍在天津公安局，拟请即电该局，主持公理，一面并在报端宣布电文，以免冥漠而死也。肃布，敬请

　　文安

鲁迅启上 1 月 21 日

查鲁迅日记，鲁迅写给宋庆龄的信就只有这一封，现在收在《鲁迅全集》第 12 卷里（第 363 页），并没有散失。而宋庆龄

1976 年 7 月 8 日写给陈翰笙的信中说:"我深感懊悔的是我把他写给我的两封信放在我的'保险箱'中,而在我被迫逃到香港去时未能带走。有太多历史文件都落入了日寇之手。"(《宋庆龄致陈翰笙书信》,东方出版中心 2013 年,第 124 页)如果不是鲁迅有两封日记未记的书信,那就是宋庆龄的记忆有误了。

这里说一下黄平其人。黄平(1901—1981),湖北汉口人。1924 年 5 月加入中国共产党,在中共六届三中全会上被增选为中央委员会候补委员,担任过中共驻共产国际代表,国际反帝同盟执行委员,中华全国总工会书记。1932 年 10 月,在天津视察工作时被捕先后被关押在国民党河北省党部、天津市公安局和南京宪兵司令部。1933 年自首变节,不久获释。即在上海、苏州等地从事英文教学和翻译工作。(《中国共产党历届中央委员大辞典》,中共党史出版社 2004 年,第 239—240 页)

黄平在他晚年写的《往事回忆》里记下了在他自首之后宋庆龄找他问话的事:

> 1933 年 5、6 月间,特务季云溥来到我的住处说,孙夫人要见我,叫我去一趟。我说这有什么去头。他说你还是去一趟的好。孙夫人住在一个英国人办的旅馆里。在她的屋子里有孙夫人和杨杏佛还有国民党的一个特务(叫什么不记得了)。孙夫人用德语问我,你能说德语吗?我也用德语回答她说,很抱歉我不会,我只能说英语和俄语。她就用汉语和我讲话了。因为那个特务也正好懂得英、俄语。孙夫人问我,你受过刑吗?我答没有受过体刑,还说了什么,我不记得了。我就告辞了。孙夫人和我紧紧地握手。解放

后,杨之华告诉我说,孙夫人收集她所有的文集,就是找不到她在南京访我之后写给党的一份报告。不久,在上海《申报》上刊登了访问孙夫人的报道。孙夫人对申报馆的全篇谈话,就是描写我当时颓废和憔悴的景象,别的一句不谈。(人民出版社 1981 年,第 91—92 页)

事情已经到了这步田地,营救的话当然不要再说了,不过宋庆龄对鲁迅来信所请之事确是认真办理了的。

二

鲁迅 1933 年 2 月 17 日日记:

> 午后汽车赍蔡先生信来,即乘车赴宋庆龄夫人宅午餐,同席为萧伯纳、伊、斯沫特列女士、杨杏佛、林语堂、蔡先生、孙夫人,共七人,饭毕照相二枚。同萧、蔡、林、杨往笔社,约二十分后复回孙宅。

这里说的是他参加接待爱尔兰作家萧伯纳的事。宋庆龄在《追记鲁迅先生》一文中,把这看作民权保障同盟的一项活动。她说:"英国文豪萧伯纳,有一次来我家午餐时,同盟的几位会员都在座。他早已受到英政府的警告,因而他在我处很少发言。当时林语堂和他滔滔不绝地谈话,致使鲁迅等没有机会同萧伯纳谈话。"

关于这一次到宋庆龄家和萧伯纳会见的经过,鲁迅的《看萧和"看萧的人们"记》一文中有简单的记述:

十七日的早晨，萧该已在上海登陆了，但谁也不知道他躲着的处所。这样地过了好半天，好像到底不会看见似的。到了午后，得到蔡先生的信，说萧现就在孙夫人的家里吃午饭，教我赶紧去。

　　我就跑到孙夫人的家里去。一走进客厅隔壁的一间小小的屋子里，萧就坐在圆桌的上首，和别的五个人在吃饭。因为早就在什么地方见过照相，听说是世界的名人的，所以便电光一般觉得是文豪，而其实是什么标记也没有。但是，雪白的须发，健康的血色，和气的面貌，我想，倘若作为肖像画的模范，倒是很出色的。

　　午餐像是吃了一半了。是素菜，又简单。白俄的新闻上，曾经猜有无数的侍者，但只有一个厨子在搬菜。

　　萧吃得并不多，但也许开始的时候，已经很吃了一通了也难说。到中途，他用起筷子来了，很不顺手，总是夹不住。然而令人佩服的是他竟逐渐巧妙，终于紧紧的夹住了一块什么东西，于是得意的遍看着大家的脸，可是谁也没有看见这成功。

　　在吃饭时候的萧，我毫不觉得他是讽刺家。谈话也平平常常。例如说：朋友最好，可以久远的往还，父母和兄弟都不是自己自由选择的，所以非离开不可之类。

　　午餐一完，照了三张相。并排一站，我就觉得自己的矮小了。虽然心里想，假如再年青三十年，我得来做伸长身体的体操……

　　两点光景，笔会（Pen Club）有欢迎。也趁了摩托车一同去看时，原来是在叫作“世界学院”的大洋房里。走到楼上，早有为文艺的文艺家，民族主义文学家，交际明星，伶界大王等等，大约五十个人在那里了。合起围来，向他质问各色各样的事，好像翻检《大英百科全书》似的。

萧也演说了几句：诸君也是文士，所以这玩艺儿是全都知道的。至于扮演者，则因为是实行的，所以比起自己似的只是写写的人来，还要更明白。此外还有什么可说的呢。总之，今天就如看看动物园里的动物一样，现在已经看见了，这就可以了罢。云云。

大家都哄笑了，大约又以为这是讽刺。

也还有一点梅兰芳博士和别的名人的问答，但在这里，略之。

此后是将赠品送给萧的仪式。这是由有着美男子之誉的邵洵美君拿上去的，是泥土做的戏子的脸谱的小模型，收在一个盒子里。还有一种，听说是演戏用的衣裳，但因为是用纸包好了的，所以没有见。萧很高兴的接受了。据张若谷君后来发表出来的文章，则萧还问了几句话，张君也刺了他一下，可惜萧不听见云。但是，我实在也没有听见。

有人问他菜食主义的理由。这时很有了几个来照照相的人，我想，我这烟卷的烟是不行的，便走到外面的屋子去了。

还有面会新闻记者的约束，三点光景便又回到孙夫人的家里来。早有四五十个人在等候了，但放进的却只有一半。首先是木村毅君和四五个文士，新闻记者是中国的六人，英国的一人，白俄一人，此外还有照相师三四个。

在后园的草地上，以萧为中心，记者们排成半圆阵，替代着世界的周游，开了记者的嘴脸展览会。萧又遇到了各色各样的质问，好像翻检《大英百科全书》似的。

萧似乎并不想多话。但不说,记者们是决不干休的,于是终于说起来了,说得一多,这回是记者那面的笔记的分量,就渐渐的减少了下去。

　　我想,萧并不是真的讽刺家,因为他就会说得那么多。

　　试验是大约四点半钟完结的。萧好像已经很疲倦,我就和木村君都回到内山书店里去了。(《鲁迅全集》第4卷,第508—511页)

　　在这篇文章里,鲁迅说:"我对于萧,什么都没有问;萧对于我,也什么都没有问。"这也就是宋庆龄在那篇文章里说的"致使鲁迅等没有机会同萧伯纳谈话"吧。

　　宋庆龄1976年7月7日写给陈翰笙的信中提供了一个人们没有听说过的细节:

　　当萧伯纳(在上海)短暂停留时,来参加在我寓所设的午餐会,在场的客人还有鲁迅、蔡元培、林语堂、伊罗生和艾格尼丝·史沫特莱。这次聚会本应有很有意义的谈话,但是艾格尼丝·史沫特莱以大声"耳语"对伊罗生说"激怒他!"的话,大家都听到了,尤其是萧伯纳,因为他看了她一眼。只有林语堂随便闲谈了几句。这次餐会没有什么成果。(《宋庆龄致陈翰笙书信》,第122—123页)

　　史沫特莱以及那时的伊罗生,都是左得出奇的人物,对于被他们认定为资产阶级作家的萧伯纳,是满怀敌意的,他们来参加这次聚餐会,恐怕目的就是要来激怒萧伯纳吧。

　　宋庆龄1976年10月12日写给陈翰笙的信中还说到一件相

关的事：

> 至于《人民中国》刊登的照片，出版社抹去了其他两名
> 在我家午餐会上会晤萧伯纳的人，即伊罗生和林语堂。显
> 然这两个人是与我们持不同政见的。(《宋庆龄致陈翰笙书
> 信》，第 129 页)

现在的《鲁迅全集》第 5 卷前面的第二张插页就是这一帧照
片，是没有经过技术处理的。宋庆龄说的那张，即删去了站在蔡
元培后面的伊罗生、站在蔡元培和鲁迅之间的林语堂的，我也在
"文化大革命"时期的出版物上看到过。

三

1933 年 3 月 3 日，中国民权保障同盟临时中央执行委员会
开会，决议开除北平分会主席胡适。这一决裂是迟早要发生的。
首先，从根本上说，是双方对"民权保障"一语有完全不同的解
释。胡适认为不应把民权保障的问题完全看作政治问题，而应
该看作法律的问题。政治犯也应该受正当的法律保障，而不赞
成宋庆龄等人提出来的"立即无条件的释放一切政治犯"这样的
要求；而对方呢，不但坚持提出"立即无条件的释放一切政治犯"
这个要求，而且他们所说的"一切政治犯"里还必须包括牛兰这
样被捕获的外国间谍。如果不是这样，那么组建这个民权保障
同盟还有什么意义，还有什么必要呢。

正好在这时候，发生了一件事：2 月 4 日，史沫特莱寄了一
封英文快信给胡适，并附有宋庆龄签名的一页英文信，以及英文
的《北平军分会反省院政治犯控诉书》一份。控诉书详述反省院

中种种残酷的私刑拷打。史、宋的两封信都嘱北平分会立即向当局提出严重抗议，废除反省院中种种私刑。胡适感到，这信中所述显然同他几天前到反省院调查到的情况不符，显然是一份伪造的文件。可是第二天，在2月5日的英文报纸《燕京新闻》刊出了以"中国民权保障同盟全国执行委员会"名义发表的《北平军分会反省院控诉书》，其中描绘了一些骇人听闻的酷刑。同时发表了宋庆龄的一封信，谴责这些酷刑之外，并要求"立即无条件的释放一切政治犯"。

林语堂在2月9日的信中告诉胡适这一份"控诉书"的来历："此报告系由史沫特烈（莱）交来，确曾由临时执行委员会传观。"至于这个文件史沫特莱又是从什么地方拿来的呢，林语堂就不知道了。现在人们从解密的苏联档案中可以知道，这一份伪造的控诉书是共产国际的人交给史沫特莱拿去发表的。在共产国际驻中国代表埃韦特给共产国际执行委员会主席团委员皮亚特尼茨基的第4号报告（1933年3月11日）说得很明确："在过去的报告中我向您通报过成立'民权同盟'的情况，在我们的影响下，该同盟提出了释放政治犯的问题，并在报刊上有力地揭露了敌人的恐怖活动和刑讯逼供等行为。这些做法逼得真是该组织成员的一些反动派出来反对，所以该同盟开除了北平的教授胡适。"（《共产国际、联共［布］与中国革命档案资料丛书》第13卷，第345页）

胡适在2月4日、5日连写了两封信给蔡元培、林语堂两人，提出：

> 上海总社似应调查此种文件的来源，并应考据此种文件的可信程度。若随便信任匿名文件，不经执行委员会慎

重考虑决定,遽由一二人私意发表,是总社自毁其信用,并使我们亲到监狱调查者,蒙携出或捏造此种文件的嫌疑,以后调查监狱不易下手了。

信末表示:"如有应由总社更正或救正之处,望勿惮烦,自行纠正,以维总社的信用。"

这一件事还没有完,又发生了一件事:2月21日英文报纸《字林西报》刊出了访问胡适的报道,转述了他的这些意见,其中有一处重要的出入,胡适说的是"一个政府要存在,自然不能不制裁一切推翻政府或反抗政府的行动"。说的是政府必定会作出这样的反应,而《字林西报》上登的,这话却变成"任何一个政府都应当有保护自己而镇压那些危害自己的运动的权利",变成政府"有权"作出这样的反映了。

矛盾尖锐到了这个程度,民权保障同盟的临时全国执行委员会也只能作出开除胡适的决议了。在开除胡适这个问题上,民权保障同盟的几个执行委员的意见颇有分歧。据周建人3月29日致周作人信中说:"胡博士事,据言在《字林西报》发表之谈话,有替军阀辩护之嫌,许多人不满,当初蔡公、林语堂等力为辩护,但有些执行委员坚持,终于开除民权会了。盖执行委员中有几位美人比较的略激。"(《鲁迅研究资料》第12辑,第81页)周建人信中所说情况,当是听出席了这次执委会议的鲁迅说的。"有几位美人比较的略激烈"就是指艾萨克斯(即伊罗生)和史沫特莱,他们是共产国际派来控制中国民权保障同盟的。

宋庆龄的态度,也是主张开除胡适的。她为此发表了一篇《中国民权保障同盟的任务》,说:

胡适身为同盟的盟员,又是北平分会主席,竟进行反对同盟的活动,他这种行动是反动的和不老实的。胡适是同意了同盟所发表的基本原则才加入同盟的。但当国民党与张学良公开反对本同盟时,他害怕起来了,并且开始为他的怯懦寻找借口和辩解。本同盟清除了这样一个"朋友"实在是应该庆贺的。

　　从《鲁迅日记》中可以知道,他是出席了3月3日这次会议的。看来他在会上没有站在极力为胡适辩护的蔡元培、林语堂一边,而是站在主张开除的宋庆龄等人一边。会后他即写文章批判胡适了。《"光明所到……"》一文,是就《字林西报》关于胡适视察监狱的报道而写的。这篇报道中说:"他们很容易和犯人谈话,有一次胡适博士还能够用英国话和他们会谈。"鲁迅即据以议论道:

　　　我虽然没有随从这回的"慎重调查"的光荣,但在十年以前,是参观过北京的模范监狱的。虽是模范监狱而访问犯人,谈话却很不"自由",中隔一窗,彼此相距约三尺,旁边站一狱卒,时间既有限制,谈话也不准用暗号,更何况外国话。
　　　而这回胡适博士却"能够用英国话和他们会谈",真是特别之极了。莫非中国的监狱竟已经改良到这地步,"自由"到这地步;还是狱卒给"英国话"吓倒了,以为胡适博士是李顿爵士的同乡,很有来历的缘故呢?

　　鲁迅这个说法当然是合乎事理,监规确是禁止囚犯使用外语的,何况他还举出了自己十年前参观北京模范监狱的亲身经历,更有说服力了。不过,胡适在视察反省院的时候,确实用英语跟被关押的政治犯交谈过,其中有一人是苏联塔斯社北平分社记者、翻译刘质文,就是后来著名的新闻工作者刘尊棋,1949 年中央人民政府成立,他当了新闻总署国际新闻局的副局长。

此外还有《王道诗话》、《出卖灵魂的秘诀》这两篇攻击胡适的文章,都是瞿秋白代笔的。这时瞿秋白正在鲁迅家中避难,大约鲁迅和他谈到批判胡适的任务,他就写了这两篇吧。

四

鲁迅在 1933 年 3 月 16 日出版的《论语》半月刊发表《由中国女人的脚,推定中国人之非中庸,又由此推定孔夫子有胃病》("学匪"派考古学之一)一文(署名何干)。其中写到宋庆龄:

> 以上的推定,虽然简略,却都是"读书得间"的成功。但若急于近功,妄加猜测,即很容易陷于"多疑"的谬误。例如罢,二月十四日《申报》载南京专电云:"中执委会令各级党部及人民团体制'忠孝仁爱信义和平'匾额,悬挂礼堂中央,以资启迪。"看了之后,切不可便推定为各要人讥大家为"忘八";三月一日《大晚报》载新闻云:"孙总理夫人宋庆龄女士自归国寓沪后,关于政治方面,不闻不问,惟对社会团体之组织非常热心。据本报记者所得报告,前日有人由邮政局致宋女士之索诈信□(引者注:原缺)件,业经本市当局派驻邮局检查处检查员查获,当将索诈信截留,转辗呈报市府。"看了之后,也切不可便推定虽为总理夫人宋女士的信

件,也常在邮局被当局派员所检查。(《鲁迅全集》第4卷,第522页)

　　鲁迅在文章里写到这件事,一是揭露政府当局邮电检查的无孔不入,虽然是宋庆龄这样有身份的人也在检查机关关注之列,也表示他对宋庆龄的友好和关心吧。
　　在这以后,鲁迅作为民权保障同盟的成员还和宋庆龄有过一些共同的活动。一件事是一同到上海德国领事馆递交抗议书。鲁迅1933年5月13日日记:

　　　　十三日　晴,风。上午往中央研究院,又至德国领事馆。

记的就是这件事。这一天宋庆龄发表的《谴责对德国进步人士与犹太人民的迫害》一文说:

　　　　中国民权保障同盟是反抗中国的恐怖、争取中国人民的民权和人权,并与世界进步力量联合在一起的,它对于现在统治着全德国的恐怖和反动,感到非提出强有力的抗议不可。

文章在大量引证欧美报刊登载的德国的恐怖暴行之后,接着说:

　　　　为了人类、社会和文化的进步,为了努力协助保持人类和各种运动所得到的社会与文化的成果,中国民权保障同盟坚决地抗议上述的事实。

关于这一次抗议活动,5 月 14 日的《申报》报道说:

> 中国民权保障同盟,向以提倡民权为宗旨,不分国际畛域。近以德国希特勒派一党专政以来,残害无辜,压迫学者,惨酷殊甚。特于昨日上午,由执行委员会宋庆龄、蔡元培、杨杏佛、鲁迅等,亲到本埠德国领事馆提出抗议。当由副领事贝连君接见,许代转达该国驻华公使。

这篇报道还刊出了抗议书全文。

5 月 29 日《中国论坛》的报道说:

> 5 月 13 日星期六那天中国民权保障会行政委员往谒上海德国公使提出抗议法西斯蒂恐怖。由孙夫人宋庆龄女士领导,里面有蔡元培、杨铨、中国先进作家鲁迅、批评家兼作家林语堂、著名记者兼作家史沫特莱女士和中国论坛编者伊罗生。

鲁迅反对德国法西斯蒂的态度是很鲜明的,他在 6 月 4 日写的《又论"第三种人"》一文中说:"我也正是憎恶法西斯谛的一个。"(《鲁迅全集》第 4 卷,第 546 页)宋庆龄的《谴责对德国进步人士与犹太人民的迫害》一文历数德国的暴政的时候说道"小说家汉斯·鲍尔被迫吞下他自己的原稿",鲁迅在《智识过剩》一文中也引用了这事,说:"现在德国是不但劝告,而且实行铲除智识了,例如,放火烧毁一些书籍,叫作家把自己的文稿吞进肚子去,还有,就是把一群群的大学生关在营房里做苦工,这叫做'解决失业问题'。"(《鲁迅全集》第 5 卷,第 236 页)宋庆龄和鲁迅有着反法西斯的一致,文字上也就互相呼应了。

宋庆龄 1976 年 10 月 12 日写给陈翰笙的信中回忆这件往事:"说我去德国领事馆只有鲁迅同去是不对的,但我已不记得同去的还有哪些人。"又说:"你知道林语堂一向胆小怕事。而这次他竟敢和我们一起去德国领事馆抗议法西斯主义!"(《宋庆龄致陈翰笙书信》,第 129 页)

1933 年 6 月 18 日,中国民权保障同盟总干事杨杏佛遭到暗杀。6 月 20 日杨杏佛入殓,有风声说特务要趁机刺杀民权保障同盟的人,宋庆龄和鲁迅都不顾忌这些,他们都前去送殓了。这时蔡元培虽然已经脱离了民权保障同盟。他还是以中央研究院院长的身份,来给中央研究院总干事杨杏佛送殓了。杨杏佛遇难以后,中国民权保障同盟也就不再活动,无形之中解体了。

这以后宋庆龄和鲁迅还有一次合作,是远东反战会议。根据共产国际的布置,世界反对帝国主义战争委员会于 1933 年 9 月 30 日在上海秘密举行了远东反战会议。筹备这次会议很不容易。从宋庆龄 1933 年 8 月 28 日写给马莱的信里就可以看到找一个会场遇到的困难。这封信说:

> 基督教青年会的洛克伍德先生发表了一项声明,否认他的组织曾就即将召开的会议的住宿问题与我们有过接触。这个消息使我们十分惊讶,无疑也使代表团的其他成员感到奇怪。
>
> 事实上,我们已与该基督教青年会的中国秘书达成了协议,双方规定并同意会议用房的租金的每天五十美元,我们还得到了一份关于房子何时有空的清单,剩下的事只是根据具体的会期分配房间了。

可能是基督教青年会的外国工作人员不经常同他们的中国同事联系,也有可能这一声明表明了这个位于敏体尼荫路(注:今西藏南路)大街的所谓的中国基督教青年会,没有一个中国人有权就谁能或不能使用青年会的房子并支付租金作出决定。然而,最大的可能是警方或其他势力的威吓,迫使基督教青年会拒绝执行原来已达成的协议。(《宋庆龄书信集》上册,人民出版社1999年,第79—80页)

没有办法,最后只好在沪东大连湾路租了一幢房子,没有任何家具,水电也都没有安装。因为未接上自来水,大小便了成问题,抽水马桶冲不下去,装满后只能在浴缸里大小便了。

会议进行的过程,据冯雪峰《在北京鲁迅博物馆的谈话》中提供的材料说:

当时中共上海中央局责成江苏省委负责组织这次秘密会议(我当时任省委宣传部长)。主要的工作除产生上海的群众代表外,是安排国际代表和上海群众见面,以及布置秘密会场等。(《雪峰文集》第4卷,人民文学出版社1985年,第504页)

国际派来了三个代表,于1933年8月中旬到上海,一个是马莱爵士,英国工党中人;一个是伐扬·古久烈,法国著名作家,当时法共机关报《人道报》的主笔;一个是比利时人,属于社会民主党名字我忘记了。

还有一个也是国际的代表,是中国的宋庆龄。(《雪峰

文集》第 4 卷, 第 503 页)

　　会议进行了一天, 代表们坐在地板上, 做报告和说话当然都不能大声, 外面周围有一小队秘密纠察队骑了自行车转来转去, 是当时所能做到的对于会议的保卫(纠察队的主要任务是发现有危险的征象时迅速给以通知, 使代表能及时离开房子)。主席团由四个国际代表及东北几省代表、义勇军代表、苏区代表和平绥铁路工人代表组成。当天主持会议的主席是宋庆龄。毛主席、朱总司令和鲁迅都被推为名誉主席团的成员。名誉主席团的其他成员有片山潜(日本), 罗曼·罗兰、纪德、巴比塞(法国), 德莱塞(美国), 高尔基、伏罗希洛夫(苏联), 台尔曼(德国)等。宋庆龄致开幕词并做了中国反帝情况的报告; 马莱做了国际反帝反战情况的报告; 苏区代表做了苏区群众反帝斗争情况的报告。会议通过了反对日本帝国主义侵略中国和反对帝国主义战争的宣言, 以及抗议帝国主义和中国军阀进攻中国红军的抗议书和抗议帝国主义武装干涉苏联的抗议书等。会议一天开完, 在当天傍晚全体代表都陆续安全地离开了会场。(《雪峰文集》第 4 卷, 第 504—505 页)

　　鲁迅先生没有出席会议。不是他不愿意出席, 而是为了安全不让他出席的, 同时我们也觉得既然在秘密方式之下开会, 也没有要他出席的必要。但他十分关心和支持这会议, 并曾捐款以补筹备经费之不足。他也没有出席公开欢迎外国代表的聚会, 但会见了伐扬·古久烈地点的在北四川路天潼路伊赛克(注: 即伊罗生)的寓处。(《雪峰文

集》第 4 卷,第 505 页)

这里说的鲁迅去会见伐扬·古久烈(瓦扬·古久里)的事,
见于他 9 月 5 日的日记:

> 五日 晴。晚见 paul Vaillant-Cou-turier,以德译本《Hans-
> ohne-Brot》乞其署名。

他是带去了一本古久里著作的德文译本,请他签名留念。
这期间鲁迅还去会见了马莱。内山完造在《上海霖语》中记
下了这次会见中一个有趣的情节:

> 有一天鲁迅突然到我这儿来,说:"老板,可真有意思
> 啊!"他穿着灰的斜纹布长衫,脚蹬八角钱一双的胶鞋,惰于
> 修剪的胡须,可是却神采奕奕地说着:"刚才,我到沙逊旅馆
> 去会一个人,就是那个马莱。听说马莱的房间在七楼,我便
> 走进电梯,然而开电梯的没有开的意思。"为人善良的鲁迅
> 在等待着,但是怎么等也不开。鲁迅终于问开电梯的为什
> 么不开?"去去去",把鲁迅赶出去了。"于是,我从电梯里
> 出来,沿着楼梯走上去了! 事情谈了一个半小时到两个小
> 时,回来的时候,马莱送我到电梯。开电梯的正好是刚才那
> 个家伙。马莱至为诚恳,倍加亲切,握手相别。那个开电梯
> 的男人大为惊诧,电梯中间一次没停,一气开下,到了楼下,
> 也不管门开没开,比我先一步跳了出去。真是饶有兴味呀!
> 中国人的恶习,是以人的穿戴来断定人品的。开电梯的大
> 受困窘,面红耳赤,加劲地开电梯。"我说:"看你这身打扮,

358

说'去去去'倒是应该的啊!"鲁迅打量着自己的一身装束说:"倒也是。"

鲁迅和这两位国际代表的会见,实际上也就是参加了这次会议的活动。还在会议的筹备期间鲁迅就在想怎样为会议做一点宣传,他在9月2日的《申报·自由谈》发表《新秋杂识》一文,故意说到反战会议,发一个预告,让公众知道有这么一回事:

> 反战会议的消息不很在日报上看到,可见打仗也还是中国人的嗜好,给它一个冷淡,正是违反了我们的嗜好的证明。自然,仗是要打的,跟着武士蚁去搬运败者的幼虫,也还不失为一种为奴的胜利。但是,人究竟是"万物之灵",这样那里能就够。仗自然是要打的,要打掉制造打仗机器的蚁冢,打掉毒害小儿的药饵,打掉陷没将来的阴谋:这才是人的战士的任务。(《鲁迅全集》第5卷,第287页)

最后会议成功。鲁迅是高兴的。他1934年12月6日答复萧军、萧红询问的来信说:"会是开成的,费了许多力;各种消息,报上都不肯登,所以在中国很少人知道。结果并不算坏,各代表回国后都有报告,使世界上更明瞭了中国的实情。我加入的。"

五

鲁迅和宋庆龄最后一次聚会是一同在苏联领事馆看电影。那是在1935年苏联国庆(11月7日,即所谓十月革命节)的招待会上。那天也被邀请的茅盾1940年写的《纪念鲁迅先生》一文说起这事:

记得是十月革命节的前一天或后一天,上海苏联领事馆招待少数文化人去看电影。中国人去的只有五、六个,其中有鲁迅和他的夫人公子。那晚上看了《夏伯阳》(大概是),鲁迅精神很好,喝了一两杯伏特加。(《鲁迅回忆录　散篇》中册,第702页)

更早,1939年,许广平在《鲁迅先生的娱乐》一文中说:

　　更阔气的一次看电影,在1935年时间似乎是初秋,由一位熟朋友通知:有一个地方请看电影,家属也可以同去,是晚上七点到那里。同去的人,有茅盾先生,来约的时候刚巧黎烈文先生也在我家,于是带着海婴,五个人坐在预备好的汽车,开到一个停车处,遇到宋庆龄先生和史沫特黎女士,再一同转弯抹角了一通,然后停在一个大厦的前面。走了进去,出来招待的是苏联大使夫妇和驻沪领事,先是开映电影,《夏伯阳》那一张片子在电影院还没有开映之前先看到了。房间的结构很精致,座位十多个,正好看得清楚,招待的人还随时加以口头解释,有几位讲得一口流畅的北京话,所以言语上也还方便。看完电影,差不多九时了,正要告辞,却被招待到另一个修整的房间里,盛宴款待,却是还不过算作点心而已。席上各式名酒,每人酒杯大小有六七只之多,鱼的种类很多,光是鱼子,除了普通见到红色的之外,还有一种黑色的,据说最名贵。点心也真多其实各种各式的菜更多,末了各种难得的水果和茶,可可,真是应接不暇。可惜那一天我们都吃了饭去,鲁迅先生又正发热,吃不下多少,但在他,恐怕是毕生最讲究的宴会了。(《鲁迅回忆

录 专著》上册,第392—393页)

这件事,宋庆龄在《追记鲁迅先生》一文中说的是:

> 我最后一次见到鲁迅是在上海苏联领事馆。在那里从
> 南京来的苏联大使勃加莫洛夫请客,鲁迅亦在座。席散后
> 放映苏联电影《夏伯阳》。电影完了后,勃加莫洛夫面询鲁
> 迅对影片有何看法,当然他很希望鲁迅高度赞扬这部影片,
> 但鲁迅回答说:"我们中国现在有数以千计的夏伯阳正在斗
> 争。"(《鲁迅回忆录 散篇》下册,第1039—1040页)

三个在场者的记述中,只有宋庆龄注意到了并且记下了鲁
迅说的"我们中国现在有数以千计的夏伯阳正在斗争"。这句
话,恐怕这是因为宋庆龄自己也是这样想的吧。鲁迅说的现在
有数以千计的"夏伯阳",恐怕是把他的这时在江西苏区的朋友
瞿秋白、冯雪峰都算在里面了吧。

宋庆龄1976年7月7日写给陈翰笙的信中也说到了这件
事:

> 有一天晚上,勃加莫洛夫大使和雷帮将军(他俩后来被
> 召回莫斯科,被政敌无端指责与托洛斯基有牵连,在大清洗
> 中被秘密警察枪毙)设宴邀请左翼人士,宴会后又招待大家
> 看了苏联的最新影片《夏伯阳》。夏伯阳是游击队队长。当
> 勃加莫洛夫问鲁迅对影片有何看法时,鲁迅回答说:"中国
> 也有很多夏伯阳!"(《宋庆龄致陈翰笙书信》,第122页)

这就让人们知道那一次招待会热情的东道主最后悲惨的结局。

进入 1936 年，鲁迅发病的时候就多了，引起了宋庆龄的关注。鲁迅 3 月 23 日日记：

> 二十三日　晴。午后明甫来，萧军、悄吟来；下午史女士及其友来，并各赠花，得孙夫人信并赠糖食三种，茗一匣。

明甫（即茅盾）、萧军、悄吟（即萧红）来；下午史女士（即史沫特莱）都来了，都送花来了，是个探视病人的样子。宋庆龄送的糖食、茶叶和慰问信，可能就是托史沫特莱带来的。到 6 月初，鲁迅的病更重了。6 月 5 日宋庆龄写信敦促鲁迅快点住院治病：

> 周同志：
>
> 　方才得到你病得很厉害的消息，十分耽心你的病状！我恨不能立刻来看看你，但我割治盲肠的伤口，至今尚未复原，仍不能够起床行走，迫得写这封信给你。
>
> 　我恳求你立刻入医院医治！因为你延迟一天，便是说你的生命增加了一天的危险！！你的生命，并不是你个人的，而是属于中国和中国革命的！！！为着中国和革命的前途，你有保存，珍重你身体的必要，因为中国需要你，革命需要你！！！
>
> 　一个病人，往往是不自知自己的病状的，当我得盲肠炎的时候，因我厌恶入病院，竟拖延了数月之久，直到不能不割治之时，才迫着入院了。然而，这已是很危险的时

362

期,而且因此,还多住了六个星期的时间。假如我是早进去了,两星期便可以痊愈出院的。因此,我万分盼望你接受为你耽忧着、感觉着极度不安的朋友们的恳求,马上入医院医治。假如你是怕在院内的不着消息,周太太可以住院陪你,不断地供给你外面的消息等等。我希望你不会漠视爱你的朋友们的忧虑而拒绝我们的恳求!!! 祝你痊安六月五日宋庆龄。(《鲁迅、许广平所藏书信选》,第193页)

鲁迅一直没有住院治疗。到10月19日终于不治。他的后事,宋庆龄在《追记鲁迅先生》一文中说:

> 一天早晨,我忽然接到冯雪峰的电话,在鲁迅家我曾见过冯一面。当我这次去鲁迅家里,冯同我走进卧房,只见这位伟大的革命家躺在床上溘然长逝了。他夫人许广平正在床边哭泣。
>
> 冯雪峰对我说,他不知怎样料理中国丧事,并且说如果他出面就必遭到国民党反动派的杀害。当时我想到一位律师,他就是年迈的沈钧儒。我立即到沈的律师办事处,要求他帮助向虹桥公墓买一块墓地。沈一口答应,并马上去办理。当时白色恐怖厉害,在鲁迅的追悼会上发言要冒生命危险,我在会上致了悼词,可能有人记录下来了。记得当时在法新社工作的胡愈之亦在场。

宋庆龄1976年7月8日写给陈翰笙的信中谈到她对这一位亡友的印象:

他总是平易近人的,长年累月穿着那件普通的布袍。他的高尚和才智是无可置疑的。(《宋庆龄致陈翰笙书信》,第 124 页)

鲁迅与陈仪

陈仪,出生于 1883 年,浙江绍兴人,字公侠,一作公洽。1902 年赴日本留学,日本陆军士官学校炮兵科毕业,曾入光复会。这时鲁迅正在东京弘文学院留学,他们就结识了。周作人《鲁迅的故家·同乡学生》一节中说:"鲁迅在东京时的朋友,除上边说及的那些人之外,同乡中间有邵明之名文镕,蔡谷清名元康,陈公侠名毅,后改名仪,还有一个张承礼,杭州人,也是学陆军的,有一张武装的照片送给鲁迅,后来死于戴戡之难。"(《周作人散文全集》第 11 卷,第 532 页)有一张鲁迅、许寿裳、邵文镕和陈仪四人 1904 年在东京的合影现在保存下来了。

陈仪毕业回国之后即在军界服务,1925 年任孙传芳部浙江陆军第一师师长。1926 年国民革命军出师北伐,陈仪就有心响应了。许寿裳在《鲁迅的几封信》一文里记下了他同陈仪的谈话,可知陈仪当时的心理活动:

> 我那时不愿再困居北京,从上年十一月至天津,小住数日,遵海而南,至上海嘉兴又小住数日,至杭州晤老友公洽(时为浙江省长),他聘我做参议,我就答应,聊蔽风雨。那时国民革命军节节胜利,势如破竹,我当面询问公洽:"浙江何时独立?"他答道,某军现到何处,某地兵力只有若干,"和此地还未能呼应,独立尚非其时。……"然而孙传芳、张宗昌吃人的军队已经猖猖而来了。(倪墨炎、陈九英编:《许

寿裳文集》上卷,百家出版社2003年,第214页)

不久以前,夏超宣布浙江独立,兵败被杀。陈仪对这事不能不取慎重态度了。

这时鲁迅在厦门大学,他很注意北伐战争的进展,在给许广平的信里常常谈到这些事。

10月15夜的信:"今天本地报上的消息很好。但自然不知道可确的。一、武昌已攻下;二、九江已取得;三、陈仪(孙之师长)等通电主张和平;四、樊钟秀已取得开封,吴(佩孚)逃保定(一云郑州)。但总而言之,即使要打折扣,情形很好总是真的。"

11月9日的信:"昨天又听到一消息,说陈仪入浙后,也独立了,这使我很高兴。"

11月25日的信:"今天本地报上的消息很好,泉州已得,浙陈仪又独立……"

这时,鲁迅的同情完全是在国民革命军一边。他一方面为北伐战争的胜利进展高兴,也为老友陈仪转到革命方面来而高兴吧。不久,陈仪就任国民革命军第十九路军军长。

在许广平的《鲁迅回忆录》(手稿本,长江文艺出版社2010年,第86页)中,有这样一段,可见他们的友情:

> 陈仪(公猛、公洽)与鲁迅也很熟识,我们南下在下关搜箱子时鲁迅曾设想假使遇到麻烦,就去找他的。我们初到上海时,他刚从德国回来不久,亲自来访,并送了鲁迅两本书。

1936年鲁迅去世的时候,陈仪在福州,担任福建省政府主席。许寿裳写信给他，谈了三件事：一件是请他担任鲁迅先生纪念委员会的委员；二件是请他敦促国民党当局准予公开出版《鲁迅全集》；三件是寄了两本捐册给他，请他代为募集鲁迅纪念文学奖金基金。他复信给许寿裳，第一件事的答复是："承嘱为鲁迅先生纪念委员会委员，自当同意。"第二件事的答复是："豫才兄事，即征兄言，弟亦拳拳在念，弟建议中央尚在考虑，容当相机进行。"第三件事的答复是："资金已开始征募，俟有成数，再行函告。"两个月后，征募告一段落，他又写信告诉许寿裳说："前承寄下捐册贰本，嘱募鲁迅文学纪念奖金，前已募集壹仟肆佰伍拾伍元，计自平字第肆零壹号起，至平字第肆贰柒号止，所有捐款业于本日交福建省银行汇出，至祈查收见覆，并请将正式收据补寄来闽，以便换发。捐册贰本附还。"（陈仪信件见《鲁迅研究资料》第 23 辑所载《鲁迅博物馆藏许寿裳保存的书信十八封》，中国文联出版公司 1992 年）

因为要换发正式收据，许寿裳把捐款人的名单抄寄给了许广平（《鲁迅研究资料》第 14 辑，第 284—285 页）。这 27 笔捐款中数目最大的一笔是陈仪本人捐的，一千元。他对亡友是尽了心了。

1945 年日本战败投降，中国收复失地。陈仪被任命为台湾省行政长官兼警备总司令，军衔是陆军一级上将。台湾作家李敖评论他说："陈仪是非常清廉的，是非常努力做事的，国民党里面很少见的这么一个好官，绝不贪污。"

1949 年 1 月，国民党在内战中败局已定。1 月 1 日蒋介石发表求和声明。这时陈仪担任浙江省政府主席。正像当年他从孙传芳部转到国民革命军方面来一样，现在他的心又从国民党转到共产党方面了。他敦促驻防上海的汤恩伯向人民解放军投诚。就因为这事，1950 年 6 月 18 日，蒋介石就将他在台北枪决了。

鲁迅与王金发

王金发(1883—1915),浙江嵊县(今嵊州)人。关于他的情况以及他同鲁迅的交往,周作人提供过一些材料。他在《药味集·关于范爱农》一文中说:

> 王金发本在嵊县为绿林豪客,受光复会之招加入革命,亦徐案中的人物(引者注:徐锡麟刺杀恩铭之后,王金发也被追捕,亡命日本)。辛亥绍兴光复后,来主军政,自称都督,改名王逸,但越人则唯知有王金发而已。二次革命失败后,朱瑞为浙江将军,承袁世凯旨诱金发至省城杀之。(《周作人散文全集》第8卷,第7页)

在《鲁迅的故家·范爱农》一节里,他说:

> 辛亥革命那年,绍兴光复,王金发设立军政分府,聘请鲁迅为师范学校校长,范某为副校长。(《周作人散文全集》第10卷,第856页)

鲁迅在师范学堂担任监督(即校长)的时间很短。《鲁迅的故家·鲁迅与书店》一节中说:

> 辛亥革命之后,他同范爱农合办师范学校几个月,与军

政分府的王金发部下不太弄得来,就辞了职,想到上海去当编辑。……适值蔡孑民的信来到,叫他到南京的教育部去。(《周作人散文全集》第 11 卷,第 458—459 页)

鲁迅是 1912 年初辞去山(阴)会(稽)初级师范学堂监督职务的,3 月间即离开绍兴,从此即与王金发再也没有来往了。所以他从 1912 年 5 月开始的日记里没有出现过王金发的姓名,在文章里,却好几次写到了他。《华盖集·这个与那个》里说:

民元革命时候,我在 S 城,来了一个都督。他虽然也出身绿林大学,未尝"读经"(?),但倒是还算顾大局,听舆论的,可是自绅士以至于庶民,又用了祖传的捧法群起而捧之了。这个拜会,那个恭维,今天送衣料,明天送翅席,捧得他连自己也忘其所以,结果是渐渐变成老官僚一样,动手刮地皮。

《坟·论"费厄泼赖"应该缓行》里说:

秋瑾女士,就是死于告密的,革命后暂时称为"女侠",现在是不大听见有人提起了。革命一起,她的故乡就到了一个都督,——等于现在之所谓督军,——也是她的同志:王金发。他捉住了杀害她的谋主,调集了告密的案卷,要为她报仇。然而终于将那谋主释放了,据说是因为已经成了民国,大家不应该再修旧怨罢。但等到二次革命失败后,王金发却被袁世凯的走狗枪决了,与有力的是他所释放的杀过秋瑾的谋主。

《朝花夕拾·范爱农》这篇回忆了自己和王金发交往的全过程。除了被任命为初级师范学堂监督这件事外,还说了一件《越铎日报》的事。这事《范爱农》一文里说得很清楚了。这里简单些说,过程是这样:原绍兴府学堂的学生王文灏等人想办一张报纸对军政分府作舆论监督,请鲁迅为三个发起人之一。报纸出刊了,"开首便骂军政府和那里面的人员;此后是骂都督,都督的亲戚,同乡,姨太太……""报纸上骂了几天之后,王金发便叫人送去了五百元。"想用这钱去"封口",可是口没有被封住,钱是收了,骂还是照旧骂。"这样地骂了十多天,就有一种消息传到我的家里来,说都督因为你们诈取了他的钱,还骂他,要派人用手枪来打死你们了。"这事后来他还说起过。那是在1934年,他为伊罗生编译的中国现代短篇小说集《草鞋脚》写的一篇自传里说的:"绍兴革命军的首领,是强盗出身,我不满意他的行为,他说要杀死我了,我就到南京,在教育部办事。"(《鲁迅全集》第8卷,第401页)

鲁迅与陶冶公

陶冶公,出生于 1886 年,名铸,字冶公,后以字性,号望潮,浙江绍兴人。光复会会员,陶成章的族叔。与鲁迅、周作人兄弟同时在日本留学,又是同乡,就认识了。1907 年他邀了六个人从玛理亚孔特夫人学俄文,这六个人是鲁迅、周作人、许寿裳、陈子英、汪公权和他自己。同鲁迅可以说是同学关系。鲁迅在北京教育部任职的时候,陶在北京陆军部参事处为办事员,他们两人每年总要见一两次面。1929 年鲁迅从上海赴北平省母,在北平期间,陶去看望了他,鲁迅也回访了。陶要请鲁迅吃饭,鲁迅回信说:"明日已约定赴北大演讲,后日须赴西山,此后便须南返,盛意只得谨以心领矣。"

陶冶公曾经担任过国民革命军第四集团军前敌指挥部政治部主任、国民政府军事委员会政治训练部代理主任等职。新中国成立后即参加了中国国民党革命委员会(简称"民革")。

鲁迅与陈赓

　　陈赓(1903—1961)，原名庶康，湖南湘乡人。1922 年加入中国共产党，黄埔军校第一期毕业。曾参加平定广州商团叛乱和讨伐陈炯明的东征战役。1927 年参加八一南昌起义。1931年 9 月赴鄂豫皖革命根据地，11 月，任红四方面军第十二师师长。1932 年 9 月 5 日在新集西北胡山寨(另一资料写作"扶山寨")战斗中右腿膝盖处负伤。10 月潜赴上海疗伤，一路上遇到几次险情。到上海已经是 11 月初了。在上海，一些人听他谈起红军英勇和艰苦的斗争，很受感动，觉得是很好的文学素材，希望鲁迅能据以写出一部反映红军斗争的文学作品。于是安排了一次会见，让楼适夷送他到鲁迅家去谈了一个下午，天黑了吃过晚饭才离开。后来楼适夷写了一封信(1976 年 4 月 8 日)把这事的详细经过告诉了黄源。(《黄源楼适夷通信集》上册，浙江人民出版社 2006 年，第 249—253 页)全信太长，不引用了。这里只要知道有这么一件事就可以了。

　　鲁迅自己没有过军伍和战争的生活经历，听陈赓的一次谈话，也不能使他得到足够的感性材料，做过一些思考之后终于决定不去写它。

鲁迅与李秉中

李秉中,出生于 1905 年,字庸倩,四川彭县(今彭州市人)。据鲁迅日记,他是在 1924 年 1 月 29 日第一次去看望鲁迅,这时候他是北京大学国文系学生。

这里插说一下李秉中的籍贯问题。在 1981 年版《鲁迅全集》第 15 卷注的是"四川彭山人"(第 424 页)。错了。我据《黄埔军校同学录》查明,他是"四川彭县人"。彭山县建制于 1993 年撤销,改设彭州市。因此正确的注法应该是"四川彭县(今彭州市)人"。我在《鲁迅研究月刊》2003 年第 6 期发表的一篇文章里将这一更正发表了出来。2005 年版的《鲁迅全集》第 17 卷里改注为"四川彭山(今彭县)人"(第 96 页),这就更错了。第一,它沿袭了 1981 年版"四川彭山人"的误注。第二,"今彭县"一语不能成立。1993 年之后,已无彭县,只能说"彭县(今彭州市)。第三,彭山县属四川眉山地区,而彭州市在成都市西北部,两地相距甚远。

鲁迅和李秉中师生两人,很快就有了颇为密切的交往。李秉中请鲁迅将他朋友的章回小说稿《边雪鸿泥记》介绍出版,鲁迅就为他写信给胡适,请胡适介绍给商务印书馆,还写了介绍信,让他去同胡适面谈。这些信件都收在《鲁迅全集》第 11 卷(第 447—451 页)。鲁迅 1924 年 6 月 6 日致胡适信说明了,所以急于把《边雪鸿泥记》稿子卖掉,是要"替该书的出主捞几文钱用",大约这时李秉中急于得到一笔钱。这次请鲁迅出面荐稿没有成功,鲁迅就只好自己借给他了。1924 年 5 月 30 日鲁迅日记:"上午往师大讲并取去年九月分薪水泉七元。下午往北大讲。假李庸倩以泉五十。"同年 9 月 1 日日记:"李庸倩来,假以泉廿。"

李秉中写信给鲁迅,感谢对他的帮助。鲁迅回信(1924 年 9 月 24 日)说:

> 我诚然总算帮过几回忙,但若是一个有力者,这些便都是些微的小事,或者简直不算是小事,现在之所以看去很像帮忙者,其原因即在我之无力,所以还是无效的回数多。即使有效,也不算什么,都可以毫不放在心里。

在接着的一大段里,鲁迅坦率地写出了自己心中的矛盾:

> 我恐怕是以不好见客出名的。但也不尽然,我所怕见的是谈不来的生客,熟识的不在内,因为我可以不必装出陪客的态度。我这里的客并不多,我喜欢寂寞,又憎恶寂寞,所以有青年肯来访问我,很使我喜欢。但我说一句真话罢,这大约你未曾觉得的,就是这人如果以我为是,我便发生一种悲哀,怕他要陷入我一类的命运;倘若一见之后,觉得我非其族类,不复再来,我便知道他较我更有希望,十分放心了。
>
> 其实我何尝坦白?我已经能够细嚼黄连不皱眉了。我很憎恶我自己,因为有若干人,或则愿我有钱,有名,有势,或则愿我陨灭,死亡,而我偏偏无钱无名无势,又不灭不亡,对于各方面,都无以报答盛意,年纪已经如此,恐将遂以如

374

此终。我也常常想到自杀,也常想杀人,然而都不实行,我大约不是一个勇士。现在仍然只好对于愿我得意的便拉几个钱来给他看,对于愿我灭亡的避开些,以免他再费机谋。我不大愿意使人失望,所以对于爱人和仇人,都愿意有以骗之,亦即所以慰之,然而仍然各处都弄不好。

我自己总觉得我的灵魂里有毒气和鬼气,我极憎恶他,想除去他,而不能。我虽然竭力遮蔽着,总还恐怕传染给别人,我之所以对于和我往来较多的人有时不免觉到悲哀者以此。

然而这些话并非要拒绝你来访问我,不过忽然想到这里,写到这里,随便说说而已。你如果觉得并不如此,或者虽如此而甘心传染,或不怕传染,或自信不至于被传染,那可以只管来,而且敲门也不必如此小心。

从这信可以看出鲁迅是把李秉中看作可以谈点知心话的青年友人了。

李秉中要去广东进黄埔军校了,大约他需要筹钱了清一些债务才能动身,于是又请鲁迅帮忙了。这时鲁迅自己手头已很拮据。他1924年10月20日复李秉中的信中说:

来信收到。我近来至于不能转动,明日还想去一设法,但希望仍必极少,因为凡和我熟识可以通融之人,其景况总与我差不多也。但我总要凑成二十之数,于礼拜四(引者注:10月23日)为止办妥,届时希一莅我寓为幸。

其实钱之结果,礼拜三即可知。我想,如不得已,则旧债之若干份,可由我担保,其法如何,望礼拜三晚来一谈。

鲁迅日记 10 月 22 日:"上午李庸倩来别,赆以泉廿。"说的是"赆以",这就是说,这二十元不是借款,而是赠款。这样,他就可以动身了。11 月 26 日:"得李庸倩信片,十四日上海发。"12 月 14 日:"得李庸倩信,五日发自广州。"26 日:"收李庸倩信,十四日发自广州黄埔。"这时,李秉中已在黄埔陆军军官学校第一学兵队入学了。不久,他参加了东征陈炯明的作战。他记战争生活给鲁迅的信,有 7 封收在《鲁迅、许广平所藏书信选》(第 48—59 页)里面了。

1926 年李秉中奉派到莫斯科中山大学学习。鲁迅日记 1926 年 5 月 30 日:"晚得李秉中信并画片三枚,十二日墨斯科发。"6 月 17 日,鲁迅给他复信说:

> 收到你的来信后,的确使我"出于意表之外"地喜欢。这一年来,不闻消息,我可是历来没有忘记,但常有两种推测,一是在东江负伤或战死了,一是你已经变了一个武人,不再写字,因为去年你从梅县给我的信,内中已很有几个空白及没有写全的字了。现在才知道你已经跑得如此之远,这事我确没有预先想到……

在这封信里,鲁迅还把他不久前作出的一个重要决定含蓄地透露给这个昔日的学生。那就是他已经同许广平商定,两人分头苦干两年之后组成一个新的家庭,具体实施的步骤,第一步就是离开北京,到厦门大学去任教。在这封信里,他是这样说的:

> 我实在困倦极了,很想休息休息,今年秋天,也许要到

别的地方去,地方还未定,大约是南边。目的是:一,专门讲书,少问别事(但这也难说,恐怕仍然要说话);二,弄几文钱,以助家用,因为靠版税究竟还不够。家眷不动,自己一人去,期间是少则一年,多则两年,此后我还想仍到热闹地方,照例捣乱。

在写这信十个星期之后,鲁迅就从北京出发,启程赴厦门去了。他在厦门和广州两地工作了一年多一点,于1927年10月3日和许广平一同到达上海,在景云里住了下来。

这时,李秉中也已经从莫斯科回国了。鲁迅日记1927年11月7日:"李秉中及其友来。"次日:"午李秉中、杨仲文来,并邀三弟及广平至东亚食堂午餐。"几天之后,李秉中又到日本去了。鲁迅日记11月15日:"上午得李秉中信片,十二日长崎发。"他是到日本陆军步兵学校入学了。

当政治局势已经和黄埔从军那时大不相同的时候,李秉中也许对自己的军人身份有一点厌倦了。大约在致鲁迅的信中流露了这种情绪。鲁迅在1928年4月9日给他的复信中说:

　　兄职业我以为不可改,非为救国,为吃饭也。人不能不吃饭,因此即不能不做事。但居今之世,事与愿违者往往而有,所以也只能做一件事是活命之手段,倘有馀暇,可研究自己所愿意之东西耳。自然,强所不欲,亦一苦事。然而饭碗一失,其苦更大。我看中国谋生,将日难一日也。所以只得混混。

在这封信里,鲁迅还提到了当时创造社、太阳社发动"革命文学"论战、攻击他的事："此地有人拾'彼间'牙慧,大讲'革命文学',令人发笑。专挂招牌,不讲货色,中国大抵如斯。"表示了对论敌的轻蔑。

1929 年 5 月 20 日李秉中和陈瑾琼在北平中央公园举行婚礼。正好这时鲁迅从上海来北平省母,他就前往贺喜了。

1931 年 1 月柔石被捕,一时流传一种鲁迅也被捕甚至被杀的谣言(参见《鲁迅与左联五烈士》一文)。李秉中在日本听到了这谣言,就想立刻动身回国营救。他写信给周建人,问鲁迅的平安。鲁迅 2 月 4 日给他的复信说:

> 顷见致舍弟书,借知沪上之谣,已达日本。致劳殷念,便欲首途,感怆交并,非言可喻!
>
> 我自旅沪以来,谨慎备至,几于谢绝人世,结舌无言。然以昔曾弄笔,志在革新。故根源未竭,仍为左翼作家联盟之一员。而上海文坛小丑,遂欲乘机陷之以自快慰。造作蜚语,力施中伤,由来久矣。哀其无聊,付之一笑。上月中旬,此间捕青年数十人,其中之一,是我之学生。(或云有一人自言姓鲁。)飞短流长之徒,因盛传我已被捕。通讯社员发电全国,小报记者盛造谰言,或载我之罪状,或叙我之住址,意在讽喻当局,加以搜捕。其实我之伏处牖下,一无所图,彼辈亦非不知。而沪上人心,往往幸灾乐祸。冀人之危,以为谈助。大谈陆黄恋爱于前,继以马振华投水,又继以萧女士被强奸案,今则轮到我之被捕矣。文人一摇笔,用力甚微,而于我之害则甚大。老母饮泣,挚友惊心。十日以来,几于日以发缄更正为事,亦可悲矣。今幸无事,可释远念。然而三告投杼,贤母生疑。千夫所指,无疾而死。生丁

斯世,正不知来日如何耳。东望扶桑,感怆交集。

　　大约是李秉中的来信里表示了建议鲁迅出国小住的意思,鲁迅2月18日的复信说:

　　　　九日惠函已收到。生丁此时此地,真如处荆棘中,国人竟有贩人命以自肥者,尤可愤叹。时亦有意,去此危邦,而眷念旧乡,仍不能绝裾径去,野人怀土,小草恋山,亦可悲哀也。日本为旧游之地,水木明瑟,诚足怡心,然知之已稔,遂不甚向往,去年颇欲去德国,亦仅藏于心。今则金价大增,且将三倍,我又有眷属在沪,并一婴儿,相依为命,离则两伤,故且深自韬晦,冀延馀年,倘举朝文武,仍不相容,会当相偕以泛海,或相率而授命耳。盛意甚感,但今尚无恙,请释远念,并善自珍摄为幸。

　　李秉中也十分关心老师的安全。他通过一些关系了解到当局对鲁迅的态度,就在2月25日写信告诉鲁迅。他的这封信我没有看到过,但是从鲁迅的回信(3月6日)中可以推知来信的大意。鲁迅的这封回信说:

　　　　近数年来,上海群小,一面于报章及口头盛造我之谣言,一面又时有口传,云当局正在索我甚急云云。今观兄所述友人之言,则似固未尝专心致志,欲得而甘心也。此间似有一群人,在造空气以图构陷或自快。但此辈为谁,则无从查考。或者上海记者,性质固如此耳。

可知李秉中从了解情况的友人处问到的情况,是当局"固未尝专心致志,欲得而甘心也"。看来事实也真是这样。如果当局"专心致志,欲得而甘心",鲁迅也就难逃杨杏佛、史量才那样的结局了。李秉中把他了解到的这一点告诉老师,是请他不要过于紧张吧。

1932 年李秉中在日本陆军步兵学校第十六期毕业。回国之后,先后在东北军第 52 军任中校参谋,上校政训处长。后又调任军事委员会防空学校政训处长,军事委员会委员长侍从室上校秘书。复兴社成立,李秉中是三个中央监察中的一个。可见他在众多黄埔毕业生中间还是比较看好的。(康泽:《复兴社的缘起》,载《文史资料选辑》第 37 辑,文史资料出版社 1963 年,第138 页)

早在 1930 年,因为参加自由大同盟,有过一件浙江省党部"呈请通缉堕落文人鲁迅等五十一人"的事。对鲁迅的人身自由造成了很大损害。李秉中想要设法解除这通缉。1936 年 7 月12 日,他给病中的鲁迅写信说:

> 鲁迅吾师函丈:前呈一缄,谅陈道席。比来清恙如何?日夕为念。迩天气较凉,想当佳也。禀者:关于吾师之自由一事,中惟之数年矣!惟恐或有玷吾师尊严之清操,是以不敢妄启齿。近惟吾师齿德日增,衰病荐至,太师母远在北平,互惟思慕,长此形同禁锢,自多不便。若吾师同意解除通缉,一切手续,中当任之,绝不致有损吾师毫末之尊严。成效如何,虽未敢预必,想不至无结果,不识师意何若。伏乞训示。东行已有期否?吾师病中,本不敢屡渎;窃望师母代作复示,曷胜伫盼!专此,敬祝

痊福

　　师母大人，海婴弟无恙

　　　　　　　　　　　　　　学生　李秉中

　　　　　　　　　　　　　　七月十三日

　　（《鲁迅、许广平所藏书信选》，第59—60页）

　　据7月16日鲁迅日记，这封信是由许广平代复的。此处《鲁迅全集》有注："李秉中时任国民党中央党部政治训练处科长，来信表示如鲁迅同意，他可向有关方面疏通，解除对鲁迅的通缉令。鲁迅回信拒绝。"

　　李秉中最后一次看望鲁迅是1936年9月27日。鲁迅日记："晨李秉中来，并赠广平布衫一件。"二十多天之后，鲁迅即与世长辞了。

　　鲁迅去世以后，李秉中受许广平之托，将鲁迅各种著译送内政部请予注册。这事他尽心的办了。《鲁迅、许广平所藏书信选》里收了他1937年6月21日致许广平的信（第378页），汇报办理情况。并附有内政部批文及各书审查意见表，这些都是中国文网史的有趣的材料，只是字数多了一点，未便转录了。

　　不久，抗日战争爆发。李秉中被任为财政部禁烟督察处缉私办公室主任、军事委员会缉私总队少将总队长。1940年春在成都病逝。

鲁迅与叶永蓁

　　叶永蓁,出生于 1908 年,浙江乐清人。名会西,字永蓁,笔名叶蓁。黄埔军校第五期学生。曾参加北伐战争。鲁迅为他的自传体小说《小小十年》写了"小引",并介绍它在上海春潮书局出版。"小引"这样评述这本书:

　　　　这是一个青年的作者,以一个现代的活的青年为主角,描写他十年中的行动和思想的书。

　　　　……然而这书的生命,却正在这里。他描写出了背着传统,又为世界思潮所激荡的一部分的青年的心,逐渐写来,并无遮瞒,也不装点,虽然间或有若干辩解,而这些辩解,却又正是脱去了自己的衣裳。至少,将为现在作一面明镜,为将来留一种记录,是无疑罢。

　　　　我不是什么社的内定的"斗争"的"批评家"之一员,只能直说自己所愿意说的话。我极欣幸能绍介这真实的作品于中国,还渴望看见"重上征途"以后之作的新吐的光芒。

　　可以看出:鲁迅对这书评价甚高,而对作者期许甚大了。
　　"小引"里,鲁迅也以这书的成功作为对比,顺便批评了创造社、太阳社这些"革命文学"的鼓吹者们:

　　　　多少伟大的招牌,去年以来,在文摊上都挂过了,但不到一年，便以变相和无物，自己告发了全盘的欺骗，中国如果还会有文艺，当然也要以这样直说自己所本有的内容的著作，来打退骗局以后的空虚。因为文艺家至少是须有直抒己见的诚心和勇气的，倘不肯吐露本心，就更谈不到什么意识。

从鲁迅日记看，鲁迅写过五封信给他，可都没有保存下来。在 1929 年 7 月 31 日鲁迅的日记里，有"叶永蓁来，假以泉廿"的记载。可知他们不仅仅是文字之交。

后来，他认识到中日之间不免一战，就在 1934 年小别文坛，回到军队里去了。关于他的军旅生涯，现将《读书》杂志 2009 年第 12 期所载方韶毅一篇文章节录一段在下面：

> 叶永蓁的军旅生涯似乎要比文坛经历辉煌多了，极富传奇色彩。他黄埔军校第五期炮科毕业后，入伍于广州燕塘之炮兵团。1927 年 1 月入武汉军校，7 月毕业，初任浙江警备师少尉排长，旋任浙江省防军，第一路军营长参谋。1934 年冬任国民党陆军第八十八师少校参谋，参加过台儿庄战役，得到过一面红缎贺幛的奖赏。1943 年任国民党第三十三集团陆军第五十九军炮兵团上校团长。抗战结束后，提升为陆军第五十九军少校（少将？）炮兵指挥官。1947 年进南京陆军大学将官特别班受训。1949 年 9 月（引者注：应为 10 月 24 日），解放军进攻金门受挫，叶永蓁正担任国民党陆军第九军第一六六师少将师长，为此役主力。1950 年担任金门防卫司令部少将副参谋长，后升至国民党陆军第五十四军副军长，"国防部"联合作战委员会委员。1964 年 12 月退役，任"交通部"电信总局顾问。

1976 年 10 月 7 日，叶永蓁在台北病逝。

鲁迅与方之中

　　方之中(1908—1987),湖南华容人。1921 年在长沙考入湖南群治大学法律专科。1926 年入黄埔陆军军官学校第四期学习。在黄埔军校,认识了入伍生部中共支部书记阳翰笙。1930 年夏季,在上海,由阳翰笙介绍,加入中国左翼作家联盟。据鲁迅日记,1935 年 4 月 12 日、18 日曾经两次收到他的来信。来信的内容,据《鲁迅全集》的注释,是"请鲁迅为他的小说集《花家冲》作序,鲁迅因忙未作"(第 17 卷,第 31 页)。

　　1936 年 3 月,方之中创刊《夜莺》文学月刊。新钟书局经售。出版了四期后终刊。在第三期上发表了鲁迅的《写于深夜里》和《三月的租界》(都收入《且介亭杂文末编》)。关于这事,经手这两篇稿子的胡风有一个扼要的说明。他在《鲁迅先生》一文中回忆说:

　　　　《海燕》消失了(引者按:关于这事,请参看《曹聚仁和周氏兄弟》一文),但出现了《夜莺》。看刊名,可以想见它是受了《海燕》夭亡的刺激而飞了出来的。这是左翼盟员方之中弄到了一点钱编印的,或者是某个小书店请他编印的。

　　　　1936 年 3 月 15 日的《大晚报·火炬》上发表了狄克(张春桥)攻击(中伤)《八月的乡村》的文章,说作者田军不该过早地从东北回到内地来写了这部内容还有些"不够真实"的小说。鲁迅写了《三月的租界》,剥开了他的假面。

狄克说他主张执行"自我批判",因为,包括田军在内的"那些作家是我们的"缘故。鲁迅指出,在还有我们和他们(敌人)的文坛上,狄克的这种中伤其实是在向"他们"献媚或向"他们"缴械。而且指破了,他这还是专对"我们"中的"他们",即建立宗派统治。他把这篇交给我,我交给方之中发表在《夜莺》第三期上。

鲁迅还把《写于深夜里》这篇长文交给我送到《夜莺》同期上发表了。这是一篇极其痛烈地又极其沉痛地暴露了国民党的国家机器是怎样压迫青年和进步的文化活动,怎样残酷地屠杀革命者以及善良的人民。是这样一篇震撼人心的控诉书。(《胡风全集》第 7 卷,第 82、83 页)

后来方之中在军队中工作,担任过人民解放军某师师长,天津警备区司令员,1955 年授予少将军衔。1978 年被安排为第五届全国政协委员。

鲁迅与彭柏山

彭柏山,出生于 1910 年,原名丙生,又名冰山,被捕后化名陈友生,湖南茶陵人。关于他的情况以及他同鲁迅的交往,胡风的《回忆录》里有扼要的说明:

> 柏山(彭冰山)——农民家庭出身。大革命后在鄂西洪湖区打游击,当了师政治部主任。被打散后,流到上海来找党的关系。周扬介绍给我,暂在左联工作。他当政治部主任时接触了一些战士和干部的生活和思想情况,想写一部和法捷耶夫的《毁灭》似的小说。生活那样苦,怎么做得到呢?很苦闷。一次去看他,正在饿饭,送了几角钱,这才买了几个烧饼和几个铜板的酱油,打了一壶开水。谈到一家人为了革命都离散了,有的牺牲了,不禁流了泪。后来,他用苏区题材写出了短篇《崖边》。当时,盟员杨骚出一个小刊物《作品》,我把这小说拿给他,放在第一篇发表了。这支持了他,又写了几篇。后来被捕,被判刑关在苏州监狱里。一天,鲁迅从内山书店收到了一张署名陈友生的明信片转给我。我猜到是他,就利用内山书店这个转信地址给他去了信,得回信后寄了点钱和用物给他。我把他的几篇小说集起来,题名《崖边》,请巴金替他出版了,这才使他得到了救济。八一三战事发生后,从苏州监狱被放出来回上海。(《胡风全集》第 7 卷,第 299—300 页)

在鲁迅日记里,可以查到相关的日期:

1935 年 5 月 24 日:"得友生信。"

同年 8 月 31 日:"上午以陈友生信片寄谷非。"谷非就是胡风。

对于鲁迅这一天提到了他的日记,胡风作过解释。他在《关于三十年代前期和鲁迅有关的二十二条提问》中说:

> 陈友生是彭柏山在苏州狱中的名字。他只好由内山书店交周豫才转我,和他通信。信的内容很简单,如我寄给他的钱或书收到了,他希望要点什么书之类。(《胡风全集》第 6 卷,第 559 页)

在《关于鲁迅日记中有关我的情况若干具体记忆》一文里又作了一次解释(《胡风全集》第 6 卷,第 588 页),说得差不多,就不必引用了。

在鲁迅日记里,有和冰山来往信件的记载,有为陈友生收信转信的记载,却没有和他见面的记载。其实他们是见过面的。同鲁迅见面,在彭柏山,是他一生经历中最重要,最得意,也最难忘的事情。他的妻子朱微明在《柏山和胡风及胡风事件》一文里记下了她听他说的这件事,那是"有一次,胡风代鲁迅先生请'左联'十多位青年作家吃饭,也请了柏山,于是柏山有幸和鲁迅先生认识了"(朱微明:《往事札记》,广东人民出版社 2001 年,第 2 页)。

彭柏山在 1943 年写的《鲁迅的启示》短文里记下了他同鲁迅晤谈的点滴内容:

> 1934 年的今天,那时我带着胜利的心情,把我对《毁灭》的理解,很老实的告诉鲁迅先生,表示我是《毁灭》的一

个真实的读者,无负当日购书的优待券。但他的回答是很简单的:"过一个时期再看吧。"这时,我才又意识鲁迅先生之所谓艺术修养的重要意义及其认识的深刻。(《鲁迅研究资料》第 11 辑,第 178—179 页)

1934 年 11 月 17 日,彭柏山在上海街头被三个特务绑架,经受了严刑拷打之后,于 1935 年 1 月以"危害民国罪"判刑五年,关在苏州盘门外陆军军人监狱里。

鲁迅在 1936 年 8 月发表的批评"左联"领导人的长文《答徐懋庸并关于抗日统一战线问题》里写到了彭柏山被捕的事。文章说:

> 又有一个青年,也同样的被诬为"内奸",然而不是因为参加了英勇的战斗,现在坐在苏州狱中,死活不知么?

字里行间,读者可以感觉到鲁迅对他的深情。

胡风在 1983 年写的《我做的一些中日文化交流工作》中讲到这样一件事情:

> 这时候(引者注:1935 年),日本改造社请鲁迅介绍中国现代作品,鲁迅把这个工作交给了我,由我选出作品。没有翻译的人,只好也由我帮助鹿地亘共同翻译(我口译,鹿地写成日文)。记得一共介绍了五个短篇小说:柏山一篇,艾芜一篇,欧阳山一篇,沙汀一篇,周文一篇。每篇前面还写了作者小传。通过这些作品,把我国人民的生活和斗争介绍给日本读者。(《胡风全集》第 7 卷,第 221—222 页)

抗日战争爆发,彭柏山于1937年8月17日出狱了。组织分配他到新四军军部工作。经过八年抗战和四年内战,他已经是中国人民解放军第二十四军副政治委员兼政治部主任了。后来他转到地方工作,1952年3月任华东军政委员会文化部副部长,一年以后调任中共上海市委宣传部长。

1955年毛泽东发动了肃清胡风反革命集团的斗争。在5月24日的《人民日报》上刊出了《关于胡风反革命集团的第二批材料》,其中第二〇、二一两件材料都是胡风信件的摘录,里面都写到了"友人柏山(彭冰山现名)"。这可糟了! 他一下就成了胡风集团分子。其实,还在这篇材料见报之前的4月20日,他就已经停职检查,5月19日,就已经被捕入狱了。关押了十九个月。

1960年,彭柏山被安置到西宁青海师范学院,当了一名图书馆资料员。他写信向当年二十四军的军长兼政治委员皮定钧求助。这时皮定钧任福州军区副司令员,就和福建省委第一书记叶飞一起帮了彭柏山一把。1961年1月,彭柏山到厦门大学任教。这时正是阶级斗争这根弦愈来愈紧之时,他在厦门大学的处境也就一天比一天恶劣了。1965年10月,他被调到郑州河南农学院,担任图书馆资料员。不久,"文化大革命"开始,横扫一切牛鬼蛇神,他这个胡风集团分子首当其冲,多次受到批斗、殴打。前引朱微明的那篇文章说他是"头发揪得稀稀拉拉,衣被血迹斑斑"(《往事札记》,第54页),1968年4月3日,终于被折磨至死。到1980年6月才平反昭雪,1983年10月31日,他的骨灰盒上覆盖了中国共产党的党旗。(《往事札记》,第58页)

鲁迅与沙飞

　　沙飞，出生于 1912 年，原名司徒传，广东开平人。摄影家。在鲁迅日记里，没有他和沙飞交往的记载。可是，现在《鲁迅全集》第 6 卷卷首插页那一帧鲁迅在全国第二回木刻流动展览会上的摄影，就是沙飞的作品；第 16 卷卷首插页那一帧鲁迅遗容，也是他拍摄的。按说，用了他拍摄的照片，署上摄影者的姓名似乎更好些。

　　1936 年 10 月 8 日，鲁迅前往上海八仙桥青年会参观全国第二回木刻流动展览会，是他这一生最后一次在公众中露面。十一天之后他就与世长辞了。这一天一直对他怀着深深敬意的沙飞给他拍摄了好些照片，留下了很可珍贵的纪念。

　　沙飞在《我最后见到鲁迅先生的一天》这篇短文里，亲切地记下了这一天鲁迅参观展览的情景：

　　　　这天正逢星期日，展览会上拥塞着参观的人群。十二点钟的光景，鲁迅先生也来了。这个中国年轻的艺术界的保姆，正如他自己所说："我好像一头牛，吃的是草，挤出的是奶。"他把自己的血用来培植中国新兴艺术的生长。他披着一件酱紫色的旧长衫，由于长期"挤奶"，刻苦工作的结果，他的脸色显得非常苍白，两颊的颧骨更尖突地显露出来了。然而他严肃而又愉快，对着迎上前去的我们，浮着一层温慈的微笑。

我们伴着他走到会场中央，围着一张方桌在藤圈椅上坐下来休息。他摘下了呢帽，随即点燃了一根纸烟，用关怀的眼睛，绕望四周的人和画。这是一间长宽的大礼堂，壁间陈列着六百多幅木刻画，都是全国近百名作家一年来的新作品。参观的人有一千多，虽然他们是被统治者的爪牙监视着。

　　随后，鲁迅先生带着愉快的微笑，去浏览每一张作品。我们追随在他的侧后边，诚恳地倾听他的指示和批评。他细细地欣赏，源源地思索，不断地指点着每幅画的优缺点，从画面的主题、选材以及表现的技巧，都一一说出许多珍贵的意见。

　　他在谈话当中，不时地咳嗽起来，引起了我们对于他的健康的注意。谁想得到十一天以后，他就离开了我们，永逝而去呢？

　　看完以后，我们随着鲁迅先生在藤椅上坐下来。他又总括地说了不少的意见，并指出：我们应该在这次大会上选出二百幅左右的作品，出版一本木刻集，他愿意替我们找书店承印。接着又指出：今后木刻的方向，应把全国的木刻作家组织与团结起来，并与国际先进艺术团体及作家取得联系……

　　我掏出摄影机来，拍下这值得纪念的场景。

　　"你最近拍了些好照片吗？"他问我。

　　"在十六铺码头拍了几张工人生活，最近我喜欢学木刻了。"

　　"那么应该特别注意学素描哩。"他关切地说："基础打好才能产生好作品啊！"

这些话直到今天,好像还在我耳畔响着,我永远忘不了鲁迅先生。(《鲁迅回忆录　散篇》中册,第741—742页)

　　抗日战争爆发,沙飞参加了八路军,拍摄了许多历史的图景:平型关大捷,百团大战,杨成武支队向长城内外挺进,聂荣臻在指挥岗位上,穿着八路军军装的白求恩大夫,白求恩大夫在给伤员做手术,白求恩的遗容……这些照片,后来在八路军的战史、白求恩的传记中多次采用,人们都很熟悉了。还有一组照片,拍摄的是聂荣臻牵着一个八路军从战场上救出来的日本小女孩。多年之后,这小女孩已经是三个孩子的母亲了,全家来到中国,向已经是中华人民共和国元帅的聂荣臻道谢。

　　不幸的是,1950年初,沙飞在军医院住院治病期间,开枪打死了一个日籍医生。杀人偿命,3月4日他就被华北军区政治部军法处执行了死刑。多年以后,经北京军区军事法院复查,确认沙飞是在患有精神病的时候开枪的,不应负刑事责任,于1986年撤销了原判,宣告了无罪,给沙飞恢复了军籍和党籍。

　　他的作品,给后世留下了历史现场的场景。他的死,给后世留下了一个沉痛的教训:一定要加强法制的建设。

鲁迅交往中的右派分子

　　这里介绍了鲁迅交往中的右派分子四十九人的情况,按照他们同鲁迅第一次接触的先后次序排列。先说他和鲁迅是怎样的关系(个别前已叙及的,此处不做赘语),再说他是怎样被打成右派分子的。他们这些人和鲁迅的交情有亲有疏,划右派的情节有轻有重,而我收集到的材料有多有少,这样,我的介绍也就有详有略了。我以为从这样一个视角来看鲁迅和这些人的交往,对于我们了解鲁迅其人,了解反右派斗争这一历史事件,都是有益处的。看到他交往中的这些人是因为什么原因被打成右派分子的,也有助于人们思考"要是鲁迅 1957 年还活着,他会不会被划为右派分子?"这个题目。

　　应该说明的是,这里还不是鲁迅交往中的全部右派分子。有些我不知道他划了右派的就不用说了,有些我虽然知道他划了右派却苦于材料不足,也没法写进去。有的朋友提供了增补的线索,我也没有采纳,像何剑薰,我只找到了他和胡风交往的材料,却没有找到他和鲁迅也有交往的证据,像冯三昧,我没有找到他划右派的材料,这些就都未能补入。但朋友们给我提供线索的热情我还是很感谢的。

　　1. 陶冶公(1886—1962)　关于其与鲁迅的交往,见前文。

1957 年的反右派斗争中,陶冶公被划为右派分子。1957 年
11 月 20 日《浙江日报》刊出的民革浙江省委反右派斗争的报道
中说:

> 右派分子杜伟在群众的压力下,他开始向人民交代了
> 他的反动言行,交代出右派集团打击左派、企图夺取民革省
> 委领导权的阴谋活动。杜伟在交代中说,右派集团的成员
> 有何柱国、叶芳、马文车、江天蔚、陶冶公、王思木、黄云山、
> 项雄霄、张卓如等。

2. 孙福熙(1898—1962) 浙江绍兴人。鲁迅学生孙伏园
的弟弟。因为这个关系和鲁迅相识。曾经赴法国勤工俭学,在
法国国立美术专科学校学习。鲁迅曾经为他校订过散文集《山
野掇拾》;他为鲁迅的《野草》、《朝花夕拾》以及翻译的《小约翰》
作了封面画。抗日战争爆发,在武汉参加中华全国文艺界抗敌
协会。1948 年担任浙江大学文学院教授。解放后一度担任上海
中学校长。1951 年到人民教育出版社任高级编辑。

据《文汇报》记者姚芳藻写的《诗人徐迟在座谈会上指出作
协整风仍未真正展开》一文说:在 1957 年 5 月 24 日中国作家协
会举行的由邵荃麟主持,中共中央宣传部副部长周扬也出席了
的非党作家座谈会上,“老作家孙福熙的书面谈话,沉重地表达
了一个被排挤的老作家的痛苦,他因为在某校任校长时,对党员
副校长的严重官僚主义进行斗争,因此以后被狠狠地打了一棍
子,不但降职降薪,而且所写的文章谁也不要,他感谢作协、美
协、文联对他的支持,他希望作家协会加强会员间的联系”。

他的晚景,魏荒弩的《怀孙福熙先生》说了一点:

我突然在 1957 年 7 月份的《人民文学》上看到他写的题为《请以我为例》的杂文。令人惊异的是：书生气十足的孙老已多年不写文章，为什么偏在这时又拿起了笔?! 于是将文章匆匆读了一遍，方觉那充其量不过是发了两句牢骚而已。但是欲加之罪，又何患无词?! 后来证实，一向谨言慎行的孙先生，果然也坠入彀中!（《新文学史料》1991 年第 2 期）

　　3. 章锡琛（1889—1969）　关于其与鲁迅的交往，见前文。

　　1949 年 10 月中央人民政府成立。出版总署的署长是胡愈之，副署长是叶圣陶和周建人，都可以说是章锡琛的老朋友了。12 月，胡愈之安排他担任出版总署专员，不久又改任出版总署调查研究处处长。在这期间，他草拟了一个"著作权暂行法"（草案），并应约为《苏联大百科全书》撰写"中国出版"条目。

　　1954 年章锡琛调古籍出版社任编辑、副总编辑，后来又调任中华书局副总编辑。1956 年他只身前往上海校对《资治通鉴》标点本（这书在上海印制）。

　　1957 年毛泽东提出"百花齐放，百家争鸣"的方针，5 月开始整风运动。14 日、15 日两天，文化部邀请出版、印刷、发行方面的老前辈们座谈，请他们对文化部和各出版社的领导工作提出批评和建议。章锡琛在会上说：现在教员批评高教部领导上的三大主义（即教条主义、官僚主义、宗派主义）在中央机关部门中不数第一也算第二。我看文化部领导上的三大主义不是第二也数第一。他在谈到宗派主义时说，他的老朋友孙伏园担任出版总署图书馆长时，受到一位党员副馆长的歧视。孙伏园的身体不好，但经常被要求作检讨，而且检讨愈多，受到的批评也愈多。

章锡琛为了孙伏园的事情向领导上提过意见,但却因此被扣上"落后分子"的帽子,从此不仅党员不接近他,连民主同盟盟员也不接近他。(5 月 16 日《人民日报》)

紧接着整风鸣放而来的反右派斗争中,章锡琛就因为这些言论被划为右派分子了。

在 1957 年 12 月 8 日中央宣传部《关于著名的文艺、艺术、新闻、出版界右派分子的处理意见向中央的报告》里,"第四类,撤消全部职务、另行安排的十人",他们是:罗锋、袁毓明、陈模、丁聪、戈扬、张伯驹、曹宝禄、黄苗子、曾彦修、章锡琛。

关于章锡琛的那一部分内容是这样的:

民盟盟员,男,68 岁,浙江绍兴人,资本家出身。现任古籍出版社副总编辑。一般右派分子。

一、历史上主要问题:

抗战时期在上海组织"五联"出版社教科书,为日伪服务。

二、主要的右派言行:

1. 鸣放期间,非常嚣张,在他煽动下,形成对党员领导干部的小组斗争局面,说现在出版存在"行政对党的话无二音"矛盾。又曾写打油诗说"外行领导内行,此话听来不太经,即使特殊材料造,钻研何事不胜任"。在社座谈会上扩大和捏造了党员副社长王乃夫违法乱纪失职弄权的罪状,要求出版局在最短期内把党员副社长王乃夫撤职。

2. 攻击党的知识分子思想改造政策和肃反运动。他写打油诗:"分子居然知识多,栽培改造几辛勤。那知教育全无用,今日重闻咆哮声。""肃反当年怨恨多,今年掩耳嚷罗嗦。吞声忍气暂时事,乱放狂鸣可奈何!"

3. 为了丑化党员领导干部,他做了打油诗说:"墙高沟深纵是真,双方同是施工人。偏将委折委我党,尔辈轻松我独沉。""功臣包袱重如山,压在肩头下放难。多少难关都过去,今朝难过整风关。"

三、斗争后的态度:

交代问题较主动,有悔改表现。

四、处理意见:

现任古籍出版社副总编辑。另行分配工作。

章锡琛受到了第四类处理,撤消古籍出版社副总编辑职务,另行分配工作。二十年过去之后,到了 1988 年 6 月 29 日中华书局作出《关于章锡琛同志右派问题的重新修改结论》,却说当年他是"为真诚地帮助党整顿作风,出于善意,发表了正确意见"!

王湜华在《开明书店章老板——追怀章锡琛先生》一文中说:

> 反右之前他是中华书局的副总编辑,到 1958 年被错划后,不但撤销副总编辑职务,而且待遇上一下子从编辑四级降到七级。这不仅是政治打击,更是精神与经济的迫害。在如此不公正的待遇之下,他对点校《二十四史》的工作却毫不含糊,经常不分昼夜地工作。右派帽子总算在 1960 年被摘掉,但要知道,摘不摘,实际上也差不多,在极左思潮泛滥的情况下,在极左分子乃至一般群众心目中,摘帽右派也是右派。(《人物》杂志 1995 年第 1 期)

"文革"开始,他家又受到新的冲击。1968 年 1 月,他妻子病死。10 月,长子士敏病死。1969 年章锡琛偶染小恙,得不到及时治疗,也就在 6 月 6 日谢世了。

4. 徐祖正(1895—1978) 关于其与鲁迅的交往及后面经历,见前文,此处略。

5. 李小峰(1897—1971) 江苏江阴人。出版家。五四运动时期在北京大学哲学系就读,为新潮社成员。后参与创办《语丝》周刊。1925 年 3 月,在北京开设北新书局。鲁迅的大部分著译都是在北新书局出版的。1927 年北新书局和《语丝》周刊被张作霖封闭,迁移上海后,鲁迅曾经一度编辑《语丝》周刊,又为北新书局编辑《奔流》文学月刊。后来因为北新书局长期拖欠版税,1929 年鲁迅不得不请律师追索。只是在这以后鲁迅仍将所著《三闲集》、《两地书》、《伪自由书》交北新书局出版。他同鲁迅可以说是关系甚深。

解放后对私营工商业进行社会主义改造,1954 年北新书局和广益、大中国、人间世这几家私营出版社合组为四联出版社,李小峰任副社长兼代理总编辑(总编辑名义上由顾颉刚担任)。1955 年,成立公私合营上海文化出版社,李小峰任私方代表兼编辑部第一副主任(未设编辑部主任)。他就这样连人带店进了这个社。后来他参加了中国农工民主党,为社里农工民主党支部主任委员。还安排了他为上海市政协委员。

1957 年毛泽东提出"百花齐放,百家争鸣"的方针,李小峰在 5 月 2 日中共上海市委召开的文化出版界座谈会上发言,他说:"过去北新书局编辑、出版、发行人员只有十多人,每个人都精通业务,因此一年也出一百多种书。现在文化出版社却有一

百六十人左右,很多人是其他部门转来的,他们不熟悉业务,还要熟悉的人去帮助,抵消了力量。"(5 月 5 日《人民日报》)

反右派斗争开始,李小峰被划为右派分子。8 月 14 日《人民日报》发表了《从一个支部看农工民主党右派的反动路线》,一开头就说:"上海文化出版社农工民主党支部,是农工民主党组织中忠实执行章伯钧反动路线的基层支部之一。"这篇报道说:"去年 12 月,上海文化出版社的共产党支部召开了一个民主党派座谈会,倾听他们的意见,但这些野心家们不同意'民主党派座谈会'的名称,要改为'党派联席会',意思就是他们与共产党应处于分庭抗礼的地位。农工支部主任委员李小峰说得更明白:'互相监督首先是监督共产党,因为共产党行动多,容易犯错误。'"

这篇报道还说到了右派分子许君远,说"他又积极鼓动别人离开文化出版社,去搞所谓'同人出版社'、'专家出版社',鼓动曹冰严恢复广益书店,鼓动李小峰去恢复北新书店,甚至已拟出了同人出版社的工作人员名单"。

9 月 21 日《文汇报》刊出署名封光汉的《出版界又揪出一个右派骨干:李小峰忠实执行章伯钧—夏高阳路线,事实证明他是许君远、仇标集团的头》。这篇文章还说到了他和鲁迅的关系:

　　李小峰在鲁迅先生支持下开设了北新书局,但他的唯利是图和反动本质不久就暴露,他趁鲁迅先生躲避国民党反动派迫害而深居简出之时,就从经济上来迫害鲁迅先生,他拖欠鲁迅先生巨额稿费,气得鲁迅先生只好请律师和他法律解决。(9 月 21 日《文汇报》)

6. 王捷三（1899—1966）　陕西韩城人。北京大学哲学系毕业。后留学英国伦敦大学、美国哥伦比亚大学。回国以后在督办河南军务署担任机要秘书。1924 年鲁迅应西北大学和陕西省教育厅合办的暑期学校的邀请前往讲学，同时应邀的还有陈定谟、李济之、蒋廷黻、孙伏园等多人。王捷三负责接待，陪同鲁迅等一行从北京直到西安。回京后，鲁迅和孙伏园在中兴楼宴请他，显然有答谢之意。据鲁迅日记，他们之间曾经有过一次书信往来（1925 年 2 月 18 日、20 日），这信没有保存下来。

北伐时，王捷三担任国民军联军南路军少将秘书长。后来又担任南京《中央日报》副刊编辑、首都女子法政讲习所教职。1930 年任考选委员会特约编纂。1939 年担任陕西省政府委员兼教育厅厅长。1946 年当选制宪国民大会代表。

1957 年，王捷三是西安师范学院语言文学系教授，民革陕西省委常委。5 月 11 日，《陕西日报》编辑部邀请该院部分教授座谈整风问题。15 日的《陕西日报》刊出了座谈会上的发言，王捷三说了这样一通话：

> 党中央提出"百花齐放，百家争鸣"、"长期共存，互相监督"的方针，这是吸收了中国治国平天下的哲理，又一次丰富和发展了马克思主义。我接触现实不深不广，但这一政策激励了我，我要本着知无不言的精神就一般的教育问题，西安师范学院的教学工作和党群关系谈一谈自己的看法。
>
> 各级学校的行政领导由党员担任，在政治上来个大翻身，这是十分必要的，几年来已显示出一定的成绩。至于学术领导究竟和行政领导性质不同。科学造诣不容易马上翻

身。我觉得由于各学科部门领导上让资历造诣浅的领导资历造诣深的,无疑是(影响)各级学校教育质量的一个重要原因。学校领导之所以借重这些人,因为他们靠拢组织紧,能听指挥,其实他们的品质是否好,思想是否进步,还成问题。一般说来,学术水平高的老教授老教员不受尊重,就使他们的积极性受到限制,也就影响了课业传授和学术研究。而且,刚起来的青年人迎合领导,为了自己上进往往打击别人制造纠纷。这样的结果,当然在提高教育质量上受到不应有的损失。

这里附带谈一下关于党吸收新党员的问题。有些人说吸收高级知识分子入党与民主党派的长期共存有矛盾。我不赞成这种看法。我认为要扩大党的队伍应该吸收高级知识分子入党,但吸收时要注意质量。1949 年以前党与敌人作血肉斗争时所吸收的党员,我认识的,我都佩服。但现在却有些人品质和思想并不怎么好,他们申请入党的动机就不纯,他们往往立意在运动中表现为积极分子。因为善于歌功颂德,希风承旨,便成了校院长的心腹,常常假借领导威信,自便私图,因而为学校制造出不应该有的矛盾,而领导者尚懵然不知。这种现象在中小学校更厉害。本来,领导者就易于把他自己的威信等同于党的威信,盛气凌人,每每造成党与非党人士的隔阂。再加上一些人的蒙蔽,对人处事自然难得平允,没矛盾会生出矛盾,小矛盾会变成大矛盾,原因在此。所以,我希望党在高级知识分子中吸收党员,应当格外慎重。

西安师范学院的教学工作,受到主观主义的害处不少。尤其是教条主义。清规戒律到处是,生搬硬套更甚。例如口试制，五分制，工作量制，全面教育的体会等等（引者按：这些都是"苏联先进经验"的内容）。人民把大部分精力用在模仿形式上，前几年，讲授只是照本宣科，很少独立思考气氛。我有一次在授课时因为作了古今对比和评价秦政权性质问题，我所采取的其实是很普通的方法和极流行的见解，仅仅两句话不合教条主义的胃口，便戴过唯心主义和反历史唯物主义的帽子！事关学术不容辩论。亏的有"放"、"鸣"的方针，不然，学术气氛是不会有的。北京有人提出要改革学校管理制度，甚至取消教研组等等，我不赞同。但是西安师范学院中国文学教研组从来很少讨论过真正有关学术的问题。像这样的教研组取消了也没甚损失，至少应该改变作风。语文系和历史系的学生很用功，但直至毕业，苦于阅读中国古籍的程度提不高，至于学外国文学和外国史，一门外文工具都不掌握。像这样严重问题却从未引起办学者的注意。长此以往，那确实是一种教育的危机。

官僚主义在西安师范学院也不是空白的。要克服它，我以为应认真体现民主集中制的精神。大学院校学科繁多，行政领导不可能门门都懂，最好，信任专家的意见，发挥大众的智慧，把党与非党人士间的墙推倒，沟填平，矛盾随发生随解决，领导也将更有效，更顺利了。

最近党提出要与群众同甘共苦，真伟大极了！定出制度，认真贯彻，由党推及非党的知识分子，这便是克服官僚主义、宗派主义和主观主义的切实可行的方法。

这次座谈会以后一个月，王捷三就在反右派斗争中挨斗了。7月28日《陕西日报》发表的《西安师院反右派斗争获得胜利》

这篇报道中说:"从 6 月中旬以来,全院师生员工,即投入反右派斗争,目前大部右派分子已经从政治上和思想上被击溃,他们在群众中已经孤立。一些主要的右派分子如王捷三、梁益堂等,在群众的正义声讨和说理斗争面前,不得不低头认罪。……该院反右派斗争获得胜利的标志是,通过多次的说理,群众把右派分子所散播的反党、反人民、反社会主义的谬论和对党、对社会主义事业的恶毒污蔑,驳斥得体无完肤,使他们彻底破产。右派分子王捷三对党进攻中说'解放后学校中吸收的新党员中,坏学生多于好学生',在学校人事部门摆出的调查统计材料的铁证面前,王捷三被质问得哑口无声,只好承认他是胡说。"8 月 5 日《陕西日报》在《西安各高校反右派斗争获得巨大胜利》的报道中说:"这些右派分子中,有的是一些长期在国民党反动派统治时期身居要职,一贯反共,并坚决与人民为敌的家伙。如西北大学的右派分子小集团头子刘不同,西安师范学院的右派分子王捷三等。"

7. 陆晶清(1907—1993) 云南昆明人。散文家。鲁迅在北京女子师范大学任课时的学生。在校时名陆秀珍。鲁迅日记1926 年 8 月 13 日:"午赴吕(云章)、许(广平)、陆(晶清)三位小姐们午餐之招,同坐有徐旭生、朱遏先、沈士远、尹默、许季市。"同月 16 日:"午邀云章、晶清、广平午餐。"可以说是在师生之间交往比较多的。

在女师大毕业之后,她参加编辑过《京报》副刊《妇女周刊》,又与石评梅合编《世界日报》副刊《蔷薇》周刊,后来又在神州国光社做过编辑。还做过大学和中学的教师。1926 年国共合作期间,一度担任中国国民党中央党部妇女部干事。抗日战争中担任过中华全国文艺界抗敌协会理事。1940 年，陆晶清任《扫荡报》(后更名为《和平日报》)副刊主编。老舍的《四世同堂》就是她拿来在《扫荡报》上首发的。1945 年春，她以《和平日报》特派记者身份采访了在巴黎举行的世界第一次妇代会；采访了联合国首次大会以及纽伦堡国际军事法庭对德国纳粹首要战犯的审判。1948 年初回国，被任命为《和平日报》副总编辑。不久又被聘为上海暨南大学教授。

1949 年，陆晶清任上海财经学院(上海财经大学前身)教授。曾出席全国第一届妇代会，并任民革上海市委常委。反右派斗争中，陆晶清在上海财经学院被划为右派分子。

《人民日报》记者季音、习平写的《上海各民主党派正经历着严重的政治考验，扭转错误的政治方向》一文中说：

> 上海六个民主党派的反右派斗争，是上海两个多月来这一斗争的主要战场，这是因为这里的情况确实要比上海其它阶层严重得多。许多揭发出来的材料已经说明，这里，不仅右派分子的数量特别多，值得注意的是，在这些党派的各级组织中掌握实权的领导骨干，右派分子占着相当大的比重。这些人利用了他们在党派内部的领导地位，肆无忌惮地改变了这些组织的政治方向，使它成了反党反社会主义的工具，这就使得问题具有了更加严重的性质。……民革市委中，已经查出了一个陈铭枢的反党小集团，市委负责人中牵连到的已有市委副秘书长兼组织处长赵继舜、市委副主任委员吴艺玉、市委常委陆晶清等人，现在正继续追查中。(1957 年 8 月 18 日《人民日报》)

1958 年 2 月 1 日上海《文汇报》刊出的一篇材料《陈铭枢集团反动活动积极策划者陆晶清丑恶面目被揭露》中说：

> 一贯玩弄两面手法，伪装进步，一贯暗中进行反党、反社会主义的右派分子陆晶清，在民革上海市委和民革上海财经学院支部深入展开反右派斗争中彻底显露出丑恶的原形。
>
> 去年 5 月间，当右派头子陈铭枢来上海进行反党、反社会主义活动时，陆晶清不仅积极参与这个反动集团的活动，并且成为这个集团中的积极策划者，为陈铭枢所赞赏，这个伪装进步的右派分子，在学校里也经常采用暗中挑拨和中伤的手法，离间学校里党组织和群众的关系。她在一些对党认识模糊的人面前，散布"学校党委会和人事室阴沉沉地有点像派出所"、"党员是监视人的人"、"党员不懂业务，没有资格做领导"等反动言论。甚至还恶毒地挑拨说"我们之所以不可能同共产党搞好关系，是因为我们之间没有共同的语言"。

这篇材料还说，"当全国人民掀起正义的抗美援朝运动时，陆晶清不仅收听美国之音，并且还到处散布'中国人民志愿军出国这是引火烧身'"。说她还说"发动朝鲜战争的不是李承晚"。在反胡风反革命集团和肃反运动时，陆晶清说："反胡风学习是城门失火，殃及池鱼。肃反恐怖可怕，弄得人人自危。"有了这样一些言论，加上复杂的政治历史，陆晶清就被划为右派分子了。

她的好友赵清阁在《陆晶清逝世周年诔》里说了一些她被划为右派分子以后的情形：

她被财经大学扣了"右派"分子帽子。她让保姆到襄阳公园见我,不到我家,怕连累我。我想知道她是犯了什么错误?保姆说她自己也搞不太清楚,要我不必惦记,不会有问题,等她检查完了就来看我。不久,她到社会主义学院学习去了,我猜想她的错误可能就是"祸从口出",由于她的直言不讳引起了麻烦。她也意识到这一点,因此她后来变得谨言慎行,不像过去那么活跃了。(《新文学史料》1994年第3期)

据1960年1月3日新华社发表的各地第一批摘掉右派分子帽子的部分名单,其中有陆晶清。

8. 傅筑夫(1902—1985) 字作揖,河北省永年县人。鲁迅在北京师范大学国文系任教时的学生。1924年12月14日,他跟同学梁绳祎一道拜访鲁迅,请教有关收辑中国神话的事。翌年3月15日鲁迅写了一信给梁绳祎,详谈此事,实际上是回答他们两人的问题。后来傅改治政治经济学,著有《中国古代经济史概论》、《中国原始资本积累问题》等多种。

1957年他在天津南开大学任教时被划为右派分子。1957年8月6日《人民日报》以《天津扩大反右派的战线,若干教授的反动面貌被揭露》为题,刊出了新华社天津4日电,说:

南开大学共开辟了五个反右派斗争的战场。右派分子、经济学教授李宝霖,利用南开大学民盟支部副主委的职务,在教师中进行了一系列恶意挑拨和煽动……在这个小集团中有副教授任振威,教授杨敬年、傅筑夫等人。

8月8日《天津日报》更以《南大经济系教师攻破傅筑夫杨敬年等右派集团》的大字标题，作了突出报道。这篇报道说：

> 据初步揭发的材料，杨敬年和刘君煌并且拟定了一个名单，准备篡夺目前的领导，这个名单是：经济研究所所长傅筑夫、经济系主任鲍觉民、经济研究所秘书长任振威……傅筑夫等还曾商定，如果这次的阴谋不实现，他们就裹胁在他们影响下的老教师全部离开南开大学，把南大经济系搞垮。

这篇报道还公开了傅筑夫的档案材料：

> 右派分子傅筑夫早在1928年即担任国民党河北省党部秘书。在天津解放以前的一段时期内，他担任国民党中宣部直接领导的伪天津《民国日报》的总主笔，并兼任天津伪市府的名誉顾问和典试委员。

9. 丁玲（1904—1986） 关于其与鲁迅的交往，见前文。

1936年丁玲逃离南京到达陕西，在延安，丁玲担任过西北战地服务团主任、陕甘宁边区文协副主席，主编过《解放日报》副刊，出席了延安文艺座谈会，经历了整风和审干的运动。中华人民共和国成立，她历任中共中央宣传部文艺处处长、中国作家协会党组书记、副主席，全国文联常委，中央文学研究所（即鲁迅文学院前身）所长，《文艺报》主编、《人民文学》主编等职务。

可是，在反右派斗争中，她是文艺界首当其冲的一人。其实她早在1955年的肃反运动中就以所谓"丁玲陈企霞反党集团"

一案受到整肃了。就在反右派斗争开始的前夕,中国作协党组似乎要否定肃反运动中提出的"丁、陈反党小集团"一案。这也是同当时有意复查和纠正肃反错案的意图相一致的。可是到了反右派斗争起来,这一切又立刻全部翻了过去。

作协党组扩大会休会一个多月之后,于 7 月 25 日复会。在休会的这段时间里,现在人们已经知道,中共中央在青岛召开过一次重要的会议,毛泽东写了《一九五七年夏季的形势》,为反右派斗争进一步加码,明确提出右派分子"包括混入共产党内和青年团内的一些同党外团外右派分子政治面貌完全相同的人",这也就为把丁玲、陈企霞这些党员作家划为右派准备好了政策依据。具体到这一个案件,这一个多月的休会时间也正好为斗争做准备。据当时《文艺报》报道:"在第三次会议以后,中国作家协会天津分会在反右派斗争中,批判了与陈企霞有密切关系的柳溪的反党言行,柳溪向中共天津市委宣传部坦白交代了丁、陈反党集团的一些罪行,使这一个反党阴谋得以进一步暴露,这个阴谋集团的缺口就被打开了。"(《文艺报》1957 年第 19 号)

7 月 25 日复会的作家协会党组扩大会实际就是对右派分子丁玲等人的斗争会。据《文艺报》的这篇报道说:"会议范围进一步扩大,参加会议的有党和非党作家,艺术家,中共中央宣传部,中央人民政府文化部,文联和各个协会的有关同志二百多人。"这一天开会的情形,李之琏在他题为《不该发生的故事》的另一篇回忆文中说得要详细一点,他说:

作协党组扩大会在休会多天后,于 7 月 25 日复会。主要是批判丁玲等"向党进攻",指责"反党小集团"要翻案等

408

等。会议主持者的调门同6月上旬会议开始时的认错、向丁玲表示道歉的态度完全相反,恢复并大大发展了1955年批判时的作法。在会上积极鼓动揭发丁玲等的"反党"活动;在会外则从多方搜罗材料,拼凑罪行,作为"反击"的根据。从天津动员一位女作家交代她同"反党小集团"的另一成员有不正当的关系,并且听他讲过一些对个别文艺方面的领导人不满的言论。这些材料当时如获至宝,并以此为"重炮",作为反击小集团的突破口。这位同志被迫承认了一些事也揭发了丁玲一些类似的对那位领导人的谈论。这些都被认为是复会后的重大收获。

7月25日,作协党组扩大会复会是在文联礼堂召开的。先安排陈企霞作"坦白交代"并揭发丁玲。会议进行中有一些人愤怒指责,一些人高呼"打倒反党分子丁玲"的口号。气氛紧张,声势凶猛。在此情况下,把丁玲推到台前作交代。丁玲站在讲台前,面对人们的提问、追究、指责和口号,无以答对。她低着头,欲哭无泪,要讲难言,后来索性将头伏在讲桌上,呜咽起来……

会场上一阵混乱。有些人仍斥责丁玲,会议主持人看到这种僵持局面,让丁玲退下。宣布由我发言。……这个讲话就成为我一次最大的违心之言。(《新文学史料》1989年第3期)

附带说一句:后来李之琏以及参与复查此案的黎辛(中宣部机关党委副书记兼中国作家协会机关党总支书记)都被说成是"同丁玲合谋翻案",而被打成右派分子了。

从7月25日开始,这样的斗争会持续不断地开了一个多月,什么问题都搬了出来,包括经过调查明知不是事实的材料,例如说丁玲骄傲,把自己的相片挂在鲁迅、郭沫若、茅盾一起,例如一本书主义等等。不但在斗争会上,报纸刊物上的批判文章也一再把这些材料搬出来。

丁玲被绑架关在南京的这一段历史,早在 1940 年 10 月 4 日中共中央组织部就已经作出了《审查丁玲同志被捕被禁经过的结论》。这个由中央组织部部长陈云签字的结论宣布:

> 中央组织部审查丁玲同志被捕被禁的经过以后,认为根据现有材料看来,说丁玲同志曾经自首没有具体证明,因此自首的传说不能凭信,但丁玲同志没有利用可能(虽然也有顾虑)及早离开南京(应该估计到住在南京对外影响是不好的),这种处置是不适当的。
>
> 虽然如此,但因对丁玲同志自首传说并无根据,这种传说即不能成立,因此应该认为丁玲同志仍然是一个对党对革命忠实的共产党员。

到了反右派斗争中,中央组织部部长陈云签过字的这个结论也不承认了。鲁迅在 1933 年 6 月 30 日写了篇《我的种痘》,结尾一段说到了柔石和丁玲:

> 整整的五十年,从地球年龄来计算,真是微乎其微,然而从人类历史上说,却已经是半世纪,柔石、丁玲他们,就活不到这么久。我幸而居然经历过了,我从这经历,知道了种痘的普及,似乎比十九世纪有些进步,然而万花筒的做法,却分明的大大的退步了。

在 1958 年 9 月出版的《鲁迅全集》第七卷对于这一段文字所作的注释是这样说的:"柔石(1901—1931),浙江宁海人,革命作家和共产党员,1931 年 2 月 7 日被国民党政府秘密杀害。丁玲,女作家,曾于 1933 年在上海被捕;当作者写这篇文章的时候,正盛传她在南京遇害,还没有知道她已经变节。"这个问题直到 1984 年 7 月 14 日中共中央组织部作出《关于为丁玲同志恢复名誉的通知》才最后解决。

10. 陈学昭(1906—1991)　浙江宁海人。女作家。经孙伏园介绍,从 1925 年起同鲁迅交往。后来到法国留学,获文学博士学位。留学期间,几次帮鲁迅代购有木刻插图的书籍。她同鲁迅的交往,在《鲁迅日记》中多有记载。如 1929 年 1 月 18 日:

> 学昭赴法,贤桢(即周建人之妻王蕴如)将还乡,晚邀之饯于中有天,并邀柔石、方仁、秀文姊、三弟及二孩子、广平。

学成归国了,于 1935 年 6 月 26 日:

> 午陈学昭、何公竞(即陈学昭当时的丈夫何穆)招午餐于麦瑞饭店,与广平携海婴同往,座中共十一人。

鲁迅在日记中还记下了几次帮她介绍文稿的事,这里就不摘引了。她最后一次去看望鲁迅,是 1936 年 9 月 17 日,一个月之后,鲁迅就去世了。

抗日战争中,陈学昭到了延安,担任过延安《解放日报》副刊编辑,参加了中国共产党。解放后她回到故乡浙江,先在浙江大学从事党的工作,后来担任省文联副主席。

1957年毛泽东提出"百花齐放,百家争鸣"的方针,4月30日,陈学昭在浙江省文联的座谈会上发言,她说:浙江的土壤,想象起来应该是很好的,但实际上是不好的。最近四五年里,我曾两次想离开浙江——迁地为良,浙江也有些人希望我离开浙江,但我恋恋不舍的还是留了下来,因为浙江是我的家乡。浙江文艺界所以不繁荣,是有个盖子重重地盖住。我从事创作,在浙江是孤掌难鸣,有时甚至区、乡干部看得到的文件,我还看不到。(1957年5月5日《文汇报》)

发表过这样的意见,在反右派斗争中,陈学昭就被划为右派分子了。浙江省文艺界在7月14日和26日举行座谈会,揭露和驳斥了作家陈学昭的反党反社会主义言论。1957年7月29日《人民日报》刊登的《谁说文艺界是一团漆黑 浙江文艺界驳斥陈学昭》新华社电讯说:

> 陈学昭在4月30日浙江省第一次文艺界座谈会上把中共浙江省委说成是文艺界头上的一个"盖子","闷得人透不过气来"。在5月18日文汇报记者所写的"陈学昭访问记"中,陈学昭把党在文艺工作上的成绩一笔抹煞,把党所领导的浙江文艺界说成一团漆黑。把省委领导形容得像专制魔王一般。还说省委制造"人为的矛盾,以致造成离心离德"。
>
> 陈学昭不但把浙江文艺界说得一团漆黑,而且把整个新社会也加以丑化。陈学昭在一篇"更真实些……"这篇文章中,把虚报成绩、打假报告等个别现象夸大为新社会"习以为常"的东西,说"这种欺诈、说谎、虚假的东西,不仅侵入

到工作中,人与人的交往中,甚至侵入到日常的生活中来了"。她说她就"经常受到欺诈和说谎","而且都出之于领导者"。这些反动谬论在座谈会上受到大家的一致痛斥。

在 26 日的座谈会上,陈学昭作了检讨,承认自己的言论是彻头彻尾反党反社会主义的,并表示愿意今后好好学习,彻底改造自己。

1957 年 9 月 10 日《人民日报》刊登了《陈学昭是个党内阶级异己分子》一文宣布罪状:

共产党内右派分子陈学昭的原形,已在这几天浙江省文艺界党内外召开的一系列座谈会上被充分揭露出来。

会上揭露的材料证明,陈学昭是一个阴险狠毒的阶级异己分子。陈学昭污蔑党是一个玩弄权术、争权夺利、排斥异己的宗派集团。她把代表人民群众利益的党形容成为一个高高在上的统治阶级。

陈学昭经常和党内右派分子、省文联秘书长郑伯永和省政协副秘书长曹湘渠拉拉扯扯,形成一个小集团,把文联原有党员负责人排挤出去,和右派分子宋云彬内外呼应,以达到篡夺党对文艺工作的领导权。

大鸣大放开始后,这位反党女作家认为时机已到,就积极写文章和参加各种座谈会,向党大肆攻击,在她的反党言行中,和其他右派分子一样,否定党领导下的文艺工作的成绩,制造和夸大党的缺点,对党极尽污蔑之能事。她认为省委是"盖子",她的头上有省委的"金箍",而且处处挨省委的"闷棍"等等。

陈学昭被划为右派分子之后的情况,作家黄伟经的《一个二十年代新女性的沉浮》一文提供了一些材料:

　　　　她的粮食定量锐减为每月只有二十斤。而且,将她逐出省文联,遣送到一个县里所谓监督改造。她唯一的相依为命的女儿陈亚男,也受到"株连",升学、就业都备受歧视。

　　　　从此,陈学昭手中的笔被剥夺,她完全失去了写作的权利。她就像被抛弃的废物,在大陆文坛整整消失了二十二年。在这漫长、难忘的艰难岁月中,她为了不连累他人,断绝了与几乎所有朋友、老战友和亲戚的联系;她的身体和心灵,都受到极大的摧残与折磨。

　　　　"文革"爆发,已被发落到杭州大学图书馆为资料员实则打杂的陈学昭,更是在劫难逃。除了"摘帽右派",她还给无中生有地扣上"国民党"、"叛徒"、"汉奸"、"特务"等罪名。"我经常被揪去示众,被揪斗。"她在回忆录中说,"抄家不知抄了多少次","凡是图书馆的人,只要是'造反派',三三两两任何时候都可以来抄我的家。"她家里珍存的法文图书、中外文学作品以及《康熙字典》等大批藏书被掠去。她被勒令每天去洗刷厕所,打扫街道,还不时被拉出去遭凌辱、批斗。(《随笔》双月刊 2006 年第 5 期)

　　11. 李世军(1901—1989)　　字汉三,甘肃静宁人。鲁迅在北京师范大学国文系任教时的学生,1924 年加入国民党,当时是国民党北京市城南区党部工作人员。在陈锡祺主编的《孙中山年谱长编》1924 年 12 月 21 日记有:"接见青年学生党员李世军,着路友于代写手令,派李世军为临时宣传员,前赴甘肃宣传本总理对时局之宣言。临别又勉李谓:'干革命要有勇气。'"(下册中华书局1991年,第2098页)这路友于后来是1927年4月和李大钊一起被张作霖杀害的烈士。当时他代笔写的这个文件现在收在《孙中山集外集》:"证书:派李世军为临时宣传委员,前赴甘肃宣传本总理对于时局之宣言。此证。中国国民党总理孙文。"(上海人民出版社1990年,第894—895页)

1926年李世军是国民党北京市党部委员,参加了3月18日的游行示威活动(即三一八学生运动),是执政府门前枪击现场的幸存者。事后因此遭到通缉,被调往甘肃工作。离京前曾向鲁迅辞行。鲁迅1926年5月25日的日记有"李世军来"的记载。

1963年李世军写了一篇《我所了解的"三·一八"惨案真相》,积压多年之后才被删削发表。这件事的经过,见于南京师范学院图书馆和中文系资料室合编的刊物《文教资料简报》1981年7—8期的一则按语:

　　编者按:此文原载1979年全国政协印的《文史资料选辑》第66辑。本刊转载时曾征询作者有无补充。承李老来信说:此文"原稿系1963年,寄呈陈毅元帅并刘清扬、于树德等同志(他们都是"三·一八"运动的组织者)审阅,后由陈毅元帅亲交政协全国文史资料办公室发表。不知何故,这份小稿竟被积压了十八年之久。1979年,我曾致函政协领导,请求查明下落,始得知即将发表。看到1979年《文史资料选辑》第66辑。深感遗憾,拙稿被删去九千余字,题目又改为《"三·一八"惨案纪实》,不知什么原因,文中声讨段祺瑞帮凶章士钊罪行的文字和鲁迅先生的言论统统抹去,真令人困惑不解。本意质询删除理由,廓清历史面目,只因瘫疾多年,精神不济,力不从心。如蒙不弃,请将此情形公之于世。实在没有精神考虑补充了。"本刊尊重作者意见,除将标题改为原题外,文字悉无改变,特此说明。

这个刊物的编辑部知道作者原文中所写鲁迅言论被删去这个信息,就派人记录,请李世军"在病榻上口述"了《与鲁迅师话别的追忆》一文,在同一期《文教资料简报》刊出。这一篇由汪健记录整理的文章,后来以《鲁迅一段未见诸文字的谈话》这个题目发表在《文史资料选辑》第102辑上面。李世军在这篇文章里记下了1926年5月25日那次他和鲁迅见面的情况。这天早晨他是冒雨前往的:

> 我还未来得及落下雨伞,他闪电般的眼睛,已经看到我了。他头一句话就问我:"你为什么还没有走?"我跟他边往房里走,他边问几个师大和北大同志的情况。我告以多数都离京南下了,只有少数几个和我一同迁往俄国大使馆。他显然流露出不放心的心情。进屋后,他坐在平时写文章的那只旧藤椅上,手指着他旁边的木椅,要我坐下。先生接见我们时多不先说话,只是凝思默坐。我首先将李大钊同志安排我们迁往俄国大使馆旧兵营及派一部分同志去外地工作的情况约略汇报了几句,他注意地问:"守常住在哪里?"我告以住在俄国大使馆的楼内,经常和我们谈话,听同志们的汇报。日夜工作,身体稍微瘦了些。先生面部出现了不大放心的表情说:"俄国大使馆并不安全啊! 要他注意。"(《文史资料选辑》第102辑,第28页)

文章最后一段说：

> 在分手的一刹那，他改变了平时对我们讲话慢吞吞的声调，在房门口稍停了一刻，用轻快流利、语重心长的声音，讲了以下使我永生不能忘记的教诲。"青年人是国家的命脉，最重要的是认清时代。时代的精神是前进，它是真理的象征。跟着时代前进，就是跟着真理走。当然在前进的道路上也会有岔道，有歪路，但时代总的方向是前进。跟紧时代前进，就会对人类的幸福作出贡献。时代就是锻炼青年人的最好老师。""你要我指教吗？我不是孔老二说教。正确认识时代，诚心诚意跟着时代走，就是青年人的出路……"（《文史资料选辑》第102辑，第30页）

后来他担任过宁夏省政府委员兼教育厅长、甘肃省政府委员兼建设厅长、监察院监察委员、立法院立法委员等职务。1949年他拒绝去台湾，和一些留下的立法委员联名上书中共中央，声明脱离与蒋政权的关系。

解放以后，李世军以民革中央委员的身份被安排为南京市民政局局长。反右派斗争中，他成了江苏省民革的第一名右派分子。他有些怎样的右派言论呢？

1957年7月10日南京《新华日报》社论《论李世军的三恨》说：

> 右派分子李世军最仇恨三个东西：第一是公安机关，第二是人事部门，第三是共产党员的党性。……
> 李世军首先仇恨我们的公安机关。他说我们的公安人员

是"老虎身上的毛"，又说"今天公安人员既可怕又可恨"。……

李世军还仇恨我们的人事部门。他说我们的人事部门是"阎王殿"，"阎王殿里有大鬼小鬼，还有阎王菩萨"，又说材料袋是"生死簿"。……

李世军还有第三个仇恨，那就是对共产党员的党性的仇恨。他说"共产党员对非党人士一言一笑都要考虑"，"共产党冷冰冰的"，"单纯用阶级斗争观点看人"，并说这是"党性教育中的一个问题"。他特别指出公安人员和人事干部尤其如此，尤其需要反掉。在这里，李世军之害怕阶级分析，真是跃然纸上。

7月17日《光明日报》刊出的《仇恨共产党，拥护章伯钧的李世军》一文中说：

> 他和章伯钧早在1930年就认识，以后经常有往来，直到最近，当章伯钧请他吃饭时告以"政协可能改变性质，我们要实行两院制，宪法是可以修改的"的消息以后，他认为章伯钧的话是"有所本"的，他回到南京后狂热地大事宣传。

10月11日的《新华日报》以《江苏省民革反右派获决定性胜利，右派分子李世军等更加陷于孤立》为题，报道了历时五天的省民革扩大会议的情况，说："李世军已基本上认识了他的反共、反社会主义的事实和这些事实的罪恶性质，但还有一些问题没有交代或交代的不彻底，对他的罪恶的严重性还缺乏深刻的认识，今后应继续进行深入的检查和彻底的交代。"

1984年李世军被安排为国务院参事。

12. 沈孜研(1897—1972)　河南省荥阳市(原荥阳县)人。在《鲁迅研究月刊》2010 年第二期上刊登的河南省荥阳市政协陈万卿写的《〈鲁迅日记〉补注一则》一文里,详细介绍了他的事迹:

他本名兆泰,字孜研,又作子晏,晚号荣辱子。1919 年在河南省立第一师范毕业后,曾任河南荥阳、商城、正阳等县高等小学教员和河南西华、辉县高等小学校长。1925 年考入北京大学研究所国学门读书,成为鲁迅的学生。在北大期间,与同学赵荫棠合作创办《微波》杂志,鲁迅 1926 年 6 月 9 日记:"九日　晴。上午赵荫棠、沈孜研来。"据《鲁迅日记》的注释,他们二人这次登门拜访,就是为了创办《微波》杂志的事向鲁迅请教。

沈孜研还在徐旭生办的《猛进》杂志上发表时评及文学作品多篇,如诗作《北河沿泥泞的道上》、小说《蛮花娘的故事》等。《猛进》杂志中署名"沈孜研"、"孜研"者,即是其人。1926 年秋天,沈孜研从北京大学退学。先后在天津塘沽久大永利子弟学校、北京孔德学校、天津震中中学任教。后来又到泰安山东省立第三中学、济南山东省立第一中学、蓬莱县立中学任教务主任。冯玉祥隐居泰山时,沈孜研正在山东教书,沈经好友崔贡琛推荐,在暑假期间曾上泰山为冯玉祥等讲授中国历史与文化。

热河失守时,沈孜研在《力行》月刊(1933 年 5 期)上发表诗作《热河失守书愤》:

> 荏苒年华鬓发稀,蹉跎岁月惜斜晖。
>
> 书翻万卷身仍瘦,诗诵千篇国不肥。
>
> 九叹何从伤屈子,说难犹是痛韩非。

挥戈杀敌愁无地,苟且偷生与愿违。

　　抗战爆发,沈孜研回到荥阳,任荥阳县中学校长,后来他两次投笔从戎,参加了抵御日军侵略的战争。抗战胜利后,沈孜研在荥阳高中等校任教。1953 年春,调河南省中牟县中学任教。1956 年当选中牟县第二届人民代表大会代表,并被选为中牟县第二届人民委员会委员。

　　1957 年,沈孜研被划为右派分子并开除公职。1972 年 6 月 20 日(农历 5 月 10 日)病逝荥阳老家。

　　13. 冯雪峰(1903—1976)　关于其与鲁迅的交往,见前文。

　　1933 年年末,冯雪峰离开上海到江西苏区去了,他成了中华苏维埃共和国中央执行委员会候补委员,二万五千里长征的参加者。

　　1941 年皖南事变之后,冯雪峰被关入上饶集中营。这时楼适夷写了一篇《怀雪峰》,怀念这一位存亡未卜的朋友。其中写到这样一件事:"陈望道先生和我谈话的时候提起他说:'今天许多青年受鲁迅的影响,但他,不但受了鲁迅的影响,也时时刻刻企图影响鲁迅的!'"(《适夷散文选》,人民文学出版社 1994 年,第 277 页)这也可以看出在朋辈的眼中,他和鲁迅是一个怎样的关系。

　　中华人民共和国成立,冯雪峰在上海主持鲁迅著作编刊社。不久,编刊社合并到他任社长的人民文学出版社,主持编辑新的《鲁迅全集》。这一部带注释的十卷本《鲁迅全集》于 1956 年开始出版。这时冯雪峰还担任中国作家协会副主席和党组成员。

到了 1957 年的反右派斗争中,对"丁、陈反党小集团"的批判很快就牵连到冯雪峰的头上。8 月 27 日《人民日报》以《文艺界反党分子冯雪峰是丁陈集团参加者、胡风思想同路人》这样一个长长的标题,报道了作协党组扩大会批判他的情况。报道中的几个小标题是:"丁、陈反党集团的支持者和参加者"、"人民文学出版社右派分子的'青天'"、"三十年来一贯反对党的领导"、"反马克思主义的文艺思想和胡风一致"、"反动的社会思想"。第二天的《人民日报》上又刊登了何其芳在会议上的发言《冯雪峰的反党反马克思主义的文艺思想和社会思想》。

反右派斗争要反冯雪峰,一个主要的原因也是算他的历史老账。早在 30 年代在上海从事左翼文艺运动时期,他就同周扬结怨了。鲁迅提出"民族革命战争的大众文学"口号,同周扬提出的"国防文学"口号发生争论,也同冯大有关系。鲁迅已经被尊为文化新军的旗手,不好说他什么,因而周扬要谈 30 年代的左翼文艺活动,就很有些地方感到文章不好做。如果冯雪峰划为右派,就可以由他来承担蒙蔽鲁迅的责任,30 年代左翼文学史就容易写了。

如果仅仅是周扬有此需要,还不一定能做到这一点。周扬知道,这时毛泽东对冯已经很不满意了。一件事是冯任主编的《文艺报》压制了李希凡、蓝翎关于《红楼梦》研究的文章,毛专门为此事写了一封信,说李希凡、蓝翎的文章是"反对在古典文学领域毒害青年三十余年的胡适派资产阶级唯心论的斗争",说《文艺报》"容忍俞平伯唯心论和阻拦'小人物'的很有生气的批判文章"。(《毛泽东文集》第六卷,第 352、353 页)既然毛对冯的看法如此,作协党组扩大会当然可以把他拿出来斗争了。

历史的旧账,是批判冯雪峰的一个重点。郭沫若的批判发言中就说:"二十年前在上海分裂文艺战线,闹出两个文艺口号之争,完全是冯雪峰的作怪,今天被揭发了,而他却把责任全推在鲁迅身上去了。"(9 月 28 日《人民日报》)

中国作家协会党组扩大会议上批判冯雪峰的场景,当时在场的徐光耀的《昨夜西风凋碧树》里有一点具体记录。他说:

> 为了把丁陈彻底地"批深批透,批倒批臭",会议还邀请来自党外的茅盾、郑振铎、老舍、曹禺、臧克家、许广平等这些民主人士和文学巨匠,借助他们的声望、威信、影响和才干,来在更广大的范围内批判和侮弄这些人。在一次会上,我亲见许广平指着冯雪峰的脸,骂他"心怀鬼胎","不知羞耻",几乎声泪俱下地指斥的说:"那时鲁迅正病得厉害,你还去絮絮叨叨,烦他累他,说到半夜,还在纠缠不休,你都想干什么?……"仿佛冯去找鲁迅,真个有不可告人的目的。而冯雪峰放在案上的左手抖得簌簌的,一张惨青的老脸,憋胀着怎样的痛苦啊!这位五十五岁的驼背老人,领导过"左联",参加过长征。蹲过上饶集中营,奉党命去做鲁迅的工作,为革命赴汤蹈火大半辈子,他怎么会想到,忽然之间,就成为如此为人唾骂的"右派"呢?

徐光耀在记下了他见到的这事之后,接着发了一通感慨。因为文字太好了,我舍不得删去,照录如下:

> 人们会绝对相信,从许广平的一生看,无论怎么说她都是革命阵营中一位志士。岂但她,其他被邀来的党外文学

巨擘,也都或长或短、或轻或重地发过言。他们往日在旧社会与国民党作斗争的时候,都是品德高尚,注重名节,从不胡说八道的,如今却顺着大势,做些连自己也未必清明的所谓"批判",捕风捉影,胡乱扣些"帽子"。他们都是有资格名垂后世的,此后,当他们面对后人,要出全集的时候,再重翻这些"发言稿",还能找到法子安放这份尴尬吗?

冯雪峰万般无奈,在作协党组扩大会上作了检讨,在检讨中,说了不少违心之言,说了不少自责的话,但也还是坚守了他认为不能让步的地方。比方,他在检讨中说:"我到上海之前,周扬同志等同鲁迅先生之间的隔阂,是已经形成的;但我到上海之后,我不但没有向鲁迅先生解释,进行团结工作,反而隔阂加深了,这也是我要负责的。"事实上,这岂不正是说我对此并无责任吗? 特别是像"鲁迅先生的《答徐懋庸的信》"这样的话,周扬听来就特别刺耳。这次斗争冯雪峰的一个重要的具体目的,就正是要他为鲁迅这一篇点名批评了周扬、夏衍等"四条汉子"的《答徐懋庸的信》承担责任。最后冯雪峰只好违心地给鲁迅的这篇文章草拟了一条注文,经过周扬、林默涵的修改,印到1958年4月出版的《鲁迅全集》第六卷中,说什么"鲁迅当时在病中,他的答复是冯雪峰执笔拟稿的,他在这篇文章中对于当时领导'左联'工作的一些党员作家采取了宗派主义的态度,做了一些不符合事实的指责"。就用这手段达到了否定鲁迅这篇文章的目的。

最后,"丁、陈反党集团"扩大成了包括丁玲、冯雪峰、陈企霞、艾青、罗烽、白朗和李又然七人的右派反党集团。

薄一波的回忆录《若干重大决策与事件的回顾》里讲过一件

事：1962 年中共中央统战部曾经考虑对右派分子进行甄别的事。"当国家机关党委确定以冯雪峰等人为右派甄别试点对象，进行甄别试点工作时"（修订本，下卷，人民出版社 1997 年，第1042 页）被毛泽东严令制止，这样，对右派分子的甄别工作就不可能再进行下去了。在冯雪峰生前这问题一直没有解决。

14. 钟敬文（1903—2002）　广东海丰人。1927 年 1 月鲁迅到广州中山大学任教，1 月 22 日他就和梁式、饶超华同去拜访。他在当天晚上写的《记找鲁迅先生》一文里有这样的记述：

　　鲁迅先生，他穿着一件灰黑色的粗布长衫。脚上着的是绿面树胶底的陈嘉庚工厂制造的运动鞋。面部消瘦而苍黄，胡须颇粗黑。口上衔着一支已经燃掉了半截的香烟。态度从容。虽不露笑脸，却自然可亲，不像他老人家手写的文章那么老辣。
　　大家一阵客气话过后，就随兴倾谈。鲁迅先生谈起厦大此次的风潮发生的内幕，深致叹于该校前途的绝望。先生又提到《现代评论》，说久没有看见该刊，不知它近来态度怎样。我答他，现在也渐渐赞成国民政府，像要革命起来了。先生笑话道："这样善变，真没有法子呢！"
　　梁式请他今后常为《国民新闻》的副刊写文字。他说，怕找不到说话的材料。原因是：一、没有什么可闹的事，就不会引起多写文章的兴趣；二、新到和语言不通的关系，对于地方的事情太隔膜要说话也无从说起。半年来在厦门大学，不能写出什么文章来，就是为此。（钟敬文：《寻找鲁迅·鲁迅印象》，北京出版社 2002 年，第 13 页）

可是在鲁迅这一方面对他的看法却并不好。这时鲁迅正对顾颉刚非常反感。就因为钟敬文和顾颉刚有较深的关系,对他也就不会有什么好看法了。钟敬文和顾颉刚的关系,在顾颉刚1928年8月20日致胡适的信里有一点反映。这信中谈到钟敬文协助他在中山大学编印《民俗丛书》的事:

> 《民俗丛书》便不然了。出到一、二册时,孟真(傅斯年)就说这本无聊,那本浅薄。出到三、四册时,叔傥就请校长成立一个出版审查会来限制(据叔傥说,是缉斋劝他如此的),出到七、八册时,戴校长就辞掉敬文了。敬文为人如何是另一问题,他做国文系教务员不尽职也有被辞之理由,但孟真告我,此次之事乃系戴校长因《吴歌》乙集中有秽亵歌谣,故令孟真辞之,则实不合。即使民俗学会中不应印出秽亵歌谣,其责亦在我而不在敬文。今使敬文蔽我之罪,这算什么呢!(《胡适来往书信选》上册,第532页)

由此可见钟敬文、顾颉刚二人的关系了。

可是钟敬文并不知道鲁迅对自己的看法。他把鲁迅到广州之后不久报刊上刊登的一些相关材料编成了《鲁迅在广东》一书,在上海北新书局出版。这本书可没有编得好。鲁迅对它很不满意,在《三闲集·我的态度气量和年纪》一文中说到了这本书:"例如《鲁迅在广东》这一本书,今年战士们忽以为编者和被编者希图不朽,于是看得'烦躁',也给了一点对于'冥顽不灵'的冷嘲。我却以为这太偏于唯心论了,无所谓不朽,不朽又干吗,这是现代人大抵知道的。所以会有这一本书,其实不过是要黑字印在白纸上,订成一本,作商品出售罢了。无论是怎样泡制法,所谓'鲁迅'也者,往往不过是充当了一种的材料。"

1927年9月3日鲁迅给北新书局老板李小峰的信中说:

> 收到了几期《语丝》,看见有《鲁迅在广东》的一个广告,说是我的言论之类,都收集在内。后来的另一广告上,却变成"鲁迅著"了。我以为这不大好。

下面,他对于这一本书向出版者提出了这样的处理意见:

> 还有一层,我凡有东西发表,无论讲义,演说,是必须自己看过的。但那时太忙,有时不但稿子没有看,连印出了之后也没有看。这回变成书了,我也今天才知道,而终于不明白究竟是怎么一回事,里面是怎样的东西。现在我也不想拿什么费话来捣乱,但以我们多年的交情,希望你最好允许我实行下列三样——
> 一、将书中的我的演说,文章等都删去。
> 二、将广告上的著者的署名改正。
> 三、将这信在《语丝》上发表。
> 这样一来,就只剩了别人所编的别人的文章,我当然心安理得,无话可说了。但是,还有一层,看了《鲁迅在广东》,是不足以很知道鲁迅之在广东的。我想,要后面再加上几十页白纸,才可以称为"鲁迅在广东"。(《鲁迅全集》第3卷,第465页、第466页)

1934年5月22日鲁迅给《集外集》的编者杨霁云的信中也

提出：不要把《鲁迅在广东》里面的材料收入《集外集》。他说："至于《鲁迅在广东》中的讲演，则记得很坏，大抵和原意很不同，我也未加以订正，希先生都不要它。"12月11日鲁迅给杨霁云的信中又说："钟敬文编的书里的三篇演说，请不要收进去，记的太失真，我自己并未改正，他们乱编进去的，这事可我当于自序中说明。"

钟敬文1978年7月20日给一个来问者的复信中说：

> 首先，我要坦白承认，《鲁迅在广东》这个文集在编辑工作上的草率。我当时还是一个二十多岁的青年，对于鲁迅先生的创作成绩和战斗精神，尽管具有很高的崇敬心情，但是，由于思想浅薄，经验鲜少，有多少夹杂着些个人主义的名利心，因此，在这项工作上所表现的态度是轻率的、潦草的。特别值得责备的，是没有把它送请鲁迅本人过目，争取他宝贵的帮助。虽然在当时具体的情况下（"四一五"广东国民党反动派政变之后，鲁迅先生隐居在白云楼，与外界很少接触，我们当时就不知他确实的住所。此外，还加上其他的一些原因），没有做到这一点，并不是绝对不可原谅的。但是，从结果看，这总是一件很大的憾事！后来，鲁迅一再对它表示不满，主要的问题是在那篇附录方面。（尽管当有人责备我不该编辑那样的书的时候，鲁迅先生曾经相对地给它辩护过。）这是有理由的，也是值得我反省的。（《鲁迅全集》第3卷，第21—22页）

说到钟敬文和鲁迅的关系，还应该提到他和两三个友人计划和鲁迅办的"北新书屋"合作，扩大办成一个"北新分局"的事情。鲁迅不同意,这件事就没有办成。鲁迅致章廷谦的信中两次说到这件事,1927 年 7 月 7 日的信中说:"近日有钟敬文要在此开北新分局,小峰令来和我商量合作,我已以我情愿将'北新书局[屋]'关门,而不与闻答之。钟之背后有鼻。他们鬼祟如此。天下那有以鬼祟而成为学者的。我情愿'不好',而且关门,虽将愈'不好',亦'听其自然'也耳。"7 月 17 日的信中又说:"这里的'北新书屋'我拟于八月中关门,因为钟敬文(鼻之傀儡)要来和我合办,我则关门了,不合办。"收信人当然一看就明白,这"鼻"是指顾颉刚。

1977 年仲春钟敬文给一个来问者的复信中作出了解释,他说:

> 鲁迅先生在信里怀疑我们的设立"北新分局"和写那样冒失的信,跟顾颉刚先生有关,这个责任,恐怕在我身上。因为当鲁迅先生初到广州,我和饶超华君等去拜访他的时候,我说的有些话,是足以引起怀疑的(虽然我当时并没和顾先生见过面,更不知道他们在厦大那种对立的情形)。其一,我说,不久前得到顾的信,知道先生就要到中大来了;其二(这是更重要的),当鲁迅先生说到当时厦大国学研究院那些从北京去的同事们的勾心斗角的情形时,我竟然插嘴说,顾是个学者,大概不会这样吧。记得鲁迅先生听了我的话,冷冷的回答说:"如果真像你所说的,那就好了。"这明明是有对我的话的反驳,但我当时并没有充分理解到这话的真意和分量。(《鲁迅全集》第 3 卷,第 18 页)

1949 年以后,钟敬文在北京师范大学中文系任教授。1956

年,毛泽东提出了"百花齐放,百家争鸣"的方针。1957 年 2 月,他在最高国务会议上讲人民内部矛盾,3 月,他又召开中国共产党全国宣传工作会议,钟敬文是应邀参加宣传工作会议的党外人士之一,他在《我与我们的时代·祖国》里回忆当时的事,说:

　　不久,党中央在怀仁堂召开党的宣传工作会议。与会者除去多数党内的各级干部外,还特邀了一部分党外民主人士参加(他们后来大多被划为右派)。我和同事黄药眠也被邀请出席。这次会,由毛泽东同志作主要讲话。他老人家一面不断地吸着香烟,一面滔滔不绝地演说。他劝我们大家要做志士仁人帮助党除去三风,以利革命和建设事业的进行。他还特别举出了章太炎先生在晚清闹革命不顾个人安危的例子,以激励我们。他当时给我的印象,不仅言词是雄辩的,态度也是诚恳的。他感动了我。我自以为已经把握了中央的整风精神。此后,在参加北京市各机关召开的座谈会上,我的发言都更加积极和痛切。(我后来在脱掉右派帽子时,写过一首七律,它的次联是这样描述当时的心情的:"文公立意求佳政,坡老忧时有激言。")我甚至对那些一起参加座谈会而发言吞吞吐吐的同事,加以讥笑,以为他们态度太稳重了,缺乏一种对革命事业应有的热情。

　　好! 时间过去不久,"工人说话了"! 形势陡转直下,昨天那些帮助党整风的忠诚言词,现在都成了向党进攻的反动言论! 首先受到炮火轰击的,是那被认为有政治野心的"章罗联盟"。接着受到揭发批判的,是民主党派的秀才们的"篡权"科学计划。文艺界的所谓"丁、陈集团"也被重新端了出来。这时,我意识到,在劫难逃的事情就要落到自己头上来了。果然,校刊上赫然登载了一则揭发我的罪行的短文,作者是科学研究部办公室的秘书(我的最接近的下属)。戏剧就这样开场了。

我还兼任中国民间文艺研究会管事的副理事长,因此,在这一年冬天(我已被强制劳动),民研会特地为我召开了两天批判会。由于准备充分,加之某些领导的个人感情因素,其炮火的猛烈,比起北师大,实在有过之而无不及。批判会散场后,我在那里的职务、权利当然都被取消了。(《没有情节的故事》,北京十月文艺出版社 2001 年,第 484—486 页)

钟敬文被划为右派分子之后,在极其困难的条件下,还为鲁迅做了一件事情,就是把增田涉的七万多字的《鲁迅的印象》译成了中文。1981 年我把它拿到湖南人民出版社正式出版了。

15. 林楚君(1905—1986) 广东惠州人。鲁迅在中山大学任教时候的学生,当时的名字是林长兴。他和校内外一些爱好文学的年轻人组织了一个"南中国文学会",1927 年 3 月 14 日晚上七点钟开成立大会,他们把鲁迅请来了。参加的二十多个人里面,有后来成了著名作家的欧阳山(当时名叫杨仪),欧阳山后来在《光明的探索》一文里记下了这次活动。林楚君的《鲁迅热切关怀文艺青年》一文的副题就是"记鲁迅与'南中国文学会'青年的一次会见",其中记下了这个晚上鲁迅和他们的交谈:

我们坦率地向鲁迅先生倾诉自己的心愿:南中国文学会准备办一个刊物(刊名《南中国》),希望先生能为这个刊物的创刊号写稿。另外,我们想请先生谈谈他走过的路子,好让我们这些青年人跟着走。

　　鲁迅先生说:"文章还是你们自己先写好,我后来才写,免得人说'鲁迅来到广州就找青年来为自己捧场了。'"我们说:"我们都是穷学生,如果刊物第一期销路不好,我们就不一定有力量出第二期了。"鲁迅听了很风趣而又严肃地说:"要刊物销路好也很容易,你们可以写文章骂我,骂我的刊物也是销路好的。"大家听了笑起来。当时,我们虽然不尽理解这句话的深刻含义,但先生话中有话,我们还是能体察得到的。因而,一阵笑声过后,大家不由得沉默下来。

　　鲁迅先生看看大家后,接着又说:"我走过的路子不好走,各人应该走各人的路子。"(《鲁迅生平史料汇编》第四辑,天津人民出版社1983年,第357—358页)

　　后来林楚君是广州中山大学教授。1957年5月19日,中共广东省委书记陶铸到中山大学听取教师和学生的意见。在上午教师的座谈会上,这时担任中山大学政治经济学教研室主任的林楚君说:"'共产党员是特殊材料造成的'这句话,是说别人做不了的事情共产党员能做到,可是宗派主义者却把这句话理解为党员高人一等。"他还指出:"现在党组织的领导干部不接近群众,只根据一些'积极分子'的反映。一些党员接近群众也是为了收集情况向领导上反映。一些人就是因为这样不愿接近党员。这样下去是很危险的。"(1957年5月22日《南方日报》)

　　6月1日民盟广东省委邀请高等学校教授座谈,对党委制问题作专题讨论。林楚君在会上表示:他认为解放初期实行党委制是起了积极作用的,是好的;但是,现在解放已经八年,它的积极作用已经消失,它的存在反而带来了"三害"。因此,他主张党委制应该取消。他分析说,党委制的缺点不在干部能否胜任,而在这个制度本身。制度有缺点,自然不能很好地调动一切积极因素,办好学校。因为党委领导人都不是教书的,只采用开会、定制度等行政办法去办学校,结果就一定产生官僚主义和教条主义。其次,党员对中国的知识分子不够了解,又不愿意深入去交朋友,只是坐在办公室听听一些党员和团员的汇报,这样就不能不产生宗派主义。他说,党委制取消后,可以由学校的校务委员会的集体领导和校长个人负责制来代替它。党可以通过参加校务委员会的党员来起作用。他认为这样是加强了党的领导,而不是削弱它。(1957年6月3日《南方日报》)

座谈会上,林楚君的发言直指党委制是"三害"的温床,当然是十分恶毒的右派言论。这时已经是在具体部署反右派斗争的时候了,为了让他"大吐毒素,畅所欲言",《南方日报》派记者专门就这个问题采访了他,他不知是计,还真说了一大篇,强调指出问题出在制度上,他说:"各个学校,各个地方都出现像龙潜、徐懋庸这样的人物,不能完全用个人品质来解释,这是在一定的制度下面的产物。如果不是事事都由党委决定,他们即使存在,也不会发生那样大的偏差。"他还说,有人认为,共产党是正确的,是想做好工作的,只要除了"三害",工作就可以做好。他不同意这个看法。他得出结论:党委制是"三害"的温床(虽然"三害"的来源很多)。必须改变党委制,才能做好工作,发挥群众的积极性。(6月8日《南方日报》)他这里说的龙潜原是中山大学的党委书记,徐懋庸原是武汉大学的党委书记,都是叫知识分子十分害怕的人物,都是在学校里弄得天怒人怨而被调走的。《南方日报》的这篇专访跟《人民日报》社论《这是为什么?》同一天见报,完全是为划他为右派分子准备材料了。这篇专访《"党委制是'三害'的温床"》的作者署名仅仅是"本报记者"四个字,大约他知道自己写的是什么,才不愿意署上自己的大名吧。

16. 许杰(1901—1994) 浙江天台人,作家,文学研究会成员。鲁迅1927年10月19日日记:"晚王望平招饮于兴华酒楼,同席十一人。"这天同席的十一人里就有许杰在内。后来他在《回忆我和鲁迅先生的一次见面》一文里说到了这事:

> 事情大约是在1927年的11、12月间,具体的时间,我记不清楚了,那时,我从浙江海门回到了上海。当时,王弼同志负责中国济难会的工作。一天,他说济难会准备出版一个刊物,要我参加编辑工作。依照当时的习惯,要办一个刊物,须得先请一次客,找一些作家名人,向他们打一个招呼,约一约稿。我记得,那一次所请的主要客人是鲁迅先生、郁达夫先生、叶圣陶先生等……
>
> 在席间,王弼同志举杯祝酒,希望大家为这个刊物出力,他也讲了要我参加编辑的话。我当时也结结巴巴的说了一些要请大家帮助、指教以及支持等意见。达夫先生只说你干起来就是。而鲁迅先生,则是本着一向爱护青年的态度,说是"既要大胆,又要踏实"等等鼓励我的说话。……关于济难会的那个刊物,后来没有办成。(《鲁迅回忆录散篇》下册,第1091页)

这大约是许杰和鲁迅第一次相见。他这里说的王弼即鲁迅日记里写的王望平。

1936 年 9 月他写信给鲁迅,请鲁迅写纪念蒋径三的文章。蒋径三是鲁迅在中山大学的同事,当时任中大图书馆馆员兼文科历史语言研究助理员。鲁迅编《唐宋传奇集》,他曾帮助代借资料。两人先后离开中山大学之后仍不断来往。在鲁迅的相片集里保存了有蒋径三的合影。1936 年 7 月蒋在杭州坠马而死,鲁迅闻讣,和许广平同署名送奠仪十元。他的生前好友要在杭州《晨光》周刊刊出《蒋径三先生纪念专号》,许杰就写信请鲁迅为专号写稿,鲁迅回信说:

许杰先生:
　　来信收到。径三兄的纪念文,我是应该做的,我们并非泛泛之交。只因为久病,怕写不出什么来,但无论如何,我一定写一点,于十月底以前寄上。
　　我并没有豫备到日本去休养;但日本报上,忽然说我要去了,不知何意。中国报上如亦登载,那一定从日本报上抄来的。
　　专此布复,即请
　　撰安

　　　　　　　　　　　　　　　　　　　鲁迅　九一八

重病中的鲁迅已经无力写这一篇亡友的纪念文章了。《晨光》周刊的纪念专号于 10 月 25 日出版的时候,鲁迅已经去世一个星期了。

1957 年,许杰在华东师范大学任中文系主任,又是中国作家协会上海分会副主席兼书记处书记。5 月 1 日,全国各大报刊出了中共中央《关于整风运动的指示》,决定在全党开展一次反对官僚主义、宗派主义和主观主义的整风运动,同时发动党外人士来给共产党提批评意见,帮助共产党整风。5月9日的《文汇报》上,刊出了许杰的《墙是怎样形成的》一文,谈的是怎样改善党群关系的问题。其中谈到历次政治运动,"三反五反,思想改造,资产阶级思想批判和肃反运动",只说有些党员"希望在运动中争取立功,在政策的执行上,可能还有宁'左'毋右的思想,这就容易形成不够和谐的地方了"。他没有说对人的伤害,只说是"不够和谐",这也就够温和,够委婉了。当然,也说了一些有刺激性的话:"有些党员领导同志,时常露出解放者的面孔,如说'要是他们再噜苏,我就叫他们没有饭吃',如说'我们是靠革命吃饭不靠业务吃饭的'等等,那完全是功臣自居、居功自傲的态度,说是不要在党群之间,筑成一垛高墙,这又那里可能呢?"

6月8日,反右派斗争开始发动,许杰很快就被宣布为右派分子。6月27日《光明日报》以《上海高等学校反右派斗争波澜壮阔》为题刊出本报专电,其中说:"华东师大师生还揭发和批驳了中文系主任许杰的谬论,许杰主张整风要狂风暴雨,开小会谈心会不够热火朝天,口口声声说党整风无诚意,有顾虑。在学生出了大字报后,他大加赞赏说,学生也应该大鸣大放。人们责问他为什么要打乱师大的整风步骤,唯恐天下不乱。"

7月12日《光明日报》刊登的本报上海专电,说作家协会上海分会开的座谈上揭露了许杰的历史问题:说他"解放前就为蒋介石的最高国策服务了。他到上饶集中营对政治犯做过报告,反对暴露国民党黑暗的进步文学。蒋介石《中国之命运》出版后,许杰曾到处宣扬这本反动的书"。

7月27日《新闻日报》在《上海各高等学校正气昂扬反右派斗争初步胜利》这篇报道中说:"华东师大右派分子许杰,在6月初还在积极煽动放火；当揭发许杰是右派分子的大字报贴出时，有一部分认识糊涂的人还提出责问，有的人还张贴大字报要为许杰'申冤'，有的被许杰的'进步作家'、'进步教授'的外貌所迷惑，认为把他说为右派分子是对'老教授的不敬'。后来，师大各民主党派揭发了许杰一贯的反党言行和丑恶的政治面目，报上也刊载了右派分子路诒对上海右派集团的揭发，人们就看清楚了，许杰原来是有计划地在师大放火，并且阴谋把火烧向上海各高等学校。华东师大全校师生在6月底到7月初的几次批判许杰的大会上，纷纷进一步揭发和怒斥许杰的反动言行，要求他具体交待和章罗联盟及右派分子顾执中等的关系。"

9月7日《解放日报》刊出了叶以群、孔罗荪、姚文元三人在上海市人民代表会议上的联合书面发言《许杰在文艺上政治上的反动道路》。一开头就说：

> 许杰在"鸣放"期间，忠实地执行了"章罗联盟"的反党纲领，进行了一系列反党反社会主义的活动。可是他在8月16日人代会预备会的交代中还是狡赖地说什么："我投机，表面上装作进步，我骗了别人，也骗了自己。""我从来不知道我的立场是反动的。""我的这种反动思想是一贯支配着的，只是我自己不知道就是。"从这些话看来，似乎许杰的言论和行动都是无意识的，他自己也"不知道"他为什么要做那一切。这完全是骗人的谎话。

这篇书面发言还分析了许杰过去的作品：

> 《火山口》是完全为弗洛伊特的反动学说作宣传的小

说,小说中的"我"是一个只有兽欲(所谓性欲的火山口)的人,什么阶级性,什么反动统治的压迫,什么革命斗争……全部被否定得干干净净。它只宣传这种思想:人之所以有苦闷和痛苦,与"社会问题"毫无关系,与国民党反动派的压迫毫无关系,唯一的原因只是性的苦闷,小说中还不堪入目地描写着同性恋爱。这种小说在当时就是起着替国民党反动派腐蚀青年,进攻革命的作用(特务文学的特征之一,不就是色情么?)而且,从这里可以看出这个作者隐藏着怎样丑恶的灵魂。

抗战后期,他写了一本十几万字的书,叫做《文艺批评与人生》,是在 1945 年上饶战地图书出版社出的,上饶是国民党反动派头子顾祝同的大本营,反共的前锋阵地。许杰就是在顾祝同统治的这个反共阵地上当了一员反共的文艺统帅。许杰是很想干一番事业的,他在当时的福建、浙江、江西一带,充当了一员主将,发号施令来推动他的所谓"东南文艺运动",他是有最高准则,有具体纲领,有组织路线的。

批判者从许杰的书中摘引了一句话:"文艺运动的最高准则是和现阶段的最高国策相互一致的。"于是上纲:他就是要为"蒋介石反动王朝的最高国策"服务!这篇书面发言有七千多字长,也不必多引了。这是姚文元的牛刀小试,为以后写《评新编历史剧〈海瑞罢官〉》那样的大文章练练笔吧。

17. 黄源(1906—2003) 关于其与鲁迅的交往,见前文。

1938 年黄源参加新四军,1939 年参加中国共产党。1949 年以后历任上海市军事管制委员会文艺处副处长、华东军政委员会文化部党组书记兼副部长、中共中央华东局宣传部文艺处处长、中共浙江省委宣传部副部长兼省文化局局长、省文联党组书记、作协浙江分会主席等职务。

　　1957 年的反右派斗争中，黄源被划为右派分子。11 月 10 日《浙江日报》上刊出了一篇长文《黄源——鲁迅的叛徒》，作者署名袁卓尔。文章一开头就说黄源"从来没有忘记利用鲁迅来抬高自己的身价。他以鲁迅的门徒自居，无论谈天、开会、做报关，都言必称鲁迅，甚至于在这次反右派斗争里作检查时，也还没有忘记抬出鲁迅来"。文章接着说："他现在的所作所为，都是完全与鲁迅背道而驰的。黄源与鲁迅，没有半点相同的地方。"至于他有哪些具体错误，文章说："黄源强调'文艺的特殊规律'，取消了党对文艺工作的领导，排斥了文艺工作的政治性。他曾明目张胆地说：'共产党员不懂，就不要插手，让专家去搞。'"文章还讲了这样一件事情："当右派分子大肆向党进攻时，他却居然在座谈会上当众哭泣，表示'咎不在我而在省委'，表示'我黄源也是一肚子委屈'，表示'我在党内也是个被压迫者，对你们无能为力'。"在使用干部方面，文章说黄源"爱的是汉奸、开除党籍的坏分子以及像姚水娟那样的右派女将。他与他们称兄道弟，恭维他们的'才能'，对他们封官加爵，视同至宝。他在用人唯才的幌子下，招徕和重用一些对党不满的、隐瞒了自己的政治历史问题的人。而在另一方面，对组织上派去的党员同志，却很不放心，要考考他们的业务，甚至要一个做人事工作的干部也要会写剧本，才让他工作"。这一篇批判文章有一个特点，就是引用了十六条鲁迅的语录作为批判的根据，以坐实黄源是鲁迅的叛徒这个断语。

18. 宋云彬（1897—1979）　浙江海宁人。编辑家，文史学家。1927年鲁迅到广州中山大学任教后不久，《黄埔日报》编辑宋云彬在《国民新闻》的副刊《新时代》上发表《鲁迅先生往那里躲》一文，篇首引有拉狄克的两句话："在一个最大的社会改变的时代，文学家不能做旁观者！"文章中说：

> 他到了中大，不但不曾恢复他"呐喊"的勇气，并似乎在说"在北方时受着种种迫压，种种刺激，到这里来没有压迫和刺激，也就无话可说了"。噫嘻！异哉！鲁迅先生竟跑出了现社会，躲向牛角尖里去了。旧社会死去的苦痛，新社会生出的苦痛，多少放在他眼前，他竟熟视无睹！他把人生的镜子藏起来了，他把自己回复到过去时代去了。噫嘻！异哉！鲁迅先生躲避了。

报纸的编者在案语里表示：这是对于鲁迅好意的希望和怂恿，并非恶意的笑骂的文章。

鲁迅在《三闲集·在钟楼上》一文里表示明白这篇文章对于自己的好意，说自己看见此文的时候还"颇为感动"。这以后，宋云彬还给鲁迅写过一次信。

抗日战争期间，宋云彬在桂林编了一本《鲁迅语录》，发表过许多纪念和研究鲁迅的文章。

1949年新政协开幕。宋云彬以救国会十代表之一的身份出席。随后又在中央人民政府出版总署工作。不久调回浙江，为省人民政府委员。还担任了省文联的负责人和中国民主同盟浙江省委员会的副主任委员。

反右派斗争的锋芒首先是对准以章伯钧、罗隆基为主要代表的中国民主同盟(简称章罗同盟)的。在浙江,民盟省委主任委员姜震中和宋云彬,就被称为姜宋联盟,也就是章罗同盟驻浙江的代表,必须加以打击了。8 月 15 日《光明日报》以《民盟浙江省反右派斗争取得初步胜利,姜震中、宋云彬右派集团阴谋败露》为题,发表"本报讯",说:

> 姜震中和宋云彬多年来始终闹不团结,直到去年民主同盟第二次全国代表大会章罗进一步合作之后,他们在反党反社会主义总目标下携起手来,"化敌为友"了。在大会期间,罗隆基曾和姜震中作了一次谈话,要求他在从北京回来之后,对盟务开始积极起来。此后右派小集团每两周在宋云彬家里"座谈"一次,讨论政治问题。宋云彬还把从北京带回去的秘密文件在小集团内传观抄录,作为反动宣传的材料。……
>
> 从 5 月 21 日至 6 月 27 日,民盟省委打破惯例,一连召开了四次"办公会议",宋云彬说,"过去民主党派是摆摆样子的,今后大有可为了"。……
>
> 在浙江省文联,宋云彬除了自己亲自放火外,也和某些别有用心的分子勾搭。

宋云彬又是一个"对于有害的事物,立刻给以反响或抗争"(鲁迅语)的杂文作家。在反右派斗争中他的一些杂文受到批判,还不仅仅是因为文章写得锋利,还因为这些文章里公开了一些尴尬的事情,例如《从一篇杂文谈到讽刺》一文里提出的浙江龙泉金沙寺塔被毁事件,还有《憎恨呢? 愧悔呢?》一文里说的"去年春间,不知道是杭州市哪一个机关发动的,在二十几小时以内,把西湖上的陶成章烈士、冯小青、苏曼殊以及武松等等的墓统统给挖掉了,后来经许多人提出抗议,官司打到北京,才又于二十几小时以内把那些坟墓统统恢复了原状。说起这些事情,使人哭笑不得"(6月4日《文汇报》)。这种文章也真够叫人头痛。划他做右派,也就更好批判这些文章了。

1957年9月30日《人民日报》刊登了郭沫若在9月16日文物界反右派分子座谈会上的发言,批判了文物界右派分子叶恭绰、宋云彬、陈裕新等人,说:"解放以来,个别破坏文物的事件是有的,除了革命的破坏以外,还有一种是无知的破坏,都不能归罪于人民,更不能归罪于党。宋云彬把龙泉拆塔事件夸大起来,好像天下文物都被共产党破坏了,这样看问题是不合逻辑的。龙泉拆塔毁坏文物是一件可惜的,不幸的事。但对这件事我们应当憎恨谁呢?首先,我们应当憎恨旧时代的统治者,他们的愚民政策,使人民没有知识;其次,我们应当憎恨自己,没有作好爱护文物的宣传工作,很多人民还不知道去保护它们。"

1960年11月25日《人民日报》刊出新华社电讯,说中央国家机关和各民主党派中央机关最近又摘掉一批确有改悔的右派分子的帽子,其中有宋云彬。

19. 张孟闻(1903—1993) 笔名西屏,浙江鄞县人。1928年的时候,他在宁波浙江省立第四中学和私立春晖中学教书,和几个朋友合办一个半月刊《山雨》,因为其中编入了他写的一篇《偶像与奴才》,印刷所不敢承印,刊物也就未能出版。3月28日,他把这事写信给鲁迅诉说,并将"犯忌"的原文寄出,希望在《语丝》发表。鲁迅复信说:"我极愿意将文稿和信刊出,一则,自然是替《山雨》留一个纪念,二则,也给近年的内地的情形留一

个纪念,而给人家看看印刷所老板的哲学和那环境,也是很有
'趣味'的。"于是鲁迅就把张的来信和这封复信以及《偶像与奴
才》这篇,一齐发表在《语丝》周刊第四卷第十七期(4 月 23
日)上。

鲁迅给他的复信不长,却有精彩的意见:他"以为我们所认
为在崇拜偶像者,其中的有一部分其实并不然,他本人原不信偶
像,不过将这来做傀儡罢了。和尚喝酒养婆娘,他最不信天堂地
狱。巫师对人见神见鬼,但神鬼是怎样的东西,他自己的心里是
明白的"。

1957 年,张孟闻在上海复旦大学任生物系教授。7 月 18 日
的《文汇报》发表该报记者吴培恭写的《复旦人站在反右派斗争
的前列》一文,其中说:

> 右派分子孙大雨、王造时、陈仁炳、杨兆龙、张孟闻、王
> 恒守是发动这次进攻的"急先锋"。
>
> 张孟闻在生物系第一次教职员大会上还以进步面目出
> 现,说自己是受了孙大雨等右派分子的利用,极力为自己过
> 去的反动罪行开脱。
>
> 生物系老教授孙宗彭,过去从不在公开场合讲话的,这
> 次也在全系大会上严肃的批判张孟闻反对党的领导的荒谬
> 主张。

8 月 28 日《解放日报》上发表陈大燮的文章,说他"参加了
上海科技界对右派分子王恒守、张孟闻、范日新的斗争"。

9 月 11 日《文汇报》刊出了张孟闻一篇很长的检讨《向人民
请罪》。这里只摘录一段他作为一名肃反对象的认识变化:

我在肃反中受到严格的审查,依照我过去一贯的反党言行和我在教研组里十分信任反革命分子周惠生而论,已经是"平日工作上出过容易引起怀疑的差错"的一种人;况且在解放以前,我与国民党权贵们也有来往,也可以算是历史上还有些问题没弄清楚的人。无论从领导上或从群众间提出来作为审查重点,并无什么不合理的所在;而且通过审查,一身感到轻快。可是我相信孙大雨事前的挑拨,以为这是对我的"人身报复",也想来个"人身报复"。于是这股怨恨集中到执行肃反运动的几个党员同志身上,心底里实在正是反党反政府。

20. 董每戡(1907—1980) 浙江温州人。鲁迅 1928 年 5 月 2 日日记:"午后金溟若、杨每戡来。"这里的"杨每戡"就是"董每戡"。他在这里为什么用杨姓呢? 他曾经说给我听过,我把它写到《董每戡同志二三事》里面了。他说,那是在 1927 年四一二政变之后,8 月间,他奉命回到家乡温州重建党组织。不久,上级机关被破坏。在一个冬天的夜晚,敌人逮捕了到温州和他联系的同志,并且立刻围住了他的住处,被他脱出,在邻居的帮助下,逃到温州深山中的寺庙里躲藏了几个月,第二年春天逃到上海。有人说他曾经做过和尚,就是由于这一段经历的讹传。被捕的同志是被敌人斩杀了,他自己遭到了通缉。真实姓名不能用了,因为他们董家某世祖曾用杨姓,又想到自己受到通缉,成了大元帅,于是有时就用"杨大元"这个假姓名。那天去访问鲁迅,就用了这个杨姓。

他去拜访鲁迅,是因为同乡金溟若翻译了日本有岛武郎的《叛逆者》,找不到地方出版,董每戡就陪他去请求鲁迅帮助。鲁迅就把这译稿在《奔流》上陆续刊出了。

1931 年末,董每戡编的三幕剧《C 夫人肖像》由美专剧团演出,他听郁达夫说鲁迅愿意看这戏,就托郁达夫送票去请鲁迅来看了。

1957 年,董每戡任广州中山大学中文系教授,又是中国民主同盟广东省委员会的委员。5 月 19 日,中共广东省委书记陶铸到中山大学同教授们作了六小时的座谈,会上董每戡说,学校的大部分党员有两副面孔,平时是封建时代的寡妇面孔,不苟言笑(陶铸插话:是冷若冰霜),不去接近群众;运动中是屠夫面孔,很凶恶,知识分子很怕他们。其次是党员的两种作风,运动一来拼命动员人家提意见,遇到另一种场合就报复人家,党委在几次会议上都没有表示态度,因此教师们虽放,却不多,现在还需要大放。第三是建议不能有两种法律,党员犯错误检讨了事,非党人士犯错误可不得了,结果某些党员就不怕犯错误。一般人的看法,是群众和党员并不是一样看待的。座谈会结束的时候,陶铸表示,党组织是不会报复谁的,要大家不要怕。(5 月 21 日《广州日报》)

6 月 8 日,反右派斗争公开发动,民盟中央的章伯钧、罗隆基受到集中火力的批判。6 月 15 日,民盟广东省委举行常委扩大会议,讨论章、罗的问题。董每戡在会上发言说:章伯钧、罗隆基的言论不是凭一时灵感而发的,而是有历史根源的。他们又是民盟的领导人,在盟内外都有影响,因此要他们进行检查。但是,他认为,直到现在,报上对他们的错误都没有具体分析,不能说服人。……对章伯钧等的错误,不是要处分他们或是把他们拉下来,而是要帮助他们站起来。(6 月 15 日《南方日报》)

21. 张友松（1903—1995）　湖南醴陵人。文学翻译家。1927 年在上海北新书局任编辑。1928 年 8 月 4 日李小峰在万云楼请鲁迅等人吃饭，客人有沈尹默、刘半农、郁达夫、林语堂等人之外，座上还有张友松。这也许是他和鲁迅相见的开始。以后的往来就颇为频繁了。

不久，张友松从北新书局辞职，同夏康农合办春潮书局，出版《春潮月刊》，这事得到鲁迅的支持。鲁迅的译稿《托尔斯泰之死与少年欧罗巴》（苏联卢那卡尔斯基作）和《新时代的豫感》（日本片上伸作）最初都是在《春潮月刊》发表的。鲁迅作序的叶永蓁的小说《小小十年》也是鲁迅介绍给春潮书局出版的。

1929 年 5 月，鲁迅要赴北平省母，预计会在北京耽搁些日子。正好这时候，《奔流》第二卷第一本的校样出来了，自己没有时间看，为了不耽误出版，他就请张友松帮一回忙。鲁迅1929 年 5 月 10 日的日记："访友松，交《奔流》稿。"记的就是这件事。日记接着记的是：12 日"略集行李"，13 日"晨登沪宁车"了。

鲁迅为了北新书局拖欠版税的事打官司，律师杨铿就是张友松和他的同学党家斌介绍的。自始至终，他为这事出力不少，在几个月的鲁迅日记中多有记载。1929 年 11 月 7 日日记："晚修甫（引者注：党家斌字）、友松来，邀往中华饭店晚餐，并有侃元、雪峰、柔石。"这时正好是讨积欠版税的事圆满解决了，邀他们吃餐饭也许有一点酬劳的意思吧。

张友松结婚，鲁迅自己上街选购了八件铝制杂器作为礼物（见他 1930 年 1 月 28、29 日日记）。

据张立莲《怀念我的父亲张友松》一文中说："在这期间（引

者注：1928 年到 1930 年），父亲和鲁迅先生有过多次交往。鲁迅先生给了我父亲很大的关怀和支持，不惜花费大量时间和精力，帮父亲约人撰稿，拟定了编辑一套文艺小丛书的计划，还借过一笔钱给他。但父亲穷困无奈，这笔钱也就成了他始终没有还清的债。"(《新文学史料》总第 71 期)确实有这么一回事。鲁迅 1929 年 11 月 2 日日记："午后友松来，假以泉五百。"后来在日记中并没有归还的记载。

1952 年 1 月，宋庆龄主办的大型综合性月刊《中国建设》英文版在北京创刊。张友松在这里做了两年编辑之后，即辞职当了一名专业翻译家，靠译书的稿费为生了。1953 年 12 月经他的老朋友金灿然介绍为人民文学出版社译书。在三年多的时间里，出版了《马克·吐温短篇小说集》、《汤姆·索亚历险记》、《王子与贫儿》、《镀金时代》四部马克·吐温的作品，得到稿费一万一千多元，比原来的月薪要高出不少。

张友松在和人民文学出版社三年多的业务往来中，积累了不少不满。1957 年"大鸣大放"期间，他就在《文艺报》1957 年第 9 期(6 月 2 日)发表《我昂起头，挺起胸来，投入战斗!》一文把他的不满发泄出来了。这篇以《对人民文学出版社及其上级领导的批评》为副题的长文说："'人文'的社长老爷们都是些懒虫，他们不懂业务，又不肯学习业务"，"终日挖空心思，把出版社的'利益'与作家和译者的利益对立起来，以致出版者与作家和译者终于搞成了冤家死对头，严重地危害了人民的出版事业。""社里的负责同志们一向是以施主自居，把一般作家和译者当做乞丐似的。""'人文'的领导同志们之主观，可谓登峰造极。"文章里，还举出了他和副社长楼适夷、王任叔，副总编辑郑效洵打交道的具体事例，这里就不加摘引了。

反右派斗争开始以后，这篇文章可是惹祸上身了。《文艺报》第16期（7月21日）上刊出了署名"石人"的文章：《张友松究竟是一股什么劲?》，文章说："尽管张友松所列举的事实中，据我了解，有些是接近事实的，但不符事实的极多，虽然如此，然而张友松的基本态度是否定一切而不是与人为善的，张友松口口声声说不是'恶意攻击'，不是'诋毁和兴风作浪'，但是实际上恰恰是如此。"

就这样，张友松被划为右派分子了。前面所引张立莲文章还补充了另一项罪名：

> 在"引蛇出洞"斗争的初期，父亲响应号召，帮党整风。他向人民文学出版社领导提了意见，希望改善出版社和作者、译者的关系；又经朋友介绍，认识了一个从外省来京告状的教师，为这人打抱不平。很快，《人民日报》发表长篇文章批判。文化部组织大会批判。几经风雨，"反党反社会主义分子"的帽子扣在了父亲的头上（这项帽子父亲戴了整整二十年）。

1957年9月2日的《人民日报》刊出了署名袁木批判他的文章，说山东师范学院揭发出了一个右派反党小集团，"这个集团的组织者是披着专业翻译家外衣的张友松，他在这个集团中自任'主帅'，坐镇在北京的任务，在山东师范学院积极进行反党活动。他们订下'执法如山'的纪律，有计划地向共产党发起无比疯狂的进攻"。这是怎么一回事？看了1957年7月28日的《人民日报》刊出的那篇《四十多封密信》为题的文章就明白了，那篇文章摘录了他写给山东师范学院的友人庄维石、李金声和戴天庆信中的一些字句：

我指挥着由无到有的队伍,先后开辟了两个战场。

　　本帅执法如山,抗命者斩!!!

　　倘再误戎机,定以军法从事!!!

　　这一位马克·吐温的中译者,大约文章风格也受到马克·吐温的感染,在给友人写信的时候也来一点马克·吐温式的讽刺和诙谐。这可糟了。就根据这些字句,《人民日报》说这是"一个有组织、有纲领、有纪律、有经费的反动集团"。真是开玩笑也有罪了。

　　这里有一个问题:1958 年 1 月 29 日国务院第六十九次全体会议通过的文件,标题是《中共中央、国务院关于在国家薪给人员和高等学校学生中的右派分子处理原则的规定》,宣布只在国家薪给人员和高等学校学生中划出右派分子。张友松这时是以版税为生活来源的专业翻译家,并不领取国家薪给,按说并不属于划右派的范围。可见划他是真正的扩大化,扩大到规定范围之外去了。到了要落实中共中央 1978 年 55 号文件,给错划为右派的人予以改正的时候,问题就出来了。前引张立莲的文章说,"1979 年父亲的问题得到了'改正'(直到这时才知道,当年划他为'右派'时,连一点书面材料也没有)"!"改正"错划右派的时候,才发现张友松不属于"国家薪给人员",并没有适用于他这种人的政策规定。最后只好作为一个特例,安排为北京市政协委员,由市政协发给他生活费。

　　22. 罗暟岚(1906—1983)　湖南湘潭人。在清华大学求学的时候就开始了小说创作。1928 年将他所写的短篇小说《中山装》向鲁迅编辑的《语丝》周刊投稿。鲁迅给他写了退稿信:

暧岚先生：

　　来稿是写得好的，我很佩服那辛辣之处。但仍由北新书局寄还了；因为近来《语丝》比在北京时还要碰壁，登上去便印不出来，寄不出去也。

　　　　　　　　　　　　　迅　上十一月四日

　　这篇稿子的情况，在《鲁迅全集》的注释里有所说明："据收信人回忆，此稿为短篇小说《中山装》，写一个满口三民主义，而对农民肆意敲诈勒索的人。后收入他的短篇小说集《六月里的杜鹃》，1929年4月上海现代书局出版。"从这里也就可以知道它没有能够采用的原因了。

　　1929年罗暧岚在清华大学毕业，后来到美国留学。1934年回国后任南开大学教授。抗日战争中回到湖南，先后任长沙临时大学和湖南大学教授。1952年院系调整，他调到湖南师范学院中文系任教。这时他还是中国民主同盟湖南省委员会委员、湖南省第一届人大代表、第一届省政协委员、省文联委员。1957年湖南师范学院筹备建立外语系，调他担任外语系筹备委员会主任。3月他发表《春风吹到岳麓山》。就是这一篇辛辣的文章，使他被划为右派分子。

　　23. 储安平（1909—1966）　江苏宜兴人。当时是上海光华大学学生。爱好写作，曾经在《北新》、《新月》这些刊物上发表散文和小说。也给鲁迅编辑的《奔流》月刊投过稿，没有被采用。鲁迅日记1929年6月21日："寄安平信并稿。"记的就是退稿给他的事。后来储安平成了一位著名的新闻工作者。1946年9月他创办的《观察》周刊一时风行海内，是一本影响很大的政论刊物。1957

年4月1日他被任命为《光明日报》总编辑。从5月8日开始,中共中央统战部邀各民主党派负责人和无党派民主人士举行的座谈会。6月1日储安平在座谈会上作了发言,他这篇发言的标题是:《向毛主席和周总理提些意见》。文章易见,此处不录。

储安平这篇一千二百字的发言成了当年右派分子向共产党猖狂进攻的代表作,当然遭受到最集中的批判。他成了当年最著名的右派分子。

24. 王余杞(1905—1989) 四川自贡人。小说家。1926年开始文学创作。这时他在交通大学北平铁道管理学院读书,1929年暑期到上海实习,郁达夫就介绍他拜访鲁迅了。他的短篇小说集《惜分飞》出版,即赠送一册给鲁迅(见鲁迅1929年8月27日日记)这一段经历,王余杞本人在《我的生平简述》中是这样说的:

> 1929年暑假,我去上海实习,会见了郁达夫,他还为我在上海春潮书局出版的《惜分飞》(即包括有《A Comedy》一篇)写了序。又因郁达夫的介绍去看望了鲁迅,给鲁迅主编的《奔流》转译了契诃夫的《爱》。(《新文学史料》1999年第3期)

王余杞去看望鲁迅,据鲁迅日记,是1929年8月9日的事。他转译的契诃夫的小说《爱》刊登在《奔流》第二卷第五本上。同一本上刊登了鲁迅自己翻译的俄国李沃夫·罗加切夫斯基的《契诃夫与新时代》这篇论文。这篇论文中正好提到了《爱》这篇小说,为了便于读者参看,大约就是鲁迅请王余杞译出在一起

发表的,不然未必有这样凑巧吧。1929 年 11 月 13 日鲁迅日记:
"下午修甫、友松来,托其寄王余杞信并汇稿费十元。"这十元就
是这篇译稿的稿费。

王余杞没有想到一篇译稿会收到两次稿费,显然是寄重复
了。他写信问鲁迅如何处理。鲁迅 11 月 26 日复信说:

余杞先生:

　　函并大稿均收到。《奔流》稿费因第五本由我寄发,所
以重复了。希于便中并附笺一并交与"景山东街未名社李
霁野"收为感。

　　《奔流》因北新办事缓慢,所以第六本是否续出或何时
能出,尚不可知。倘仍续印,赐稿当为揭载也。

　　　　　　　　　迅　启上　十一月二十六日

不久鲁迅就为了积欠版税的事要跟北新书局打官司,不再
编辑《奔流》了。刊登了《爱》的这一本即是它最后的一本。王
余杞寄来的新稿当然也未能揭载了。

1930 年王余杞在交通大学毕业,分配到天津北宁铁路工作,
业余从事写作。后来他参加了北方左联,来往于北平天津间。
1934 年他在天津出版大型刊物《当代文学》,以容纳在上海被检
查抽掉的稿子。他也曾写信给鲁迅为这刊物索稿。这刊物只出
了六期就出不下去了。

1952 年起他是铁道部人民铁道出版社的编审。他的女儿王
华曼在《怀念父亲王余杞》一文中说:

自"粉碎胡风反革命集团"开始,噩运便紧紧追随着

他。反右时,他被定为极右,他带着脓血不止的痔疮,有时甚至脱肛,去到十三陵水库劳动。不久又被送到青海高原劳动,最后下放到福建铁路的一个采石场。这时的父亲已是六十多岁的人了。一次,我的弟弟前往探望双亲。母亲带领他去工地,远远指着一个在烈日下戴着一顶散了圈的草帽,身着一身破旧劳动服,坐在地上用铁锤打碎石的老头说:"那就是你爸。"眼见被晒得黝黑而且骨瘦伶仃的父亲,弟弟几乎认不出来了。(《新文学史料》1991 年第 2 期)

王余杞是因为什么罪名被划为右派分子的,这篇文章没有说。他自己写的《我的生平简述》中也没有说,只写了一句"1957年,被错划为右派"。其实不说也可想而知,既然说了他的噩运是"自'粉碎胡风反革命集团'开始",可知他是 1955 年肃反运动的对象。如果他诉说了这冤苦,那就是攻击了肃反运动,就具有划为右派分子的充足理由了。

1978 年错划右派问题"改正"之后,已经七十多岁了,还未忘情写作,在 1984 年出版了他最后的一本书《历代叙事诗选》(与友人合作)。1981 年,华中工学院(现名华中科技大学)院长朱九思教授网罗天下英才,礼聘王余杞为兼职教授,直到 1989年 11 月 12 日逝世。

25. 施蛰存(1905—2003) 关于其与鲁迅的交往,见前文。

1952 年起施蛰存任华东师范大学教授。1957 年春天,在宣传"百花齐放,百家争鸣"方针的气氛中,在 6 月 5 日的《文汇报》上发表了施蛰存的杂文《才与德》,全文如下:

衡量人品的标准，大致不外乎"才"与"德"。才有通才，有专才；德有盛德，有美德。通才与盛德，可说全面发展，专才与美德，仅是一节之长。具有通才或盛德，已极不易，才德兼备，更是难得。大抵承平之世，丰于德而啬于才者较多；因为此时生存竞争并不尖锐，人民缺少磨练才能的机会。离乱之世丰于才而啬于德者较多，因为此时生存竞争剧烈，非有才能不易生存，但为了逞才能以求生存，德操便不免会沾些瑕疵了。

方今国家任用领导干部，显然有任德不任才的倾向，而德的标准又很高，要求的是共产主义的品德，这已是超于我们传统的盛德以上了。这一方策本来不坏，如果所有领导干部都具有这样高的德行，才虽不足，亦决不致偾事。因为一般的说来，有才无德的人较多，有德无才的人较少。具有共产主义品德的干部，我相信他决不在中才以下。

可惜近来各方面暴露出来的某些干部，品德之坏，在旧社会里都是骇人听闻的。父子之亲，而有协议离弃的文书；师道之尊，而有渔色女学生的风流校长。这些人距离共产主义品德，似乎甚远，虽说是个别干部的事情，但在人民大众心里，总是为党惋惜而不是为这些干部惋惜的。

由此看来，任人以德，现在恐怕不很妥当，因为我们在最近二十年中，经过好几次大变革，可以说是一个离乱之世，有德之人，实在太少。"老子打过游击"，只能算是"功"，不能算是"德"。有功则酬以利禄，何必以位？

从历史上来看，英俊有为之君，总是任人以才的，只有比较保守的帝王，才任人以德。然而也必须是继世之君方可。若创业开国之君，则天下离乱方定，如果无才俊志士，相与共治天下，单靠几个拘拘于小德的乡愿，那是打不开大局面来的。

汉武帝刘彻，在元封五年，因为文武臣僚不够用，故下诏求人才。诏曰："盖有非常之功，必待非常之人。故马或奔踶而致千里，士或有负俗之累而立功名。夫泛驾之马，跅弛之士亦在御之而已。"千里马是不容易驯服的，有才干的人往往是被一般人所指摘的，但汉武帝并不因此而不用此马此人，因为他自信有能力驾御得了，可以用其所长，制其所短。

魏武帝曹操更为突出。他下过三个命令，要不拘品德，登用人才。甚至说："负污辱之名，见笑之行，或不仁不孝，而有治国用兵之术"的人，都应该由地方官吏保举出来，使他"得而用之"。这就可以看出，一个国家在百废俱兴的时候，"才"的需要尤甚于"德"。《尚书·说命》曰："惟治乱，在庶官。官不及私昵，惟其能；爵罔及恶德，惟其贤。"亦就是说，要按才能以任命官吏，按品德以评薪评级也。

我们今天要做的事情多，专业分工又细，如果以"德"为任用各级领导干部的标准，即使有超于传统道德以上的共产主义品德者，如果一点不了解业务，也还恐怕不顶事。何况今天之所谓"德"，还只是一些表面的组织性，纪律性，革命性，积极性而已。"樊迟请学稼，孔子曰：'吾不如老圃。'"可以想见，盛德如孔子，如果要他去领导一个农业生产合作社，他一定自认不如一个老农民的。现在改两句龚定庵的诗，以结束这一点点感想罢：

"我劝天公重抖擞，不拘一格用人才。"

这篇文章发表三天之后,6月8日,《人民日报》发表社论《这是为什么?》公开宣布反右派斗争开始。可以想象得到,《文汇报》在6月5日发表施蛰存的这篇杂文,目的就是公布一件划他为右派分子的罪证。这篇文章直接向"创业开国之君"进谏,可谓不识忌讳。其中涉及的问题,如干部作风、外行领导等等,当时都是和右派分子辩论的大题目。就凭这一篇文章,就足够划他为右派分子,就必须加以批判了。

　　以群在《"宿怨"的由来》一文里批判施蛰存,认为他的《才与德》里说的"我们在最近二十年中,经过好几次大变革,可以说是一个离乱之世,有德之人,实在太少",是看不见"推翻了帝国主义势力和国民党反动派的黑暗统治广大人民真正翻了身,得到了解放,得到了胜利,并从艰苦的阶级斗争中锻炼出了千千万万优秀的革命战士和社会主义的建设者",而只看见"有德之人,实在太少"!以群的这篇文章还说,"施蛰存到今天还对共产党怀有深仇大恨","施蛰存不仅对共产党有'宿怨',而且也对苏联早有了'宿怨'"。(1957年7月5日《文汇报》)当年鲁迅批评过的那些事情,都用来作为写批判文章的材料了。

　　《文汇报》记者的批判文章《"第三种人"施蛰存》也是这样做的。文章说到了关于《庄子》和《文选》的论战:"施蛰存在这场论战里不但使出了'洋场恶少'的浑身解数极恶劣地向鲁迅先生施行毒辣的攻击,更重要的作用是把当时的青年,引向了古书堆里,学习庄周虚无主义的宿命论,钻进《文选》脱离实际地去舞文弄墨。"这篇批判文章还说:"反共必然要反苏,这是无可疑的。1935年,苏联在排演原本'莎士比亚'剧,这就引起了施蛰存的不快,看出了'丑态'。"(1957年6月30日《文汇报》)鲁迅怎么也无法预料到,他的论战文章以后会要成为反右派斗争中的武器。

26. 叶恭绰(1881—1968)　字裕甫,又字誉虎,广东番禺人。担任过交通总长、交通大学校长、北京大学国学馆馆长。鲁迅1930年11月20日的日记记有"寄叶誉虎信"。在这前后没有得叶誉虎信的记载,不知道是为什么事要写信给他。

1949年以后,他担任过政务院文化教育委员会委员、中央文史研究馆副馆长。《毛泽东书信选集》里收入了毛泽东1952年5月25日和1953年8月16日给他的两封复信,可以知道他和高层有往来。1954年9月全国人大一届一次会议决定撤销文化教育委员会,10月13日毛泽东写信给中共中央统战部部长李维汉,提出"叶恭绰、朱蕴山似应在政协方面予以安排",可见对他的眷顾。

他是为什么被打成右派分子的呢? 据1957年9月13日《文汇报》刊出的新华社电讯《确保党对文化事业的领导,文化部门打垮各个右派黑帮》说:

今年5月前后,章伯钧吸收了叶恭绰、李万春等加入农工民主党,并委任叶恭绰负责这个党在文艺界的工作,作为向文化艺术部门进攻的主要助手。随后叶恭绰、李健生等就纠集右派分子,召集了十多次"座谈会",密谋在国画、戏曲、文物界点火。叶恭绰同农工民主党成员、北京国画界的右派分子徐燕荪、王雪涛等提出"国画家的事由国画家来办"等口号,并串连上海国画界的右派分子,起来反对共产党对国画事业的领导,排斥正直的国画家,企图霸占中国画院。

至于这事的背景,《启功口述历史》(北京师范大学出版社

2004 年）一书里提供了一个说法：

> 后来绘画界准备成立全国性的专业组织——中国画院，要组织这样一个有权威、有影响的组织，必须由一个大家都认可的人物来出面，很多人想到了著名学者、书画家叶恭绰先生。此事得到了周恩来总理的支持。当时叶恭绰先生住在香港，周总理亲自给他写信，邀请他回来主持此事。叶先生被周总理的信任所感动，慨然应允。回来后，自然成为画院院长的热门人选。

> 当时在美术界还有一位先生，他是党内的，掌有一定的实权，他当然不希望叶先生回来主持画院，深知叶先生在美术界享有崇高的声望，他一回来，大家一定都会站在他那一边，自己的权势必定会受到很大的伤害；而要想保住自己的地位，就必须借这场反右运动把叶先生打倒。

这样叶恭绰就不免要被打成右派分子了。1957 年 9 月 30 日《人民日报》刊登了郭沫若在 9 月 16 日文物界反右派分子座谈会上的发言，说："叶恭绰、宋云彬等右派分子，他们站在封建买办资产阶级立场上，为了他们一小撮人的私利，来反对社会主义的文物事业，企图把文物事业还原到半封建半殖民地的老路。"还说了"章伯钧就找到叶恭绰出来在文化界放火"。

对叶恭绰的处理，据 1957 年 12 月中共中央统战部关于对民主人士中的右派分子处理意见，他属于第一类，即：

> （一）撤消一部分职务，保留或安排一部分职务，降职、降级、降薪（共四十六人）。章伯钧、罗隆基、章乃器、陈铭

枢、黄绍竑、黄琪翔、谭惕吾、曾昭抡、钱端升、钱伟长、费孝通、李伯球、储安平、薛愚、林汉达、沈志远、徐铸成、华鸣岐、马哲民、潘大逵、黄药眠、吴景超、潘光旦、浦熙修、李宗恩、刘王立明、范予遂、陆侃如、彭文应、王造时、宋云彬、王毅斋、谢家荣、张轸、叶恭绰、袁翰青、陈达、龚自如、向德、钱孙卿、向达、金宝善、程星龄、傅种孙、韩兆鹗

1959 年 9 月 17 日,中共中央下发了《关于摘掉确实悔改的右派分子的帽子的指示》,12 月 5 日,《人民日报》报道了中央国家机关和民主党派中央机关摘掉一批确已改好了的右派分子帽子的消息,共一百四十二人,其中有黄琪翔、费孝通、叶恭绰、林汉达、潘光旦、浦熙修、向达等。

27. 艾青(1910—1996) 原名蒋海澄,笔名艾青、莪伽,浙江金华人。1928 年考入杭州国立西湖艺术学院绘画系。1929 年赴法国勤工俭学,专修绘画,课余写诗。1932 年回国,在上海参加中国左翼美术家联盟。同年 7 月 13 日被捕入狱。

在鲁迅 1932 年的日记里有两条记载同他有关。一条是 6 月 26 日:"下午寄季市信。同广平携海婴往青年会观春地美术研究所展览会,买木刻十余枚,捐泉五元。"这里说的"春地美术研究所"就是 5 月间艾青和江丰等人合作组织的"春地画会",这一天他们在上海八仙桥基督教青年会举办"春地画展",参展的作品里有鲁迅提供的德国凯绥·珂勒惠支的版画《农民战争》和《织工暴动》等。他前往参观,购买和捐款,都表示了他对他们支持的态度。另一条是 12 月 31 日:"下午得介福、伽等信。"这里"介福"即江丰,"伽"即"莪伽"也就是艾青。这是他们从狱中寄

出的信,请求鲁迅寄书给他们看。

他1941年赴延安,任鲁迅文学艺术院文学系教员,参加了延安文艺座谈会。

1949年他随军进入北平,担任接管中央美术学院的军代表。后来担任过中国作家协会理事、中国美术家协会理事。

到了1957年的反右派斗争中,艾青也被划为右派分子了。在8月19日中国作家协会党组扩大会议第十五次会议上严文井在发言中说到了艾青。他说:"艾青说:'老是一批人挨整,老是一批人整人。'艾青自己就是不好好反省一下,党决无成见,而是有些同志自己不好好接受教训总是犯错误,一有了运动,总是有不同的问题。艾青好像是过去在运动中常挨批评的一个,不幸这次反右派斗争他又有了关系。为什么这样?在美术界,你支持右派分子江丰;在戏剧界,你又同吴祖光有瓜葛,应该好好想一想。"

8月28日的第二十二次会议是批判艾青的会议,李季和阮章竞的联合发言、徐迟的发言,都是专门说艾青的。李季和阮章竞的联合发言一开头就说:"坐在我们面前的艾青,是个长期反党、自私自利、政治堕落、道德败坏的人,是一个累次在男女关系问题上犯错误,已经受了一年留党察看处分,后因继续又犯错误,又受到两年留党察看处分,并且经法院判处了劳役半年,缓期执行一年半的人。"说他"是丁、陈集团、江丰集团的代言人,吴祖光、'二流堂'里的座上宾。他是几个反党集团之间的联络人。……企图把文艺界各种反党的明流、暗流汇合起来,成为一股反党的洪流"。徐迟的发言说:"艾青非常骄傲,别人的作品不在他眼里。他诽谤郭沫若同志。对臧克家同志、田汉同志,他也瞧不起。对柯仲平同志是极尽讽刺之能事的。对萧三同志,也说过刻薄话。说贺敬之同志的'放声歌唱'是垃圾车。"

在 1957 年第 22 号《文艺报》上有一长篇报道《文艺界对丁、陈反党集团的斗争深入开展,李又然、艾青、罗烽、白朗反党面目暴露》,其中说到艾青的那一段的小标题是"艾青奔走于几个反党集团之间",里面讲了这样一件事:

> 整风期间,艾青还勾结《文汇报》向党进攻。一天晚上,他特为打电话邀请《文汇报》的右派记者姚芳藻和梅朵到他家里来,告诉他们文艺界有两个"底",借此指引《文汇报》进攻的方向。他把丁、陈集团和江丰集团的反党活动受到党的批判和处分,都描写成是文学界和美术界党内"宗派主义的打击"。然后又对他们说:"知道了文艺界的底,就不要发表什么捧场消息!"艾青的这一次招待记者,立刻发生了效果。用姚芳藻的话说:"在回家路上,我开始构思一篇通讯:作家们的窃窃私语",准备放火了。

徐迟已经揭露:艾青也瞧不起臧克家,现在批判艾青,臧克家就特别来劲了,他在《文艺学习》1957 年第 10 期上发表《艾青的近作表现了些什么?》一文,说:

> 艾青是一位诗人,去年七八月里他忽然写起寓言来了,寓言这种文艺形式,在过去反动统治的时代里,作家们受着压迫不能畅所欲言地直接表现个人的思想,往往取这种借物寓意、指桑骂槐的表现形式,去讽刺打击反动的坏东西,但艾青的讽刺对象却是正面的新事物。

接着,臧克家就来具体分析这些寓言了,一篇是《养花人的梦》：

这篇寓言等于一篇宣言,鲜明地表现了艾青对"百花齐放"方针的恶意讽嘲。艾青首先讽刺了那位院子里"种了几百棵月季花"的养花人,说他的"院子里呈现了一种单调的热闹"。于是,在艾青的笔下,出现了"自尊"的牡丹;"冷淡里就含有轻蔑"的石榴;"能体会性格美"的白兰;"带来了信念"的迎春;说着"只爱温顺的人,本身就是软弱的;而我们却具有倔强的灵魂"的仙人掌。……他的思想,他的情绪,表现了对社会主义现实主义主导力量的不满,对毛主席所提出的文艺工农兵方向的抵触。他觉得月季花虽然"专宠"但"实在寂寞"。艾青对我们的新社会制度(月季花就是它的象征)是不满意的,他感觉它"太单调了","太窄狭了"。对于那各种各样的花他付以最大的热情。他赞美她们的"轻蔑"、"性格的美"、"倔强的灵魂"……而为她们的不"被理解"而愤愤不平。艾青不是站在党的立场、社会主义的立场,对于一切非工人阶级思想的东西去进行斗争、说服,反倒以极度热情去鼓吹资产阶级思想化身的东西向社会主义制度进攻。艾青近两年来,由于政治热情的衰退,由于远远的脱离群众,由于资产阶级个人主义思想情感的浓重,他对于新社会的事物,不但不感觉兴趣,有时发生抵触的情感。最近被揭露的他的反党言行,就是他写这类反社会主义作品的根源。

28. 张松如(1910—1998) 又名张永年,笔名公木,河北束鹿人。作家,诗人。在《鲁迅日记》里没有出现过他的姓名。1932

年11月25日鲁迅日记:"晚师范大学代表三人来邀讲演,约以星期日。"这"代表三人"是王志之、张松如和潘炳皋。《鲁迅全集》的注释将潘炳皋误作谷万川了。他们三人前去邀请鲁迅来校讲演的经过,王志之在《鲁迅印象记》一书中有详细的记述。在这本1936年11月出版的书中,也许是出于安全的考虑,作者署名"含沙",也没有写出同去二人的姓名。后来,张松如在1992年2月出版的《新文学史料》总第54期上发表《鲁总司令麾下的列兵》(署名公木)一文,就把这过程、同去三人的姓名都写得明明白白了:

在1932年11月间……听说鲁迅先生北上,便相约志之、病皋(按,即潘炳皋)两位同学前往访问。先生热情地接待了我们,精神很好,谈兴很浓,从七点来钟,到近十点,娓娓不倦,香烟一棵接一棵,有的只是夹在手里,顾不得吸。除了回答我们的问题,也不断向我们提问,凡是有关师生间教学情况,校内外舆论活动,一切救亡运动、文化动态,先生都极关注,不厌琐细。当我们提出筹办《文学杂志》,希望予以指导,得到支持,先生非常高兴,说可以给我们写稿,回上海后再帮助征稿。最后我们邀先生到校讲演,先生也痛快地答应了,并当即约定时间、地点。这一次访问,使我们得到最大最高的满足。当兴辞告别,我们三人跑步如飞,从西四走向西单,回到白庙胡同四号师大宿舍,一路上黄色的灯光泛出笑容,扑面不寒的沙风轻奏着小夜曲。

到约定讲演的这一天,我和志之租一辆汽车去迎接,先生出门见到是汽车,摇头说:"怎么还要破费!"执意不坐。我们左说右说,反正已经付款(其实才一块钱),这才勉强上车了,直驶和平门外新华街师大院内。讲演会场,还同前次一样,设在"风雨操棚"。不同的是,人太多,门窗都挤破,人流还在涌。不得已,临时搬到操场上来。广场当中摆一张方桌,由志之和我搀扶着,穿过人群,大家也自动闪出一道胡同,没费多大力气就搀扶先生登上方桌了。整个操场挤得满满的,人头攒动,水泄不通,靠北面教室楼窗户里也塞满了。讲题是:《论第三种人》。讲了一段,大意讲完了,人们还不散,只是鼓掌,要求再讲下去。那年月,还没有安装扩音器,连个喊话筒也没有准备,迎着风沙,先生就又转着身再讲了一段,简直是嘶喊了。我们觉得实在不能再这样讲下去,才左说右说,停止下来,听众还有好多依依不肯散去。我们本已准备好汽车等着送,先生说不回家,要到琉璃厂去逛逛,坚决不再上车,就这么,一步一步走去,群众左右跟随着,还一面谈着。好在琉璃厂不算远,走出校门,几步路拐个弯就到了。

接着,这篇文章记下了鲁迅支持他们出刊《文学杂志》的事情,这里就不摘引了。

抗日战争期间,张松如到了延安,参加了中国共产党,和作曲家郑律成合作,创作了《八路军进行曲》。至今人们还可以不时从广播和电视中听到这支"向前,向前,向前"开头的歌声。

反右派斗争开始的时候,张松如是中国作家协会文学讲习所(鲁迅文学院的前身)的副所长。最初上面并没划他为右派分子的意思。让他在 1957 年 8 月 23 日的第二十次中国作家协会党组扩大会议上作长篇发言,批判他文学讲习所的同事李又然。他批判李又然的文章《在虚伪的后面》(署名公木)发表在 1957

年第 24 期《文艺报》上。这些和当年那些反右的批判发言、批判文章并没有什么不同。不料一年之后这顶右派分子的帽子也戴到他自己的头上来了。

张松如被划为右派分子,实际上是处理所谓"丁陈反党集团"一案的余波。在 1955 年的肃反运动中,弄出了一个"丁玲、陈企霞反党集团"。第二年,上面派李之琏(中共中央宣传部秘书长兼机关党委书记)、黎辛(中宣部机关党委副书记兼中国作家协会机关党总支书记)负责复查此案。他们进行了深入的调查,写出了实事求是的审查结论。可是他们的复查结果和上面的口径并不相符,到了反右派斗争中,他们就被说成是"同丁玲合谋翻案",都被打成右派分子了。后来李之琏在《一场是非颠倒的批判闹剧》一文中细说了这事的始末。其中有一段涉及了张松如:

> 周扬对于我了解他一些情况怀疑是来源于在作家协会工作的张松如(公木)提供给我的。他知道在延安时公木同我曾在一起学习过。1958 年批判了我后,又把出访匈牙利和罗马尼亚的张松如从国外催调回国批判,追究的主要问题就是让他交代跟我的交往。曾向我反映了些什么问题。他交代不出,最后也把他作为我的同伙,同"李、黎反党集团"相呼应划成右派,开除党籍。

其实,这只是周扬的多心。李之琏并没有从张松如那里听到过什么有关周扬的小话。李之琏的这篇文章接着说:

> 我在中宣部工作时,他(指张松如)在作家协会。但从

没有个别谈过话。他从没有单独向我反映过作家协会和周扬的任何情况。从我的接触了解,公木是个忠诚老实,并仗义执言的人。他在作协党组讨论对丁、陈问题处理的座谈会上,讲过一些正确意见,当然就非得把他整倒不可。追究他和我的关系,则是借题发挥。(《新文学史料》1994年第3期)

当在报纸上宣布张松如右派罪状的时候,却不能去说那些查无实据的人事关系问题,而要说他发表了反党反社会主义的毒草。据潘旭澜编的《新中国文学词典》说,公木是因为写了一首讽刺诗《据说,开会就是工作,工作就是开会》划成右派分子的。(江苏文艺出版社1993年,第218页、1085页)

29. 江丰(1910—1982) 原名周介福,又名周熙,笔名江丰,上海人。美术团体"一八艺社"成员。1931年6月在上海举办了"一八艺社习作展览会",鲁迅为展览会写了小引,说"一八艺社""在这旧社会里,是新的,年青的,前进的"。对于这一次展览会,小引说:"现在新的,年青的,没有名的作家的作品站在这里了,以清醒的意识和坚强的努力,在榛莽中露出了日见生长的健壮的新芽。"这样的评语使这些年轻的美术家深受鼓舞。1931年8月,鲁迅邀请日本成城学校手工教师内山嘉吉(内山书店老板内山完造的弟弟)来给这些青年艺术家讲授木刻技法,鲁迅自己作翻译,从8月17日到22日,每天上午九点到十一点,江丰是前来听讲的十三人中的一人。

8月24日鲁迅日记:"上午为一八艺社木刻部讲一小时。"这一天,鲁迅请这些青年朋友到自己家里,看的所收藏的画片、画册,并作讲解。这一回江丰也来了。

1932 年 6 月 26 日鲁迅日记:"下午……同广平携海婴往青年会观春地美术研究所展览会,买木刻十余枚,捐泉五元。"这是他们全家到上海八仙桥基督教青年会去参观江丰、艾青他们举办的"春地画展"。

不久之后,7 月 13 日晚上,"春地画会"的一些人,包括艾青和江丰在内都被捕了。在狱中,他们给鲁迅写了一封信。江丰在回忆文《鲁迅先生与"一八艺社"》中说:"是年底,我与艾青等由艾青执笔写信,告诉鲁迅先生。难友们把监狱当作一个学校,每天按时看书、作画、写诗、开讨论会,大家的精神状态和对敌斗争的意志都很好,以告慰他老人家。阅鲁迅先生当年 12 月 31 日日记:'下午得介福、伽等信。'此信是收到的。"

1933 年初江丰获释。可是到了 10 月他又一次被捕了。12 月,他委托一八艺社的社友倪风之和鲁迅联系,向鲁迅借阅原版的《珂勒惠支版画集》。鲁迅日记 1933 年 12 月 20 日:"得倪风之信,即复。"同月 26 日:"下午复倪风之信并寄《珂勒惠支画集》一本。"这实际上都是给狱中的江丰的回信。1935 年 10 月 3 日鲁迅日记:"得周江丰信,即复。"据《鲁迅全集》的注释,江丰这封信写的是他"1935 年出狱后曾函请鲁迅代谋工作"。

要说江丰和鲁迅的关系,就不能不说到"左联"的刊物《前哨》出版的事。1931 年 2 月 7 日,柔石等"左联"五烈士遇难。鲁迅在冯雪峰的合作之下编辑了《前哨》创刊号"纪念战死者专号"。在那恐怖的环境和恐怖的时刻,要把它印出来可真是一个难题。

"左联"的楼适夷和江丰两人负责这刊物印刷的事。楼适夷在《记"左联"的两个刊物》一文中回忆说:

稿子编好以后,首先遇到的是印刷问题。商业性的印刷所不敢承印这样的秘密刊物,党的地下印刷机关也不方便承担这种群众团体的印刷品。"左联"的同志们通过各种关系找到了一个贪图高利愿接受这个印刷任务的上海白克路一家小印刷所的老板。他的条件非常苛刻,不但要几倍的排印费,而且不准印上报头和照片,以免在印刷过程中万一引起外人的注目,发生危险;同时从排版到印成必须在一个晚上完成;排校完毕之后在印刷的过程中要有"左联"的同志留在印刷所里,以便中途发生情况有人出头去顶;天没有亮印好之后,还得把成品立刻搬走,不许在印刷所里停留片刻。这些条件,"左联"的同志一一都接受了,稿子便在一个春寒的漫漫的长夜中变成了刊物。

当时楼适夷和江丰两人,就以万一发生情况时出头去顶的人质身份,在这个寒冷的小印刷所里,度过了提心吊胆的一整夜。

江丰于1938年赴延安,任鲁迅艺术文学院艺术部主任。中华人民共和国成立以后,他是中央美术学院院长、中国美术家协会副主席、党组书记。

1956年,毛泽东提出了"百花齐放,百家争鸣"的方针。1957年3月全国宣传工作会议结束之后,他就到外地出巡了。在天津、济南、南京、上海的党员干部会议上讲了话。4月初他出席了中共中央上海局在杭州召开的会议,听取到会各省市的汇报,同他们讲了话。

这次会上,浙江省还提出了中央美术学院华东分院的问题。这所设在杭州的美术学院,原院长江丰(已于1951年调北京)以及担任副院长的著名油画家莫朴都轻视中国画,说国画"不科学","不能反映现代生活","又不能为政治服务",对老国画家也很不尊重,让他们去练习素描。说他们学院的老国画家有当过汉奸的。一些人被降级降职。毛泽东听了,说,为什么不要国画?国民党还要国画,他比国民党还要次一等,他不是国民党,又不像共产党,是什么党,是第三党吗?他是搞丑术,不是搞美术。江丰、莫朴要搞回来交代,莫朴是宗派主义者,要审查党籍。

经毛这么一说,江丰、莫朴二人的党籍果然在不久以后都被开除了,他们都被划为右派分子。

从 7 月 28 日开始,文化部一连几天召集首都美术界开会斗争江丰。和别的右派分子不同的是,江丰是站在左边来反对党的。斗争会上,揭露了他这样一些反党言论:党内党外出现的右倾机会主义及单纯技术观点,是因为八大决议和党提出了"百花齐放,百家争鸣"方针的缘故。"百花齐放"在社会上可行,在我们学校内不行;我们校内只容许开一朵花,就是社会主义现实主义。江丰也不同意毛泽东对陈其通等人文章的批评,他说,我过去是同意陈其通的,现在,我的脑袋不是灯笼,也不会随风转。斗争会上,还揭发了江丰另外一些右派言行,例如他说,肃反运动有什么成绩?许多人都说肃反成绩是主要的,在群众运动中有偏差是不可避免的,这种理论非常可怕。又说:文艺界又肃出了什么特务。这篇报道还说,江丰同情和拉拢在肃反运动中受党审查过的人,反对领导肃反的同志。(《新华半月刊》1957年第 17 号,第 190—192 页)

10 月 13 日毛泽东在最高国务会议第十三次会议上说:"共产党里头出了高岗,你们民主党派一个高岗都没有呀?我就不

信。现在共产党又出了丁玲、冯雪峰、江丰这么一些人,你们民主党派不是也出了吗?"(《毛泽东选集》第5卷,第488页)

中共中央宣传部1957年12月8日《关于著名的文艺、艺术、新闻、出版界右派分子的处理意见向中央的报告》关于江丰是这样说的:

江丰

共产党员,男,47岁,上海市人。家庭出身工人。中央美术学院代理院长,中国美术家协会副主席,党组书记,极右分子。

一、主要的右派言行:

1. 以美术学院为据点,组织反党集团,抗拒党对国画的政策和"百花齐放"政策。

2. 组织美术界人员向文化部示威,煽动他们在会议上污蔑攻击党的文艺政策。

3. 支持庞熏琴反党集团的反党活动,主张民主办校。

4. 反对党的肃反运动,说肃反是整人,文艺界没有肃出特务。认为党的选举不民主。公开污蔑党的八大决议模糊阶级斗争。

二、斗争中的态度:

低头认罪,有悔改表示,但交代还不够彻底。

三、处理意见:

开除党籍,撤消全国人民代表,中国美术学院代理院长,美协副主席和常务理事,美协党组书记,全国文联委员及主席团委员,保留中国美术家协会理事,另行分配工作。按新职务定级。

30. 陈子展(1898—1990)　名炳堃,字子展,笔名楚狂、达一等,湖南长沙人。是黎烈文编辑的《申报·自由谈》的经常撰稿人。鲁迅很看好他的作品。他在 1933 年 3 月 13 日发表了《正面文章反看法》一文,其中说:"总之我们读书做事做人,都不可认真一面,正面文章之外,须知有一个反面在。倘若你太认真一面了,小之则蒙不慧之名,大之则有杀头之祸。"鲁迅就写了《推背图》(收入《伪自由书》)和他呼应:

上月的《自由谈》里,就有一篇《正面文章反看法》,这是令人毛骨悚然的文字。因为得到这一个结论的时候,先前一定经过许多苦楚的经验,见过许多可怜的牺牲。本草家提起笔来,写道:砒霜,大毒。字不过四个,但他却确切知道了这东西曾经毒死过若干性命的了。

里巷间有一个笑话:某甲将银子三十两埋在地里面,怕人知道,就在上面竖一块木板,道:"此地无银三十两。"隔壁的阿二因此却将这掘去了,也怕人发觉,就在木板的那一面添上一句道:"隔壁阿二勿曾偷。"这就是在教人"正面文章反看法"。

但我们日日所见的文章,却不能这么简单。有明说要做,其实不做的;有明说不做,其实要做的;有明说做这样,其实做那样的;有其实自己要这么做,倒说别人要这么做的;有一声不响,而其实倒做了的。然而也有说这样,竟这样的。难就在这地方。

例如近几天报章上记载着的要闻罢:

一、××军在××血战,杀敌××××人。

二、××谈话:决不与日本直接交涉,仍然不改初衷,抵抗到底。

三、芳泽来华,据云系私人事件。

四、共党联日,该伪中央已派干部××赴日接洽。

五、××××……

倘使都当反面文章看,可就太骇人了。

陈子展的札记《蓬庐絮语》从 1933 年 2 月 11 日起在《申报·自由谈》上连载。可是在 6 月 9 日《自由谈》上《蓬庐絮语》之后,有一条下列的文章:

编者附告:昨得子展先生来信,现以全力从事某项著作,无暇旁骛,《蓬庐絮语》,就此完结。

鲁迅在《伪自由书·后记》里说,那些恐吓作者的手段"也能发生些效力",他认为陈子展中止《蓬庐絮语》的写作"我看便是那些鬼把戏的见效的证据了"。

陈子展在 1933 年 9 月 27 日的《自由谈》上发表的《文统之梦》里,说:

文统之梦,盖南北朝文人恒有之。刘勰作《文心雕龙》,其序略云:予齿在逾立,尝夜梦执丹漆之礼器,随仲尼而南行,寤而喜曰,大哉圣人之难见也,乃小子之垂梦欤?敷赞圣旨,莫若注经,而马郑诸儒,弘之已精,就有深解,未足立家。唯文章之用,实经典枝条,五礼资之以成,六典因之致用。于是搦笔盒墨,乃始论文。可知刘勰梦见孔子,隐然以文统自肩,而以道统让之经生腐儒。微惜其攻乎异端,皈依佛氏,正与今之妄以道统自肩者同病,贻羞往圣而不自知也。

鲁迅看了,引起他联想到了现实。就写了《吃教》(收入《准风月谈》)一篇:

> 达一先生在《文统之梦》里,因刘勰自谓梦随孔子,乃始论文,而后来做了和尚,遂讥其"贻羞往圣"。其实是中国自南北朝以来,凡有文人学士,道士和尚,大抵以"无特操"为特色的。晋以来的名流,每一个人总有三种小玩意,一是《论语》和《孝经》,二是《老子》,三是《维摩诘经》,不但采作谈资,并且常常做一点注解。唐有三教辩论,后来变成大家打诨;所谓名儒,做几篇伽蓝碑文也不算什么大事。宋儒道貌岸然,而窃取禅师的语录。清呢,去今不远,我们还可以知道儒者的相信《太上感应篇》和《文昌帝君阴骘文》,并且会请和尚到家里来拜忏。
>
> 耶稣教传入中国,教徒自以为信教,而教外的小百姓却都叫他们是"吃教"的。这两个字,真是提出了教徒的"精神",也可以包括大多数的儒释道教之流的信者,也可以移用于许多"吃革命饭"的老英雄。
>
> "教"之在中国,何尝不如此。讲革命,彼一时也;讲忠孝,又一时也;跟大拉嘛打圈子,又一时也;造塔藏主义,又一时也。有宜于专吃的时代,则指归应定于一尊,有宜合吃的时代,则诸教亦本非异致,不过一碟是全鸭,一碟是杂拌儿而已。刘勰亦然,盖仅由"不撤姜食"一变而为吃斋,于胃脏里的分量原无差别,何况以和尚而注《论语》、《孝经》或《老子》,也还是不失为一种"天经地义"呢?

472

在鲁迅日记里,没有出现过陈子展的姓名,在文学活动中,他们却是有交往也有交情的。

从 1933 年开始,陈子展就是上海复旦大学的名教授。在思想改造运动中,他受到第一次冲击。1952 年院系调整时候要把他调到安徽大学去,他拒绝了。由于他的声望,也不好强迫他,只得"让他赖在上海不走"。1957 年整风鸣放期间,陈子展拒绝出席会议,拒绝参加鸣放,可是还是被打成了极右分子,教授级别从二级降到四级。

1957 年 9 月 7 日《文汇报》刊登了一篇"陈子展竟说要做一辈子右派"的材料,其中说:

> 政协座谈会开始以来,复旦大学教授、右派分子陈子展就没有到会。政协组织接受大家的要求,曾三次派人去请他来开会,他都拒绝了。前天,高教科技分组座谈会执行主席杨钦向大家报告三次要求陈子展来参加座谈会的情况。他说,"第一次,陈子展说自己身体不好,怕说错话,但认为孙大雨、张孟闻等人是进步的,对说他们是右派分子表示惊奇。第二次,陈子展说:'报上说我是右派分子,这是新闻记者想入党。这样一来,我倒可以平平安安过社会主义一关了。'最后,陈子展说:'你们真的要我来,我只好赤膊上阵,同归于尽。'第三次,陈子展认为党和政府对他是'处处宽大,照顾周到',但拒绝参加座谈会,说'我不出席座谈会,政协委员可以取消'。"这篇材料最后说:"4 日,政协第四次去请陈子展来参加座谈会……陈子展非但依旧拒绝出席,且拍桌大骂'畜生''混蛋',说'要说上法庭去!''我不交代,要搞清楚杀我的头就可以搞清楚,我要把右派分子的帽子

带到坟墓里去!'"

1960 年 1 月 3 日新华社报道了各地第一批宣布摘掉右派分子帽子的人的部分名单,其中有陈子展、陆晶清、陆侃如等人。

31. 陈沂(1913—2003)　本名佘立平,又名佘余,贵州遵义人。职业革命家。1932 年 11 月鲁迅回北平省母,北平左翼文化界曾有欢迎活动。当时陈沂是北方文化总同盟党团书记,和鲁迅有过一点接触。1933 年 3 月的鲁迅日记中,30 日"得佘余信",31 日"复佘余信"。他在 1979 年 8 月出版的《新文学史料》总第四期发表长文《1931—1932 的北方左翼文化运动》,副题就是"向鲁迅先生的一次汇报和请示",着重谈到他同鲁迅见面交谈的情形。我在《关于"北平五讲"》(收入《鲁迅回忆录正误》)一文中指出他这篇回忆文章说的不尽可信。但是这一回他确实同鲁迅有过交往。中华人民共和国成立初期,陈沂是中国人民解放军总政治部文化部部长,少将军衔。

1957 年,陈沂是中国人民解放军总政治部文化部部长,少将军衔。他对于毛泽东提出的"百花齐放,百家争鸣"方针,开始还有一点怀疑。总政治部文化部的四位处级干部陈其通、陈亚丁、马寒冰和鲁勒联名在《人民日报》(1957 年 1 月 7 日)发表《我们对目前文艺工作的几点意见》一文,就被毛泽东当做教条主义倾向的代表作加以批评。毛在 2 月 27 日最高国务会议上讲人民内部矛盾问题的时候,就说,几位左派,就是我们军委政治部文化部长陈沂,他的部下陈其通、马寒冰等几位同志,在 1 月 7 日《人民日报》上发表了一篇声明,四个人署名,实际上是怀疑"百花齐放,百家争鸣"这个方针。毛的点名批评使四个人感到了很大的压力，马寒冰甚至服毒自杀了。毛把陈沂和这四人文章联系了起来，显然认为他也有责任。事实上，在这以前不久，2月16日，在颐年堂开的一次会上，毛就当面问过陈沂：你写了几篇文章？有没有教条主义？要他全面检查一下。也就是在这次颐年堂会议上，批评了陈沂在《学习》杂志上发表的《灯下漫笔》一文，说它阻碍鸣放，对抗中央方针。挨了批评的陈沂不再坚持教条主义的立场，他迅速转过来，一直转到成了一名右派分子。这转变的过程，据黎白《回顾总政创作室反右派运动》中说：

> 陈沂是直接受到毛泽东批评为阻碍鸣放的、当时党内军内的高级领导人，他检讨了自己的错误，并决心紧跟中央的步伐，亲自到军内几座院校鼓励鸣放。他在发言中曾说：我从1927年入党，一直是跟着党走的，没有党就没有我，没有党，我就会是"解甲归田无田可种，告老还乡无乡可归"……我的文章阻碍了鸣放，与中央的精神相抵触，犯了错误，我改正，希望大家鸣放，帮助党整风（这是陈沂讲话的大意）。更没想到的是陈沂这个讲话中的"解甲归田无田可种，告老还乡无乡可归"十六个字，成了他不久被划为右派的"猖狂向党进攻"的主要罪状。（《炎黄春秋》1998年5月号）

32. 刘惠之（1907—?）　鲁迅1933年4月7日的日记记有："得刘之惠信，即复。"这"刘之惠"即刘惠之。他于1978年8月13日答复鲁迅日记注释组询问的信里，说出了他和鲁迅交往的情况。信的全文如下：

鲁迅日记注释组同志：

近由京返哈〔尔滨〕，才看到来信，现奉复如下：

我出生于 1907 年 2 月。云南易门县人，曾用过刘熙林、刘一文、刘一溪等笔、化名。

于 1932 年 11 月，鲁迅先生由沪到北平探视母病期间，经由范文澜（即范仲沄）同志介绍，和先生有一度的交往。当时我是中共党员，教联成员，女子文理学院讲师。

因白色恐怖严重，先生行踪本不愿声张，但一些进步青年得知先生来平消息，都欲一聆先生教益。先生情不可却，开始应允举行小型座谈（记得曾在台静农家举行过一次）。但热望聆教的越来越多，因此应允到有的学校作几次讲演，先后在五个学校讲演过，即所谓的"北平五讲"。每次讲演，事先都未公布，但听众十分拥挤，最后两次（师大、中大）是在礼堂挤不下的情况下临时改在大操场内举行的。先生作讲演时，由教联联系进步学生团体维持会场秩序并负责保护先生的安全。

11 月 24 日先生于女子文理学院讲演后，我与范文澜同志等陪同先生到范家晚餐。（引者按：鲁迅日记："下午范仲沄来，即同往女子文理学院讲演约四十分钟，同出至其寓晚饭，同席共八人。"刘惠之就是这八人中之一。）席间先生曾谈到不久前国际进步作家在苏联举行大会，曾特邀先生出席。先生再三考虑后，认为当时在国民党反动统治下，自己的活动虽然受到种种的阻挠，还是可以千方百计地突破重重障碍，发挥一些非常必需的战斗作用。如果去苏联参加大会，固然可以提高我国文艺界和本人在国际上的声望，不过这样一来，他在国民党统治区就很难立足了，就更难发挥战斗作用了，对当时的革命运动，会遭受一定的损失，因

476

此就谢绝前往出席了。由此可见先生是不顾个人的得失，一心以革命利益为重的。

我于 1933 年给先生写信，大概是一般的问候，并附寄几张先生在北平作讲演时的热烈的群众场面照片。详情已记不清。原信已散失，也无抄件。材料原件寄回。

　　此致

敬礼

刘惠之　　1978 年 8 月 13 日

（《鲁迅研究资料》第 7 辑，第 138—139 页）

刘惠之抗日战争期间曾经在重庆《新华日报》担任过编辑。1944 年到延安，在中央政治研究室工作。到了 1957 年反右派斗争开始的时候，刘惠之的职务是最高人民检察院运输检察院副检察长。他被划为右派分子，据 1957 年 12 月 20 日《人民日报》刊登的材料，他的右派言论有这样一些：同犯罪作斗争不是检察机关的专有任务，一般监督是社会主义检察工作区别于资本主义检察工作的根本标志。

这里要作一点名词解释。"一般监督"是从苏联引进的一个法律术语。它是检察机关的一项职权。"一般监督"是相对于"特殊监督"而言的。"特殊监督"是指侦查监督、审判监督、监所监督等等，有特定的监督对象和范围。"一般监督"的对象和范围，包括国家机关和国家机关工作人员除犯罪行为以外的各种违法行为。1954 年全国人大一届一次会议制定的《中华人民共和国宪法》和相关法律，都对此有明确规定。《宪法》第八十一条规定："中华人民共和国最高人民检察院对于国务院所属各部门、地方各级国家机关、国家机关工作人员和公民是否遵守法律,行使检察权。"《中华人民共和国人民检察院组织法》第八条规定:"最高人民检察院发现国务院所属各部门和地方各级国家机关的决议、命令和措施违法的时候,有权提出抗议。地方各级人民检察院发现本级国家机关的决议、命令和措施违法的时候,有权要求纠正;如果要求不被接受,应当报告上一级人民检察院向它的上一级机关提出抗议。……对于人民检察院的要求或者抗议,有关国家机关必须负责处理和答复。"第九条规定:"人民检察院发现国家机关工作人员有违法行为,应当通知他所在的机关给以纠正;如果这种违法行为已经构成犯罪,人民检察院应当追究刑事责任。"1957 年 12 月 20 日《人民日报》批判他说:

> 他要把检察机关对敌专政的锋芒指向国家机关和干部,企图把一般监督工作凌驾于党和国家机关之上,他违反我国宪法明文规定的党在国家政治生活中的领导地位。把铁路部门的党委列为铁路检察机关的监督对象,说什么"被监督的领导监督的不合适"。关于检察机关的侦查监督工作,他不强调协同公安机关一致对敌,也不强调互相制约,而只片面强调检察机关应以监督者的身份监督公安机关的违法行为。关于审判监督工作,他主张把保护被告权利作为主要任务,而在实际上抛弃检察机关揭发犯罪的作用。

《人民日报》的这篇报道还说:刘惠之提出,党委的领导应该是方针政策的领导,属于纯业务性质的问题,党委不应干涉。

刘惠之就是因为他主张实行宪法和法律的有关规定,为了使中国成为一个法治国家,被划成了一名右派分子。

33. 孔另境(1904—1972)　原名孔令俊,字若君,笔名东方曦等,浙江桐乡人。作家。茅盾妻子孔德沚的弟弟。1925 年在上海大学中文系毕业,1926 年任国民革命军前敌总指挥部宣传科长,参加北伐战争。大革命失败后到上海从事写作。因常为茅盾送信,与鲁迅有较多接触。1932 年他在河北省立女子师范学院任教的时候,因为传递从苏联寄来的宣传品,即以共产党嫌疑在天津被捕,押送北平绥靖公署军法处。鲁迅得知此一情况后即设法营救,1932 年 8 月 17 日写信给许寿裳,请他写信给和奉系关系很深的汤尔和,请汤尔和去找张学良疏通,这封信说:"兹有恳者,缘弟有旧学生孔若君,湖州人,向在天津之河北省立女子师范学校办事,近来家中久不得来信,因设法探问,则知已被捕,现押绥靖公署军法处,原因不明。曾有同学往访,据云观在内情形,并不严重,似无大关系。此人无党无系,又不激烈,而遂久被缧绁,殊莫名其妙,但因青年,或语言文字有失检处,因而得祸,亦未可知。尔和先生住址,兄如知道,可否寄书托其予以救援,俾早得出押,实为大幸,或函中并列弟名亦可。在京名公,弟虽多旧识,但久不通书问,殊无可托也。"10 月 25 日鲁迅为了这件事再次写信给许寿裳,请他给李霁野写一封介绍信,让李霁野去找汤尔和:"孔若君在津,不问亦不释,霁野(以他自己名义)曾去见尔和,五次不得见,孔家甚希望兄给霁野一绍介信,或能见面,未知可否? 倘可,希直寄霁野,或由'北平后门皇城根台静农转'亦可。"营救终于有了结果。鲁迅 1932 年 12 月 26 日日记:"若君来。"显然是他出狱之后来看望鲁迅并且感谢营救的。

　　1935 年孔另境要编辑《当代文人尺牍钞》(后改名《现代作家书简》),向鲁迅征集信件,11 月 1 日鲁迅给他回信说:"奉到手示,刚刚都是我没法相帮的事,因为我的写信,一向不留稿子,而且别人给我的信,我也一封都不存留的,这是鉴于六七年前的前车,我想这理由先生自然知道。"话虽然这样说,鲁迅还是给他编的这本书提供了一些信件。特别是给它写了一篇精彩的序言(见《且介亭杂文二集》)。鲁迅 1936 年 10 月 11 日日记:"上午孔若君寄赠《中国小说史料》一本。"他把自己编的书籍送给鲁迅。这是他们最后的交往,几天之后鲁迅就去世了。

1957 年 6 月 8 日,反右派斗争开始的时候,孔另境在上海文化出版社工作。那时报纸上对葛佩琦、储安平等人进行猛烈的攻击,他对此十分反感。据 1957 年 6 月 15 日新华通讯社编《内部参考》刊出新华社记者刘人杰写的一篇内参《上海部分人士为储安平等鸣"不平"》说:

> 新华社上海 13 日讯　自从报上展开对储安平等人的反社会主义言论的批判以后,引起了上海各方面的反应。这些反应归纳起来可分为三大类,一是认为"好得很";二是存在怀疑,认为这种反驳为时过早,会阻碍"鸣"、"放";三是认为"糟得很"。现将第三类反应综合摘录如下:据新成、黄浦、长宁、徐汇、江宁等区委统战部反映,这里民主人士看了近几天人民日报社论后,一般反映是社论发的太早,影响"鸣"、"放"。……文化出版社孔另境 10 日送给解放日报一篇《要"争"不要"剿"》的文章说:今天(10 日)报纸上充满了火药气味,不但没有学术争论的味道,也没有坐下来平心静气讨论的那种风度,仿佛又回到"三反"斗争中的群众大会形势,千夫所指,葛佩琦、储安平等人只在台上低着头瑟瑟作抖。我要问这种方式合适么? 这也算"和风细雨"么? ……即以葛、储等几个人的言论为"毒草"吧,又有

什么可怕,难道六亿人所拥护的社会主义社会会给他们几
篇(发言)推得翻吗?"对你们今天用'围剿'方式的反批
评,我很有反感!……你们用一版半的地位刊载了许多报道
和来信,而且加上许多可怕的题目,使读者一看完全是暴风骤
雨,火药的气味浓得不能再浓。即使翻开了'三反'时代的报
纸来,也万万不及今天这样富于'战斗气氛'了!"这个结果是
不妙的,有人说,看了"吓势势",有人说"来了,终究来了"。

就这样,孔另境被划为右派分子。

34. 李又然(1906—1984) 浙江慈溪人。散文家。曾留学
法国,研究法国文学。1933 年 9 月远东反战会议在上海秘密举
行,李又然给前来赴会的法国作家瓦扬·古久里当翻译。他同
鲁迅的交往,见于鲁迅日记的有:

> 1933 年 4 月 26 日:得李又然信,夜复。
> 1934 年 4 月 12 日:得李又然信,夜复。
> 1934 年 9 月 9 日:上午得李又然信。

这几封来往信件都没有保存下来。

抗日战争期间,李又然到了延安,参加了中国共产党。1951
年丁玲安插他到她主持的中国作家协会文学讲习所(鲁迅文学
院前身)当教员。1955 年他成了肃反运动的对象。反右派斗争
中就由肃反对象顺理成章地成了右派分子。

在 1957 年第 22 号《文艺报》上有一长篇报道《文艺界对丁、
陈反党集团的斗争深入开展,李又然、艾青、罗烽、白朗反党面目

暴露》,第一部分的小标题就是"李又然是丁、陈反党集团的爪牙",里面说了他许多反党言行:

　　1955 年肃反运动中,揭露出李又然许多反党言行;批判了他无耻的为胡风分子吹捧,为托匪张目的谬论。肃反以后,他不但没有从中接受教训,反而趾高气扬,和丁、陈进一步密切地结合起来,肆无忌惮地向党展开了疯狂的进攻。他们对党和某些领导同志的仇恨,达到了登峰造极的地步,陈企霞曾对李又然说:"我真想要放火!"李又然就说:"我现在才体会到《打渔杀家》中的一句台词'我要杀他的全家才消我心头之恨'的情绪。"果然,李又然在一次党组扩大会上,竟公然喊叫出来"我仇恨! 我仇恨!"在匈牙利事件发生以后,李又然兴致勃勃地说:"好了,时机到了。"

　　整风期间,李又然更肆无忌惮地进行了一连串的反党活动。陈明去找李又然,心里有鬼,神情紧张。李又然就说:"怕什么? 我们商量商量,进行斗争,是没有什么好怕的。"为了效忠丁、陈反党集团,壮大他们向党进攻的势力,李又然又勾结和拉拢《诗刊》的右派分子吕剑(叛徒)、唐祈(历史反革命分子),煽动他们的反党情绪。他企图把叛徒吕剑重新拉入党内,鼓动吕剑翻案,说:"你的党籍问题,可以重新提出来。"李又然诬蔑丁、陈问题是"冤狱",他对吕剑、唐祈说:"丁、陈问题,反映了党内严重的宗派主义。"后来李又然进一步向他们吐露了丁、陈反党集团的一些密谋,告诉他们:"陈企霞现在什么也不干,要斗争到底!"又说:"除非中央派人来,丁玲、陈企霞才肯讲话。"接着,就直接号召他们向党进攻。他对唐祈说:"你要在党外保卫党!"(这里的党,应看作是他们反党集团的党)"整风时,你要讲话,群众讲话最有力量。"

唐祈、吕剑一方面把从李又然那里得来的反党"炮弹",偷偷运给《文汇报》,要他们进攻作协党组,另一方面他们在作协内部,也配合丁、陈集团向党展开猛烈的攻击。唐祈告诉李又然:邵荃麟在作协整风动员会上,说作协这次整风,要解决五个矛盾,其中第四是丁、陈问题。唐祈说:"我在会上发言,认为丁、陈问题是主要问题,不能放在第四位。"李又然听了,大为称赞:"对!讲得好,击中了要害!他们怕谈,我们就要谈,你在党外讲话最有力量!"

反右派斗争开始后,李又然忽然收兵退却,几次和唐祈订立攻守同盟。他对唐祈说:"我们不一定是右派,你要镇静!你没有什么,不过要谨慎!"后来又对他说:"你没有政治斗争的经验,要镇静,不会有什么的。"企图让唐祈接受他李又然长期反党总结出来的"保持镇静"的政治经验,以便蒙混过关,伺机卷土重来。

1957年8月23日,在中国作家协会党组扩大会议第20次会议上,文学讲习副所长公木的发言中有一大段就是批判李又然的。他说:"李又然是不能小视的。他在丁陈集团里,是重要成员,是骨干分子。是有单独作战能力,并且反党经验是很丰富的。一年以来,在反党活动上,他十分猖狂,也有着'赫赫成果'。"

公木在这篇发言中,还揭露了李又然一些反动言论,例如,他1932年从法国回到上海,就对人说过,斯大林所主张的"一国建设社会主义就是放弃世界革命","托洛茨基是伟大的天才","陈独秀、彭述之都是天才"。在延安,他说过"在延安做党员,等于在南京做汉奸,容易做,也不得不做"。说作家协会的肃反运动是"无反乱肃",是"违法乱纪",肃反的成绩是"大木炭",又说是"小木炭"

中共中央宣传部 1957 年 12 月 8 日《关于著名的文艺、艺术、新闻、出版界右派分子的处理意见向中央的报告》关于李又然是这样说的:

　　李又然

　　共产党员,男,52 岁,浙江慈溪县人,家庭出身商业资本家兼地主。中国作家协会文学讲习所教员。极右分子。

　　一、历史上主要问题:

　　1926 年曾加入国民党,旋脱离。1928 年赴法国留学,加入法国共产党,受托派影响,并于 1932 年自动脱党。回国后与托派分子王独清来往密切,并向人传播托派理论。1945 年经丁玲介绍入党,对托派分子王实味"野百合花"大加赞美,并发表反党文章"鞭尸"。1947 年在东北土改时,因包庇地主子弟受到党内警告处分。1956 年因有反党言行受留党察看处分。

　　二、主要的右派言行:

　　李又然和丁玲陈企霞早在 1942 年就曾结合起来进行反党活动。1954 年检查《文艺报》和 1955 年肃反运动时,公开同情陈企霞,攻击党对《文艺报》的检查,同情胡风反革命集团,与胡风分子鲁黎关系密切。1956 年作协召开肃反总结大会,李又然和陈企霞密谋攻击肃反运动。匈牙利事件后,丁陈反党集团向党发起进攻时,李又然深怕丁玲"软弱",怕她"不争",怕他与陈企霞疏远,鼓励丁玲正面向党

进攻。说"时机到了","丁玲的研究都充满了快乐。"并说
"我要杀人","我要杀他们的全家(指党的负责人)才解
我心头之恨"。整风开始后,他在党组织大会上公开叫嚣
"我仇恨",谩骂肃反是残害人命,侵犯人权,组织对他的
历史审查是政治陷害,宗派打击。说"毛主席的年纪大
了,耳朵聋了,广大人民的声音听不见了",写信要毛主席
退休。反右斗争后,还与"诗刊"的右派分子唐祈、吕剑订
立攻守同盟。

三、斗争后的态度:

没有认真交代和检讨。

四、处理意见:

开除党籍。撤消教员职务。监督劳动。

35. 魏猛克(1911—1984)　湖南长沙人。作家,画家。他
同鲁迅的交往的开始,颇有一点特别。这件事的经过是这样的,
后来他在《"左联"往事漫忆》一文中回忆说:

1933 年英国进步作家萧伯纳周游世界,游了苏联之后
来到中国访问。在萧伯纳到达上海的那天,文化界人士和
青年学生成群结队陆续集结到江岸,表示热烈欢迎。我当
时是上海美专学生,也跟着同学们前往迎接。不料萧伯纳
没有迎接到。却惹来了警察的麻烦,群众有被殴伤的,有人
"吃"了所谓"外国火腿"(被外国巡捕踢伤)。听说萧伯纳
在另外的地方登陆,直接到孙夫人宋庆龄家作客去了。我
对萧伯纳很不满意,以为他看不起群众,很虚伪。于是在自
己参加编辑的一个文艺刊物《曼陀罗》上写了一篇文章把萧

骂了一顿,因早几天看到鲁迅在《自由谈》上写过赞扬萧伯纳的短文,也就在自己的文章中对鲁迅表示不满,甚至说出了"连鲁迅也从'坟'里爬出来写颂萧的文章"(因为鲁迅写过一本《坟》)这样不讲道理的话。

过后不久,上海美专一些同学要开展览会,我与几个人联名写信给鲁迅请他为展览会写篇介绍文章。我讥讽鲁迅还没有多久就又列名写信向他提出这种要求,本就使人诧异,有些荒唐的,鲁迅回信便指出了这一点,那说法大致是:他不懂美术,也来写文章,比从"坟"里爬出来还要可笑了。

又过了一些时候,我打算编个画报,叫作《大众文艺》,先自己作了一些漫画、速写稿子,其中有一幅画画了高尔基和鲁迅的像,这时我寄居在姐夫曹家。一天,《论语》杂志社有人来作客,见到高尔基和鲁迅那幅画,就拿去了,后来发表在《论语》杂志上,画上添了"俨然"两字作标题。我发现这情形,就写信向鲁迅提出声明,鲁迅回了信。这两封信不久被《论语》杂志一起发表了。这就是被人们保存下来的那"两封通信"。

高尔基与鲁迅这幅画画了他们两人站在一起,把高尔基画成高个子,使鲁迅显得很矮,这样一高一矮地并立着即已说明画本身存在问题,《论语》正是看出这画的问题才利用了去攻击鲁迅的。鲁迅的回信就指出了这一点,他在信中说:"也无损于原意。我那里及得高尔基一半呢?"这可真是一语中的的话,我猜想,鲁迅知道。"俨然"两字是谁添的。但在"两封通信"中我那封信向鲁迅所作之声明,还是一种傲慢无礼的态度。(《中国现代文艺资料丛刊》第 5 辑,上海文艺出版社 1980 年 12 月)

鲁迅给他的这封回信倒是很有意思的。通篇流露出一种对年轻人的宽容、谅解和爱护的态度,同时也是一篇写得极其精彩、极其漂亮的文章,照录如下:

大约因为我们的年龄,环境……不同之故罢,我们还很隔膜。譬如回信,其实我也常有失写的,或者以为不必复,或者失掉了住址,或者偶然搁下终于忘记了,或者对于质问,本想查考一番再答,而被别事岔开,从此搁笔的也有。那些发信者,恐怕在以为我是以"大文学家"自居的,和你的意见一定并不一样。

你疑心萧有些虚伪,我没有异议。但我也没有在中外古今的名人中,发见能够确保决无虚伪的人,所以对于人,我以为只能随时取其一段一节。这回我的为萧辩护,事情并不久远,还很明明白白的:起于他在香港大学的讲演。这学校是十足奴隶式教育的学校,然而向来没有人能去投一个爆弹,去投了的,只有他。但上海的报纸,有些却因此憎恶他了,所以我必须给以支持,因为在这时候,来攻击萧,就是帮助奴隶教育。假如我们设立一个"肚子饿了怎么办"的题目,拖出古人来质问罢,倘说"肚子饿了应该争食吃",则即使这人是秦桧,我赞成他,倘说"应该打嘴巴",那就是岳飞,也必须反对。如果诸葛亮出来说明,道是"吃食不过要发生温热,现在打起嘴巴来,因为摩擦,也有温热发生,所以等于吃饭",则我们必须撕掉他假科学的面子,先前的品行如何,是不必计算的。

所以对于萧的言论,侮辱他个人与否是不成问题的,要注意的是我们为社会的战斗上的利害。

其次，是关于高尔基。许多青年，也像你一样，从世界上各种名人的身上寻出各种美点来，想我来照样学。但这是难的，一个人那里能做得到这么好。况且你很明白，我和他是不一样的，就是你所举的他那些美点，虽然根据于记载，我也有些怀疑。照一个人的精力，时间和事务比例起来，是做不了这许多的，所以我疑心他有书记，以及几个助手。我只有自己一个人，写此信时，是夜一点半了。

至于那一张插图，一目了然，那两个字是另一位文学家的手笔，其实是和那图也相称的，我觉得倒也无损于原意。我的身子，我以为画得太胖，而又太高，我那里及得高尔基的一半。文艺家的比较是极容易的，作品就是铁证，没法游移。

你说，以我"的地位，不便参加一个幼稚的团体的战斗"，那是观察得不确的。我和青年们合作过许多回，虽然都没有好结果，但事实上却曾参加过。不过那都是文学团体，我比较的知道一点。若在美术的刊物上，我没有投过文章，只是有时迫于朋友的希望，也曾写过几篇小序之类，无知妄作，现在想起来还很不舒服。

自然，我不是木石，倘有人给我一拳，我有时也会还他一脚的，但我的不"再来开口"，却并非因为你的文章，我想撕掉别人给我贴起来的名不符实的"百科全书"的假招帖。

但仔细分析起来，恐怕关于你的大作的，也有一点。这请你不要误解，以为是为了"地位"的关系，即使是猫狗之类，你倘给以打击之后，它也会避开一点的，我也常对于青年，避到僻静区处去。

艺术的重要，我并没有忘记，不过做事是要分工的，所以我祝你们的刊物从速出来，我极愿意先看看战斗的青年的战斗。

魏猛克又是中国左翼作家联盟的同志。他同鲁迅相识之后，交往颇多，这里只说两件事。一是斯诺的《阿Q正传》英译本要插画，鲁迅就是请魏猛克画的。1934年4月3日鲁迅致姚克的信中评论这些画，说："总算用毛笔而带中国画风的，但尚幼稚，器具衣服，亦有误处（如衣皆左衽等），不过还不庸俗，而且比欧洲人所作，错误总可较少。"肯定了魏猛克的这些作品。

《且介亭杂文》里有一篇《答曹聚仁先生信》，原来是答魏猛克的信，曹聚仁看了很喜欢，就要求写信人和收信人同意，作为给他的信，拿去登在《社会月报》（大众语特辑）上了。

就从这两件事也可见他同鲁迅有颇深的关系了。

1957年，魏猛克是湖南师范学院中文系的教授、湖南省文联的负责人，又是中国民主同盟湖南省委代理主任委员。反右派斗争开始，民盟湖南省委第一个打击目标是秘书长杜迈之。6月14日，民盟湖南省委、长沙市委举行联席扩大座谈会。这时，《人民日报》已经发表了《这是为什么？》等好几篇反右派的社论了，座谈会上好些人都谈了对这些社论的看法。魏猛克是这样说的："看了《人民日报》社论，自己想了一下，自己在政协会上的发言是不是有问题呢？幸好，我没有谈这些根本问题。大家又有了些顾虑，这是个客观存在。社论发表得对，我同意。但是是不是《人民日报》的每篇文章都完全对呢？那不一定。我们应该学习、重视《人民日报》的社论，也要独立思考。《人民日报》发表陈其通的文章，又不表示态度，还不是搞错了。现在这些社论是不是对的呢？也很难说。我考虑基本精神是对的。如果

《人民日报》在大量刊载了储安平等人的意见之后不表示态度，那就会犯很大的错误。是不是《人民日报》社论的每句话每个措辞都完全对呢？《人民日报》的全部具体做法是不是都对呢？也许不一定。我们可以有考虑的余地。"(6月16日《新湖南报》)魏猛克检查了自己在政协会上的发言，幸好，没有错误。可是今天说《人民日报》这些反右派的社论也不一定完全对，这却是完全错了，有人对他提出了批评。在下一次的座谈上，他说："杜迈之对我有时影响很大，很危险。前次我在省市委扩大会议上讲的话是错误的，但在会后杜却鼓舞我，说我讲得好，很欣赏我关于'独立思考'的说法。现在想来真是很危险，不划清界限，就会掉下去！"(6月21日《新湖南报》)真是很危险。他虽然努力划清界限，却并没有能够改变掉下去的结局，不久之后他还是被划为右派分子。

36. 陈企霞（1913—1988） 浙江鄞县人。"左联"成员。1933年初在上海和叶紫一起组织了一个无名文艺社，编辑《无名文艺》刊物。他托人送了一本给鲁迅，并写信向鲁迅约稿。7月，他和魏猛克（署名何家骏）就连环图画的题材和绘画技法等问题写信向鲁迅请教，8月1日鲁迅给他们的复信现在保存下来了。

　　1940年他到了延安，先后在中央青委宣传部、《解放日报》副刊部工作。抗日战争胜利以后，在张家口任华北联合大学文艺学院文学系主任。中华人民共和国成立，任《文艺报》主编（三个主编之一，另外两个是丁玲和萧殷）。在1955年的肃反运动中和在1957年的反右派斗争中，他都因"丁（玲）陈（企霞）反党集团"一案受到整肃。这些在前面介绍丁玲情况的时候已经说过了。这里就不再重复。

在1957年8月3日中国作家协会党组扩大会议第十次会议上,陈企霞作了检讨,这一篇检讨发言一开头,就说了他当时的心情:"在几天,我可以说已经死过一次。头两天我是发抖的,但还是坚决抗拒。前三次会议我只想一个问题,即如何死。那时,我觉得天昏地黑,看不见太阳光。上次会议后,我下了死的决心。买了两瓶白酒,找出两个金戒指,想吞金而死,但又怕遇救,准备同时吃火柴,并准备写一封非常恶毒的遗书。"在当时正在受到批判的右派分子中,这种心情是颇有代表性的。

37. 徐懋庸(1910—1977)　关于其与鲁迅的交往,见前文。

1938年,徐懋庸到了延安,任抗日军政大学教员。中华人民共和国成立,任武汉大学党委书记。他担任武汉大学党委书记、副校长的时候,也是一位"左得可怕"(鲁迅对他的评语)的领导人。这时他觉得自己就是党的化身,就是无产阶级的化身,就是马克思主义的人格化,觉得他如果不努力去糟蹋和羞辱知识分子就没有尽到自己的职责,在1952年的思想改造运动中,徐懋庸在执行已经够左的知识分子政策中还要别出心裁,给一些老教授以打击和羞辱。只是弄得太过分了,徐懋庸因此也就被撤了职。1954年调到中共中央第五中级党校政治经济学研究室任主任。反右派斗争那时,他是中国科学院哲学研究所的研究员。武汉大学中文系教授程千帆当年也是受到徐懋庸打击和羞辱的一人,反右派斗争中程被划为右派分子,徐懋庸很觉得开心。在他的感觉中,当年他在武汉大学的作为,性质就和今天的反右派斗争一样,他就是被向党猖狂进攻的右派分子弄下台的党员干部。这时他已经调到中国科学院哲学研究所了,还是未能忘怀旧事，写了杂文《大学里的右派》（笔名弗先），说武汉大学的右派分子如程千帆等人，早在 1953 年就搞"右派的大学"运动，在整风中大鸣大放，以"民主战士"的姿态出现，结果是那个党员干部下台了。这在党是严肃处理，在党员是重新锻炼，而在右派则是"革命的成功"。（7 月 24 日《大公报》）徐懋庸没有想到的是，程千帆攻击党员，攻击历次运动，攻击人事工作，当然要划右派，而徐懋庸为自己闹翻案，就是对上级党委的处分不服，同样是反对党的领导，同样要划右派。1957 年 12 月 2 日《人民日报》刊出《哲学社会科学界和文艺界揭露和批判右派分子徐懋庸》一文，说：

> 中国科学院哲学社会科学部和中国作家协会，在 11 月 26 日到 29 日联合召开了揭露和批判党内右派分子徐懋庸的会议，出席会议的有哲学社会科学工作者、文学艺术工作者、首都各高等学校的教师、各有关报刊编辑部的工作人员三百余人。周扬、潘梓年、夏衍、刘白羽、郑昕、侯外庐、李凡夫、陈笑雨、葛洛、关锋等二十余人先后在会上作了发言。在这以前，中国科学院哲学研究所曾举行多次会议，对徐懋庸进行了揭发和斗争。
>
> 根据历次会议的揭露，徐懋庸从去年 11 月到今年 8 月，在北京、天津、上海、武汉等地的报刊上发表了近一百篇反党、反社会主义的文章。在这些文章里，徐懋庸假借反对宗派主义、反对官僚主义和反对教条主义的名义，肆无忌惮地攻击共产党的领导，毁谤马克思列宁主义。他污蔑新社会不民主，号召人们以"杀身成仁"的精神起来争"民主"；他把党的领导干部描写成是一些"不学无术"、只靠"地位"

来实行领导的"官僚主义者"。……在他笔下,共产党的各级组织竟成了大大小小的宗派集团。……他竭力企图造成这样一种印象:好像我国人民,特别是知识分子和青年,迄今尚未获得解放,他们到处受到所谓"官僚主义者"、"宗派主义者"和"教条主义者"的种种迫害,以致动辄得咎。几乎在他所有的文章里都充满了对党对人民的强烈的敌意,极尽谩骂挑拨诽谤之能事。

在8月14日中国作家协会党组扩大会议上夏衍的发言里谈到当年"左联"常委会和鲁迅的关系出了问题的时候,就把责任推到徐懋庸的身上。他说:"造成我们和鲁迅先生隔阂的,除出我们的错误之外,也还有别的因素,其一是我们队伍里也有一些不识大体,作风不正派的人,如徐懋庸(当时他不是党员)等,以左的面貌,给鲁迅先生写了那封极其不好的信,使鲁迅先生认为这是我们的意见。"

徐懋庸又是一个杂文写得勤又写得好的作家,还得批判他的杂文作品。姚文元《在文学上的修正主义思潮和创作倾向》一文中摘引徐懋庸的《不要怕不民主》和《苦闷》这两篇,即据以批判道:

徐懋庸之流高喊"不怕黑暗"、"揭露阴暗面"的人,却把我们社会说成似乎没有"民主",要"享受民主",就要向"官僚主义者"争取。徐懋庸的脑子里,其实是装满了资产阶级民主,他所要"享受"的,是一种不要集中的绝对民主。"我们就不能等到他们自己放手",这"我们"和"他们",就表示在根本立场上他是把自己同各级领导干部(他们当然可能有某些缺点)处于对立地位,同党的领导处于对立地位,既然"他们"不肯"自动放手",那就只有"斗争"了。于是当社会上右派疯狂进攻,"言论一放,意见纷纷"之时,徐懋庸也就挺身出来作右派的喉舌,他大呼"这是好现象","现在的人愈多的感到社会的苦闷","苦闷多极了"。怎么摆脱这不是个别事件而是整个"社会的苦闷"呢,而就是要在社会主义思想之外"生出更好的思想来"。这"更好的思想"是什么?——恐怕每一个工人、农民、革命知识分子都会明白的。我们在某些"揭露阴暗面"的作品中所看到的,不就是徐懋庸所推销的反对领导、反对民主集中制的"更好的思想"吗?(姚文元:《论文学上的修正主义思潮》,新文艺出版社 1958 年,第 200—201 页)

中共中央宣传部 1957 年 12 月 8 日《关于著名的文艺、艺术、新闻、出版界右派分子的处理意见向中央的报告》关于徐懋庸是这样说的:

> 徐懋庸
>
> 共产党员,男,47 岁,浙江人。现任中国科学院哲学研究所研究员。极右分子。
>
> 一、历史上主要问题:
>
> 1. 1936 年在上海背着党组织,擅自写信给鲁迅,破坏"左翼作家联盟"同鲁迅的关系,使革命文学运动遭受重大损失。
>
> 2. 1941 年在太行山根据地,公开反对北方局对文艺工作的指示。

3. 解放后担任武汉大学副校长职务,严重违反党的争取、团结、改造知识分子的政策,排斥、打击他所不满的教师,乱提许多错误口号,同时在工作中实行个人领导,压制民主,目无组织,因此在党内受当众批评,行政上受撤职处分。

4. 1954 年分配到中央第五中级党校工作。在校进行非组织活动,反对领导,包庇反革命分子(其堂弟,后已逮捕判刑)。1955 年受留党察看一年处分。

二、主要的右派言行:

1. 自去年 11 月至今年 8 月,写了一百多篇杂文,其中有不少是反党、反社会主义的文章,绝大部分已在京、津、沪、汉等地报刊发表。这些文章的主要内容是:

(1) 污蔑辱骂党的领导干部,手法十分恶毒,说党的领导干部是"秦桧"、"刽子手"、"奴才"等。

(2) 污蔑新社会不民主,号召人们以"杀身成仁"的精神来争取民主。

(3) 美化资产阶级,说资产阶级和无产阶级一样拥护社会主义,一样可以掌握真理。说无产阶级对资产阶级只应求同不应求异,求异就是"宗派主义",宣传阶级投降主义。

(4) 诽谤马克思列宁主义,诬指凡是坚持阶级立场和阶级分析方法的,就是"教条主义"。

(5) 反对党的文艺路线,诽谤毛主席《在延安文艺座谈会上的讲话》已经"过时"。宣传资产阶级的文艺路线,主张杂文的主要锋芒应对准领导干部,提倡资产阶级反动人性论。公开宣扬叛党思想。

2. 污蔑肃反运动,说肃反是"捕风捉影"。对在肃反中被斗的坏人表示无限同情。

三、斗争后的态度:

徐懋庸是屡教不改的反党分子。这次批判斗争,他开始死不承认错误,后来勉强承认,但不悔改。

四、处理意见:

开除党籍,撤消哲学所研究员职务。监督劳动。

38. 黄药眠(1903—1987) 广东梅县人。1925 年在广东高等师范英语系毕业。1926 年到广州,在中山大学文学院分图书馆任职员。1927 年到上海创造社出版部任助理编辑。1929 年在共产主义青年团中央工作,同年去苏联,在莫斯科共产国际工作。1933 年回到上海,担任共青团中央局宣传部长。鲁迅日记1933 年 11 月 30 日:"得赵家璧信,内附黄药眠函。"内容不详。

中华人民共和国成立,他担任北京师范大学中文系教授,又是中国民主同盟中央常务委员。1957 年他被划为右派分子。9 月 4 日《人民日报》刊出了署名孙祖年的《章罗联盟的军师——黄药眠》一文,说"他在章、罗联盟向党发动猖狂进攻的时候,充分卖力,为章、罗所赏识,被提拔为民盟中央宣传部部长,成为章、罗联盟向党进攻得力的理论宣传家"。在这项大帽子下面,文章讲了这样一件事:

今年 4 月份民盟召集的民盟全国工作会议,中心议题是讨论确定民盟今后中心工作。这次会议在章、罗联盟操纵之下,右派分子占了优势,左派的正确意见被压下去了。黄药眠在整个会议过程中,是右派分子中的极右派。开始的总报告和会议总结,都是黄药眠做的。会议分两个阶段进行,第一阶段讨论毛主席最高国务会议上的讲话。由章、罗亲自指挥,号召"大鸣大放"。第二阶段是讨论四个中心问题。黄药眠是第一组讨论"民盟今后到底作什么"的召集人。领导小组在讨论黄药眠拟定的草案时,对"民盟今后作什么"有很多意见。有人主张民盟监督共产党,有人说支持"大鸣大放",胡愈之等极少数人主张以文教、思想改造为主。黄药眠坚持应以"加强政治工作为主,支持'大鸣大放',监督共产党"。他认为现在知识分子已成为劳动者了,再强调自我改造,提高政治水平,那是消极的表现。他野心勃勃地强调说:所谓"共存""监督"事实上也就是政治民主化,当党提出政治民主化的时候,而有人要把民盟的首要任务放在自我改造、文教方面。这样长期共存就要落空。当时胡愈之不同意这种见解,发生了争论,章伯钧见势不妙,只好出来调解。他说现在进行监督还有困难,如人们不习惯,共产党内百分之九十以上反对,我们提也好,不提也好,都不等于不监督。这时黄药眠表示:章副主席这样说法,我才心服。在章伯钧这种两面手法的花招下,把左派的意见压下去了。从此,把民盟引导到向右转的危险道路上去。而黄药眠进一步获得章、罗器重。会后章伯钧亲赴黄药眠家里拜访,提出要他担任民盟中央宣传部长,并说:"做民盟的工作大有前途,民盟部长的地位,相当于省府的副部长。"黄欣然接受,因而黄药眠一下子就爬上了章、罗联盟军师这把交椅。

这篇文章还抛出了黄药眠的历史档案,说"黄药眠参加过党,大革命时被捕,出狱后去延安(引者注:他是 1934 年被捕,1937 年去延安的),党要考查他,他非常仇恨,扬长而去,这次和章、罗联盟合谋向党进攻,就是多年来对党仇恨的进一步发展"。

黄药眠的另外一件右派罪行,是执笔写了《我们对于高等学校领导制度的建议》。这件事的起因是这样的:1957 年 5 月 13 日,民盟中央决定成立"党委负责制"、"科学规划"、"有职有权"和"监督、争鸣"等四个临时工作组。其中"党委负责制"工作组由黄药眠、费孝通、吴景超、褚圣麟(北京大学)、侯大乾(中国人民大学)、李酉山(清华大学)、陶大镛(北京师范大学)、陆近仁(北京农业大学)等人组成。他们讨论的结果,由黄药眠执笔写成了《我们对于高等学校领导制度的建议》(草案初稿)。这个文件提出:

> 关于党的领导方面,党委或党组对学校内的工作只作一般原则性的规定,关于具体的工作应分别交由校务委员会和行政会议去作详细讨论。党通过党组保证党的方针政策能在校务委员会和行政会议中贯彻下去,但贯彻时候必须注意灵活性和伸缩性,要耐心地用道理来说服人,不应强制执行。党委或党组在讨论学校工作时,可以约请群众列席参加。党委负责人应抽出一定时间学习一门业务,慢慢做到由外行变成内行。党委必须规定出一种制度,指定负责人和各民主党派负责人以及无党派人士定期(假定每一个季度一次)举行联席会议,听取各方面的意见。如遇有重大事件,重大变革或措施可以召集临时会议。
>
> 关于校务委员会,校务委员会是学校的最高领导机关,

教授、副教授应在校务委员会占多数。校务委员会应着重讨论有关教学和学术研究的制度和人事问题。如学术研究计划、教学计划，如教师的聘任、升级，留学生的选拔等。一般的行政事务工作，交由学校的行政会议讨论。但其中比较重大的项目，如预算、决算，如基建，如重要的人事变动等，都必须交校务委员会讨论通过。校务委员会在制定规章制度的时候，党的负责同志应把党的政策方针加以说明，并陈述党委或党组的意见。（陈述意见可以精简扼要，不必长篇大论。）校务委员会根据这个方针和意见加以讨论。（必须避免一切规章制度都由党委会决定，交由校务委员会形式地通过的办法。）学校内的一切措施和重要的人事变动，必须经过校务委员会的通过才能发生法律效力。校务委员会的决定交由校长负责执行。党的校长或副校长，对于校务委员会的决议，持不同意见时，他可以有否决权。但如这个决议第二次再被通过时，则决议仍必须执行。

在反右派斗争中，民盟的这个《建议》当然遭到了批判，指为"彻头彻尾的反动纲领"，目的是要"保证右派可以在高等学校中横行霸道，为所欲为，把高等学校变成资本主义复辟的根据地"。

还有一件事，那就是 6 月 6 日他参加了章伯钧邀集在南河沿全国政协文化俱乐部开的一个会。到会的有民主同盟的六位教授曾昭抡、钱伟长、费孝通、黄药眠、吴景超和陶大镛。章伯钧说，现在学校的情况十分严重，请大家来研究民盟在运动中应该怎样工作。黄药眠在会上发了言，他说，1953 年以前民主革命阶段，党和非党知识分子是在一道的；1953 年进入社会主义革命，实行无产阶级专政,从此一切只有党员可以信任了。党员人数不多,于是只有相信青年团员,这样就造成了党脱离了群众。又说党对知识分子"团结教育改造的政策"在北京实际执行的是"利用限制改造的政策"。这次六教授的会在当年反右派斗争中是一件极大的大事,毛泽东在他写的《文汇报的资产阶级方向应当批判》的社论中,是这样说的:

> 他们是反动的社会集团,利令智昏,把无产阶级的绝对优势,看成了绝对劣势。到处点火可以煽动工农,学生的大字报便于接管学校,大鸣大放,一触即发,天下顷刻大乱,共产党马上完蛋,这就是六月六日章伯钧向北京六教授所作目前形势的估计。这不是利令智昏吗?"利"者,夺取权力也。

这几件事中间只要有一件就足够划为右派分子了。黄药眠这几件事都有份,当然也就成了最著名的右派分子之一。

39. 穆木天(1913—1971) 吉林伊通人。诗人,翻译家。创造社成员。日本留学生。曾经在广州中山大学、北京孔德学校、吉林大学任教。1931 年初去上海,参加中国左翼作家联盟,因而结识鲁迅。在左联,穆木天主持诗歌工作,与蒲风等人发起成立中国诗歌会。鲁迅 1934 年 4 月 27 日日记:"得木天信并《茫茫夜》一本。"记的就是穆木天把蒲风的诗集《茫茫夜》寄赠鲁迅。

1934 年 7 月穆木天被捕。鲁迅 1934 年 7 月 30 日日记:"闻木天被掳。"表示了对他被捕一事的关心。同年 9 月 26 日的《申报》上刊出了一篇中央社的稿件,内容是穆木天出狱前写的一份材料,其中有这样的字句:"现在中国所需要的,可能产生的,可以说不是普罗文学,而是……民族文学。"表示一点悔改的意思,大约是获得自由的代价吧。鲁迅还在一本日文刊物上看到穆木天写的另外一篇东西,他在1935年1月8日致郑振铎的信中说:"穆公木天也反正了,他与另三人作一献上之报告,毁左翼惟恐不至,和先前之激昂慷慨,判若两人,但我深怕他有一天又会激烈起来,判我辈之印古董以重罪也。(穆公们之献文,是登在秘密刊物里的,不知怎的为日本人所得,译载在《支那研究资料》上了,遂使我们局外人亦得欣赏。他说,某翼中有两个太上皇,亦即傀儡,乃我与仲方(引者注:即茅盾)。其实这种意见,他大约蓄之已久,不过不到时候,没有说出来。然则尚未显出原形之所谓'朋友'也者,岂不可怕?)"后来穆木天看到了鲁迅这封信,否认写过这样的文章。鲁迅已经作了古人,谁也无法去同他澄清此事。我们只是知道:就算是误会,鲁迅是有此误会了。

1957年,穆木天在北京师范大学中文系担任教授。整风运动中他贴出大字报《我的呼吁》,其中说:"我呼吁:请党中央像搭救王蒙一样,救救师大罢!让黑暗王国有一线光明罢!"大字报在批评学校领导者的宗派主义的时候,举了学校副校长、党委书记何锡麟与中文系一个外国文学女进修生有男女关系的丑闻为例:"某党员首长老婆孩子一大堆,还违法乱纪乱搞男女关系,我认为党委、行政不处理,这是宗派主义的行为,可是,党员首长,把我的话完全给打回来了。他说那位党员已经处理过了。处理的内容就是自己作了检讨。并且本人(何)也不知道女方是有爱人的。更不知道她的爱人为此而动刀自杀的事,这也不算宗派主义。"5月22日《光明日报》刊出的时候,稍有改动,像"某党员首长"就改成"某党员"了。尽管这样,据党委副书记张斧说:"运动一开始,党委就担心这件事,所以穆木天《我的呼吁》在《光明日报》一发布,我们就感到被动了。"(《不肯沉睡的记忆》,中国文史出版社2006年,第16页,《光明日报》刊出的见该书第317页)

穆木天被划为右派分子了。8月5日《人民日报》刊出了一篇记者孙祖年写的报道《为资产阶级叫嚣的猫头鹰——穆木天》,说:"在整风期间,穆木天同他的妻子彭慧共谋兴风作浪,到处煽动群众搞'大民主',对党进行恶毒的诬蔑,企图搞垮党委,达到个人野心的目的。"这篇报道就穆木天的外国文学讲义参考了苏联大百科全书等书,就说他"剽窃他人文稿",还因为他在"左联"时期被捕过就说他成了革命的叛徒。在"唯恐天下不乱"这个小标题之下,揭露了他的右派言论,如说"师大领导是不学有术",所谓"有术"就是有整人之术。"党员入了党就脱离了人民。"这篇报道还株连到他的妻子——也在北京师范大学中文系担任教授的彭慧:"彭慧作为一个共产党员,平时作风恶劣,不少人反映她早已不像个共产党员了。在反右派斗争中,她不但没有站稳党的立场,却堕落入右派的泥坑中和她的丈夫穆木天在一起,夫唱妇随地向党发动猖狂进攻,她泄露党的机密,发表反党言论,恶毒的攻击师大党委,成为右派分子在党内的内应。"

40. 聂绀弩(1903—1986) 笔名耳耶。湖北京山人。曾经在黄埔军校和莫斯科中山大学学习。担任过国民党中央通讯社副主任(即副社长),1931年九一八事变后离职,即赴日本留学,与胡风相识。1933年6月同胡风一起被日本政府驱逐回国。不久,参加中国左翼作家联盟,1934年主编《中华日报》副刊《动向》,通过胡风向鲁迅约稿。鲁迅先后在《动向》上发表过二十多篇杂文。像《清明时节》(后收入《花边文学》)这一篇,鲁迅原来是投寄给《申报·自由谈》的。黎烈文没有能够用,退了稿,于是改投《动向》(见鲁迅1934年5月18日日记),聂绀弩就把它在5月24日的报纸上发表了。

1934年12月24日鲁迅日记:"晚在梁园邀客饭,谷非夫妇未至,到者萧军夫妇、耳耶夫妇、阿紫、仲方及广平、海婴。"这里谷非即胡风,阿紫即叶紫,仲方即茅盾。这一次宴聚,鲁迅是要把新从东北来的萧军、萧红夫妇介绍给上海的这些朋友们。1935年5月8日鲁迅日记:"邀胡风及耳耶夫妇夜饭于梁园。"

聂绀弩和鲁迅关系最深的一件事,就是1936年出版《海燕》杂志这事。这刊物,是他和胡风、聂绀弩、萧军、萧红、周文等人合作办起来的。创办的经过,胡风在《关于左联及与鲁迅关系的若干回忆》中说:

> 到1935年底,萧军、聂绀弩,都写信给鲁迅,说要办刊物,我也想办一个刊物,鲁迅对我说,如每人各办一个,这就大大分散了战斗力,不如大家合起来共同办一个刊物,后来我就创办了《海燕》。《海燕》的编辑工作是以我为主进行的,由我负责收集选定稿子,然后交聂绀弩去联系印刷、发行等具体事务。《海燕》第1期署名"史青文"编,就是聂绀弩想出来的。(《胡风全集》第7卷,第16页)

1936年1月19日鲁迅日记:"晚同广平携海婴往梁园夜饭,并邀萧军等,共十一人。《海燕》第一期出版,即日售尽二千部。"这是庆祝《海燕》创刊的聚餐,同席的都是《海燕》的同人吧,想必聂绀弩也在座。从日记中可以看出鲁迅兴奋的心情,他对这刊物是很看好的。可是这刊物只出了两期就停刊了。这原因,聂绀弩在1946年发表的《论乌鸦》一文中,细细写了出来:

> 十一年前的一个年底年初,鲁迅和胡风、萧军、萧红等合办一个刊物:《海燕》。校对、排版以及别的杂事由我担任,对外算是我编。但不要我做发行人,发行人要有住址,大家不愿把我的地址公开。可是别的人却不容易找,不是人家不敢,就是我们不愿。一晚,我走到曹先生的住处附近,忽然想起他的住址本来是公开的;他自己就在办刊物,当一个文艺刊物的发行,在他理解刊物性质的人,该不会认为怎么危险,于是鬼使神差,立刻去拜访他。他答应了,并且谈得很相洽,我一面兴高采烈的通知鲁迅他们,一面就在刊物上印上"发行人曹聚仁"字样。谁知刊物送到书店之后,他来说他没有答应,叫书店把他的名字勾去。他又到巡捕房去告密,说这刊物是谁办的,谁编的,如何危险,以致我找到别人去声请发行,巡捕房也不准许了。他还在《申报》登广告,说我们怎样窃他的大名。又写信到鲁迅那里去剖白,《鲁迅书简》里有一封答他的信,就是和他谈这事的。总之,那刊物因此之故,只出了两期就寿终了,而这刊物的主持人,我告诉过他,是鲁迅。他就是这样尊敬鲁迅的!(《聂绀弩全集》第1卷,第331—332页)

在1936年"两个口号"的论战中,聂绀弩是站在鲁迅提出的"民族革命战争的大众文学"这一边。不过鲁迅在《答徐懋庸并关于抗日统一战线问题》一文中表示:他对这个口号的解释也是有错误的。

鲁迅去世，聂绀弩参加治丧工作，最后和胡风、巴金、黄源、黎烈文、孟十还、靳以、张天翼、吴朗西、陈白尘、萧乾、欧阳山、周文、曹白、萧军等人扶柩上车。在以后的许多年里，绀弩写过不少怀念和纪念鲁迅的诗文，笔者曾经将它们编为《高山仰止》一集，于1984年7月在人民文学出版社出版。虽然只是薄薄一小册，处处显出了他对鲁迅的深爱与深知。

聂绀弩在担任人民文学出版社副总编辑的时候，胡风遭到了整肃。开始是批判胡风的文艺思想，后发展到肃清胡风反革命集团，到了1955年7月，再发展为遍及全国各地一切机关单位的肃反运动。聂绀弩以他和胡风的关系，以他和康泽的关系，以他那么复杂的政治历史和社会关系，当然成了一名肃反对象。到了反右派斗争中，他就更加在劫难逃了。楼适夷在《说绀弩》一文里回忆说："反右起来，我记不清绀弩出差上哪里去了。对于他，是顶头上级亲自抓的，把他十万火急地揪回北京，是直接到上边去挨批的，我没有奉命揭发你，也没被叫去开什么会，本单位只有另一位副社长参加，回来也不传达，我就不知道他到底是什么罪名，看来早已有人把他看在眼里，现在算是到了时候，把他揪住了。"（《适夷散文选》，第154页）

聂绀弩被划为右派分子的直接导火线，是受了他妻子周颖的牵连。在邮电部担任劳动工资处处长的周颖被划为右派分子了，他就因为修改了妻子的发言稿，也被划为右派分子了。周颖的这篇发言稿，主要是谈肃反运动的。聂绀弩修改过的一段是这样的："如果他是一个冷静的人，他就会觉得斗争他的人在说谎；如果他是一个有风趣的人，他就会觉得斗争他的人在念咒；如果他是一个急躁的人，他就会觉得恐怖、冤屈、是非颠倒、天昏地暗。总之,他会感到真理、正义不在斗争的人那一边,而在他这一边。这样的心理,哪怕只有一秒钟的存在,我认为也是我们光荣的、伟大的、正确的共产党的威信的损失。"后来聂绀弩在交代材料中说:"这是就她的原文加以改组的。我加上去的字,只是'冷静的人''有风趣的人''急躁的人'等等。"在这篇交代材料中,聂绀弩还说了:"她的发言稿,那么猖狂地向党进攻,作为一个党员的我,怎么能听,怎么能看,怎么能动笔替她改! ……这除了表示我至少在那时候与她有同等程度的反党的思想意识以外不能是另外的什么。"(《聂绀弩全集》第 10 卷,第 248—249 页)聂绀弩被划为右派分子以后,发配到北大荒去劳动改造,在那里,他写了一本诗集《北荒草》,后来收入《散宜生诗》,在未来的中国文学史上,将是 20 世纪诗歌的杰作。

41. 周颖(1907—1991) 河北南宫人。聂绀弩的妻子。鲁迅 1934 年 12 月 26 日致萧军、萧红的信中说:"周女士她们所弄的戏剧组,我并不知道底细,但我看是没什么的,不打紧。"这里,"周女士"即周颖,当时她在左翼戏剧家联盟的戏剧供应社,专为演出提供服装、道具。1935 年 8 月 24 日致胡风的信中说:"二二日信收到。我家姑奶奶的生病,今天才知道的,真出乎意料之外。"这里,"我家姑奶奶"也是指周颖,据《鲁迅全集》的注释,"当时她拟去会许广平,后因病未往"。从这里也可见周颖和鲁迅及其周围的人的关系了。

后来周颖到朱学范领导的中国劳动协会工作,担任了劳协福利社的主任,曾经被国民党特务拘捕,刑讯逼供。中央人民政府成立,朱学范被任命为邮电部部长。他找周颖到邮电部来做劳动工资处处长。周颖又是中国国民党革命委员会(简称"民革")中央委员,全国政协委员。

1957年6月6日的《人民日报》上刊登了周颖在6月5日民革中央小组扩大会议上的发言,她联系邮电部的实际情况提了一些意见。她说,这次邮电部的同志们揭发了很多问题,这些问题我们都不知道,有些问题,比如某些领导同志作风不民主,家长式的领导问题,我认为早就应该在党内揭发出来的,为什么一直没有揭发呢?难道党员同志不知道吗?难道党员同志就没有意见吗?不是的。我认为这是由于党内的批评和自我批评,特别是自下而上的批评不开展,党内民主没有很好发扬的关系。党内民主发扬不够,势必影响到党外也不能很好的发扬民主。

周颖又说,过去历次运动中都是共产党员打冲锋,现在共产党员为什么"坐阵以待"?她要求共产党员"立即出马"。她还认为,共产党内有些重大问题被锁在"保险柜"内,这些问题必须党的负责干部出来揭发,必须党内外夹攻才能攻得出来。

周颖说,在现在这个时期,民主党派应该做些什么呢?她认为在机关应该成立一个组织,这个组织有共产党、共青团、工会、民主党派参加。她说,在肃反运动中,我们民主党派不闻不问,不提意见,民革的成员被斗争,自己的组织袖手旁观。现在在整风运动中,我们应该改变作风,该做的要勇敢地去做,要和共产党分担责任。这个组织要负责把群众揭露出来的问题加以研究,提出处理的意见,监督共产党快一些解决问题。她还谈到社会主义学院的学员相当普遍认为,民主党派这几年干的工作主要是:歌功颂德、锦上添花、火上加油。因此她认为,这次整风中对共产党提出的批评,民主党派也负有责任。

这样,她就被划为右派分子了。1957年9月11日的《人民日报》上刊登的《右派分子周颖是康泽的密友胡风的亲信》这篇材料说：

这个右派分子,在今年4、5、6月份,在以所谓帮助党整风的幌子下,向党进行了猖狂进攻。在邮电部、社会主义学院、民革中央、民革北京市委,以及她所在的邮电部劳动工资处的座谈会上,无中生有,颠倒黑白,对党、对党的领导,对社会主义制度,连续施放了一系列极其凶狠的毒箭。

她曾和储安平的"党天下"一唱一和,在社会主义学院,在邮电部民主党派座谈会上他一再叫嚣什么"看来就是一个人解决问题,以党代政,以人代党,不仅非党员无权,就是党员也无权",她并狂妄地说:"这个问题根本上要从中央考虑。"

这个右派分子对伟大的肃反运动极其仇恨,她在社会主义学院的发言中说肃反中的偏差"不是个别的",她诬蔑肃反是"法外有法","肃反对象被斗错了的人就有百分之九十九"。她和罗隆基唱出同样的声调。罗隆基要组织所谓"平反委员会",她就在民革中央提出要成立什么"群众性的组织"以分析处理群众中的意见。她还制造了一套极其荒唐的定义,说什么"不直接夺取政权就不能算是反革命",说什么"胡风只是想在文艺界占点地位,并不是要推翻党的领导",她还厚颜无耻地到处为胡风的反革命罪行辩护,企图为胡风翻案。

这个右派分子,在整风运动一开始就别有用心地挑拨民主党派和共产党的关系,她诬蔑说:民主党派几年干的只是"歌功颂德、锦上添花、火上加油"的事,她又挑拨说民主党派不应该"共产党叫怎么办就怎么办",企图挑起民主党派和共产党对立,"分庭抗礼",尤其狠毒的是,她竟煽动共产党员和党员领导干部"起义",她诬蔑共产党内有"重大问题",她要共产党员和党的领导干部"马上站出来,立即出马"打开锁在"保险柜"、"保密箱"里的"大问题",对党来个"内外对夹攻"。当右派分子向党进攻最疯狂的时候,也是祖国天空乌云乱翻的那几天,她兴高采烈地到处叫喊什么"真是全国兴奋像办喜事,真热闹……"

这个右派分子所以这样凶狠,不是偶然的。虽然她吹嘘自己是什么"进步人士",但实际上她是蒋介石手下特务头子康泽多年的密友。早在1926年她在日本时期,就同臭名昭著的反革命分子胡风勾搭在一起,长期拜倒在胡风门下,成为胡风的亲信。直到1955年全国肃反运动开始,胡风反革命集团的第一批反革命材料在报纸上公布以后,她仍同胡风有极其密切的联系。

邮电部反右派斗争开始以后,她不但没有老老实实交代自己的反动言行,反而跑到北京矿业学院一个熟人家里躲了一个星期;回到邮电部以后,至今仍是吞吞吐吐没有彻底交代。根据邮电部的工作人员和民革邮电部支部成员们初步揭发的材料,不但周颖本人是个反党反社会主义的右派分子,在她的周围还有一批同谋者,她在社会主义学院向党进攻的发言稿,就是她和她的丈夫聂绀弩共同草拟的。这些同谋者至今也像周颖一样并未彻底交代。

1960年11月25日《人民日报》刊出新华社电讯,说中央国家机关和各民主党派中央机关最近又摘掉一批确有改悔的右派分子的帽子,其中有周颖。

42. 马国亮（1908—2001）　广东顺德人。《良友》画报的主持人之一。他为《中国大百科全书》写的《良友》词条说：

《良友》，中国出版的历史较久的大型综合性画报。1926年2月15日在上海创刊。创办人伍联德，历任主编有伍联德、周瘦鹃、梁得所、马国亮、张沅恒等。此刊为月刊。印刷精良，内容丰富。曾及时以大量图片反映"九一八"事变、"一·二八"事变、狱中"七君子"、江西苏维埃政府、抗日战争和第二次世界大战等重大政治时事以及孙中山、周恩来、朱德、彭德怀、冯玉祥、鲁迅、蒋介石等人的活动情况。还刊出孙中山、于右任等人的墨迹和徐悲鸿、齐白石、张大千、刘海粟、高奇峰等著名书画家的作品。也刊登文艺创作和名家回忆录，如冯玉祥的《我的入伍前后》、戈公振的《报业回忆》、徐悲鸿的《悲鸿自述》。销行国内外，最初每期发行7 000册，后增至4万册。1941年末，因太平洋战争爆发停刊。抗日战争胜利后，于1945年10月曾续出一期。共出版172期和两个特刊。1954年在香港复刊，仍由伍联德主编。1968年停刊。1984年由伍联德之子伍福强再度在香港复刊。

《良友》画报是良友图书公司出版的。鲁迅和良友图书公司有很好的关系。他1935年1月10日的日记记了这样一件事："十日　晴。午达夫、映霞从杭州来，家璧及伯奇、国亮延之在味雅午饭，亦见邀，遂同广平携海婴往。"郁达夫也是良友图书公司的作者，他和王映霞从杭州来上海，良友的赵家璧、郑伯奇和马国亮请他们吃饭，邀鲁迅作陪。1957年马国亮是上海电影制片公司美术片厂编剧,又是上海电影制片公司民盟支部主任委员。反右派斗争开始,他很快就成为上影的打击目标了。7月16日《文汇报》刊出了一篇《上影继续追击右派分子,声讨马国亮等与党对抗一再放火罪行》,文章罗列了他这样一些右派言行:说"马国亮积极配合陈仁炳向党进攻","马国亮右派言行是一贯的,攻击矛头是党。他对《人民日报》上'可注意的民盟动向'报道大为不满,要民盟中央提出抗议"。"马国亮主张摄制组中有党、政、工、团、盟的力量。这是什么意思呢? 有了民盟后,那么其他民主党派也要加入,民盟是其中最大的,就可和党对抗,将领导权抢到民盟手中。这就是他的阴谋。""马国亮说:'五反是搞错了,许多好人都逃到香港去了。'"他划为右派分子以后那些劳动改造的程序不必细说,只说他右派问题解决以后,1984年,应邀到香港担任复刊后的《良友画报》的顾问。后来举家移居美国,以九十四岁的高龄在美国去世。

43. 陆侃如(1903—1978) 江苏海门人。文学史家。他和他妻子冯沅君合著的《中国诗史》受到鲁迅的重视。曹靖华请鲁迅介绍中国文学史方面的读物,鲁迅1933年12月20日复的信中说:"中国文学概论还是日本盐谷温作的《中国文学讲话》清楚些,中国有译本。至于史,则我以为可看(一)谢无量:《中国大文学史》,(二)郑振铎:《插图本中国文学史》(已出四本,未完),(三)陆侃如,冯沅君:《中国诗史》(共三本),(四)王国维:《宋元词曲史》,(五)鲁迅:《中国小说史略》。但这些都不过可看材料,见解却都是不正确的。"尽管说它"见解不正确",只看他把它和王国维的《宋元词曲史》以及自己的《中国小说史略》并列,也就是把它放在这样一个档次上了。在《〈中国新文学大系〉小说二集序》里，鲁迅又说到了这一对夫妻：

    冯沅君有一本短篇小说集《卷葹》——是"拔心不死"的草名，也是一九二三年起，身在北京，而以"淦女士"的笔名，发表于上海创造社的刊物上的作品。其中的《旅行》是提炼了《隔绝》和《隔绝之后》（并在《卷葹》内）的精粹的名文，虽嫌过于说理，却还未伤其自然；那"我很想拉他的手，但是我不敢，我只敢在间或车上的电灯被震动而失去它的光的时候，因为我害怕那些搭客们的注意。可是我们又自己觉得很骄傲的，我们不客气的以全车中最尊贵的人自命"。这一段，实在是五四运动之后，将毅然和传统战斗，而又怕敢毅然和传统战斗，遂不得不复活其"缠绵悱恻之情"的青年们的真实的写照。和"为艺术而艺术"的作品中的主角，或夸耀其颓唐，或衒鬻其才绪，是截然两样的。然而也可以复归于平安。陆侃如在《卷葹》再版后记里说："'淦'训'沈'，取《庄子》'陆沈'之义。现在作者思想变迁，故再版时改署沅君。……只因作者秉性疏懒，故托我代说。"诚然，三年后的《春痕》，就只剩了散文的断片了，更后便是关于文学史的研究。这使我又记起匈牙利的诗人彼兑菲题B. Sz. 夫人照像的诗来——

    "听说你使你的男人很幸福，我希望不至于此，因为他是苦恼的夜莺，而今沈默在幸福里了。苛待他罢，使他因此常常唱出甜美的歌来。"

    我并不是说：苦恼是艺术的渊源，为了艺术，应该使作家们永久陷在苦恼里。不过在彼兑菲的时候，这话是有些真实的；在十年前的中国，这话也有些真实的。

表示希望幸福的婚姻生活不会妨碍他们创作出好作品了。

1957年陆侃如是山东大学副校长、中国作家协会理事、全国政协委员、九三学社中央常务委员、九三学社青岛市主任委员。他被划为右派分子了。7月21日《人民日报》刊出的《陆侃如想把"九三"分社变成反共司令部》这篇材料说：

> 陆侃如最热心的是反对党的领导。在青岛，他第一个喊出了"取消学校里的党委制"的口号。
>
> 6月2日，他在"九三"山东大学和青岛医学院支部联合召开的所谓民主办校座谈会上讲话，一开头就恶毒地攻击党的领导的合法性。他说："关于党委制我知道的不多，过去高教部没有明文规定，也没有见正式文件。"又说，"党委制与三害不是两回事，而是互为因果"。他把党的领导，曲解为党委书记个人领导。所谓互为因果，即是党委会不撤销，"三害"就永远除不掉。这个"高见"与"党天下"和"三害产生于人民民主专政制度"的谬论是异曲同工的。
>
> 有人批评他的这种谬论是毒草，一下触怒了这位"学者"，他在《新山大》发表的《我对学校党委制的看法》一文中说批评他的人"做梦也没想到这棵所谓'毒草'还是毛主席亲手种下的"。
>
> 经过多次追查，陆侃如才不得不说出这是根据一份被篡改了的毛主席讲话记录稿写的。而这份记录稿则是右派分子民盟青岛市副主任委员陈仰之介绍给他的。以后民盟市委送来刊有这一记录稿的民盟市委出版的《学习简报》第三期。陆侃如也承认，当时他就认为这个记录稿"正中下怀"。
>
> 陆侃如拿到这份被篡改了的讲话记录稿，就照样打印，

往下分发,四处点火,并且组织山大和青岛医学院全体社员进行讨论。他还把这份记录稿发给九三济南分社筹委会。九三济南分社和青岛分社是平行的组织,而他却在公函中说:"尽速翻印,普遍传达。"而济南分社秘书长黄绍鸣见到公函和记录稿后,"如获至宝",他真正起了点火的作用。

九三山东大学支社主编的《民主报》,是一个鲜明的反对党的领导、反社会主义的右派刊物,所载文章都是集中攻击党委和党委制,极尽其歪曲、诬蔑、谩骂之能事。发刊辞中说明了该刊的宗旨是:"揭露党群间的矛盾,以及三反、思想改造、特别在肃反运动中发生的错误,帮助和监督党作好平反工作和肃反总结,拆墙填沟,搞好团结。""揭露党委制在我校所存在的缺点,讨论办好学校方案等问题。"试问这是一股什么气味?而在第一期第一页上印的正是陆侃如在九三山东大学和青岛医学院支社联合召开的所谓"民主办校"座谈会上的讲话稿,原标题是《我对学校党委制的看法》,陆侃如嫌他这篇得意杰作的标题不明确,曾亲笔改为《我赞成撤销学校里的党委制》。

可是当《人民日报》社论《这是为什么?》发表后,陆侃如的态度马上变得消极起来。猖狂一时的《民主报》停刊了。批判右派的事情,自从6月13日马马虎虎地开了一次分社委员扩大会以后,就干脆偃旗息鼓,保持缄默达半个月之久。就在6月13日那次所谓批判右派的会上,陆侃如竟然挺身为储安平的"党天下"辩护,说什么"可以解释为'天下为党',也可以解释为'党为天下'"。

这里说的"被篡改了的毛主席讲话记录稿"是怎么一回事

呢？4月30日毛泽东约集各民主党派负责人和无党派人士在天安门城楼谈话，表示了考虑撤销高等学校党委制的意思，章伯钧、罗隆基等人听了，很是兴奋，就在5月5日民盟中央扩大座谈会上作了传达。随即又在5月10日出版的《民盟中央工作简报》第十五期上全文刊出了章所作的传达。其中有这样一段：

> 毛主席说，大学的管理工作如何办？可以找些党外人士研究一下，搞出一个办法来。共产党在军队、企业、机关、学校都有党委制。我建议，首先撤销学校的党委制，不要由共产党包办。请邓小平同志召集民盟、九三等方面的负责人谈谈如何治校的问题。

这个《工作简报》下发到民盟各级地方组织，陆侃如从民盟青岛市委那里得到了刊有这一记录稿的刊物，觉得正中下怀。就立刻翻印转发。到了反右派斗争中，就宣布这是"被篡改了的毛主席讲话记录稿"了。宣布章伯钧的传达是歪曲，篡改，伪造，是错误文件甚至是谬论，以为这样就可以收回毛泽东说过的话了。这是当年教育界反右派斗争中的一件大事。

1960年1月3日新华社报道了各地第一批宣布摘掉右派分子帽子的人的部分名单，其中有陈子展、陆晶清、陆侃如等人。

44. 尹庚（1908—1997） 原名楼曦，后改名楼宪，浙江义乌人。作家、出版家。1927年在上海中华艺术大学毕业。曾留学日本，后来在南京中央军事政治学校政治部担任宣传干事。一度担任《杭州日报》记者和编辑。"左联"成立不久即加入。曾在上海天马书店编辑《天马文学丛书》，曾约请鲁迅将《自选集》

编入这《丛书》出版。1933 年参与编辑"左联"的刊物《文艺》月刊,因叛徒出卖被捕,关押在上海龙华警备司令部。鲁迅关心这事,1933 年 11 月 24 日致萧三的信中说:"《文艺》几乎都是有希望的青年作家,但其中的尹庚,听说是被捕后白化了。第三期能否出版很难说。"这里说他"白化",是"听说"的一种不确实的传言。他经友人龚鸿文营救出狱之后仍旧参加"左联"的活动。鲁迅 1935 年 4 月 18 日的日记里有"得尹庚信"的记载。他和叶籁士等人得到鲁迅的同意,编辑了鲁迅的《门外文谈》(收入鲁迅五篇关于语文改革的文章)一书,1935 年 9 月在天马书店出版。1936 年鲁迅在病中,冯雪峰代为拟稿的《答托洛斯基派的信》和《论现在我们的危险运动》这两篇就都是拿到尹庚编辑的《现实文学》第一期上发表的。

抗日战争期间,曾主编《政工导报》、《海防前哨》。抗战胜利后到台湾,任《和平日报》副总编辑、台中中学校长。1947 年台湾"二二八起义"后,因躲避追捕返回上海。在上海,参与创办泥土社。1950 年 5 月在泥土社出版了所著的《鲁迅的故事》一书。后参加中国人民解放军,从事部队文化教育工作。1954 年转业到包头钢铁公司,当然就会被算是胡风分子,是胡风分子了,划为右派分子就难免了。在他晚年的友人黄鸿森写的《缅怀胡今虚先生》一文里有一段顺便说到了他:

> 尹庚先生曾被打成胡风分子和右派分子,发配内蒙古草原二十余年。晚年得到周扬关照,定居北京。有段时间他和我都住在北京团结湖。作为后学,我曾多次去拜访。他说起,抗战初期他在龙泉,那里进步文化人不少,文学评论家邵荃麟当县教育科长(解放后任中国作家协会副主

席），他任县政工室指导员。他应程一戎之邀到温州办刊物，由于邵荃麟的介绍结识诗人马骅，《海防前哨》的时论都是暗地通过马骅请胡景瑊执笔的。尹庚很伤心的是八十万字文稿被抄走没有下落，手臂又受伤不能执笔。1983 年内蒙古人民出版社出版了他的《鲁迅故事新编》（李何林作序），他签名题赠，成为绝响。他 1997 年以九十高龄去世的，我得知噩耗后，到八宝山以今虚和我两人之名呈献花圈，送他一路走好。那天北京春寒料峭，到灵堂送别的人不多，折射出这位"左联"作家晚境凄凉。不过上海出版界没有忘记他，《上海出版志》上列有他的传略。（《瓯歌——温州读书报文选》，上海远东出版社 2011 年，第 83 页）

45. 李长之（1910—1968）　山东利津人。文学批评家、文学史家。1935 年他还是清华大学哲学系学生的时候，就着手写作《鲁迅批判》，这是最早一本研究鲁迅的专著。在写作中曾写信请求鲁迅给予帮助。鲁迅 1935 年 7 月 27 日复信说：

长之先生：

　　惠函敬悉。但我并不同意于先生的谦虚的提议，因为我对于自己的传记以及批评之类，不大热心，而且回忆和商量起来，也觉得乏味。文章，是总不免有错误或偏见的，即使叫我自己做起对自己的批评来，大约也不免有错误，何况经历全不相同的人。但我以为这其实还比小心翼翼，再三改得稳当了的好。

　　我近来不过生了一点痱子，不能算病，如果报上说是生了别的病，那是新闻记者的创作了，这种创作，报上是常有的。蒙念并闻。

此复,即请

撰安

鲁迅上　七月二十七日

可见鲁迅对这事并不热心,可是也没有拒绝,还是给予了有限的支持。1935 年 8 月 31 日鲁迅日记:"复李长之信并附照片一枚。"这张照片后来就作了《鲁迅批判》的封面。9 月 12 日又写了一封两页的长信,简单回答了他的提问:印过些什么画集?译过些什么书? 可以注意的是鲁迅同一天写给胡风的一封信,其中也谈到了李长之。这信中说:

> 李"天才"正在和我通信,说他并非"那一伙",投稿是被拉,我也回答过他几句,但归根结蒂,我们恐怕总是弄不好的,目前也不过"今天天气哈哈哈——"而已。

这里说的"并非'那一伙',投稿是被拉",据《鲁迅全集》的注释,是说李长之在杜衡、杨邨人、韩侍桁编的《星火》月刊上发表了一些文章的事。对这三个人和这刊物,鲁迅曾不止一次批评过(例如《四论"文人相轻"》、《逃名》、《六论"文人相轻"——二卖》),于是李长之就为自己辩解。至于以"天才"称他,是因为他在《星火》上发表的一篇文章里说什么"大自然的骄儿就是天才,大自然永远爱护天才",胡风就以"天才李长之"来调侃他。现在是给胡风写信,鲁迅就袭用了胡风的这个用语,当然表示出了一点不敬的意思,倒也没有太多的敌意。

鲁迅说,"我也回答过他几句",这几句就见于同一天复他的信中：

> 因为忙于自己的译书和偷懒，久未看上海的杂志，只听
> 见人说先生也是"第三种人"里的一个。上海习惯，凡在或
> 一类刊物上投稿，是要被看作一伙的。不过这也无关紧要，
> 后来大家会由作品和事实上明白起来。

表示能够接受他为自己作的辩解。

《鲁迅批判》由北新书局出版的，1936 年 4 月 6 日鲁迅收到
了作者的赠书（见鲁迅日记）。在以前，有过台静农编的《关于
鲁迅及其著作》、钟敬文编的《鲁迅在广东》、李何林编的《鲁迅
论》，但都是编辑的多人文集。这本《鲁迅批判》，是第一本个人
著作的鲁迅研究的专著。作者是怀着对鲁迅的敬意，认真地写
成的。其中有的论点至今还应该受到重视。

出于作者意料之外的是，书名引起了误会。"批判"一词从
日文引进，不过是研究、分析、评论的意思，是一个中性词。作者
也正是在这个意义上来用它的。可是在中国，它的意思却渐渐
起了变化。2001 年出版的《现代汉语词典》的释文，列举了三个
义项，第一个义项是："对错误的思想、言论或行为做系统的分
析，加以否定。"例句是"批判虚无主义"。在现代汉语中，它不
再是一个中性词，而显然是居高临下了。如果这样来理解，《鲁
迅批判》，就是把鲁迅置于错误的，应予否定的地位了。

1957 年 5 月中共中央宣布开展整风运动，开了许多座谈会，
征求批评意见。中共北京师范大学委员会于 10、13、14、15 四日
内，分别邀请中文、教育、俄语、历史等系的教授、副教授座谈。
教授们对于学校党的领导工作提出了批评和建议。1957 年 5 月

10 日的《人民日报》以《改进党群关系　办好师范大学　教授们积极提出意见帮助党组织整风》为题作了报道,说:

> 北京师范大学的党和群众的关系怎样呢？许多教授对这个问题很关心。中文系李长之教授说:"师大的党组织和群众之间的墙是很厚的,象钢骨水泥一样坚固,这个墙如果不拆,有愈来愈厚的危险。""人之相知,贵相知心",本来群众很愿意和党员作知心朋友,可是党员没有这种表示。党员的作风确实影响党群关系,但群众往往通过个别党员与党建立感情,师大很多青年共产党员没有经过同群众共甘苦的锻炼,不少高级知识分子入党后反而脱离群众,成了当权派,不虚心听取群众的意见,喜欢摆出教育人的姿态,容易使人产生反感。

高等学校的座谈会上一个重要的议题是高等学校管理体制,也就是党委制的存废、教授治校这些话题。1957 年 5 月 17 日《人民日报》第 6 版刊出的《改进高等学校领导工作的关键何在——记九三学社讨论教授治校和党委制的两次座谈会》一文里,报道了李长之的一段发言:

> 北京师范大学中文系教授李长之认为,也可以同时建立教授会。因为扩大校务委员会,固然是发扬民主的方法之一;但是由于参加校务委员会的教授只是少数,教授的意见就不会得到充分的反映。同时学校既可以有学生会,当然也可以有教授会。有了教授会,不但可以充分反映教授对办学的意见,而且教授的地位提高了,教授被尊重的问题

也解决了。他说:他建议这样作的目的,不是用教授治校来代替党委制,而是为了帮助党委更好地贯彻执行政策,发扬民主,克服官僚主义。

有了这样一些言论,到了反右派斗争中,李长之就被划为右派分子了。在历数他的种种罪恶的时候,早年写的《鲁迅批判》也被认为是对鲁迅的不敬,当然也作为他许多罪状中的一项。

他这以后二十年右派分子的经历不必细说。只从他女儿李书的《生命的价值和尊严》一文中摘录一个细节:

> 1978 年的下半年,学校党委的人来看望爸爸。……随同校党委一起来的系领导看了住房情形说:"这不光是不能工作,而且是根本无法生活呀!"……此后不久,学校党组织做出了改善我们的住房和爸爸的工作条件的决定,校领导征询爸爸对住房在哪里(是在原地还是搬到北师大去)解决的意见,爸爸说:我愿意在原地解决。事后我问爸爸现在有机会了,何不离开伤心之地?爸爸对我说:"我要收复失地!湔雪屈辱。我希望活得有尊严。"(《博览群书》,2003 年 7 月号)

不久,给他们家恢复了宽敞的住房。可是他只住了几个月,1978 年 12 月 13 日即与世长辞。可以告慰的是,他的好几种著作,包括《鲁迅批判》在内,都有日文译本在日本流传。

46. 陈子谷(1917—1987)　和鲁迅通信的时候署名陈子鹄。广东汕头人。早年留学日本,参加过"左联"日本分部的活动。1935 年在东京"左联"的刊物《杂文》社工作。这时他在日本东流文艺社、文艺刊行社出版了诗集《宇宙之歌》,即将这本书寄给了上海的鲁迅。鲁迅 1935 年 8 月 6 日日记:"陈子鹄寄赠《宇宙之歌》一本。"次日日记:"得陈子鹄信。"我没有看到过陈子鹄给鲁迅的这封信,可以想象得到他是出于对鲁迅的敬爱才将自己的诗集寄去的吧。

1937 年他到了延安,入陕北公学学习。不久分配到新四军军部工作。1939 年 12 月参加中国共产党。1941 年 1 月的皖南事变中被俘,在上饶集中营里坚持斗争。1942 年 5 月在茅家岭监狱暴动越狱,千辛万苦回到新四军军部。

1957 年春天,中国共产党中央提出要开展整风运动,反对官僚主义、宗派主义和主观主义等不正之风,号召知识分子向党提意见,大鸣大放,帮助党整风。这时陈子谷是在北京地质勘探学院任党委书记、副院长。有意思的是,在他们学院的座谈会上,一时他也成了右派分子重要的攻击目标之一。可是他却以一种理解的态度听取那些激烈的言辞。在一次职工大会上,他说:"过去我们在运动中整错了一些好同志,我虽然不知情,也应对此承担责任,现在我代表党委向他们致歉,希望这些同志今后振作精神,把教学工作做得更好。"说到这里,会场上响起热烈的掌声。他没有想到,他的这种态度使他自己被划为右派分子。(据季音《狱友陈子谷》,《炎黄春秋》2009 年第 2 期)

1958 年 9 月 22 日《中共北京地质勘探学院委员会对右派分子陈子谷的处分决定》列举了他的许多错误,如 5 月 15 日的讲师老助教座谈会上有右派分子攻击汇报制度,说"汇报不真实,层层上报转达不真实,领导偏听偏信,把汇报者看成第一号好人"。陈子谷说:"这我有亲身体会,的确如此。""我在延安没有入党的时候,也吃过这样的亏,也有人在领导的面前说我的坏话。"5月18日陈子谷在大系动员会上作报告谈到学院的肃反,他说:"当时我在总务处工作,没有在肃反五人小组,后来我作党委书记,连肃反斗争了谁都不知道。"5月21日陈子谷在普通地质教研室座谈会上,在一些人发言提出肃反运动中的问题时,陈子谷说:"这就说明我们三害严重,特别是宗派主义严重。肃反是夏天搞的,我们材料不足就搞,侵犯人权。"5月29日的座谈会上,陈子谷将他的朋友给他的一封信拿给人看,信的大意是:"我们(指他与陈子谷)是老朋友了,我是肃反运动中被斗争过的,本来也没有什么,但那些假积极分子们,今天有的高升了,有的入党了,这倒的确使人生气。"陈子谷对那些攻击肃反运动的人说:"你们的情绪我是理解的,所以才让大家看这一封信。"

《中共北京地质勘探学院委员会对右派分子陈子谷的处分决定》最后宣布的处分是:"陈子谷属于一般右派,所以应按右派分子处理,他至今仍不认识错误,在事实面前狡赖,由此应按中央关于处理国家薪给人员右派分子的规定第四条处理,撤销一切职务,分配较低工作,按政府干部十七级待遇,党内开除党籍。"据前面所引季音《狱友陈子谷》一文说,尽管陈子谷拒绝在结论上签字,也无济于事。地质学院党组织受北京市委领导,陈子谷的右派问题是北京市委定的案,绝对不可改变。

47. 陈铭枢(1888—1965) 字真如,广东合浦(今属广西)人。早年加入同盟会。参加过辛亥革命和北伐战争,担任过广东省政府主席、京沪卫戍司令长官。1932年一·二八淞沪抗战中英勇抗日的国民革命军第十九路军的领导人。以后曾代理国民政府行政院长。他虽然做过这样的高官,可是和蒋介石有不

同的政见,1933 年 11 月 22 日在福州成立中华共和国人民革命
政府,打起抗日反蒋的旗子。失败后亡命香港。1935 年参加组
织中华民族革命同盟,提出同中国共产党建立抗日统一战线。
1936 年 1 月 4 日他和李济深、蔡廷锴等人在巴黎《救国时报》上
发表《对时局的宣言》,声讨蒋介石,宣称抗日与反蒋是民族战争
不可分离的任务。在这以前他和鲁迅没有个人接触。1936 年春
天,陈铭枢要以中华民族革命同盟领导人的身份到莫斯科去寻
求共产国际的支持,共产国际就委托他转致对鲁迅的邀请,托他
邀鲁迅一家同行。陈铭枢接受了苏联方面的委托,就写了一封
信给鲁迅,转达了苏方的邀请,专门派了一个叫胡允恭的人从香
港送了封信到上海去。胡允恭所著的《金陵丛谈》里有一篇《一
个回忆》,讲的就是这一回送信的事:

> 一九三六年春初,我在香港陈铭枢处,陈告诉我:苏联
> 党和政府邀他和鲁迅先生一同访问苏联,还有些旅苏青年
> 作家也来信邀请鲁迅先生去苏联休养。苏联政府及青年作
> 家给鲁迅先生的信不便邮寄,要我去上海把信直接交给
> 鲁迅。
>
> 我受陈铭枢之托,来到上海内山书店。说明了来意,内
> 山先生要我等一等,他代我通知。我坐着等了一时,不料来
> 的却是一位女同志。经内山先生的介绍,我才知道她是鲁
> 迅先生派来的。
>
> "我是周先生的学生,"她自己先介绍了。"周先生不
> 在家,有什么事,我们不妨先谈谈。"她温和地说。
>
> "这是一位朋友的信,请你先看看。"我从衣袋中拿出陈
> 铭枢给鲁迅先生的信。她看了信后,知道朋友嘱咐有事要

我们面谈,还有其他信要面交,便约定了第二天见面的时间和地点。

次日我到内山书店,鲁迅先生已经来了,他当门斜坐着,面色灰暗苍老,两眼却有力的看着我。经内山先生介绍后,我们便开始谈话。

我首先把苏联政府和一些青年作家的信递给鲁迅先生。

"昨天同你见面的那位,是我的老婆,她告诉你,是我的学生吧?"鲁迅先生一面看信,一面微笑着辩解似的说。

"哼,哼!"我只是这样应了一下,不禁想说:"那就是你们《两地书》上的广平兄吧?"但我不敢这样造次,只是微笑了一下。鲁迅先生旋即站了起来。

"我们到前边咖啡馆里谈谈好吧?"他看着我,我点点头,我们便走出内山书店。

走到距内山书店约半里许的一家日本小咖啡馆中,里面很少客人。坐定后,他拿着信在继续看着,看完了信,很愉快的问我说:"你看我的身体怎样呢?朋友们总是担心我的身体。其实他们在国外过久了,见惯了健壮的洋朋友,自然觉得我的身体瘦弱了。其实我并没有什么病。看起来似乎不结实,实则也还好,我天天都在工作。"他拖着杂有些绍兴土音不纯熟的普通话慢吞吞地说。

"我倒盼望先生能如朋友们的期望,到国外去休养一时。"我不加考虑的这样回答。实则我非常同情这位杰出的老战士,他的身体是那样不行,环境又极残酷的压迫他,内外交困,他怎能支持呢?因为我看他对自己的身体信心颇强,其实他的身体又那样不行,所以对于他的身体好不好,我没有置答。

鲁迅先生告诉我，他一时还不能出国，要我代写一信给陈铭枢，向苏联政府和陈铭枢先生表示谢意。我见他态度十分坚决，便说："豫翁，你是不是再考虑一下，我们明天再谈。"鲁迅先生说："那也好，我们明天随便吃个便饭。"我说："那倒用不着，不过我想请你再仔细考虑考虑，慎重决定后再写信告诉真如(即陈铭枢)兄。"鲁迅先生说："那你明天下午一两点钟来，那时餐馆里人少了，我们边吃边谈很方便。"

第二天，我准时去了，也是鲁迅先生先到。餐馆里几乎没有什么顾客了。我说："豫翁！你慎重考虑了吧？是不是路费有困难，这个问题苏联政府已经考虑了，先请真如代筹一万元港币，由苏联归还。他一切都准备好了，包括你的夫人、孩子到港后，都住真如家，而且你和真如一道去苏，要方便得多。"鲁迅先生说："我经过反复考虑还是不去，倒不是经济上的问题。主要是我身体还可以工作。至于谣言嘛，这是一年到头都有的，怎能顾得那许多。到国外去住一时，自然是好，而且也曾经这样打算过。但若果是为谣言吓走的，那倒不必。我从未去过苏联，现在国民党特务和一些堕落的文人就说我靠卢布过日子。如果我真去苏联，也不能长住，我总不能一辈子在国外革命，终究还要回国。那时，有些人更可造谣，又说我带回了多少卢布。"(胡允恭著：《金陵丛谈》，人民出版社1985年，第178—180页)

虽然鲁迅没有接受邀请，陈铭枢还真是去了。在《共产国际、联共[布]与中国革命档案资料丛书》第15卷里有好几个文件都与陈铭枢此行有关。1936年4月16《王明和康生关于抗日统一战线问题的书面报告》就提到陈铭枢已经于4月13日到达莫斯科。（第189页）5月20日陈铭枢向共产国际提交了一份《中华民族革命同盟为同中共就建立抗日统一战线问题进行谈判提出的建议》。这个文件提出："在抗日救国统一战线中中共是实际领导者。因此，民族革命同盟应当同中国共产党建立最密切的合作，以便建立和巩固统一战线，联合一切民族力量。"文件列举了在政治、军事、文化（包括干部教育、新闻和出版等）各个方面进行广泛的合作。（第198—203页）5月25日王明向季米特洛夫呈报了陈铭枢的书面报告。（第204页）6月19日《共产国际执行委员会书记处关于中共代表同陈铭枢谈判的指示》发给中共代表团，其中提出：可以"满足陈铭枢集团与中共缔结关于在抗日救国斗争中友好合作和互相帮助的协议的意愿"，但是"不要让陈铭枢集团有任何理由认为，他们同中共代表进行的谈判是在苏联领导人知道，并得到他们支持或批准的情况下进行的"（第205页）。陈铭枢在书面报告中提出，"请给予10万到15万中国元的资助"（第202页），共产国际的答复是："为了安排对上述机关报和培养干部学校的财政支持，从中共的经费中拨出2万美元，这笔款项应当由中共代表提出申请，根据实际需要分批支付。"（第206页）不知道当时的汇率怎样，这2万美元相当多少中国元。假如这一次鲁迅和他同行，当然不会参与他的这些政治活动，在旅途中总会得到他一下照顾吧。

中华人民共和国成立，陈铭枢被安排为中央人民政府委员、民革中央常委，当了一名高级统战人士。

1957年春天，中共中央决定开展整风运动。4月30日，毛泽东约集各民主党派负责人和无党派人士在天安门城楼谈话，当时他是表示了有意在某种程度上改变学校党委制的想法的，提出应当集中在校务委员会或教授会。从 5 月 8 日开始，中共中央统战部邀各民主党派负责人和无党派民主人士举行的座谈会。在 5 月 8 日的座谈会上，陈铭枢的发言，谈到了高等学校的党委制问题，这也是几天之前毛泽东在天安门城楼上谈到的题目，他响应了毛的这个提法，他说，机关中的党组同学校中的党委制有很大区别，机关中的党组今后仍然应该存在。学校中的工作他以为应该更多地依靠教师和学生。在 5 月 15 日的座谈会上，陈铭枢就昨天沈雁冰和刘清扬的发言作了书面发言。他的书面发言说，昨天听沈雁冰同志说，一些干部由于成了教条主义者，也就成为进步分子了。这句话使他想到了国家对于使用干部的标准——德、才、资。若单就抽象的政治进步而定为德，就会失之毫厘，差之千里。因为一个人的政治思想是否真正进步，必须结合他的思想品质和生活作风来考查，也需看他是否真正完成了任务。抽象的进步是没有的。

陈铭枢的书面发言又说，昨天刘清扬同志说，整风不应单提干部的缺点而不提优点。她以为这样做会使党员干部在群众中丧失威信。他认为刘清扬的意见与党中央的整风精神不符，而且不符合事实。谁都知道党对人民的贡献，是没有什么可比拟的。纵使党员干部犯了任何严重的错误，也不会抵消党的功绩。但是党员干部中有了歪风，将会影响和危害党的事业的发展，故歪风必正是有绝对意义的。歪风有如人身的毒菌，不及早预防，必致蔓延，必须除去而后安，如果一个身体健康的人有毒菌，你反而对他说：你的身体健康，毒菌莫奈你何。或说：你可以抵消他。这不是"虽曰爱之，其实害之"吗？

陈铭枢说：从延安整风以来，以至这次整风，党与非党人士所提出的批评,都谈缺点,没有谈到优点,这是符合党的整风精神的。我认为这是好现象。至于说,单提缺点,怕影响干部的威信这一点,恰巧与延安整风以来的事实相反,人愈能揭发缺点,并认真修正错误,愈能在群众中提高威信,反之则降低威信。这已是共产党员久已行之有效的一个真理,一个公式,用不着怀疑。党之所以伟大,也就在此。

陈铭枢最犯忌讳的还不是这些发言,而是写了一封信给毛泽东。那是因为4月30日毛泽东在天安门城楼谈话中,在他谈的许多条意见里,还有一条是下一届选举国家主席,不要提名他为候选人,并且要在座的人把这个意思透露出去。

对于毛泽东提出下一届选举国家主席不要提名他为候选人一事,陈叔通和黄炎培两人的反应是以为万万不可。第二天就联名写信给刘少奇和周恩来,说明下一届国家主席必须还是毛泽东的种种理由。陈铭枢的反应却跟他们完全不同。他于5月18日写了一封信给毛泽东,表示拥护毛泽东说的他不做下一届国家主席的意见。陈铭枢在这封信里面说:

> 昨在民革中央听到传达您4月30日讲话中有将于明年大选时辞去主席职务一节,初觉突然,旋思此乃至美至喜之事。非目光铄射俯察寰区,照见未来者,决不足以有此。目前党中央领导核心空前团结,政权在握,内外翕和,党内济济多士,全国亦不乏上驷之才,革命大业,来日方长。您乘时引退,率天下以谦让,矫末俗之竞奔,开贤路以待后起,留有余以补不足。此天下之至公,大智、大勇、大仁之所为也。华盛顿以开国元首,当国八年即行引退,卒奠定了美国的资本主义世界,今历史学家犹乐道之。您所建造的伟绩,

以及此项出乎此类,拔乎其萃的智举,所含意义之深且广,
华盛顿瞠乎其后矣。

自大革命失败以还,您首创农村根据地,中经十年内
战,八年抗日,三年解放战争,卒以旋乾转坤,翻开历史新
页。以往数十年,您无一事不首当其冲,无一日不躬上斗争
前线,亦无一日不与民休戚,险阻艰难,备尝之矣。民之情
亦尽知之矣! 解放后,国家草创之初,万端待理,您殚精竭
虑,有加无已。其后国家规模日具,体制日备,您以党的最
高领袖,而兼国家元首,礼仪接待之际,不免受形式的约束。
且一日万机,纵使巧手安排,亦难有从容宽裕的暇日。正由
于此,自不免于个人修养上的热而不淡,疾而不舒,躁而难
宁,察而难周之失,也难免影响到察人听言,决策定计的睿
断,以及在政策措施上的畸轻畸重,失缓失急。事理乃尔,
虽固无损君子之大德,而施济的宏效,与瞻瞩的境界,盖尚
有足以提高者在。苟于此时,暂息仔肩,以国事付刘、周诸
领导人物,以在野之身督察国家大事,深入工农群众,体察
民间疾苦,并与知识分子促膝谈心,且利用这暇豫心绪,增
加深潜宽博的修养,更加强健身心,这不只有益于默察时
宜,洞悉民隐,从旁补漏救弊,且为再度重任国家冲要的准
备。由于宁静致远,眼界开阔,对国际局势的演变亦能若网
在纲,有条不紊,使社会主义阵营与人类和平事业愈加巩固
发展,此固非常之功,非常日之举行也。

陈铭枢在这封信里面还说到了这件事对于社会风气的益
处:"您此一举,不仅打破个人崇拜,树立世界高洁宏大的风范,
对于千百万党与非党干部,亦能使之发扬踔厉,知所警惕。特别

对非党人士之享高位,尤斤斤于名位得失者,知有所懔,风行草偃,拭目可待。"

他不但说了这些,更要命的是在这封信里面还写了一大段话"规谏"毛泽东:

由于您负国家的重任,日理万机,要求面晤,一罄所怀,确非易事。故趁此向您略尽规谏如下:

(一)您在最近讲话中,皆述及自己有好大喜功之处,我也有同感,希望能更加深入体察,以求究竟。

(二)我感到您有时尚不免为喜怒所乘,在一个浪潮之下,轻易挫伤高级干部的自尊心和他们的固有地位。同样,有时被狡黠者乘您喜怒之际,伺隙淆乱黑白,投其所好。

(三)您有时尚不免轻信干部的虚伪汇报与教条主义的分析方法,未经郑重细致的研究,即作过激的决定。

(四)由于您对于新的事物具有"至心皈命"的虔诚,这是共产党人最高品质,我是无限景佩的,而由此而产生的另一面极端——过分鄙夷旧的,但也值得商榷。如您致臧克家论诗的函件中有"因为是旧体诗,怕谬种流传,贻误青年"之句。此虽是指您自己的诗词而言,但治旧体诗者总以为是一种"刺隐"之笔,弦外之音,大伤他们的自尊心。这是一个不慎。就您的旧体诗而论,何尝不具有中国古典诗歌的特长呢?如开朗的胸襟,绝逸的旨趣,高亢的声调,简练的词汇,恢弘的风怀……等等,怎能因为是旧体而遽目为是谬种呢?说明了您对古典文学尚有不够尊重之处……

7月14日,民革中央小组开会批判陈铭枢,主要内容就是揭发批判他写给毛泽东的这封信。显然，收信人已经把那封信提供给批判者。会上，吴茂荪揭发说，陈铭枢信中用了这样四句话批评毛泽东，就是"好大喜功，喜怒无常，偏听偏信，鄙夷旧的"，还"把毛泽东说成是'个人修养上的热而不淡，疾而不舒，躁而难宁，察而难周之失，也难免影响到察人听言，决策定计的睿断，以及在政策措施上的畸轻畸重，失缓失急'"。吴茂荪还揭发，"陈铭枢污蔑毛主席'好大喜功'，并要毛主席'更加深入体察，以求究竟'。他说毛主席有时'为喜怒所乘，在一个浪潮之下，轻易挫伤高级干部的自尊心和他们的固有地位'。他说毛主席'轻信干部的虚假汇报与教条主义的分析方法，未经郑重细致的研究，即作过激的决定'。他认为毛主席'过分鄙夷旧的'，'对古典文学尚有不够尊重之处'"。(7 月 15 日《人民日报》) 这样，陈铭枢就得划为右派分子了。

1957 年 7 月 15 日他在全国人民代表大会第一届第四次会议上以《自我检讨》为题作大会发言，他说：

> 我这次在中共中央统战部座谈会上，曾发表了许多荒谬的言论，其中有"撤销学校中的党委制"和"只提缺点，不提优点"的论调。……是与章罗联盟的反党活动一致的，而且在思想本质上与他们也是一脉相承的。这是一种反党、反人民、反社会主义的罪恶，我应负政治上的责任。

可是他的这篇检讨完全没有提到写信给毛泽东的事，想必是上面的意思吧。

中国国民党革命委员会中央在 1958 年 1 月间开了会，宣布撤销右派分子陈铭枢的中央常委职务。在 1958 年 2 月举行的第一届全国人民代表大会第五次会议上,罢免了陈铭枢全国人民代表大会常务委员会委员的职务。

48. 陆诒(1911—1997) 上海人。1932年开始,他是上海《新闻报》的记者。1936年参加上海文化界救国会。5月6日救国会创刊秘密刊物《救亡情报》,他是七个编委之一。创刊号上发表了他写的《何香凝先生访问记》,接着,又发表了他写的《李杜将军访问记》。这时他接受了访问鲁迅的任务。后来他在《为〈救亡情报〉写〈鲁迅先生访问记〉的经过》一文中说:

> 我记得访问鲁迅先生是在同年5月中旬(具体日期我也记不起了),事先也是由徐雪寒同志为我预约好的,访问鲁迅先生的目的,主要是征询他对当前抗日救亡运动的看法和组织文化界联合战线的意见,这个主题思想老徐、刘群同志和我都谈过的。临走时,带了徐雪寒给我的一封介绍信,并嘱我走进北四川路底内山书店时手里拿一份当天的《申报》,作为相见的暗号。这一切我都严格遵守执行,顺利地进行了这次访问。(《新文学史料》1980年第3期)

这次访问的结果《鲁迅先生访问记》发表在5月30日出版的《救亡情报》第四期上,作者署名芬君。文章一开头就说:

> 满怀着仰慕和期望的情绪,去访问我国前进思想家鲁迅先生。
> 在一个预约好的场所,他坐在那里,已经等了一刻多钟。一见面,我就很不安地声述因等电车而延迟时刻的歉

意。他那病容的脸上,顿时浮现出宽恕的而又自然的微笑,对我说:"这是不要紧的;不过这几天来,我的确病得很利害,气管发炎,胃部作痛,也已经有好久居家未出,今天因为和你是预先约定好的,所以不能不勉强出来履约。"听了他这些话,已足使我内心深深的感动了!

下面就是鲁迅对当前抗日救亡运动的看法和组织文化界联合战线的意见,这里就不引用了。

1949年以后,陆诒曾任上海《新闻日报》编委、副总编辑、总编辑,中国新闻社理事,复旦大学新闻系兼职教授。

1957年整风鸣放期间,陆诒以《新闻日报》总编辑身份在中共上海市委宣传工作会议上发言,他说,上海各报报道市委召开座谈会的消息,各报的销路都在上涨,群众从来没有像现在这样欢迎过。他认为,过去的报纸一片教条主义,整天板起面孔训人,新闻也不多,报道面不广。造成这种情况的原因,他以为除了新闻记者本身的水平不高、努力不够之外,也因为党的中央和党的上海市委过去对报纸的领导方针、领导路线是"收"而不是"放"。

陆诒在发言中还提到几天前《文汇报》报道的"左叶事件",说是农业部部长助理左叶在农业展览会上骂摄影记者:"你重要还是我重要!再挤就叫你们滚出去!"陆诒发言的时候可还不知道以后会有更正,他评论说:"如果从我这个老记者的眼光来看,这条新闻的新闻价值并不高。因为此等事,不仅北京有,上海也有,全国其他各地,估计也有。"

陆诒说,他要代表新闻记者提出三点希望,一是希望领导上继续"放",支持我们在报上"鸣"。二是希望新闻工作者协会像一个人民团体,除了几个人和外宾碰杯干杯之外(很抱歉,我自己也是其中之一），要切切实实为我们记者、编辑、校对、资料员做点事情。三是希望市委书记、市委宣传部长不但能和我们各报的领导谈谈，也要和我们参加实际工作的记者和编辑谈谈，局长们多开开记者招待会谈谈，有时让记者将将你们的军，这对工作也有好处。（5 月 18 日《新闻日报》）

7 月 9 日毛泽东在上海干部会议上讲话，点了几个右派分子的名，其中就有陆诒。毛泽东说："现在共产党整风的重点不是整路线问题，是整作风问题。而民主党派现在作风问题在其次，主要是走那条路线的问题。是走章伯钧、罗隆基、章乃器、陈仁炳、彭文应、陆诒、孙大雨那种反革命路线，还是走什么路线？"（《毛泽东选集》第 5 卷，第 450 页）可以说，陆诒是一名钦定的右派分子。

49. 杨刚（1905—1957）　原名季徽，又名杨缤，湖北沔阳人。1905 年 1 月 30 日生。1928 年入燕京大学英文系学习，积极参加爱国学生运动。1930 年加入中国共产党。1931 年因参加五一国际劳动节游行被国民党当局逮捕。获释后与党组织失去联系。1933 年后参加中国左翼作家联盟活动，并担任《大众知识》杂志编辑。1938 年重新加入中国共产党。1939—1941 年先后在香港、桂林任《大公报》文艺副刊主编，兼任岭南大学教授。1942 年秋，以《大公报》记者身份赴福建、浙江、江西等省进行战地采访。1943 年到重庆，在周恩来领导之下从事宣传工作。1944 年赴美留学，兼任《大公报》驻美记者。1948 年回国，继续在香港《大公报》工作，任社评委员。1949 年到天津主持《进步日报》。同年 5 月，随中国人民解放军进入上海，参加《大公报》的接管工作。中华人民共和国建立以后，历任外交部政策委员会主任秘书、总理办公室主任秘书、中共中央宣传部国际宣传处处长、《人民日报》副总编辑等职。曾当选为第一届全国人民代表大会代表、中国共产党第八次全国代表大会代表。1957 年 10 月 7 日逝世。（以上情况据《中国大百科全书》）

要说杨刚和鲁迅的关系，就得说斯诺在鲁迅的合作之下编译《活的中国》一书。斯诺原来有意将鲁迅的小说译成英文，得到了鲁迅的同意，鲁迅还为他正在进行的这个译本写了一篇自序。后来斯诺把他的这个计划加以扩大，不是仅仅翻译出版英译本鲁迅小说选集，而是在鲁迅的作品之外还收入另外一些作家的作品。这本以《活的中国》为书名的现代中国短篇小说选，收了鲁迅《药》、《一件小事》、《孔乙己》、《祝福》、《风筝》、《论"他妈的"》、《离婚》等七篇。他人有作品入选的，有已经被杀的柔石，有正在狱中的丁玲，有新从沦陷的东三省归来的田军（即萧军），此外还有茅盾、巴金、沈从文、孙席珍、林语堂、萧乾、郁达夫、张天翼、郭沫若、沙汀等人。杨刚的小说《日记拾遗》，就是用"失名"这个署名编入书中的。这是一篇自传性的作品，写她自己一家革命的故事。原稿是用英文写成，就不劳斯诺翻译了。杨刚和鲁迅虽然没有直接的交往，就凭着这一本《活的中国》，也就可以把她列入鲁迅交游之中了。

杨刚在反右派斗争中自杀身死的情况，据蓝翎的回忆录《龙卷风》说：

> 她……一九五五年调《人民日报》任副总编辑，分管文艺部的工作，用笔名"金银花"在副刊上发表过诗作。一九五六年遇车祸，健康受影响。反右运动初期，她还参加过批判曾在《大公报》当过记者的萧乾的会议。但是，不知为什

么,十月六日夜晚,她同老同事西方部主任高集闲谈到十一点多,待高集辞别后,她即服安眠药长眠而逝。社长邓拓经过向上级请示,在全社大会上宣布此事,既不按党纪的常规处理,也不发消息,寂静地办理了后事。但是,她的不幸逝世,却令人深思。我也百思不得其解。我不怀疑她的逝世同反右运动有什么直接关系,然而根据我同她不多的接触和从旁观察,我认为她是一位有阳刚之气的女社会活动家,不像心胸狭窄的人,为什么在这样一个时机突然辞世?为什么不早不晚一些?直到今天我也未想通。(上海远东出版社1995年,第122—123页)

杨刚为什么要自杀?和杨刚在中共中央宣传部同过事的黎辛,后来在一篇文章中说了一点。他同担任中共中央组织部部长的安子文有一点私交。问过安子文这件事,在《我常想起安子文》一文中说:

一九五七年反右派斗争时,有一次安子文来访,我问他:杨刚这样好而坚强的干部为什么突然自杀呢?安子文说这件事知道的人不多,我说我不会外传的。安子文说:杨刚丢了一个笔记本,捡到的人交给周总理了。周总理和我商量将她调到人民日报社当副总编辑,一切待遇不变。可她免不了会想到这是周总理和党中央不信任她了。这时候,不知谁让她参加了作家协会批斗丁玲、冯雪峰最厉害的那次会。那次会上,丁玲、冯雪峰都站着哭泣交代与检查。杨刚可能感到这也是她的前途,就服大量安眠药自杀了。其实,她调到人民日报社工作就算处理了,再没事了。我问：杨刚的笔记怎么这么重要？安子文说：记了她与费正清（美国汉学家，抗战时期到中国，为美国新闻处工作）的交往与联系办法。解放战争时，美国支持蒋介石进攻解放区。（《党史博览》,2011 年第 5 期）

从这里可以知道：杨刚丢失笔记本是 1955 年她在中共中央宣传部担任国际宣传处处长时候的事情。她于 1955 年 7 月调离中央宣传部，就是对这事的处理。调到人民日报社之后，两年中间相安无事。反右派斗争却使她害怕了，1957 年 10 月 7 日，就在反右派斗争的高潮中间自杀身死，成为人民日报社反右派斗争中自杀的第一人。

《周佛海日记》中的鲁迅兄弟

中国文联出版社出版了蔡德金编注的《周佛海日记全编》（以下简称《日记》），收他 1937 年 1 月 1 日至 1947 年 9 月 14 日的日记（缺 1939、1946 两整年和若干月日）。其中有涉及鲁迅、周作人兄弟的点滴资料。

涉及鲁迅的只有这样一条：

1938 年 10 月 19 日

　　胡愈之电话，谓鲁迅二周年纪念，请余参加。念与鲁迅思想不合，且无友谊，婉谢之。

这时正是武汉陷落的前夕。中华全国文艺界抗敌协会等团体在危城中举行鲁迅逝世二周年纪念会。军委会政治部副部长周恩来、政治部第三厅厅长郭沫若等三十多人出席。据《周恩来年谱》的记载，周"在会上讲话，强调学习鲁迅的战斗精神，'不退让，不妥协，困难愈大，更愈加努力，以克服困难，坚持抗战'"。当时胡愈之是第三厅第五处处长，大概是他在负责会务，就由他打电话邀周佛海赴会了。邀请他，根本就没有考虑他的思想跟鲁迅是否合拍，他同鲁迅有没有过交往和友谊，仅仅因为他是国民党中央宣传部的代理部长，是当时国民党宣传部门在武汉的最高官员，是请他去履行一项公务，而他却把这事理解为对他个人的邀请，"婉谢"了。这倒是一件可以为鲁迅庆幸的事情，假如他到会了,讲话了,引鲁迅为同调,岂不糟了吗。

《日记》中涉及周作人的地方就多些了。这两个人,一个在南京当汉奸,一个在北平当汉奸,少有直接的接触。在日本投降以前,在《周佛海日记》中没有出现过周作人的姓名。但是我们已经知道,《日记》中所记的一些事情,是有周作人参与的。例如:1942 年 5 月 11 日:

> 下午一时半赴机场,欢迎汪先生……汪先生略告满洲情形。

说的就是汪精卫参加伪满洲国成立十周年庆典之后回来的事。周作人就在一同回来的随行人员之中。次日日记:

> 晚,同仁宴汪先生于宁远楼,祝六十大庆也。

在这次给汪精卫祝寿的盛宴中,就有周作人在座。又如1943 年 2 月 8 日:

> 本日发表华北政务委员会委员长王揖唐辞职照准,以朱深继。

这件事同周作人就关系甚大,在这次人事更迭中,他失去了教育督办这个伪职。他在 1964 年 7 月 18 日写给鲍耀明的信中说:

> 关于督办事,既非胁迫,亦非自动(后来确有费力气去

自己运动的人），当然是由日方发动，经过考虑就答应了，因为自己相信比较可靠，对于教育可以比别个人出来，少一点反动的行为也。该职特任官俸初任一千二，进一级加四百元，至两千元为止。任期无定，遇变动便下台，有的很短只几个月而已。我则满两年，因政务委员会改组总辞职，就换了人（阎锡山的狗腿，只两三个月，便转任了实业督办了）。（鲍耀明编《周作人与鲍耀明通信集》，河南大学出版社2004年，第341页）

看来他对于失去这个月薪一千二百元大洋的特任官职颇有一点耿耿于怀，就称接替他这职位的苏体仁为"阎锡山的狗腿"以泄愤吧。

日本投降，周佛海、周作人这两个人都以汉奸罪被捕，还曾经关押在一处，有了直接的接触了。1947年1月31日日记：

去年9月23日，至老虎桥看守所后，即入忠字号，为一小洋房。闻系日人所建，用以监禁被捕之美国空军人员者。前一小园，可散步。有房十二间，大者住六人，小者住五人。……忠字号共住六十人，素识者为陈君慧、周隆庠、李圣五、顾宝蘅、袁愈佺、周乃文、王荫泰、周作人、汪时璟、余晋龢、邓祖禹、盛幼盦、江亢虎等。

周佛海原来已判死刑，经过上诉，1947年3月27日国民政府下令减为无期徒刑。4月5日离开忠舍，押赴首都监狱义舍服刑。过了一个多月，5月9日下午，忠舍的那些犯人也全部移到这里来了。5月10日周佛海日记：

开门散步，与忠舍同仁重逢，至为欣慰。忆一月前一一握别，今又重逢，追怀往事，几如一梦。同人咸以此间行动既更不自由，生活复更不舒适，而全案结束无期，均忧形于色。余则相反，与小别一月诸友一一周旋应酬，几忘身在图圄，情如前在国际联欢社举行鸡尾酒会或盛大宴会，故精神甚为舒畅。当以此意告周作人等，谓每日散步聚谈，作鸡尾酒会看可也。

　　不知道周作人能不能听进去这些宽慰的话，有没有这样旷达。狱中的搬迁，在周作人的《知堂回想录》里只有这样几句记载：

　　……这是那年（1945）十二月六日的事，他们把我带到有名的炮局胡同的狱舍里，到第二年五月才用飞机送往南京，共总十二个人。最初住在老虎桥首都监狱忠舍，随后又移至义舍，末了又移往东独居，这是一人一小间，就觉得很是不错了。

　　说得很简单。特别是这"东独居"是什么意思，不清楚。周佛海日记对这一点就说得很清楚了。1947 年 7 月 23 日日记：

　　下午，典狱长因天气过热巡视各号室，旋约余谈话，谓新落成之独居间较为清洁凉爽，劝余迁往。如余一人不便，须人服事，该处有可容三人之大室两间，可拨一间与余，由余指定二人同住。该处有铁床，但桌椅可由自备。当开骥良、宝林二人，旋思弃楚僧不顾，人情上说不过去，因再要求云：自愿多一人，稍苦亦不惜。承同意，盛意可感。据云当选资格，知识、人格较高者二十余人同往，将来亦可较一般待遇自由舒适。

次日上午九时，周佛海就迁居独居室了，有了一张铁床，结束了十个月睡卧地铺的生活。这天的日记说："房屋系新落成者，甚清洁。"日记中记下了，这一天迁居独居室的还有周作人、汪时璟、刘玉书等人。

周佛海喜欢作诗，狱中日记中记下了他不少诗作，也记下了一件周作人为他改诗的事。1947年6月4日日记：

赠卢楚僧一绝云："风雨同舟忆昔年，群鱼濡沫亦堪怜。羁居今日欣重聚，明月满窗抵足眠。""群鱼濡沫亦堪怜"句，系作人宗兄所改，余原句为"艰危共济沪江边"，以诗而论，改句自较佳，但原句系纪实也。

1947年6月23日日记：

今日为端阳节，各人家属均纷纷送菜送粽。下午，齐集于礼堂清唱京戏，颇有过节气象，几忘身在囹圄。……余本拟唱京剧一段，因人太杂，且礼堂空气不佳，遂与孟群（王荫泰）、启明（周作人）、翊唐（王揖唐）等，院外闲谈。

看了这些，对周作人的狱中生活可以多一些了解了吧，也可以看出尽管周佛海对鲁迅是思想不合，且无友谊，但对于被他亲切地称为"宗兄"的周作人，却是思想很合拍，且很有友谊的。

卷末语

我写鲁迅的传记，时时要写到他和一些人的交往。这些人，或者是同道，或者是论敌；鲁迅的生平事迹，就是在和他们的交往中发生、展开的。甚至应该说，这对于他性格的形成都有甚大的关系。所以，鲁迅的人际关系就是一个应该研究的题目了。这样，我陆陆续续写了一些这方面的文章，2010年曾经结集出版过，当时的责任编辑也是本书现在的责任编辑之一（本书的另一位责编是胡正娟女士）。现在我写一个"卷末语"来说明一下本书的成书经过。

那一版出版之后，我又得到了一些新材料，又写了新的几篇，例如根据新出版的《宋庆龄致陈翰笙书信》，我写出了《鲁迅和宋庆龄的交往》、《鲁迅和林语堂的交往》这两篇；利用《胡适遗稿及秘藏书信》中的材料，我又写出了《胡适和鲁迅、周作人兄弟的交往》（以上文章收入本书时，篇名有所改动）这一篇。新的这几篇写成之后即分别在《新文学史料》、《领导者》两家刊物上发表。余佐赞先生看了这些增补文章，发现书稿篇幅比原来增加了一倍，愿意拿到中华书局出版这个增订本，我把书名稍稍改动了一下，以显出和旧本有所不同。

鲁迅的人际关系可以说是一个没有止境的研究题目，可以写的人还真不少。不知道以后我还会不会遇到合适的新材料。如果遇到了，我还想写一些。

2015年1月10日，朱正于长沙